A book for You
赤本バックナンバーのご案内

赤本バックナンバーを1年単位で印刷製本しお届けします！

弊社発行の「**高校別入試対策シリーズ（赤本）**」の収録から外れた古い年度の過去問を1年単位でご購入いただくことができます。

「**赤本バックナンバー**」はamazon（アマゾン）の*プリント・オン・デマンドサービスによりご提供いたします。

定評のあるくわしい解答解説はもちろん赤本そのまま，解答用紙も付けてあります。

志望校の受験対策をさらに万全なものにするために，「**赤本バックナンバー**」をぜひご活用ください。

⚠*プリント・オン・デマンドサービスとは，ご注文に応じて1冊から印刷製本し，お客様にお届けするサービスです。

ご購入の流れ

① 英俊社のウェブサイト https://book.eisyun.jp/ にアクセス

② トップページの「高校受験」 赤本バックナンバー をクリック

③ ご希望の学校・年度をクリックすると，amazon（アマゾン）のウェブサイトの該当書籍のページにジャンプ

④ amazon（アマゾン）のウェブサイトでご購入

⚠ 納期や配送，お支払い等，購入に関するお問い合わせは，amazon（アマゾン）のウェブサイトにてご確認ください。

⚠ 書籍の内容についてのお問い合わせは英俊社（06−7712−4373）まで。

国私立高校・高専 バックナンバー

⚠表中の×印の学校・年度は，著作権上の事情等により発刊いたしません。
あしからずご了承ください。

（アイウエオ順）

※価格はすべて税込表示

学校名	2019年 実施問題	2018年 実施問題	2017年 実施問題	2016年 実施問題	2015年 実施問題	2014年 実施問題	20[illegible] 実施問題	[illegible]	[illegible]	[illegible]	[illegible]	[illegible]	[illegible]07年 [illegible]問題	2006年 実施問題	2005年 実施問題	2004年 実施問題	2003年 実施問題
大阪教育大附高池田校舎	1,540円 66頁	1,430円 60頁	1,430円 62頁	1,430円 60頁	1,430円 60頁	1,430円 58頁	1,4[illegible]	[illegible]	[illegible]	[illegible]	[illegible]	[illegible]	[illegible]20円 [illegible]2頁	1,320円 52頁	1,320円 48頁	1,320円 48頁	
大阪星光学院高	1,320円 48頁	1,320円 44頁	1,210円 42頁	1,210円 34頁	×	1,210円 36頁	1,2[illegible] 3[illegible]	[illegible]	[illegible]	[illegible]	[illegible] 64頁	[illegible] 80頁	[illegible]0円 86頁	1,650円 80頁	1,650円 82頁	1,320円 52頁	1,430円 54頁
大阪桐蔭高	1,540円 74頁	1,540円 66頁	1,540円 68頁	1,540円 66頁	1,540円 66頁	1,430円 64頁	1,540円 68頁	1,430円 62頁	1,430円 62頁	1,540円 68頁	1,430円 62頁	1,430円 62頁	1,430円 60頁	1,430円 62頁	1,430円 58頁		
関西大学高	1,430円 56頁	1,430円 56頁	1,430円 58頁	1,430円 54頁	1,320円 52頁	1,320円 52頁	1,430円 54頁	1,320円 50頁	1,320円 52頁	1,320円 50頁							
関西大学第一高	1,540円 66頁	1,430円 64頁	1,430円 64頁	1,430円 56頁	1,430円 62頁	1,430円 54頁	1,320円 48頁	1,430円 56頁	1,430円 56頁	1,430円 56頁	1,430円 56頁	1,320円 52頁	1,320円 52頁	1,320円 50頁	1,320円 46頁	1,320円 52頁	
関西大学北陽高	1,540円 68頁	1,540円 72頁	1,540円 70頁	1,430円 64頁	1,430円 62頁	1,430円 60頁	1,430円 60頁	1,430円 58頁	1,430円 58頁	1,430円 58頁	1,430円 56頁	1,430円 54頁					
関西学院高	1,210円 36頁	1,210円 36頁	1,210円 34頁	1,210円 34頁	1,210円 32頁	1,210円 32頁	1,210円 32頁	1,210円 32頁	1,210円 28頁	1,210円 30頁	1,210円 28頁	1,210円 30頁	×	1,210円 30頁	1,210円 28頁	×	1,210円 26頁
京都女子高	1,540円 66頁	1,430円 62頁	1,430円 60頁	1,430円 60頁	1,430円 60頁	1,430円 54頁	1,430円 56頁	1,430円 50頁	1,430円 50頁	1,430円 50頁	1,430円 58頁	1,430円 54頁	1,430円 54頁	1,320円 50頁	1,320円 50頁	1,320円 48頁	
近畿大学附属高	1,540円 72頁	1,540円 68頁	1,540円 68頁	1,540円 66頁	1,430円 64頁	1,430円 62頁	1,430円 58頁	1,430円 60頁	1,430円 58頁	1,430円 60頁	1,430円 54頁	1,430円 58頁	1,430円 56頁	1,430円 54頁	1,430円 56頁	1,320円 52頁	
久留米大学附設高	1,430円 64頁	1,430円 62頁	1,430円 58頁	1,430円 60頁	1,430円 58頁	1,430円 58頁	1,430円 58頁	1,430円 58頁	1,430円 56頁	1,430円 58頁	1,430円 54頁	×	1,430円 54頁	1,430円 54頁			
四天王寺高	1,540円 74頁	1,430円 62頁	1,430円 64頁	1,540円 66頁	1,210円 40頁	1,210円 40頁	1,430円 64頁	1,430円 64頁	1,430円 58頁	1,430円 62頁	1,430円 60頁	1,430円 60頁	1,430円 64頁	1,430円 58頁	1,430円 62頁	1,430円 58頁	
須磨学園高	1,210円 40頁	1,210円 40頁	1,210円 36頁	1,210円 42頁	1,210円 40頁	1,210円 40頁	1,210円 38頁	1,210円 38頁	1,320円 44頁	1,320円 48頁	1,320円 46頁	1,320円 48頁	1,320円 46頁	1,320円 44頁	1,210円 42頁		
清教学園高	1,540円 66頁	1,540円 66頁	1,430円 64頁	1,430円 56頁	1,320円 52頁	1,320円 50頁	1,320円 52頁	1,320円 48頁	1,320円 52頁	1,320円 50頁	1,320円 50頁	1,320円 46頁					
西南学院高	1,870円 102頁	1,760円 98頁	1,650円 82頁	1,980円 116頁	1,980円 112頁	1,980円 112頁	1,870円 110頁	1,870円 112頁	1,870円 106頁	1,540円 76頁	1,540円 76頁	1,540円 72頁	1,540円 72頁	1,540円 70頁			
清風高	1,430円 58頁	1,430円 54頁	1,430円 60頁	1,430円 60頁	1,430円 60頁	1,430円 60頁	1,430円 60頁	1,430円 60頁	1,430円 56頁	1,430円 58頁	×	1,430円 56頁	1,430円 58頁	1,430円 54頁	1,430円 54頁		

※価格はすべて税込表示

学校名	2019年 実施問題	2018年 実施問題	2017年 実施問題	2016年 実施問題	2015年 実施問題	2014年 実施問題	2013年 実施問題	2012年 実施問題	2011年 実施問題	2010年 実施問題	2009年 実施問題	2008年 実施問題	2007年 実施問題	2006年 実施問題	2005年 実施問題	2004年 実施問題	2003年 実施問題
清風南海高	1,430円 64頁	1,430円 64頁	1,430円 62頁	1,430円 60頁	1,430円 60頁	1,430円 58頁	1,430円 58頁	1,430円 60頁	1,430円 56頁	1,430円 56頁	1,430円 56頁	1,430円 56頁	1,430円 58頁	1,430円 58頁	1,320円 52頁	1,430円 54頁	
智辯学園和歌山高	1,320円 44頁	1,210円 42頁	1,210円 40頁	1,210円 40頁	1,210円 38頁	1,210円 38頁	1,210円 40頁	1,210円 38頁	1,210円 38頁	1,210円 40頁	1,210円 40頁	1,210円 38頁	1,210円 38頁	1,210円 38頁	1,210円 38頁	1,210円 38頁	
同志社高	1,430円 56頁	1,430円 56頁	1,430円 54頁	1,430円 54頁	1,430円 56頁	1,430円 54頁	1,320円 52頁	1,320円 52頁	1,320円 50頁	1,320円 48頁	1,320円 50頁	1,320円 50頁	1,320円 46頁	1,320円 48頁	1,320円 44頁	1,320円 48頁	1,320円 46頁
灘高	1,320円 52頁	1,320円 46頁	1,320円 48頁	1,320円 46頁	1,320円 46頁	1,320円 48頁	1,210円 42頁	1,320円 44頁	1,320円 50頁	1,320円 48頁	1,320円 46頁	1,320円 48頁	1,320円 48頁	1,320円 46頁	1,320円 44頁	1,320円 46頁	1,320円 46頁
西大和学園高	1,760円 98頁	1,760円 96頁	1,760円 90頁	1,540円 68頁	1,540円 66頁	1,430円 62頁	1,430円 62頁	1,430円 62頁	1,430円 64頁	1,430円 64頁	1,430円 62頁	1,430円 64頁	1,430円 64頁	1,430円 62頁	1,430円 60頁	1,430円 56頁	1,430円 58頁
福岡大学附属大濠高	2,310円 152頁	2,310円 148頁	2,200円 142頁	2,200円 144頁	2,090円 134頁	2,090円 132頁	2,090円 128頁	1,760円 96頁	1,760円 94頁	1,650円 88頁	1,650円 84頁	1,760円 88頁	1,760円 90頁	1,760円 92頁			
明星高	1,540円 76頁	1,540円 74頁	1,540円 68頁	1,430円 62頁	1,430円 62頁	1,430円 64頁	1,430円 64頁	1,430円 60頁	1,430円 58頁	1,430円 56頁	1,430円 56頁	1,430円 54頁	1,430円 54頁	1,430円 54頁	1,320円 52頁	1,320円 52頁	
桃山学院高	1,430円 64頁	1,430円 64頁	1,430円 62頁	1,430円 60頁	1,430円 58頁	1,430円 54頁	1,430円 56頁	1,430円 54頁	1,430円 58頁	1,430円 58頁	1,430円 56頁	1,320円 52頁	1,320円 52頁	1,320円 48頁	1,320円 46頁	1,320円 50頁	1,320円 50頁
洛南高	1,540円 66頁	1,430円 64頁	1,540円 66頁	1,540円 66頁	1,430円 62頁	1,430円 64頁	1,430円 62頁	1,430円 62頁	1,430円 62頁	1,430円 60頁	1,430円 58頁	1,430円 64頁	1,430円 60頁	1,430円 62頁	1,430円 58頁	1,430円 58頁	1,430円 60頁
ラ・サール高	1,540円 70頁	1,540円 66頁	1,430円 60頁	1,430円 62頁	1,430円 60頁	1,430円 58頁	1,430円 60頁	1,430円 60頁	1,430円 58頁	1,430円 54頁	1,430円 60頁	1,430円 54頁	1,430円 56頁	1,320円 50頁			
立命館高	1,760円 96頁	1,760円 94頁	1,870円 100頁	1,760円 96頁	1,870円 104頁	1,870円 102頁	1,870円 100頁	1,760円 92頁	1,650円 88頁	1,760円 94頁	1,650円 88頁	1,650円 86頁	1,320円 48頁	1,650円 80頁	1,430円 54頁		
立命館宇治高	1,430円 62頁	1,430円 60頁	1,430円 58頁	1,430円 58頁	1,430円 56頁	1,430円 54頁	1,430円 54頁	1,320円 52頁	1,320円 52頁	1,430円 54頁	1,430円 56頁	1,320円 52頁					
国立高専	1,650円 78頁	1,540円 74頁	1,540円 66頁	1,430円 64頁	1,430円 62頁	1,430円 62頁	1,430円 62頁	1,540円 68頁	1,540円 70頁	1,430円 64頁	1,430円 62頁	1,430円 62頁	1,430円 60頁	1,430円 58頁	1,430円 60頁	1,430円 56頁	1,430円 60頁

公立高校 バックナンバー

※価格はすべて税込表示

府県名·学校名	2019年 実施問題	2018年 実施問題	2017年 実施問題	2016年 実施問題	2015年 実施問題	2014年 実施問題	2013年 実施問題	2012年 実施問題	2011年 実施問題	2010年 実施問題	2009年 実施問題	2008年 実施問題	2007年 実施問題	2006年 実施問題	2005年 実施問題	2004年 実施問題	2003年 実施問題
岐阜県公立高	990円 64頁	990円 60頁	990円 60頁	990円 60頁	990円 58頁	990円 56頁	990円 58頁	990円 52頁	990円 54頁	990円 52頁	990円 52頁	990円 48頁	990円 50頁	990円 52頁			
静岡県公立高	990円 62頁	990円 58頁	990円 58頁	990円 60頁	990円 60頁	990円 56頁	990円 58頁	990円 58頁	990円 56頁	990円 54頁	990円 52頁	990円 54頁	990円 52頁	990円 52頁			
愛知県公立高	990円 126頁	990円 120頁	990円 114頁	990円 114頁	990円 114頁	990円 110頁	990円 112頁	990円 108頁	990円 108頁	990円 110頁	990円 102頁	990円 102頁	990円 102頁	990円 100頁	990円 100頁	990円 96頁	990円 96頁
三重県公立高	990円 72頁	990円 66頁	990円 66頁	990円 64頁	990円 66頁	990円 64頁	990円 66頁	990円 64頁	990円 62頁	990円 62頁	990円 58頁	990円 58頁	990円 52頁	990円 54頁			
滋賀県公立高	990円 66頁	990円 62頁	990円 60頁	990円 62頁	990円 62頁	990円 46頁	990円 48頁	990円 46頁	990円 48頁	990円 44頁	990円 44頁	990円 44頁	990円 46頁	990円 44頁	990円 44頁	990円 40頁	990円 42頁
京都府公立高(中期)	990円 60頁	990円 56頁	990円 54頁	990円 54頁	990円 56頁	990円 54頁	990円 56頁	990円 54頁	990円 56頁	990円 54頁	990円 52頁	990円 50頁	990円 50頁	990円 50頁	990円 46頁	990円 46頁	990円 48頁
京都府公立高(前期)	990円 40頁	990円 38頁	990円 40頁	990円 38頁	990円 38頁	990円 36頁											
京都市立堀川高 探究学科群	1,430円 64頁	1,540円 68頁	1,430円 60頁	1,430円 62頁	1,430円 64頁	1,430円 60頁	1,430円 60頁	1,430円 58頁	1,430円 58頁	1,430円 64頁	1,430円 54頁	1,320円 48頁	1,210円 42頁	1,210円 38頁	1,210円 36頁	1,210円 40頁	
京都市立西京高 エンタープライジング科	1,650円 82頁	1,540円 76頁	1,650円 80頁	1,540円 72頁	1,540円 72頁	1,540円 70頁	1,320円 46頁	1,320円 50頁	1,320円 46頁	1,320円 44頁	1,210円 42頁	1,210円 42頁	1,210円 38頁	1,210円 38頁	1,210円 40頁	1,210円 34頁	
京都府立嵯峨野高 京都こすもす科	1,540円 68頁	1,540円 66頁	1,540円 68頁	1,430円 64頁	1,430円 64頁	1,430円 62頁	1,210円 42頁	1,210円 42頁	1,320円 46頁	1,320円 44頁	1,210円 42頁	1,210円 40頁	1,210円 40頁	1,210円 36頁	1,210円 36頁	1,210円 34頁	
京都府立桃山高 自然科学科	1,320円 46頁	1,320円 46頁	1,210円 42頁	1,320円 44頁	1,320円 46頁	1,320円 44頁	1,210円 42頁	1,210円 38頁	1,210円 42頁	1,210円 40頁	1,210円 40頁	1,210円 38頁	1,210円 34頁	1,210円 34頁			

※価格はすべて税込表示

府県名・学校名	2019年 実施問題	2018年 実施問題	2017年 実施問題	2016年 実施問題	2015年 実施問題	2014年 実施問題	2013年 実施問題	2012年 実施問題	2011年 実施問題	2010年 実施問題	2009年 実施問題	2008年 実施問題	2007年 実施問題	2006年 実施問題	2005年 実施問題	2004年 実施問題	2003年 実施問題
大阪府公立高(一般)	990円 148頁	990円 140頁	990円 140頁	990円 122頁													
大阪府公立高(特別)	990円 78頁	990円 78頁	990円 74頁	990円 72頁													
大阪府公立高(前期)					990円 70頁	990円 68頁	990円 66頁	990円 72頁	990円 70頁	990円 60頁	990円 58頁	990円 56頁	990円 56頁	990円 54頁	990円 52頁	990円 52頁	990円 48頁
大阪府公立高(後期)					990円 82頁	990円 76頁	990円 72頁	990円 64頁	990円 64頁	990円 64頁	990円 62頁	990円 62頁	990円 62頁	990円 58頁	990円 56頁	990円 58頁	990円 56頁
兵庫県公立高	990円 74頁	990円 78頁	990円 74頁	990円 74頁	990円 74頁	990円 68頁	990円 66頁	990円 64頁	990円 60頁	990円 56頁	990円 58頁	990円 56頁	990円 58頁	990円 56頁	990円 56頁	990円 54頁	990円 52頁
奈良県公立高(一般)	990円 62頁	990円 50頁	990円 50頁	990円 52頁	990円 50頁	990円 52頁	990円 50頁	990円 48頁	990円 48頁	990円 48頁	990円 48頁	990円 48頁	×	990円 44頁	990円 46頁	990円 42頁	990円 44頁
奈良県公立高(特色)	990円 30頁	990円 38頁	990円 44頁	990円 46頁	990円 46頁	990円 44頁	990円 40頁	990円 40頁	990円 32頁	990円 32頁	990円 32頁	990円 32頁	990円 28頁	990円 28頁			
和歌山県公立高	990円 76頁	990円 70頁	990円 68頁	990円 64頁	990円 66頁	990円 64頁	990円 64頁	990円 62頁	990円 66頁	990円 62頁	990円 60頁	990円 60頁	990円 58頁	990円 56頁	990円 56頁	990円 56頁	990円 52頁
岡山県公立高(一般)	990円 66頁	990円 60頁	990円 58頁	990円 56頁	990円 58頁	990円 56頁	990円 58頁	990円 60頁	990円 56頁	990円 56頁	990円 52頁	990円 52頁	990円 50頁				
岡山県公立高(特別)	990円 38頁	990円 36頁	990円 34頁	990円 34頁	990円 34頁	990円 32頁											
広島県公立高	990円 68頁	990円 70頁	990円 74頁	990円 68頁	990円 60頁	990円 58頁	990円 54頁	990円 46頁	990円 48頁	990円 46頁	990円 46頁	990円 46頁	990円 44頁	990円 46頁	990円 44頁	990円 44頁	990円 44頁
山口県公立高	990円 86頁	990円 80頁	990円 82頁	990円 84頁	990円 76頁	990円 78頁	990円 76頁	990円 64頁	990円 62頁	990円 58頁	990円 58頁	990円 60頁	990円 56頁				
徳島県公立高	990円 88頁	990円 78頁	990円 86頁	990円 74頁	990円 76頁	990円 80頁	990円 64頁	990円 62頁	990円 60頁	990円 58頁	990円 60頁	990円 54頁	990円 52頁				
香川県公立高	990円 76頁	990円 74頁	990円 72頁	990円 74頁	990円 72頁	990円 68頁	990円 68頁	990円 66頁	990円 66頁	990円 62頁	990円 62頁	990円 60頁	990円 62頁				
愛媛県公立高	990円 72頁	990円 68頁	990円 66頁	990円 64頁	990円 68頁	990円 64頁	990円 62頁	990円 60頁	990円 62頁	990円 56頁	990円 58頁	990円 56頁	990円 54頁				
福岡県公立高	990円 66頁	990円 68頁	990円 68頁	990円 66頁	990円 60頁	990円 56頁	990円 56頁	990円 54頁	990円 56頁	990円 58頁	990円 52頁	990円 54頁	990円 52頁	990円 48頁			
長崎県公立高	990円 90頁	990円 86頁	990円 84頁	990円 84頁	990円 82頁	990円 80頁	990円 80頁	990円 82頁	990円 80頁	990円 80頁	990円 80頁	990円 78頁	990円 76頁				
熊本県公立高	990円 98頁	990円 92頁	990円 92頁	990円 92頁	990円 94頁	990円 74頁	990円 72頁	990円 70頁	990円 70頁	990円 68頁	990円 68頁	990円 64頁	990円 68頁				
大分県公立高	990円 84頁	990円 78頁	990円 80頁	990円 76頁	990円 80頁	990円 66頁	990円 62頁	990円 62頁	990円 62頁	990円 58頁	990円 58頁	990円 56頁	990円 58頁				
鹿児島県公立高	990円 66頁	990円 62頁	990円 60頁	990円 60頁	990円 60頁	990円 60頁	990円 60頁	990円 60頁	990円 60頁	990円 58頁	990円 58頁	990円 54頁	990円 58頁				

英語リスニング音声データのご案内

英語リスニング問題の音声データについて

赤本収録年度の音声データ　弊社発行の**「高校別入試対策シリーズ（赤本）」に収録している年度**の音声データは，以下の一覧の学校分を提供しています。希望の音声データをダウンロードし，赤本に掲載されている問題に取り組んでください。

赤本収録年度より古い年度の音声データ　**「高校別入試対策シリーズ（赤本）」に収録している年度よりも古い年度**の音声データは，6ページの国私立高と公立高を提供しています。赤本バックナンバー（1～3ページに掲載）と音声データの両方をご購入いただき，問題に取り組んでください。

ご購入の流れ

① 英俊社のウェブサイト https://book.eisyun.jp/ にアクセス
② トップページの「高校受験」 リスニング音声データ をクリック
③ ご希望の学校・年度をクリックすると，オーディオブック（audiobook.jp）のウェブサイトの該当ページにジャンプ
④ オーディオブック（audiobook.jp）のウェブサイトでご購入。※初回のみ会員登録（無料）が必要です。

⚠ ダウンロード方法やお支払い等，購入に関するお問い合わせは，オーディオブック（audiobook.jp）のウェブサイトにてご確認ください。

音声データを入手できる学校と年度

赤本収録年度の音声データ

ご希望の年度を1年分ずつ，もしくは赤本に収録している年度をすべてまとめてセットでご購入いただくことができます。セットでご購入いただくと，1年分の単価がお得になります。

⚠ ×印の年度は音声データをご提供しておりません。あしからずご了承ください。

国私立高（アイウエオ順）

※価格は税込表示

学校名	税込価格				
	2020年	2021年	2022年	2023年	2024年
アサンプション国際高	¥550	¥550	¥550	¥550	¥550
5か年セット	¥2,200				
育英西高	¥550	¥550	¥550	¥550	¥550
5か年セット	¥2,200				
大阪教育大附高池田校	¥550	¥550	¥550	¥550	¥550
5か年セット	¥2,200				
大阪薫英女学院高	¥550	¥550	¥550	¥550	×
4か年セット	¥1,760				
大阪国際高	¥550	¥550	¥550	¥550	¥550
5か年セット	¥2,200				
大阪信愛学院高	¥550	¥550	¥550	¥550	¥550
5か年セット	¥2,200				
大阪星光学院高	¥550	¥550	¥550	¥550	¥550
5か年セット	¥2,200				
大阪桐蔭高	¥550	¥550	¥550	¥550	¥550
5か年セット	¥2,200				
大谷高	×	×	×	¥550	¥550
2か年セット	¥880				
関西創価高	¥550	¥550	¥550	¥550	¥550
5か年セット	¥2,200				
京都先端科学大附高(特進・進学)	¥550	¥550	¥550	¥550	¥550
5か年セット	¥2,200				

※価格は税込表示

学校名	税込価格				
	2020年	2021年	2022年	2023年	2024年
京都先端科学大附高(国際)	¥550	¥550	¥550	¥550	¥550
5か年セット	¥2,200				
京都橘高	¥550	×	¥550	¥550	¥550
4か年セット	¥1,760				
京都両洋高	¥550	¥550	¥550	¥550	¥550
5か年セット	¥2,200				
久留米大附設高	×	¥550	¥550	¥550	¥550
4か年セット	¥1,760				
神戸星城高	¥550	¥550	¥550	¥550	¥550
5か年セット	¥2,200				
神戸山手グローバル高	×	×	×	¥550	¥550
2か年セット	¥880				
神戸龍谷高	¥550	¥550	¥550	¥550	¥550
5か年セット	¥2,200				
香里ヌヴェール学院高	¥550	¥550	¥550	¥550	¥550
5か年セット	¥2,200				
三田学園高	¥550	¥550	¥550	¥550	¥550
5か年セット	¥2,200				
滋賀学園高	¥550	¥550	¥550	¥550	¥550
5か年セット	¥2,200				
滋賀短期大学附高	¥550	¥550	¥550	¥550	¥550
5か年セット	¥2,200				

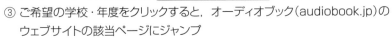

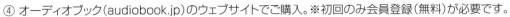

国私立高（アイウエオ順）

※価格は税込表示

学校名	税込価格				
	2020年	2021年	2022年	2023年	2024年
樟蔭高	¥550	¥550	¥550	¥550	¥550
5か年セット	¥2,200				
常翔学園高	¥550	¥550	¥550	¥550	¥550
5か年セット	¥2,200				
清教学園高	¥550	¥550	¥550	¥550	¥550
5か年セット	¥2,200				
西南学院高（専願）	¥550	¥550	¥550	¥550	¥550
5か年セット	¥2,200				
西南学院高（前期）	¥550	¥550	¥550	¥550	¥550
5か年セット	¥2,200				
園田学園高	¥550	¥550	¥550	¥550	¥550
5か年セット	¥2,200				
筑陽学園高（専願）	¥550	¥550	¥550	¥550	¥550
5か年セット	¥2,200				
筑陽学園高（前期）	¥550	¥550	¥550	¥550	¥550
5か年セット	¥2,200				
智辯学園高	¥550	¥550	¥550	¥550	¥550
5か年セット	¥2,200				
帝塚山高	¥550	¥550	¥550	¥550	¥550
5か年セット	¥2,200				
東海大付大阪仰星高	¥550	¥550	¥550	¥550	¥550
5か年セット	¥2,200				
同志社高	¥550	¥550	¥550	¥550	¥550
5か年セット	¥2,200				
中村学園女子高（前期）	×	¥550	¥550	¥550	¥550
4か年セット	¥1,760				
灘高	¥550	¥550	¥550	¥550	¥550
5か年セット	¥2,200				
奈良育英高	¥550	¥550	¥550	¥550	¥550
5か年セット	¥2,200				
奈良学園高	¥550	¥550	¥550	¥550	¥550
5か年セット	¥2,200				
奈良大附高	¥550	¥550	¥550	¥550	¥550
5か年セット	¥2,200				

※価格は税込表示

学校名	税込価格				
	2020年	2021年	2022年	2023年	2024年
西大和学園高	¥550	¥550	¥550	¥550	¥550
5か年セット	¥2,200				
梅花高	¥550	¥550	¥550	¥550	¥550
5か年セット	¥2,200				
白陵高	¥550	¥550	¥550	¥550	¥550
5か年セット	¥2,200				
初芝立命館高	×	×	×	×	¥550
東大谷高	×	×	¥550	¥550	¥550
3か年セット	¥1,320				
東山高	×	×	×	×	¥550
雲雀丘学園高	¥550	¥550	¥550	¥550	¥550
5か年セット	¥2,200				
福岡大附大濠高（専願）	¥550	¥550	¥550	¥550	¥550
5か年セット	¥2,200				
福岡大附大濠高（前期）	¥550	¥550	¥550	¥550	¥550
5か年セット	¥2,200				
福岡大附大濠高（後期）	¥550	¥550	¥550	¥550	¥550
5か年セット	¥2,200				
武庫川女子大附高	×	×	¥550	¥550	¥550
3か年セット	¥1,320				
明星高	¥550	¥550	¥550	¥550	¥550
5か年セット	¥2,200				
和歌山信愛高	¥550	¥550	¥550	¥550	¥550
5か年セット	¥2,200				

公立高

※価格は税込表示

学校名	税込価格				
	2020年	2021年	2022年	2023年	2024年
京都市立西京高（エンタープライジング科）	¥550	¥550	¥550	¥550	¥550
5か年セット	¥2,200				
京都市立堀川高（探究学科群）	¥550	¥550	¥550	¥550	¥550
5か年セット	¥2,200				
京都府立嵯峨野高（京都こすもす科）	¥550	¥550	¥550	¥550	¥550
5か年セット	¥2,200				

赤本収録年度より古い年度の音声データ

以下の音声データは，赤本に収録以前の年度ですので，赤本バックナンバー（P.1～3に掲載）と合わせてご購入ください。
赤本バックナンバーは1年分が1冊の本になっていますので，音声データも1年分ずつの販売となります。

※価格は税込表示

国私立高（アイウエオ順）

学 校 名	税込価格																
	2003年	2004年	2005年	2006年	2007年	2008年	2009年	2010年	2011年	2012年	2013年	2014年	2015年	2016年	2017年	2018年	2019年
大阪教育大附高池田校		¥550	¥550	¥550	¥550	¥550	¥550	¥550	¥550	¥550	¥550	¥550	¥550	¥550	¥550	¥550	¥550
大阪星光学院高（1次）	¥550	¥550	¥550	¥550	¥550	¥550	¥550	¥550	¥550	¥550	×	¥550	×	¥550	¥550	¥550	¥550
大阪星光学院高（1.5次）			¥550	¥550	¥550	¥550	¥550	¥550	×	×	×	×	×	×	×	×	×
大阪桐蔭高						¥550	¥550	¥550	¥550	¥550	¥550	¥550	¥550	¥550	¥550	¥550	¥550
久留米大附設高				¥550	¥550	×	¥550	¥550	¥550	¥550	¥550	¥550	¥550	¥550	¥550	¥550	¥550
清教学園高														¥550	¥550	¥550	¥550
同志社高						¥550	¥550	¥550	¥550	¥550	¥550	¥550	¥550	¥550	¥550	¥550	¥550
灘高																¥550	¥550
西大和学園高				¥550	¥550	¥550	¥550	¥550	¥550	¥550	¥550	¥550	¥550	¥550	¥550	¥550	¥550
福岡大附大濠高（専願）											¥550	¥550	¥550	¥550	¥550	¥550	¥550
福岡大附大濠高（前期）				¥550	¥550	¥550	¥550	¥550	¥550	¥550	¥550	¥550	¥550	¥550	¥550	¥550	¥550
福岡大附大濠高（後期）				¥550	¥550	¥550	¥550	¥550	¥550	¥550	¥550	¥550	¥550	¥550	¥550	¥550	¥550
明星高															¥550	¥550	¥550
立命館高（前期）						¥550	¥550	¥550	¥550	¥550	¥550	¥550	¥550	×	×	×	×
立命館高（後期）						¥550	¥550	¥550	¥550	¥550	¥550	¥550	¥550	×	×	×	×
立命館宇治高										¥550	¥550	¥550	¥550	¥550	¥550	¥550	×

※価格は税込表示

公立高（府県順）

府県名・学校名	税込価格																
	2003年	2004年	2005年	2006年	2007年	2008年	2009年	2010年	2011年	2012年	2013年	2014年	2015年	2016年	2017年	2018年	2019年
岐阜県公立高				¥550	¥550	¥550	¥550	¥550	¥550	¥550	¥550	¥550	¥550	¥550	¥550	¥550	¥550
静岡県公立高				¥550	¥550	¥550	¥550	¥550	¥550	¥550	¥550	¥550	¥550	¥550	¥550	¥550	¥550
愛知県公立高（Aグループ）	¥550	¥550	¥550	¥550	¥550	¥550	¥550	¥550	¥550	¥550	¥550	¥550	¥550	¥550	¥550	¥550	¥550
愛知県公立高（Bグループ）	¥550	¥550	¥550	¥550	¥550	¥550	¥550	¥550	¥550	¥550	¥550	¥550	¥550	¥550	¥550	¥550	¥550
三重県公立高				¥550	¥550	¥550	¥550	¥550	¥550	¥550	¥550	¥550	¥550	¥550	¥550	¥550	¥550
滋賀県公立高	¥550	¥550	¥550	¥550	¥550	¥550	¥550	¥550	¥550	¥550	¥550	¥550	¥550	¥550	¥550	¥550	¥550
京都府公立高（中期選抜）	¥550	¥550	¥550	¥550	¥550	¥550	¥550	¥550	¥550	¥550	¥550	¥550	¥550	¥550	¥550	¥550	¥550
京都府公立高（前期選抜 共通学力検査）												¥550	¥550	¥550	¥550	¥550	¥550
京都市立西京高（エンタープライジング科）		¥550	¥550	¥550	¥550	¥550	¥550	¥550	¥550	¥550	¥550	¥550	¥550	¥550	¥550	¥550	¥550
京都市立堀川高（探究学科群）												¥550	¥550	¥550	¥550	¥550	¥550
京都府立嵯峨野高（京都こすもす科）		¥550	¥550	¥550	¥550	¥550	¥550	¥550	¥550	¥550	¥550	¥550	¥550	¥550	¥550	¥550	¥550
大阪府公立高（一般選抜）														¥550	¥550	¥550	¥550
大阪府公立高（特別選抜）														¥550	¥550	¥550	¥550
大阪府公立高（後期選抜）	¥550	¥550	¥550	¥550	¥550	¥550	¥550	¥550	¥550	¥550	¥550	¥550	¥550	×	×	×	×
大阪府公立高（前期選抜）	¥550	¥550	¥550	¥550	¥550	¥550	¥550	¥550	¥550	¥550	¥550	¥550	¥550	×	×	×	×
兵庫県公立高	¥550	¥550	¥550	¥550	¥550	¥550	¥550	¥550	¥550	¥550	¥550	¥550	¥550	¥550	¥550	¥550	¥550
奈良県公立高（一般選抜）	¥550	¥550	¥550	¥550	×	¥550	¥550	¥550	¥550	¥550	¥550	¥550	¥550	¥550	¥550	¥550	¥550
奈良県公立高（特色選抜）				¥550	¥550	¥550	¥550	¥550	¥550	¥550	¥550	¥550	¥550	¥550	¥550	¥550	¥550
和歌山県公立高	¥550	¥550	¥550	¥550	¥550	¥550	¥550	¥550	¥550	¥550	¥550	¥550	¥550	¥550	¥550	¥550	¥550
岡山県公立高（一般選抜）					¥550	¥550	¥550	¥550	¥550	¥550	¥550	¥550	¥550	¥550	¥550	¥550	¥550
岡山県公立高（特別選抜）												¥550	¥550	¥550	¥550	¥550	¥550
広島県公立高	¥550	¥550	¥550	¥550	¥550	¥550	¥550	¥550	¥550	¥550	¥550	¥550	¥550	¥550	¥550	¥550	¥550
山口県公立高					¥550	¥550	¥550	¥550	¥550	¥550	¥550	¥550	¥550	¥550	¥550	¥550	¥550
香川県公立高					¥550	¥550	¥550	¥550	¥550	¥550	¥550	¥550	¥550	¥550	¥550	¥550	¥550
愛媛県公立高					¥550	¥550	¥550	¥550	¥550	¥550	¥550	¥550	¥550	¥550	¥550	¥550	¥550
福岡県公立高				¥550	¥550	¥550	¥550	¥550	¥550	¥550	¥550	¥550	¥550	¥550	¥550	¥550	¥550
長崎県公立高					¥550	¥550	¥550	¥550	¥550	¥550	¥550	¥550	¥550	¥550	¥550	¥550	¥550
熊本県公立高（選択問題A）													¥550	¥550	¥550	¥550	¥550
熊本県公立高（選択問題B）													¥550	¥550	¥550	¥550	¥550
熊本県公立高（共通）					¥550	¥550	¥550	¥550	¥550	¥550	¥550	¥550	×	×	×	×	×
大分県公立高					¥550	¥550	¥550	¥550	¥550	¥550	¥550	¥550	¥550	¥550	¥550	¥550	¥550
鹿児島県公立高					¥550	¥550	¥550	¥550	¥550	¥550	¥550	¥550	¥550	¥550	¥550	¥550	¥550

公立高校入試対策シリーズ 3046

もくじ

（注） 著作権の都合により，実際に使用された写真と異なる場合があります。 （編集部）

2020～2024年度のリスニング音声（書籍収録分すべて）は
英俊社ウェブサイト「**リスもん**」から再生できます。
https://book.eisyun.jp/products/listening/index/

リスもん
リスニング問題 音声再生ウェブページ

再生の際に必要な入力コード→ **45697382**
（コードの使用期限：2025年７月末日）

スマホはこちら ——→

※音声は英俊社で作成したものです。

❖全日制公立高校の入学者選抜について（前年度参考）

※　以下の内容は，2024年度（前年度）に実施された入学者選抜の概要です。2025年度の受検に際しては，2025年度選抜実施要綱を必ずご確認ください。

1．一般入学者選抜

①出　　願

●入学願書の提出は，1人1校1学科に限る。ただし，高校によっては学科併願による募集を行うので，その場合は複数の学科に出願できる。

●全日制普通科については，保護者の住所地の属する学区（所属学区）内の全日制普通科に志願しなければならない。

●「一定枠内の学区外入学志願」により，所属学区外の全日制普通科に志願しようとする者は，所属学区内の志願者と同じ手続による。ただし，募集定員が120人以下の高校と熊毛学区・大島学区の高校の普通科は一定枠がなく，学区外からの受検が可能。

●普通科以外の全日制の学科の学区は県全域。

●**出願期間**…2024年2月6日（火）〜2月13日（火）正午（必着）

②出願変更

●出願変更は1回のみ可能。

●出願変更が全日制普通科に関係する場合，一定枠内の学区外入学志願への出願変更は，一定枠内の学区外入学志願へ出願した者に限る。

●**出願変更期間**…2024年2月15日（木）〜2月21日（水）正午（必着）

③選抜方法

●選抜は，調査書の「学習の記録」の換算点と国語，社会，数学，理科，英語の5教科の学力検査の成績との相関及び調査書の「総合所見及び指導上参考となる諸事項」等を総合して行う。

●調査書の「学習の記録」は，次のとおり点数に換算する。ただし，この点数換算は，第3学年の記録についてのみ行う。

学力検査を行う5教科（国語，社会，数学，理科，英語）はそれぞれ10点満点，学力検査を行わない必修の4教科（音楽，美術，保健体育，技術・家庭）はそれぞれ100点満点とし，合計450点満点とする。

●学力検査は，各教科それぞれ90点満点とし，合計450点満点とする。

【期日・日程】

2024年3月5日（火）	9：20　集合
10：00 〜 10：50（50分間）　国語	
11：10 〜 12：00（50分間）　理科	
13：00 〜 13：50（50分間）　英語（聞き取りテスト12分間程度を含む）	
2024年3月6日（水）	9：20　集合
9：40 〜 10：30（50分間）　社会	
10：50 〜 11：40（50分間）　数学	

④合格発表　　2024年3月13日（水）　各高校において発表

2．推薦入学者選抜

①推薦入学者数　専門教育を主とする学科，及び総合学科は募集定員の30％以内，普通科は募集定員の10％以内で，それぞれ各高校において定める。

②出　　願　●出願資格

推薦入学を志願できる者は次の(1)～(6)に該当する者で，在学中学校の校長が推薦する者とする。

(1)　2024年3月に本県の中学校を卒業する見込みの者。

(2)　当該学科・コース等を志願する動機や理由が適切であると認められる者。

(3)　当該学科・コース等に入学する意思が確実であると認められる者。

(4)　当該学科・コース等に対する適性及び興味・関心を有する者。

(5)　当該学科・コース等の教育を受けるにふさわしい学業成績である者。

(6)　生徒会活動，スポーツ活動，文化活動，奉仕活動等の中のいずれかにおいて優れた資質や実績を有する者または特定の教科において優れた能力を有する者。

●出願期間

2024年1月19日(金)～1月25日(木) 正午（必着）

●出願手続

推薦入学願書の提出は，1人1校1学科（コース等）に限る。

③選抜方法　●選抜は，入学者選抜学力検査を行わず，中学校長の推薦書，調査書等の記録及び当該高校において実施する面接等の結果を総合して行う。

●面接期日…2024年2月2日(金)

④選抜結果の通知及び発表

●選抜結果の通知…2024年2月8日(木)に各中学校長あてに通知。

●合格発表…2024年3月13日(水)　各高校において発表

●推薦入学許可予定者は，入学確約書を提出することとし，原則として本県公立高等学校入学者選抜学力検査を受検することはできない。

☆ 2025年度入学者選抜主な日程 ☆

推薦入学者選抜	2025年2月4日(火)	面接，作文等
一般入学者選抜	2025年3月5日(水)	国語，理科，英語
	3月6日(木)	社会，数学
合格者発表	2025年3月13日(木)	

2024年度全日制公立高校の入学者選抜方法（前年度参考）

学校名	学科名	募集定員	推薦入試	学区外からの一定枠		学科併願可能学科	くくり募集	傾斜配点		帰国生徒等特別選抜
		（人）	（以内）	（以内）	（人）			教科数	倍率	
【鹿児島学区】										
鶴丸	普通	320	10%	10%	32					○
甲南	普通	320	10%	10%	32					○
鹿児島中央	普通	320	10%	10%	32					○
錦江湾	普通	160	10%	10%	16					○
	理数	80	30%			普通				○
武岡台	普通	240	10%	10%	24					○
	情報科学	80	30%							○
開陽	普通	120	15% *1			福祉				○
	福祉	40	15% *1			普通				○
明桜館	文理科学	120	30%			商業				○
	商業	80	30%			文理科学				○
松陽	普通	240	30% *2	10%	24	音楽または美術				○
	音楽	40	50%			普通				○
	美術	40	65%			普通				○
鹿児島東	普通	80	10%							○
鹿児島工業	工業Ⅰ類	240	25%程度				4系			○
	工業Ⅱ類	120	25%程度				3系			○
鹿児島南	普通	160	10%	10%	16					○
	商業	80	25%			情報処理				○
	情報処理	40	20%			商業				○
	体育	40	80%							○
吹上	電気	40	30%							○
	電子機械	40	30%			第3志望まで				○
	情報処理	40	30%							○
伊集院	普通	240	10%	10%	24					○
市来農芸	農業	40	30%							○
	畜産	40	30%			第2志望まで				○
	環境園芸	40	30%							○
串木野	普通	80	10%							○
鹿児島玉龍	普通	240 *3	10% *4	5%	12					○
鹿児島商業	ビジネスクリエイト	120	40%							○
	情報イノベーション	120	40%			第3志望まで				○
	アスリートスポーツ	40	70%							○
鹿児島女子	商業	80	40%			第2志望は情報会計，第3志望は生活科学				○
	情報会計	80	40%			第2志望は商業，第3志望は生活科学				○
	生活科学	160	40%			第2～3志望は商業または情報会計				○
【南薩学区】										
指宿	普通	120	10%							○
山川	園芸工学・農業経済	40	30%							○
	生活情報	40	30%							○
頴娃	普通	40	10%			機械電気				○
	機械電気	40	30%			普通				○
枕崎	総合学科	80	30%							○

学校名	学科名	募集定員	推薦入試	学区外からの一定枠		学科併願可能学科	くくり募集	傾斜配点		帰国生徒等特別選抜
		(人)	(以内)	(以内)	(人)			教科数	倍率	
鹿児島水産	海洋	40	20%			第３志望まで				○
	情報通信	40	20%							○
	食品工学	40	20%							○
加世田	普通	120	10%							○
加世田常潤	食農プロデュース	40	30%			生活福祉				○
	生活福祉	40	30%			食農プロデュース				○
川辺	普通	80	10%							○
薩南工業	機械	40	30%			第４志望まで				○
	建築	40	30%							○
	情報技術	40	30%							○
	生活科学	40	30%							○
指宿商業	商業マネジメント	120	30%			第３志望まで				○
	会計マネジメント	40	30%							○
	情報マネジメント	40	30%							○
【北薩学区】										
川内	普通	280	10%	10%	28					○
川内商工	機械	120	25%			第３志望まで				○
	電気	80	25%							○
	インテリア	40	25%							○
	商業	80	25%							○
川薩清修館	ビジネス会計	40	30%			総合学科				○
	総合学科	80	30%			ビジネス会計				○
薩摩中央	普通	40	10%	10%	4	第２志望まで				○
	生物生産	40	30%							○
	農業工学	40	30%							○
	福祉	40	30%							○
鶴翔	農業科学	40	20%			第３志望まで				○
	食品技術	40	20%							○
	総合学科	80	20%							○
野田女子	食物	40	30%			生活文化				○
	生活文化	40	30%			食物				○
	衛生看護	40	30%							○
出水	普通	120	10%							○
出水工業	機械電気	80	30%							○
	建築	40	30%							○
出水商業	商業	80	30%			情報処理				○
	情報処理	80	30%			商業				○
【姶良・伊佐学区】										
大口	普通	80	10%							○
伊佐農林	農林技術	40	30%							○
	生活情報	40	30%							○
霧島	機械	40	30%			総合学科				○
	総合学科	40	30%			機械				○
蒲生	普通	80	10%			情報処理				○
	情報処理	40	30%			普通				○
加治木	普通	320	10%	10%	32					○

学校名	学科名	募集定員	推薦入試	学区外からの一定枠		学科併願可能学科	くくり募集	傾斜配点		帰国生徒等特別選抜
		(人)	(以内)	(以内)	(人)			教科数	倍率	
加治木工業	機械	80	25%			第6志望まで				○
	電気	40	25%							○
	電子	40	25%							○
	工業化学	40	25%							○
	建築	40	25%							○
	土木	40	25%							○
隼人工業	インテリア	40	30%			第3志望まで				○
	電子機械	80	30%							○
	情報技術	40	30%							○
国分	普通	280	10%	10%	28	理数				○
	理数	40	30%			普通				○
福山	普通	40	10%							○
	商業	40	30%							○
国分中央	園芸工学	40	20%			生活文化又はビジネス情報				○
	生活文化	80	20%			園芸工学又はビジネス情報				○
	ビジネス情報	120	30%			園芸工学又は生活文化				○
	スポーツ健康	40	60%			園芸工学，生活文化又はビジネス情報				○
【大隅学区】										
曽於	文理	40	20%程度			第3志望まで				○
	普通	40	10%	10%	4					○
	畜産食農	40	20%程度							○
	機械電子	40	20%程度							○
	商業	40	20%程度							○
志布志	普通	120	10%							○
串良商業	情報処理	80	30%			総合ビジネス				○
	総合ビジネス	40	30%			情報処理				○
楠隼	普通	90*5	*6							*6
鹿屋	普通	240	10%	10%	24					○
鹿屋農業	農業	40	30%			第2志望まで				○
	園芸	40	30%							○
	畜産	40	30%							○
	農業機械	40	30%							○
	農林環境	40	30%							○
	食と生活	40	30%							○
鹿屋工業	機械	80	20%程度			第3志望まで				○
	電気	40	20%程度							○
	電子	40	20%程度							○
	建築	40	20%程度							○
	土木	40	20%程度							○
垂水	普通	40	10%			生活デザイン				○
	生活デザイン	40	20%			普通				○
南大隅	商業	80	30%							○
鹿屋女子	普通	40	10%	10%	4	第3志望まで				○
	情報ビジネス	80	30%							○
	生活科学	80	30%							○

学校名	学科名	募集定員	推薦入試	学区外からの一定枠		学科併願可能学科	くくり募集	傾斜配点		帰国生徒等特別選抜
		（人）	（以内）	（以内）	（人）			教科数	倍率	
【熊毛学区】										
種子島	普通	80	10%							○
	生物生産	40	30%			第２志望まで				○
	電気	40	30%							○
種子島中央	普通	40	10%							○
	ミライデザイン	40	10%			第３志望まで				○
	情報処理	40	20%							○
屋久島	普通	80	10%			情報ビジネス				○
	情報ビジネス	40	30%			普通				○
【大島学区】										
大島	普通	280	10%							○
奄美	機械電気	80	30%							○
	商業	40	30%			情報処理				○
	情報処理	40	30%			商業				○
	家政	40	30%							○
	衛生看護	40	30%							○
大島北	普通	40	10%			情報処理				○
	情報処理	40	30%			普通				○
古仁屋	普通	80	10%							○
喜界	普通	40	＊7			商業				○
	商業	40	＊7			普通				○
徳之島	普通	80	10%			総合学科				○
	総合学科	40	30%			普通				○
沖永良部	普通	80	10%			商業				○
	商業	40	30%			普通				○
与論	普通	80	10% ＊8							○

（注）＊1　自己推薦（普通科10%，福祉科10%）を含む。
＊2　普通科において体育，書道，英語コース合わせて20%，体育，書道，英語コース以外の一般が10%とする。
＊3　鹿児島玉龍中学校からの入学者（120人以内）を含む。
＊4　募集定員より鹿児島玉龍中学校からの入学者（120人以内）を減じた数の10%とする。
＊5　楠隼中学校からの入学者（60人以内）を含む。
＊6　楠隼高等学校は国語，数学，英語の独自問題と面接による入学者選抜を2月2日（金）に実施し，募集定員に満たない場合は，第一次入学者選抜（一般入学者選抜）及び第二次入学者選抜を実施する。
＊7　喜界高等学校は連携型中高一貫教育校入学者選抜を実施する。
＊8　与論高等学校は推薦入学者選抜及び連携型中高一貫教育校入学者選抜を実施する。

2024年度一般入学者選抜出願状況（全日制課程）

※(　)内は，全日制普通科の「一定枠の学区外志願者数」で内数。

学校名	学科名	募集定員	学力検査定員	最終出願者数	2024年倍率	2023年倍率
【鹿児島学区】						
鶴丸	普通	320	288	369 (44)	1.28	1.24
甲南	普通	320	288	412 (44)	1.43	1.48
鹿児島中央	普通	320	296	447 (32)	1.51	1.39
錦江湾	普通	160	152	137 (3)	0.90	0.75
	理数	80	79	46	0.58	0.57
	計	240	231	183 (3)	0.79	0.69
武岡台	普通	240	227	278 (4)	1.22	1.26
	情報科学	80	73	101	1.38	1.28
	計	320	300	379 (4)	1.26	1.26
開陽	普通	78	66	84	1.27	1.12
	福祉	38	37	30	0.81	0.75
	計	116	103	114	1.11	0.99
明桜館	文理科学	120	117	75	0.64	0.88
	商業	80	80	71	0.89	1.08
	計	200	197	146	0.74	0.96
松陽	普通	240	204	223 (7)	1.09	1.14
	音楽	40	20	14	0.70	0.70
	美術	40	13	18	1.38	1.27
	計	320	237	255 (7)	1.08	1.11
鹿児島東	普通	80	79	74	0.94	0.69
鹿児島工業	工業Ⅰ類	240	205	241	1.18	0.93
	工業Ⅱ類	120	104	127	1.22	0.89
	計	360	309	368	1.19	0.91
鹿児島南	普通	160	149	177 (9)	1.19	1.12
	商業	80	71	84	1.18	1.06
	情報処理	40	35	48	1.37	1.25
	体育	40	20	15	0.75	1.38
	計	320	275	324 (9)	1.18	1.13
吹上	電気	40	39	20	0.51	0.73
	電子機械	40	39	34	0.87	0.85
	情報処理	40	40	24	0.60	0.68
	計	120	118	78	0.66	0.75
伊集院	普通	240	232	187 (3)	0.81	0.72
市来農芸	農業	40	40	11	0.28	0.50
	畜産	40	40	14	0.35	0.45
	環境園芸	40	39	23	0.59	0.38
	計	120	119	48	0.40	0.44
串木野	普通	80	80	65	0.81	0.48
鹿児島玉龍	普通	129	116	153 (6)	1.32	1.47
鹿児島商業	ビジネスクリエイト	120	103	125	1.21	－
	情報イノベーション	120	103	126	1.22	－
	アスリートスポーツ	40	21	26	1.24	－
	計	280	227	277	1.22	0.48

学校名	学科名	募集定員	学力検査定員	最終出願者数	2024年倍率	2023年倍率
鹿児島女子	商業	80	71	32	0.45	0.65
	情報会計	80	68	26	0.38	0.72
	生活科学	160	130	108	0.83	0.96
	計	320	269	166	0.62	0.82
【南薩学区】						
指宿	普通	120	120	79	0.66	0.61
山川	園芸工学·農業経済	40	40	8	0.20	0.25
	生活情報	40	40	8	0.20	0.30
	計	80	80	16	0.20	0.28
頴娃	普通	40	40	13	0.33	0.70
	機械電気	40	40	33	0.83	0.78
	計	80	80	46	0.58	0.74
枕崎	総合学科	80	79	28	0.35	0.41
鹿児島水産	海洋	40	38	42	1.11	1.26
	情報通信	40	38	35	0.92	0.83
	食品工学	40	40	22	0.55	0.59
	計	120	116	99	0.85	0.89
加世田	普通	120	118	81	0.69	0.70
加世田常潤	食農プロデュース	40	40	25	0.63	0.30
	生活福祉	40	40	5	0.13	0.23
	計	80	80	30	0.38	0.26
川辺	普通	80	80	34	0.43	0.44
薩南工業	機械	40	40	31	0.78	0.48
	建築	40	40	20	0.50	0.58
	情報技術	40	40	16	0.40	0.55
	生活科学	40	40	31	0.78	0.68
	計	160	160	98	0.61	0.57
指宿商業	商業マネジメント	120	112	123	1.10	0.93
	会計マネジメント	40	38	19	0.50	0.25
	情報マネジメント	40	40	38	0.95	0.97
	計	200	190	180	0.95	0.80
【北薩学区】						
川内	普通	280	259	267 (16)	1.03	1.03
川内商工	機械	120	115	93	0.81	0.83
	電気	80	79	49	0.62	0.91
	インテリア	40	36	44	1.22	0.85
	商業	80	74	83	1.12	0.76
	計	320	304	269	0.88	0.84
川薩清修館	ビジネス会計	40	40	14	0.35	0.18
	総合学科	80	79	47	0.59	0.68
	計	120	119	61	0.51	0.51

学校名	学科名	募集定員	学力検査定員	最終出願者数	2024年倍率	2023年倍率
薩摩中央	普通	40	36	13 (1)	0.36	0.49
	生物生産	40	40	28	0.70	0.38
	農業工学	40	38	31	0.82	0.45
	福祉	40	38	17	0.45	0.31
	計	160	152	89 (1)	0.59	0.40
鶴翔	農業科学	40	40	16	0.40	0.30
	食品技術	40	40	14	0.35	0.43
	総合学科	80	79	50	0.63	0.56
	計	160	159	80	0.50	0.46
野田女子	食物	40	40	13	0.33	0.53
	生活文化	40	40	23	0.58	0.53
	衛生看護	40	40	11	0.28	0.35
	計	120	120	47	0.39	0.47
出水	普通	120	116	86	0.74	0.54
出水工業	機械電気	80	80	51	0.64	0.90
	建築	40	40	13	0.33	0.43
	計	120	120	64	0.53	0.74
出水商業	商業	80	79	79	1.00	0.95
	情報処理	80	78	64	0.82	1.15
	計	160	157	143	0.91	1.05
【姶良・伊佐学区】						
大口	普通	80	79	30	0.38	0.61
伊佐農林	農林技術	40	40	22	0.55	0.38
	生活情報	40	39	39	1.00	0.68
	計	80	79	61	0.77	0.53
霧島	機械	40	40	14	0.35	0.55
	総合学科	40	40	32	0.80	0.68
	計	80	80	46	0.58	0.61
蒲生	普通	80	80	39	0.49	0.48
	情報処理	40	40	33	0.83	1.03
	計	120	120	72	0.60	0.66
加治木	普通	320	304	343 (4)	1.13	1.07
加治木工業	機械	80	77	68	0.88	1.03
	電気	40	38	24	0.63	1.00
	電子	40	38	39	1.03	1.35
	工業化学	40	39	20	0.51	0.48
	建築	40	37	47	1.27	1.28
	土木	40	36	17	0.47	1.03
	計	280	265	215	0.81	1.02
隼人工業	インテリア	40	39	39	1.00	1.00
	電子機械	80	73	74	1.01	0.84
	情報技術	40	39	41	1.05	0.97
	計	160	151	154	1.02	0.91

学校名	学科名	募集定員	学力検査定員	最終出願者数	2024年倍率	2023年倍率
国分	普通	280	274	251 (2)	0.92	0.74
	理数	40	39	41	1.05	0.82
	計	320	313	292 (2)	0.93	0.75
福山	普通	40	40	14	0.35	0.23
	商業	40	40	16	0.40	0.63
	計	80	80	30	0.38	0.43
国分中央	園芸工学	40	40	47	1.18	0.62
	生活文化	80	78	89	1.14	1.19
	ビジネス情報	120	111	110	0.99	0.85
	スポーツ健康	40	18	19	1.06	0.94
	計	280	247	265	1.07	0.92
【大隅学区】						
曽於	文理	40	40	8	0.20	0.35
	普通	40	40	23 (0)	0.58	0.55
	畜産食農	40	40	21	0.53	0.72
	機械電子	40	40	26	0.65	1.00
	商業	40	40	33	0.83	1.13
	計	200	200	111 (0)	0.56	0.75
志布志	普通	120	119	70	0.59	0.91
串良商業	情報処理	80	78	58	0.74	0.62
	総合ビジネス	40	40	30	0.75	0.68
	計	120	118	88	0.75	0.64
楠隼	普通	47	39	0	−	0.03
鹿屋	普通	240	226	233 (1)	1.03	0.82
鹿屋農業	農業	40	40	6	0.15	0.31
	園芸	40	39	12	0.31	0.10
	畜産	40	35	13	0.37	0.68
	農業機械	40	33	34	1.03	1.17
	農林環境	40	39	18	0.46	1.03
	食と生活	40	39	41	1.05	1.00
	計	240	225	124	0.55	0.70
鹿屋工業	機械	80	79	54	0.68	0.73
	電気	40	39	42	1.08	1.30
	電子	40	40	27	0.68	0.95
	建築	40	39	29	0.74	0.79
	土木	40	40	18	0.45	0.78
	計	240	237	170	0.72	0.88
垂水	普通	40	40	10	0.25	0.25
	生活デザイン	40	40	18	0.45	0.68
	計	80	80	28	0.35	0.46
南大隅	商業	80	80	27	0.34	0.45

学校名	学科名	募集定員	学力検査定員	最終出願者数	2024年倍率	2023年倍率
鹿屋女子	普通	40	40	37 (0)	0.93	1.16
	情報ビジネス	80	77	65	0.84	1.03
	生活科学	80	78	64	0.82	0.76
	計	200	195	166 (0)	0.85	0.95
【熊毛学区】						
種子島	普通	80	80	46	0.58	0.63
	生物生産	40	40	9	0.23	0.25
	電気	40	40	14	0.35	0.78
	計	160	160	69	0.43	0.57
種子島中央	普通	40	40	15	0.38	0.48
	ミライデザイン	40	40	19	0.48	－
	情報処理	40	39	32	0.82	1.00
	計	120	119	66	0.55	0.64
屋久島	普通	80	80	37	0.46	0.53
	情報ビジネス	40	40	29	0.73	0.73
	計	120	120	66	0.55	0.59
【大島学区】						
大島	普通	240	235	223	0.95	0.75
奄美	機械電気	80	80	30	0.38	0.45
	商業	40	40	21	0.53	0.38
	情報処理	40	38	32	0.84	1.03
	家政	40	39	30	0.77	0.70
	衛生看護	40	40	10	0.25	0.28
	計	240	237	123	0.52	0.55
大島北	普通	40	40	30	0.75	0.75
	情報処理	40	40	32	0.80	0.63
	計	80	80	62	0.78	0.69
古仁屋	普通	80	80	40	0.50	0.45
喜界	普通	40	27	6	0.22	0.44
	商業	40	9	1	0.11	－
	計	80	36	7	0.19	0.18
徳之島	普通	80	80	53	0.66	0.53
	総合学科	40	40	45	1.13	1.00
	計	120	120	98	0.82	0.69
沖永良部	普通	80	79	54	0.68	0.61
	商業	40	40	30	0.75	0.83
	計	120	119	84	0.71	0.68
与論	普通	80	41	0	－	0.03

❖傾向と対策〈数学〉

出題傾向

	数と式							方程式						関数					図形								資料の活用	
	数の計算	数の性質	平方根の計算	平方根の性質	文字式の利用	式の計算	式の展開・因数分解	一次方程式の計算	一次方程式の応用	連立方程式の計算	連立方程式の応用	二次方程式の計算	二次方程式の応用	比例・反比例	一次関数	関数 $y=ax^2$	いろいろな事象と関数	関数と図形	図形の性質	平面図形の計量	空間図形の計量	図形の証明	作図	中3単元 相似	中3単元 三平方の定理	中3単元 円周角の定理	場合の数・確率	資料の分析と活用・標本調査
2024年度	○	○	○		○		○		○		○			○		○	○		○	○		○	○	○	○	○	○	○
2023年度	○	○		○		○	○			○			○			○		○	○	○		○	○	○	○		○	○
2022年度	○	○	○		○										○	○		○	○	○	○	○	○	○	○	○	○	○
2021年度	○	○	○				○	○	○		○					○		○	○	○	○	○	○	○	○	○	○	○
2020年度	○	○	○	○							○	○		○		○		○	○	○		○	○		○	○	○	○

出題分析

★数と式…………正負の数や平方根の計算，単項式や多項式の計算，因数分解などが出題されている。また，絶対値や素数，倍数など，数の性質に関する問題も出題されている。

★方程式…………単純な計算問題としての出題は少なく，連立方程式や2次方程式を利用した文章題がよく出題されている。また，他分野であっても，問題を解く際に方程式を利用する必要があるものもある。

★関　数…………座標平面上のグラフと図形を関連させた問題を中心に出題されている。

★図　形…………毎年，空間図形，平面図形を題材とした基本的な計量問題が，小問で出題されている。また，大問として，平面図形の発展問題が出題されることが多く，円の性質，三平方の定理，合同，相似などを組み合わせて利用する問題が主となっている。さらに，作図や証明問題も出題されている。

★資料の活用……さいころ，玉の取り出しなどを題材とした確率の問題が出題されている。また，資料の活用と分析の分野からは，ヒストグラムや度数分布表の利用，代表値についての問題などが小問で出題されるほか，箱ひげ図などを利用して考察する発展的内容が大問で出題されることもある。

来年度の対策

①基本事項をマスターすること！

出題は広範囲にわたっているので，全範囲の復習をし，基本をマスターすることが大切である。出題頻度の高い問題を中心に編集された「**ニューウイング 出題率 数学**」（英俊社）を使って，効率よく全体の総仕上げをしよう。

②計算力をつけること！

計算問題だけでなく，他の分野でも計算ミスで取りこぼすことのないよう，速く正確な計算力を身につけておきたい。**数学の近道問題シリーズ**「**式と計算**」「**方程式・確率・資料の活用**」（ともに英俊社）は，薄手ながら内容豊富な問題集なので，実力アップに最適だ。ぜひ仕上げておこう。

③関数，図形の計量に強くなること！

円を題材とした平面図形の問題はしっかりと演習しておこう。特に，作図や証明を含む問題を多くこなすと，よりよい対策になるだろう。相似を利用した線分比，面積比の扱いにも慣れておきたい。また，さまざまな事象を関数としてとらえる問題も多く演習をしておこう。

❖傾向と対策〈英語〉

出題傾向

	放送問題	語い	音声			英文法					英作文			読解		長文問題										
																			設問の内容							
			語の発音	語のアクセント	文の区切り・強勢	語形変化	英文完成	同意文完成	指示による書きかえ	正誤判断	整序作文	和文英訳	その他の英作文	問答・応答	絵や表を見て答える問題	会話文	長文読解	長文総合	音声・語い	文法事項	英文和訳	英作文	内容把握	文の整序・挿入	英問英答	要約
2024年度	○												○			○	○	○				○	○	○	○	
2023年度	○												○			○	○	○				○	○	○	○	○
2022年度	○												○			○	○	○		○		○	○	○	○	○
2021年度	○												○		○	○	○	○				○	○	○	○	
2020年度	○												○		○	○		○				○	○	○	○	

出題分析

★長文問題は，空欄に入る英文を選択する問題，内容について日本語で説明する問題，図や表の内容を読み取る問題など，さまざまな形式で読解力を問うものになっている。また，イラストに合う英文を書く作文問題が出題されており，表現力も要求されている。

★リスニングテストは，対話文を聞いて内容に合う絵や選択肢を選ぶ問題，スピーチと質問を聞いて適切な答えを選ぶ問題，対話文と質問を聞いて登場人物に代わって返答する問題などが出題されている。

来年度の対策

①長文を数多く読んでおくこと！

日ごろから長文や会話文に触れ，内容を正確に読み取れるようにしておきたい。その際，単語・連語のチェックをしたり，文法知識や会話表現を確認したりするなど，総合的な知識を習得するようにしよう。「**英語の近道問題シリーズ**（全６冊）」（英俊社）で苦手単元の学習をしておくとよい。

②リスニングに慣れておくこと！

リスニング問題は今後も出題されると思われるので，日ごろからネイティブスピーカーの話す英語に慣れておこう。

③作文に強くなっておくこと！

総合的な英語力と表現力が必要とされるので，しっかりとした練習が必要。さまざまな問題に対応できるようにしておこう。最後に前記シリーズの「**文の書きかえ・英作文**」（英俊社）を仕上げておくとよい。

❖傾向と対策〈社会〉

出題傾向

	地理							歴史							公民										融合問題
	世界地理			日本地理			世界地理・日本地理総合	日本史					世界史	日本史・世界史総合	政治				経済				国際社会	公民総合	
	全域	地域別	地図・時差（単独）	全域	地域別	地形図（単独）		原始・古代	中世	近世	近代・現代	複数の時代			人権・憲法	国会・内閣・裁判所	選挙・地方自治	総合・その他	しくみ・企業	財政・金融	社会保障・労働・人口	総合・その他			
2024年度							○							○										○	
2023年度							○					○												○	
2022年度							○					○												○	
2021年度							○							○										○	
2020年度							○							○										○	

出題分析

★出題数と時間　過去5年間，大問数は3で一定，小問数は38～41。50分の試験時間としては適当な量といえるが，資料の読解や文章の正誤判断が必要なため，時間配分には充分に気をつける必要がある。

★出題形式　短文による説明を求められる問題数は10題前後と多く，選択式よりも記述式が重視されていることがわかる。2021年度には作図問題も出された。

★出題内容　①地理的内容について

世界地理・日本地理ともに地図やグラフ・統計表・写真などを用いて，各国の位置や時差，産業，文化などの特徴を問うものとなっている。日本地理では地形図の読み取りも出題されている。気候に関するグラフは世界・日本を問わずよく出題されているので，気候の特徴も読み取れるようにしておきたい。

②歴史的内容について

日本史を中心とした出題だが，同時代の世界史事項も問われているので注意が必要。単に知識を問うだけではなく，写真や年表，史料・グラフなどを使って時代背景などを考えながら解答する問題が中心となっている。また，年代順・時代順に関する問いが必ずあることも特徴。

③公民的内容について

政治・経済の両分野だけでなく，年度によっては国際社会の分野からの出題もみられる。政治分野は特に人権と日本の政治のしくみについての問題が出されているので，必ず対策を立てておきたい。さらに，統計表やグラフ，模式図などが多用されており，他分野同様，単に公民用語を問う問題だけでなく読解力・思考力が試される問題も含まれているので注意を要する。

★難 易 度　全体的に標準的なレベルだが，統計の読み取り・短文記述など日ごろから練習を積んでおかないと得点できない問題もあり，油断は禁物。

来年度の対策

①地図・グラフ・統計・地形図などを使って学習しておくこと！

地理分野では教科書だけでなく，地図帳・資料集等をうまく活用し，広くていねいな学習を心がけること。

②人物や代表的な事件について年代とともにまとめておくこと！

年代順や時代判断，時代背景を問う問題がよく出ている。問題にも年表が使われているので，自分で年表を作成し，重要事項や関連人物などを整理する学習が有効となる。また，教科書・参考書などの写真や史料にも注意しておきたい。

③時事問題に関心を持とう！

公民分野では教科書で学習した公民用語を問われるだけではなく，近年起こった出来事などについて問われることもある。新聞の解説やニュース番組・インターネットなどを利用し，時事問題に対する理解度も高めておこう。

④標準的な問題に対しては不注意からくるミスをなくすことが重要だ！

教科書を中心に基礎的な事項を整理し，問題集を利用して必要な知識の確認をしておこう。そのためにも，「**社会の近道問題シリーズ**（全４冊）」（英俊社）で苦手な分野を集中的に学習し，短文記述対策も立てておこう。また，仕上げには出題率の高い問題が収録された「**ニューウイング 出題率 社会**」（英俊社）を使ってさまざまな問題パターンに対応できるようにしておきたい。

❖傾向と対策〈理科〉

出題傾向

	物理					化学					生物					地学					環境問題
	光	音	力	電流の性質とその利用	運動とエネルギー	物質の性質	物質どうしの化学変化	酸素が関わる化学変化	いろいろな化学変化	酸・アルカリ	植物	動物	ヒトのからだのつくり	細胞・生殖・遺伝	生物のつながり	火山	地震	地層	天気とその変化	地球と宇宙	
2024年度			○		○	○		○						○				○		○	
2023年度	○			○					○		○	○	○			○				○	
2022年度			○	○	○	○	○				○		○	○			○		○		
2021年度			○	○				○	○		○		○	○					○	○	
2020年度	○				○	○	○						○	○				○		○	

出題分析

★物　理…………電流に関する出題が多く，オームの法則を用いた計算問題もよく出題されている。電流についての出題以外では，光や音，力・運動・力学的エネルギーについての出題もみられる。

★化　学…………水溶液の性質，物質どうしの化学変化，酸化・還元など，幅広く出題されている。この分野では，グラフ作成や計算・短文説明が出題されることも多い。内容は基礎的だが，短文説明やグラフ作成があるため，時間配分にも注意が必要。

★生　物…………食物連鎖，ヒトのからだのしくみ，植物のつくりとはたらき，細胞・生殖・遺伝などが出題されている。どの出題でも記述と短文説明が中心となっている。特に難しい問題はなく，基本的な問題が多い。

★地　学…………天体，地震，地層・岩石，天気の変化などから出題されている。内容は基礎的だが，記述や短文説明の出題が多くみられる。

全体的にみると…各分野から１題ずつ出題されている。また，すべての分野の知識が必要となる総合的な問題が１題出題されている。

来年度の対策

①効率よく復習しよう！

各大問では2つのテーマが扱われているため，問題数は多くないが，幅広い知識が必要。より多くの単元を復習し，試験に備えたい。そこで，「**ニューウイング 出題率 理科**」（英俊社）を活用してほしい。入試でよく出される問題ばかりを集めており，要領よく学習するには最適だろう。

②短文説明に備えよう！

短文説明の出題が多くみられる。問われている内容や答えるべき内容は基本的なことだが，慣れていないとなかなか文章が書けないだろう。また，計算の過程や考え方を説明する問題もあるため，物理分野でも注意が必要。ふだんから文章で説明する練習をして，十分に準備しておきたい。対策には，短文説明の重要事項がコンパクトにまとまった**理科の近道問題シリーズ**の「**理科記述**」（英俊社）がおすすめだ。

③グラフ作成に慣れておこう！

物理や化学分野の出題では，数値をグラフに表す問題が出されている。与えられた表が何を意味しているのかを理解した上で，内容にのっとって計算し，グラフ化する必要がある。この問題も十分な練習が必要なので，問題集をしっかりやっておこう。

❖傾向と対策〈国語〉

出題傾向

	現代文の読解									国語の知識									作文		古文・漢文								
	内容把握	原因・理由	接続語	適語挿入	脱文挿入	段落の働き・論の展開	要旨・主題	心情把握・人物把握	表現把握	漢字の読み書き	漢字・熟語の知識	ことばの知識	慣用句・ことわざ・四字熟語	文法	敬語	文学史	韻文の知識	表現技法	課題作文・条件作文	短文作成・表現力	読解問題	主語・動作主把握	会話文・心中文	要旨・主題	古語の意味・口語訳	仮名遣い	文法・係り結び	返り点・書き下し文	古文・漢文・漢詩の知識
2024 年度	○			○				○		○	○								○		○			○		○			
2023 年度	○		○					○		○	○								○		○	○				○			
2022 年度	○	○	○					○		○	○			○					○		○					○			
2021 年度	○	○	○				○	○		○	○			○					○		○					○			
2020 年度	○	○	○					○		○	○		○	○					○		○					○			

【出典】

2024年度　[2]論理的文章　村田和代「優しいコミュニケーション――『思いやり』の言語学」
[3]古文　「宝物集」　[4]文学的文章　真紀涼介「勿忘草をさがして」

2023年度　[2]論理的文章　広田照幸「学校はなぜ退屈でなぜ大切なのか」　[3]古文　「十訓抄」
[4]文学的文章　歌代　朔「スクラッチ」

2022年度　[2]論理的文章　河野哲也「問う方法・考える方法　『探究型の学習』のために」
[3]古文　「日本永代蔵」　[4]文学的文章　鈴村ふみ「櫓太鼓がきこえる」

2021年度　[2]論理的文章　稲垣栄洋「はずれ者が進化をつくる　生き物をめぐる個性の秘密」
[3]古文　「沙石集」　[4]文学的文章　望月雪絵「魔女と花火と 100 万円」

2020年度　[2]論理的文章　細川英雄「対話をデザインする―伝わるとはどういうことか」
[3]古文　「鬼神論」　[4]文学的文章　佐川光晴「駒音高く」

出題分析

★現代文…………素材文は，論理的文章と文学的文章が 1 題ずつ。設問内容の特色は，論理的文章では，内容把握，接続詞・副詞挿入などが，文学的文章では，内容把握，心情・人物把握，理由説明などが出題されることである。どちらも与えられた設問文中の空欄を補充させる形式と，長めの記述問題が目立つ。

★古　文…………説話集からの出題が多い。与えられた訳を頼りに全体の内容を把握できる力が求められている。主な設問内容は，現代かなづかいと内容把握。細かい古語の意味を問うものは少ない。

★漢　字…………大問として，読み書き合わせて 6 問が出題される。いずれも標準的なものである。画数や部首，書体など，漢字の知識についてもよく出題されている。

★文　法…………助詞や助動詞の用法，品詞の識別を問う問題などが出されている。

★作　文…………与えられたテーマや資料に沿って，101～160 字で書く作文が出題されている。

来年度の対策

①文章を的確に読み取る力を養うこと！

選択肢や記述量の長さ，資料を交えての読解にひるまないよう，多くの問題にあたってほしい。読解問題の解き方をおさらいできるだけでなく，資料問題の対策もできるので，**国語の近道問題シリーズ「長文読解―攻略法の基本―」「長文読解―攻略法の実践―」**（ともに英俊社）がおすすめだ。

②国語の知識をつけておくこと！

漢字の読み書きは毎年出題されており，配点も高い。必ず正解できるよう日ごろからしっかりと練習しておくこと。行書体の特徴もおさえておくとよい。また，ことわざ，慣用句なども長文問題の中に小問として出題されることがある。上記シリーズ**「漢字・ことばの知識」**（英俊社）のような問題集を利用して，知識の定着をはかっておこう。

③古文に読み慣れよう！

素材文は少し難易度が高いものもみられる。日ごろから問題を解くことで古文に慣れ親しみ，細かい古語の意味だけでなく，話の全体の流れをつかむ練習が必要。上記シリーズ**「古典」**（英俊社）のような薄手の問題集を１冊仕上げて，古文を読み慣れることに加えて解き方を身につけておくとよいだろう。

【写真協力】 Kimtaro · Chamber of the House of Representatives of Japan · via Wikimedia · CC BY ／ T.Kiya · Byodo-in Hoo-do · https://flic.kr/p/my9hbx · CC-BY SA ／ Takuma-sa · Dogu of Jomon Venus · via Wikimedia · CC-BY CA ／ Zwiet150 · Yakutsk flat 14-7 building · via Wikimedia · CC BY ／ ピクスタ株式会社 ／ 株式会社フォトライブラリー ／ 宮内庁正倉院事務所 ／ 経済産業省 ／ 国土地理院 HP ／ 山梨県 峡東建設事務所 ／ 鹿児島大学 ／ 第一学習社 ／ 帝国書院 ／ 東京書籍 ／ 毎日新聞社

【地形図】 本書に掲載した地形図は，国土地理院発行の地形図・地勢図を使用したものです。

~MEMO~

~MEMO~

鹿児島県公立高等学校

2024年度
入学試験問題

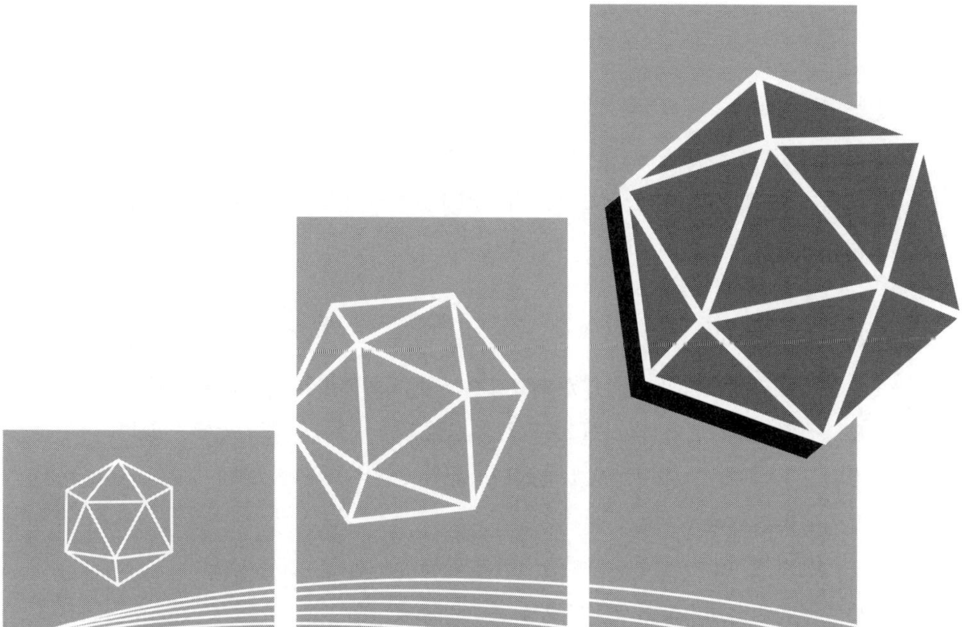

数学

時間　50分　　　満点　90点

1　次の1～5の問いに答えなさい。

1　次の(1)～(5)の問いに答えなさい。

(1)　$41 - 7 \times 5$ を計算しなさい。(　　　)

(2)　$\frac{3}{4} \div \frac{9}{8} + \frac{1}{2}$ を計算しなさい。(　　　)

(3)　$\sqrt{18} - \frac{2\sqrt{3}}{\sqrt{6}}$ を計算しなさい。(　　　)

(4)　72の約数の中で，8の倍数となるものをすべて答えなさい。(　　　)

(5)　n がどのような自然数であっても5でわり切れる式を，下のア～エの中からすべて選び，記号で答えなさい。(　　　)

ア　$n + 5$　　イ　$5n$　　ウ　$5n + 1$　　エ　$5n + 10$

2　$a(x - y) - bx + by$ を因数分解しなさい。(　　　)

3　10％の消費税がかかって176円のノートがあります。このノートの本体価格（税抜価格）を求めなさい。(　　　円)

4　右の図のように，正三角形ABCの辺AB上に点Dをとり，長方形DCEFをつくります。$\angle x$ の大きさを求めなさい。(　　　)

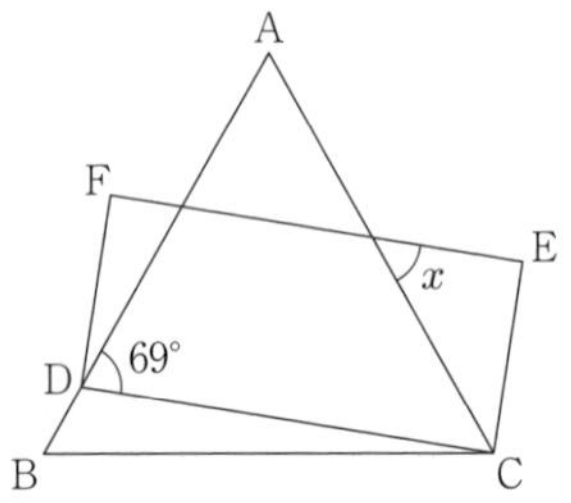

5　赤玉がいくつか入っている箱があります。そこに白玉を100個入れてからよくかき混ぜて，無作為に40個取り出したところ，白玉が4個ありました。このとき，最初に箱の中にあった赤玉の個数を推定しなさい。(約　　　個)

2　次の1～5の問いに答えなさい。

1　右の図のような正八面体があります。正八面体の辺の中から一辺を選び，その辺とねじれの位置にある辺の本数を調べます。このとき，正しいものを下のア～ウの中から1つ選び，記号で答えなさい。(　　　)

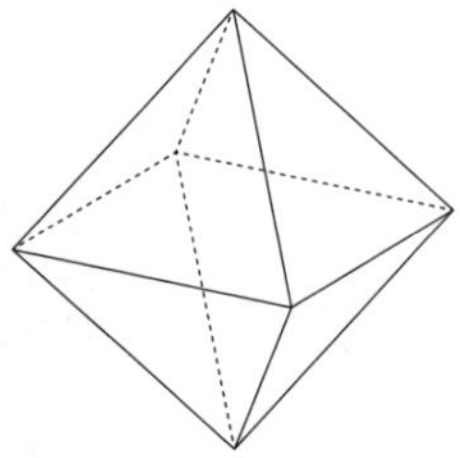

ア　どの辺を選んでも4本である。

イ　選ぶ辺によって4本の場合と5本の場合がある。

ウ　どの辺を選んでも5本である。

2　$a < 0$，$b > 0$ であるとき，3つの関数 $y = ax + b$，$y = \frac{a}{x}$，$y = \frac{b}{a}x^2$ のグラフを同じ座標軸

を使って表したものとして最も適当なものを，下のア〜エの中から１つ選び，記号で答えなさい。

(　　　)

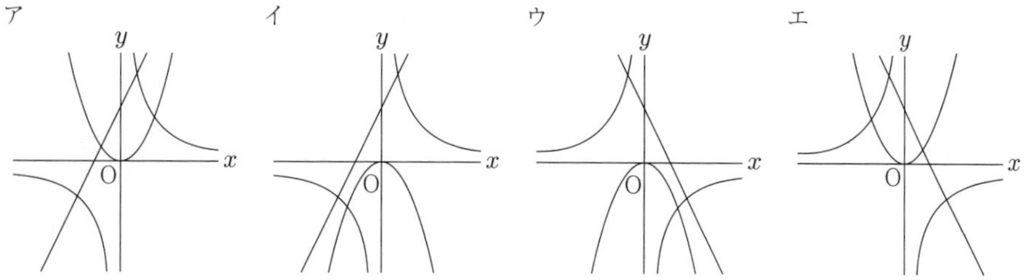

3　右の図のように，線分 AB を直径とする半円の $\overset{\frown}{AB}$ 上に点 P があります。この半円の中心を O とし，$\overset{\frown}{AP}$ 上の $\angle POQ = 30^\circ$ となる点を Q とします。このとき，中心 O と点 Q を定規とコンパスを用いて作図しなさい。ただし，中心 O と点 Q の位置を示す文字 O，Q も書き入れ，作図に用いた線も残しておきなさい。

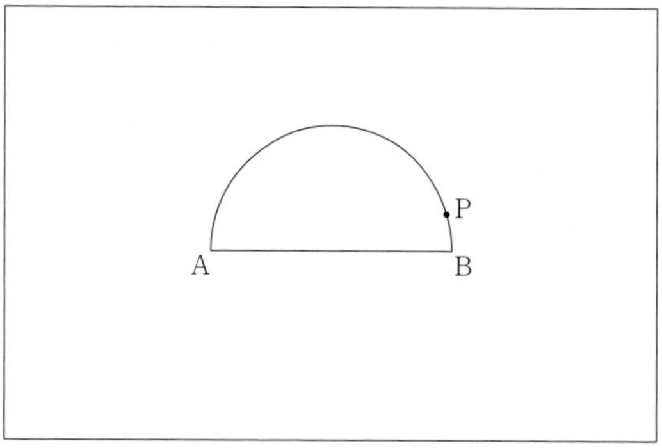

4　右の図のように，紙コップ A には 1，3，7 の数字が１つずつ書かれた３本の棒が入っており，紙コップ B には 2，5，9 の数字が１つずつ書かれた３本の棒が入っています。紙コップ A から１本，紙コップ B から１本の棒を同時に取り出します。このとき，取り出した２本の棒に書いてある数の積が偶数となる確率を求めなさい。ただし，A，B それぞれの紙コップにおいて，どの棒を取り出すことも同様に確からしいものとします。(　　　)

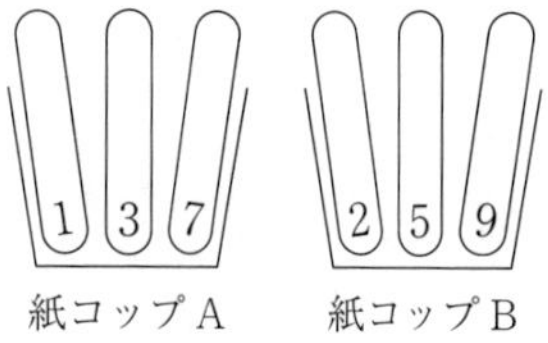

5　鹿児島の郷土料理である「がね」(かき揚げ)を，さつまいもとにんじんを材料にしてつくりました。「がね」をつくるために使ったさつまいもとにんじんの重さの合計は 240g でした。また，各食品に含まれる食品100gあたりの食物繊維の量は右の表のとおりであり，「がね」をつくるために使ったさつまいもとにんじんには合わせて 5440mg の食物繊維が含まれていたとすると，さつまいもとにんじんは，それぞれ何 g であったか求めなさい。ただし，さつまいもを x g，にんじんを y g とおいて，その方程式と計算過程も書きなさい。なお，さつまいもとにんじんは皮がむいてある状態として考えるものとします。

食品名	食品100gあたりの食物繊維の量
さつまいも (皮なし　生)	2200mg
にんじん (皮なし　生)	2400mg

(文部科学省：日本食品標準成分表 2020 年版から作成)

方程式と計算過程(　　　　　　　　　　　　　　　　　　　　　　　　　　　　)

答　さつまいも(　　　g)　にんじん(　　　g)

③　鹿児島県は南北に約600kmと広範囲におよんでいることから，気候は北と南で大きく異なります。県内各地域の様々な気温データをもとに作成した表や図について，次の1～4の問いに答えなさい。

1　表1は2023年の名瀬《なぜ》（奄美《あまみ》市）の月ごとの最低気温（℃）を表したものです。

表1

月	1	2	3	4	5	6	7	8	9	10	11	12
最低気温(℃)	5.8	9.5	9.8	12.6	14.3	19.9	24.9	24.3	23.9	16.5	12.4	10.5

（気象庁データから作成）

名瀬（奄美市）の月ごとの最低気温の中央値を求めなさい。ただし，小数第2位を四捨五入することとします。(　　　℃)

2　表2は，2002年と2022年の鹿児島市の8月の日ごとの最高気温のデータを整理した度数分布表です。この度数分布表をもとに2002年のデータと2022年のデータのそれぞれを階級の幅を変えたものを含めてヒストグラムに表したものとして誤っているものを，下のア～カの中から2つ選び，記号で答えなさい。(　　　)(　　　)

表2

階級(℃)	度数(日)	
	2002年	2022年
以上　　未満 27 ～ 29	1	0
29 ～ 31	5	0
31 ～ 33	10	3
33 ～ 35	11	21
35 ～ 37	4	7
37 ～ 39	0	0
計	31	31

（気象庁データから作成）

ア

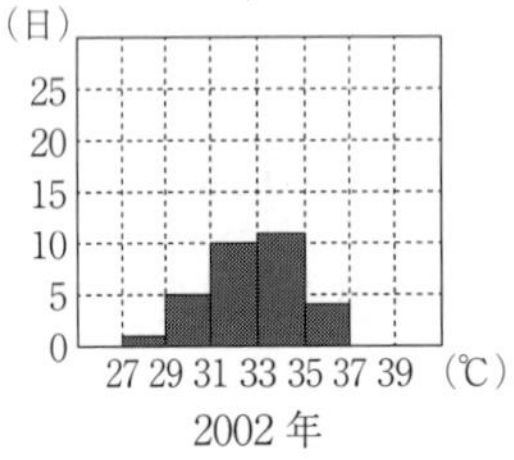

イ

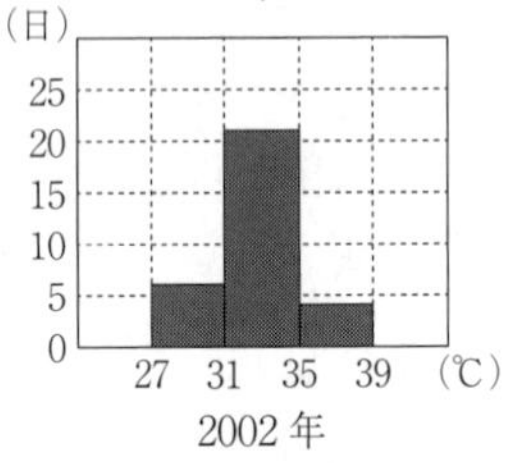

ウ

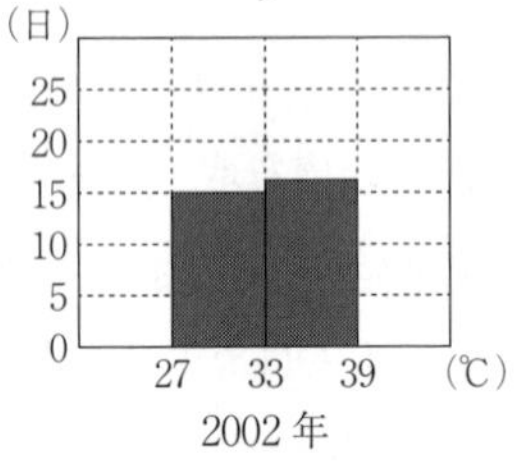

エ

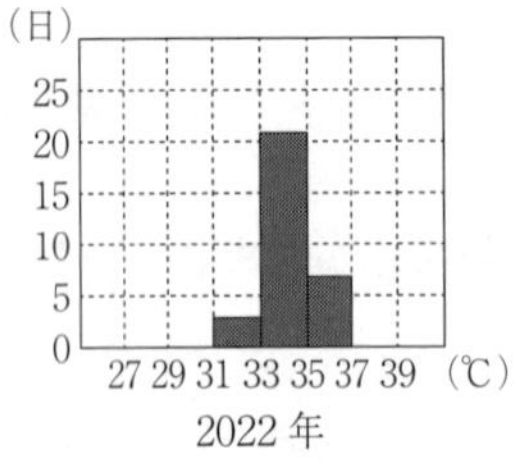

オ

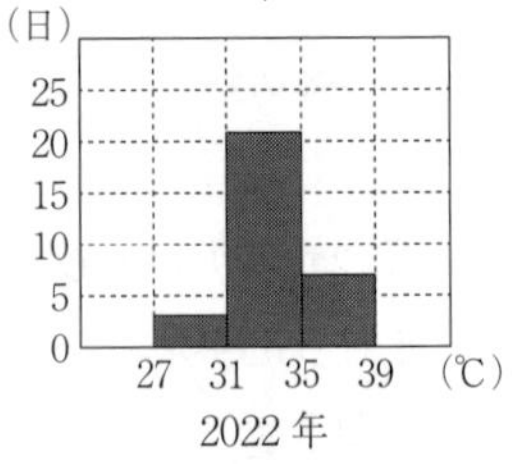

カ

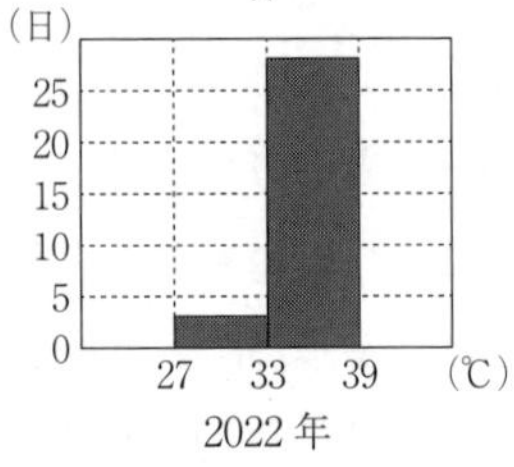

3　図1は，溝辺（霧島市）の1998年から2022年までの25年間の9月と10月の日ごとの午前0時の気温を整理し，度数分布表をもとに各階級の相対度数を度数折れ線で表したものです。また，コオロギの鳴き声の回数から気温を推測する方法があり，【手順】にしたがって求められます。たとえば，コオロギが15秒間に鳴いた回数の平均が19回のとき，計算式は $(19+8)\times 5 \div 9 = 15$ となり，気温は15℃と推測できます。次の(1)，(2)の問いに答えなさい。

図1

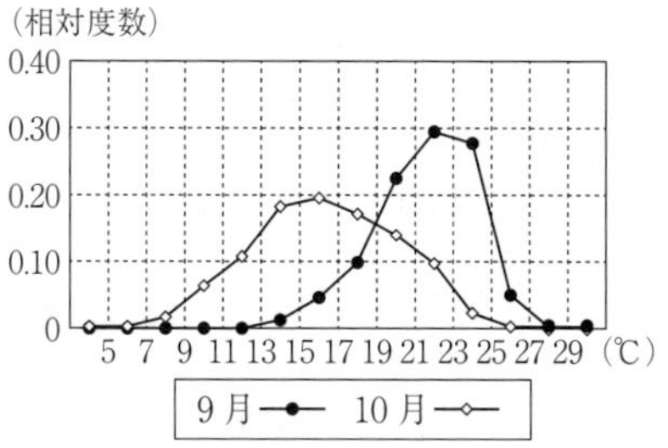

(気象庁データから作成)

※ 度数折れ線について，たとえば，5～7の区間は，5℃以上7℃未満の階級を表す。

【手順】

① コオロギが鳴く回数を 15 秒間数える。
② ①を数回繰り返して，その平均値を出す。
③ ②の値に8をたす。
④ ③の値に5をかけて9でわる。

(公益財団法人 日本科学協会 科学実験データベースによる)

(1) コオロギが15秒間に鳴いた回数の平均が28回であったとするとき，【手順】によって求められる気温を求めなさい。(　　　℃)

(2) 午前0時に，(1)で求めた気温が溝辺で計測される確率が高いのは，9月と10月のどちらであると図1から判断できますか。解答欄の9月と10月のどちらかを ◯ で囲み，そのように判断した理由を，図1をもとに説明しなさい。

(9月・10月) 理由(　　　　　　　　　　　　　　　　　　　　　　　　　　　　　　)

4 図2は，鹿児島県内6つの地点における気象台観測データをもとに，2022年の1月から12月までの月ごとの最低気温を箱ひげ図で表したものです。なお，観測地点は北から南の順に上から並んでいます。

図2

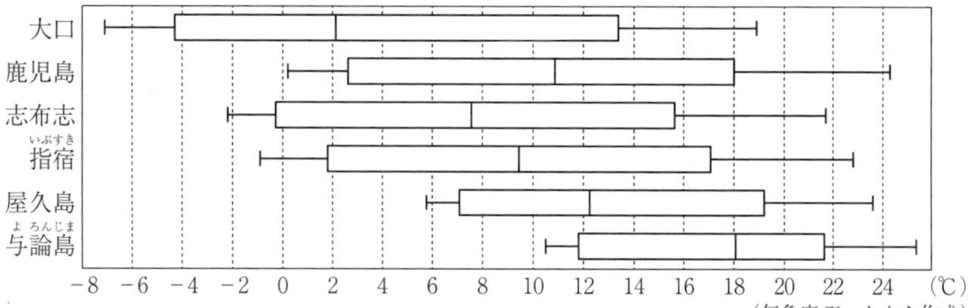

(気象庁データから作成)

図2から読み取れることとして，次の①～④は，「正しい」，「正しくない」，「図2からはわからない」のどれですか。最も適当なものを下のア～ウの中からそれぞれ1つ選び，記号で答えなさい。

① 範囲が最も大きいのは大口で，四分位範囲が最も小さいのは与論島である。(　　　)

② 6つの観測地点を比較したとき，南に行けば行くほど，第1四分位数，中央値，第3四分位数は，それぞれ大きくなっている。(　　　)

③ 大口では，最低気温が0℃未満だった月が4つある。(　　　)

④ 最低気温が2℃未満だった月が3つ以上あるのは，大口と志布志のみである。(　　　)

ア 正しい　　イ 正しくない　　ウ 図2からはわからない

4　マオさんは，S 地点から G 地点までのコースで駅伝の練習をしています。また，マオさんが S 地点を出発したあとに，監督を乗せた伴走用の自動車が S 地点を出発します。さらにマオさんが P 地点を通過してしばらくしてからドローン（無人航空機）を飛ばし，マオさんの走っているようすを 30 秒間撮影します。ドローンが P 地点の真上を出発してから x 秒間に進む距離を y m とおくと，$0 \leqq x \leqq 30$ の範囲では $y = \frac{1}{6}x^2$ の関係があります。図 1 は自動車の先端が P 地点を通過するときの，マオさん，ドローンの位置関係を表しています。ただし，PQ 間は 900m のまっすぐで平らな道路とし，ドローンは一定の高度を保ちながら道路の真上をまっすぐ飛行するものとします。次の 1～3 の問いに答えなさい。

図 1

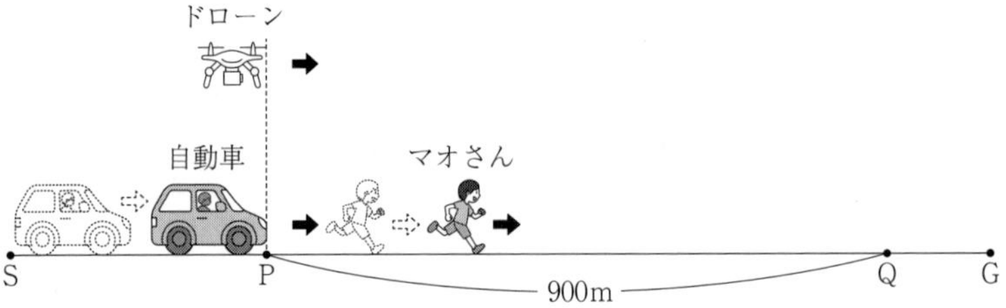

1　図 2 のア～エのうち，関数 $y = \frac{1}{6}x^2$ のグラフ上にある点はどれですか。図 2 のア～エから 1 つ選び，記号で答えなさい。(　　　)

図 2

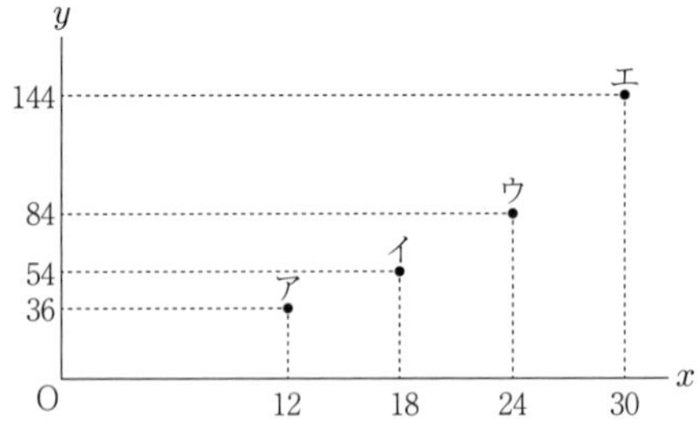

2　ドローンを出発させて 10 秒後から 20 秒後までの間のドローンの平均の速さは秒速何 m か求めなさい。(秒速　　　m)

3　図 1 のように，自動車の先端が P 地点を通過すると同時に，P 地点の真上からドローンを出発させました。このとき，マオさんは P 地点から 54m 進んだところを秒速 3 m の一定の速さで走っていました。次の(1)，(2)の問いに答えなさい。

(1)　ドローンがマオさんに追いつくのは，P 地点の真上を出発してから何秒後か求めなさい。ただし，ドローンが P 地点の真上を出発してから t 秒後のこととして，t についての方程式と計算過程も書きなさい。

方程式と計算過程(　　　　　　　　　　　　　　　　　　)　答(　　　秒後)

(2)　自動車に乗っている監督が「自己ベスト更新のために，もう少しペースを上げようか。」とマオさんの後ろからアドバイスをしました。自動車は，PQ 間を秒速 4.8m の一定の速さで走行するものとし，マオさんが自動車に追いつかれた地点を R 地点とします。マオさんが R 地点からペースを上げて一定の速さで RQ 間を 180 秒で走るためには，秒速何 m で走ればよいか求めなさい。(秒速　　　m)

5　ユウさんとレンさんは，授業の中でコンピュータソフトを使って，図形のもつ性質や関係について調べています。下の【会話】は，授業のある場面での会話です。次の1～3の問いに答えなさい。

【会話】

先生：それでは，鋭角三角形ABCについて考えてみましょう。この△ABCに図形や直線などを加えてみてください。

ユウ：△ABCの外側に図形を付け加えてみようかな。

レン：三角形の外側に正方形を付け加えた図形を見たことがあったよね。今回は正三角形にしてみようよ。

先生：いいですね。それでは，作図してみましょうか。△ABCの各辺を一辺とする3つの正三角形BAF，CBD，ACEを△ABCの外側に付け加えると，図1のようになりました。何か気づいたことはありますか。

ユウ：図1の図形に3つの線分AD，BE，CFをひくと1点で交わったよ。しかも，△ABCの各頂点を動かしてみても，いつでも1点で交わるんだよね。図2のように，この点をGとおいてみたよ。

レン：私は，図1の正三角形の各頂点を通る円をそれぞれかいてみたら，図3のように，3つの円も1点で交わることがわかったよ。

ユウ：もしかしたら……。ほら見て。レンさんがかいた3つの円を図2にかき加えると，図4のように，レンさんのみつけた交点が点Gと一致したよ。

レン：本当だ。しかも△ABCの各頂点を動かしてみても，私がみつけた交点と，点Gは一致したままだ。

先生：2人とも，面白い点を発見しましたね。この点Gの性質を探っていきましょう。

図1

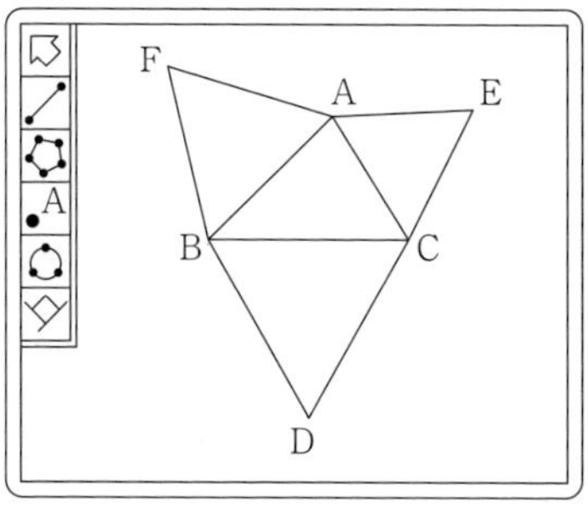

図2

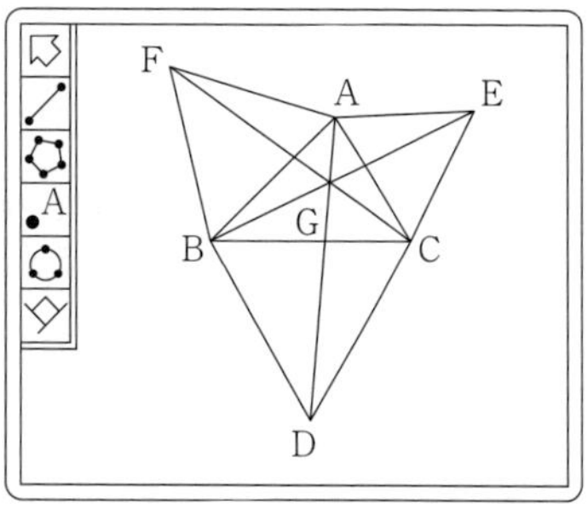

図3

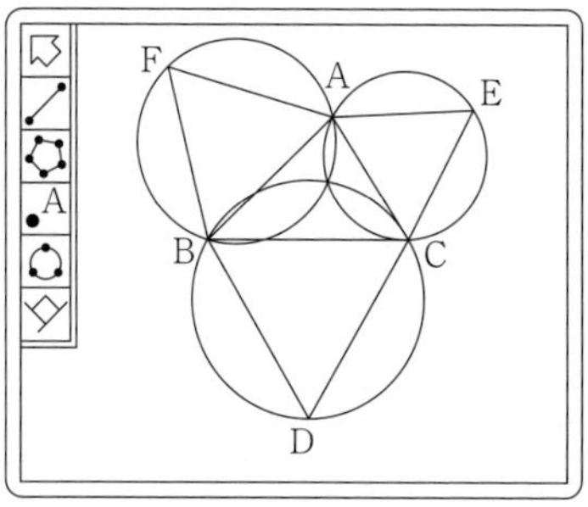

図4

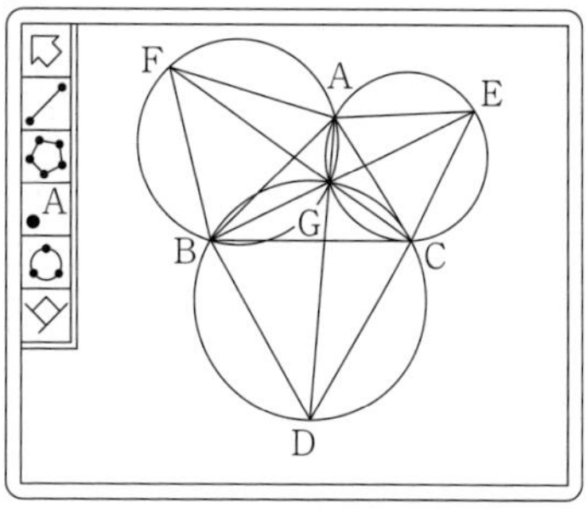

1　∠CGDの大きさを求めなさい。(　　　　)

2　下は，授業の続きの場面です。(a)～(e)に入る最も適当なものを，選択肢のア～シからそれぞれ１つずつ選び，記号で答えなさい。ただし，(c)には同じ記号が入るものとします。

(a)(　　　)　(b)(　　　)　(c)(　　　)　(d)(　　　)　(e)(　　　)

先生：点 G に関して，次の式が成り立ちます。

AG + BG + CG = AD……❶

では，この❶が成り立つことを示してみましょう。まずは図５を見てください。図５の点 H は，△GHD が正三角形となるように半直線 GB 上にとった点です。次の❷が成り立つことを証明しましょう。

△BHD ≡△CGD……❷

図５

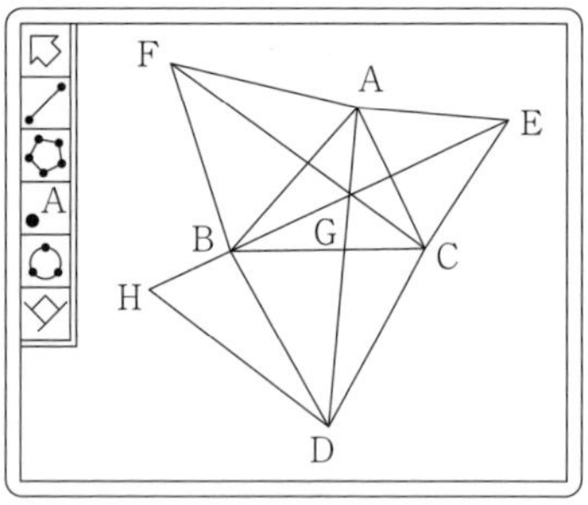

（証明）

△BHD と△CGD において，

(a)は正三角形であるから，

BD = CD……①

(b)は正三角形であるから，

HD = GD……②

また，∠BDH = (c)，∠CDG = (c)

よって，∠BDH = ∠CDG……③

①，②，③より，

２組の辺とその間の角がそれぞれ等しいから，

△BHD ≡△CGD

❷が成り立つことにより，

AG + BG + CG = AG + BG + (d)

= AG + (e)

= AG + GD

= AD

となり，❶が成り立つことを示せました。

選択肢　ア　△GHD　　イ　△ACE　　ウ　△FBA　　エ　△BDC　　オ　∠BEA

カ　∠CEB　　キ　60° − ∠BDG　　ク　15° + ∠GBC

ケ　AC　　コ　BH　　サ　GE　　シ　GH

3　ユウさんとレンさんは，図6のような AG = 4，BG = 5，CG = 3となる△ABCをみつけました。このとき，次の(1)～(3)の問いに答えなさい。

図6

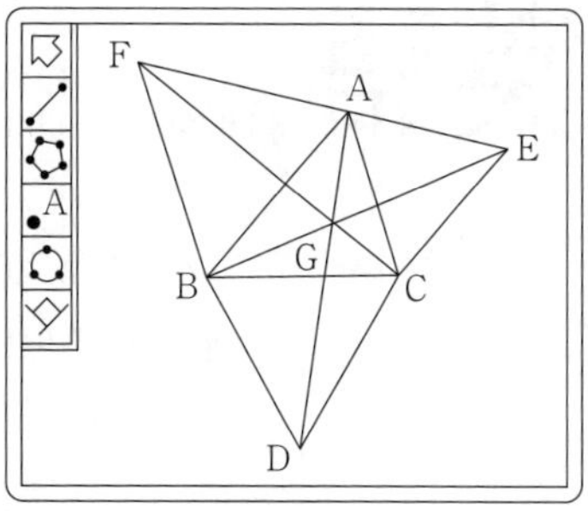

(1)　GDの長さを求めなさい。(　　　)

(2)　CDの長さを求めなさい。ただし，求め方や計算過程も書きなさい。

求め方や計算過程(　　　　　　　　　　　　　　　　　　)

答(　　　)

(3)　△BDCの面積をS，△ACEの面積をTとするとき，S：Tを最も簡単な整数の比で表しなさい。(　　　)

英語

時間　50分　　　満点　90点

（編集部注）　放送問題の放送原稿は英語の末尾に掲載しています。

音声の再生についてはもくじをご覧ください。

（注）　2の4，4の6については，次の指示に従いなさい。

一つの下線に1語書くこと。

短縮形（I'm や don't など）は1語として数え，符号（, や？など）は語数に含めない。

（例1）　No,　I'm　not.　【3語】

（例2）　It's　June　30　today.【4語】

1　聞き取りテスト　放送の指示に従って，次の1～8の問いに答えなさい。英語は1から5は1回だけ放送します。6以降は2回ずつ放送します。メモをとってもかまいません。

1　これから，Judy と Takashi との対話を放送します。二人が話題にしている楽器として，最も適当なものを下のア～エの中から一つ選び，その記号を書きなさい。（　　　）

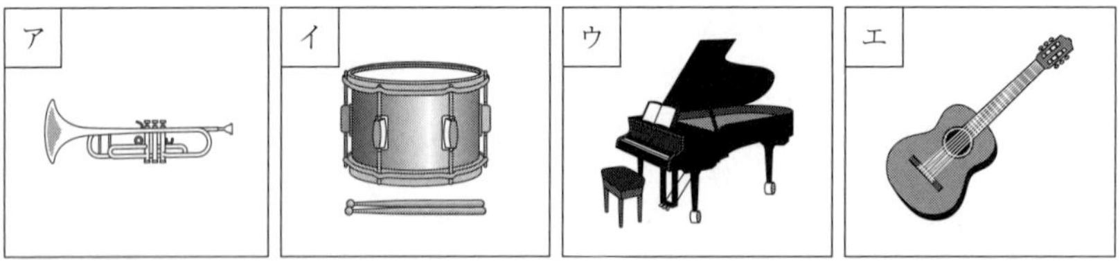

2　これから，Yuka と Jonny との対話を放送します。二人が高校で入ろうとしている部活動として，最も適当なものを下のア～エの中から一つ選び，その記号を書きなさい。（　　　）

ア　テニス部　　イ　卓球部　　ウ　サッカー部　　エ　バドミントン部

3　これから，Mary と Takuma との対話を放送します。Mary が探しているものとして，最も適当なものを下のア～エの中から一つ選び，その記号を書きなさい。（　　　）

ア　黒い帽子　　イ　白い帽子　　ウ　黒い猫　　エ　白い猫

4　これから，留学中の Mai と滞在先の家族の Daniel との対話と，その内容に関する英語の質問を放送します。その質問の答えになるように，（　　）に入る適切な英語1語を補って英文を完成させなさい。（　　　）

They will go to the festival on (　　).

5　オーストラリアに留学中のあなたは，来週友人と動物園を訪問する予定です。友人の説明を聞いて，次のア～エの園内の場所をあなたが訪れる順に並べかえ，その記号を書きなさい。

（　　→　　→　　→　　）

ア　the restaurant　　イ　the Koala House　　ウ　the Bird House

エ　the shopping center

6　これから，来週学校で行われるアメリカの高校生との交流会について，ALT の Meg 先生の説明を放送します。あなたは第2班の一員としてその説明を聞きます。あなたの班が交流会で発表す

る内容として，最も適当なものを下のア～エの中から一つ選び，その記号を書きなさい。(　　　)

ア　日本の食べ物と鹿児島の名所　　　　イ　日本で人気のスポーツと鹿児島の名所

ウ　日本で人気のスポーツと学校生活　　エ　日本の食べ物と学校生活

7　これから，英語の授業で行ったAsukaの発表と，その内容に関する英語の質問を放送します。その質問の答えになるように，(　　)内に入る適切な英語を補って英文を完成させなさい。

She (　　　　　　　　　　　　　　　　　　　　　　　　　　　　　　　　).

8　これから，中学生のNarumiと留学生のDavidとの対話を放送します。その中で，DavidがNarumiに質問をしています。Narumiに代わって，その答えを英文で書きなさい。2文以上になってもかまいません。書く時間は1分間です。

(　　　　　　　　　　　　　　　　　　　　　　　　　　　　　　　　　　)

2 次の 1～4 の問いに答えなさい。

1 次は，中学生の Nick と Shun との，休み時間における対話です。下の①，②の表現が入る最も適当な場所を対話文中の〈 ア 〉～〈 エ 〉の中からそれぞれ一つ選び，その記号を書きなさい。

Nick: Spring vacation is coming soon!
Shun: Yes. 〈 ア 〉 My family is going to have a *hanami* party.
Nick: Sounds good. Who are coming?
Shun: My aunt, my cousin, and my friend, Emily. 〈 イ 〉
Nick: Oh, my country? Which city is she from?
Shun: She is from London.
Nick: Oh, I want to talk about London with her. 〈 ウ 〉
Shun: This Saturday. Can you come?
Nick: 〈 エ 〉 I would like to, but I have to ask my family first, so let's talk about it tomorrow.
Shun: OK. See you.
Nick: Bye.

① When will you have the party?（ ）
② She comes from your country.（ ）

2 次は，中学生の Bill と母親との対話です。(①)～(③)に，下の【説明】が示す英語 1 語をそれぞれ書きなさい。①( ) ②( ) ③( )

Bill: Mom, I'm going now. See you.
Mom: Bill, I hear that it will rain in the afternoon. Do you have your (①)?
Bill: Yes. I have it in my bag. Thank you, Mom. By the way, I will go to Sam's house after school today.
Mom: Why?
Bill: I will study math with him. His (②), George, will teach us math. He is a brother of Sam's father.
Mom: Oh, that's good, but don't forget to come back home by 6 p.m. You have a piano lesson today.
Bill: Yeah, I know. I will (③) Sam's house by 5:50 p.m.
Mom: OK. Have a nice day.

【説明】 ① the thing that you use to keep yourself dry when it's raining
② the brother of your father or mother
③ to go away from a place

3 (1)～(3)について，あとの【例】を参考にしながら，( ) 内の語を含めて 3 語以上使用して，英文を完成させなさい。ただし，( ) 内の語は必要に応じて形を変えてもかまいません。また，文頭に来る語は，最初の文字を大文字にすること。

(1)( ) Tokyo.

(2)(　　　　　　　　　　　　　　　　　　　　　　　　　) him since this morning.

(3)(　　　　　　　　　　　　　　　　　　　　　　　　　) by your favorite writer?

【例】〈教室で〉

A: What were you doing when I called you yesterday?

B: (study) in my room.　　(答) I was studying

(1) 〈教室で〉

A: How was your vacation, Dan? Where did you go with your family?

B: (go) Tokyo. I had a good time.

(2) 〈家で〉

A: Do you know where Matt is?

B: No. (see) him since this morning.

(3) 〈家で〉

A: I bought these books today.

B: (write) by your favorite writer?

A: Yes. They are very popular. I can't wait to read them.

4　次は，中学生のHarutoの夏休みの出来事を描いたイラストです。Harutoになったつもりで，イラストに合うように，一連の出来事を解答欄の書き出しに続けて30～40語の英語で書きなさい。英文の数は問いません。

Last summer vacation, I ______ ______ ______ ______ ______ ______ ______ ______

______ ______ ______ ______ ______ ______ ______ ______ ______ ______ ______ ______

______ ______ ______ ______ ______ ______ ______ ______ ______ ______ ______ ______

______ ______ ______ ______ ______ ______ ______ ______

3 次のⅠ～Ⅲの問いに答えなさい。

Ⅰ 次は，中学3年生のTakeruが，英語の授業で発表した英語スピーチです。英文を読み，あとの問いに答えなさい。

Hello, everyone! Yesterday, when we started to clean our classroom after a lunch break, Kevin asked me, "What is a good point of cleaning? I didn't clean my classroom in the U.S." I didn't know what to say, so I tried to find the answer to his question last night. Today, I will talk about it.

When I was a first-year student, I didn't like cleaning. It was really boring. I wanted to have a longer lunch break and play with my friends more. Sometimes I kept playing with my friends and didn't clean. One day, we played in the cleaning time again. Then, my teacher said to us, "You can learn important things if you clean. I have told you that many times, but you still don't understand. I am (①), but I still believe you can understand that." I didn't understand what he said at that time.

One day, my friend was absent, so I cleaned the blackboard. He always worked very hard, so I worked very hard, too. After the cleaning time, our math teacher came into our classroom. She looked at the blackboard and said, "The blackboard in this class is always clean. I feel happy and I always enjoy teaching you. Thank you." I remember everyone was smiling. She was smiling, too. The math class was really fun. I felt that cleaning could make us happy.

On another day, I couldn't move the desks in the cleaning time because I *broke my arm. Then, one of my classmates helped me. I didn't talk with her so often, and she was just a classmate. But she helped me move the desks. At that time, I just said, "Thank you." For a few days, we moved the desks together. Soon, we began to talk a lot. Now we are very good friends and always having a happy time together. This was the second chance to feel that cleaning could make us happy.

Kevin, you asked me a question yesterday. You said, "What is a good point of cleaning?" My answer is, "[②]." Thank you for listening.

注 broke ～を骨折した

1 (①)に入る最も適当なものを下のア～エの中から一つ選び，その記号を書きなさい。
( )

ア right イ bad ウ happy エ sad

2 次の質問に対する答えを，本文の内容に合うように，解答欄の英語に続けて書きなさい。

Why did Takeru clean the blackboard?

Takeru cleaned the blackboard because ( ).

3 [②]に入る適切な英語を5語程度で書きなさい。

( )

Ⅱ 次は，今週末の観光プランの比較表（chart）と，それを見ている高校生のAyumiと留学生の

Becky との対話です。二人の対話を読み，あとの問いに答えなさい。

	Plan A	Plan B	Plan C	Plan D
Activity	 Dish Making	 Fishing	 Museum *Visit	 Music Concert
	 Fishing	 *Hot Spring	 Cycling	 Hot Spring
Price	¥3,000	¥2,500	¥3,500	¥5,500
Meeting Time	7:00 a.m.	8:00 a.m.	10:00 a.m.	8:00 a.m.
Meeting Place	West Bus Station	East Bus Station	East Bus Station	West Bus Station

注　Hot Spring　温泉　　Visit　訪問

Ayumi:　Good morning, Becky. You're going to have your first weekend in Kagoshima, right? What's your plan for this weekend?

Becky:　Hi, Ayumi. I haven't decided yet.

Ayumi:　Good to hear that! I'd like to enjoy a bus trip with you on Saturday.

Becky:　Wow, wonderful! I'd love to. What kind of plans can we enjoy?

Ayumi:　Please look at this chart. There are four plans.

Becky:　Well, I'm interested in art and fishing. So, (①) looks good.

Ayumi:　It's nice, but I don't want to get up early. How about this? I like listening to music.

Becky:　It also looks good, but I don't want to take a bath with other people.

Ayumi:　Oh really? Then, let's choose this plan. We can enjoy art and riding bicycles.

Becky:　OK. When and where will we meet?

Ayumi:　Let's meet 10 minutes before the meeting time, so we will meet at (　②　).

Becky:　See you then.

1　(①) に入る最も適当なものを下のア～エの中から一つ選び，その記号を書きなさい。
(　　　)

ア　Plan A　　イ　Plan B　　ウ　Plan C　　エ　Plan D

2　(②) に入る最も適当なものを下のア～エの中から一つ選び，その記号を書きなさい。
(　　　)

ア　7:50 a.m. at East Bus Station　　イ　9:50 a.m. at East Bus Station

ウ　7:50 a.m. at West Bus Station　　エ　9:50 a.m. at West Bus Station

Ⅲ　次は，新聞の記事 (article) と，それを読んだ直後の Alex 先生と Riku との対話です。英文と対話を読み，(　　) 内に入る最も適当なものをあとのア～エの中から一つ選び，その記号を書きなさい。(　　　)

Kohei was *the captain of the three-school joint team that played in the big baseball tournament this summer. He was the only member when he became a third-year student in high school. The two schools near his school also needed more members and they decided to play together.

Before the tournament, he said, "In the joint team, we have players from different schools, so it's hard to practice together. We don't have enough time to practice because it takes time to come to our school from each school. And each school has a different *schedule, so we practice only three days in a week. However, I am very happy because now I have a lot of new friends who play baseball together."

His team lost the first game. He said, "I feel *disappointed that we have lost. However, I realize that I play baseball not only for winning. I couldn't play baseball without the people around me. *Thanks to my team members, I enjoyed this tournament, and thanks to the other team, we enjoyed the game. I'm really glad that I have played baseball."

For the question, "What is the most important thing in sports?", he said, "I think we play sports for our own goals. For example, we play sports to keep good health, to make good memories, or to win. They are all important, but for me, the most important thing in sports is to remember that we can enjoy sports thanks to people around us."

Kohei is studying harder for his dream. He wants to go to a university to be a P.E. teacher. He'd like to enjoy baseball with his students. I hope he will have a very happy future with his students.

注 the captain of the three-school joint team 三校合同チームのキャプテン
schedule スケジュール disappointed 残念な Thanks to ～ ～のおかげで

Alex: In this article, what does Kohei want to tell us the most?
Riku: (　　　　　)
Alex: I think so, too. That's the most important point.

ア It is hard for a joint team to practice together because each school has a different schedule.
イ We should play sports because we can keep good health and make good memories.
ウ We should remember that we can enjoy sports thanks to people around us.
エ It is important for high school students to study hard for their future dreams.

4　高校生のErikaは英語の授業で，箸（chopsticks）について自分で調べたことを発表しました。英文を読み，あとの問いに答えなさい。

What do we usually use when we eat? Hands? A *spoon? Yes, we use chopsticks. But have you ever thought about them? I found I didn't know much about chopsticks, so I learned about them this summer. Today, ①I'd like to talk about chopsticks. First, I'll talk about the history of chopsticks. Next, I will introduce things people use when they eat in three countries. Then, I will give you questions about popular *disposal wooden chopsticks, "*waribashi*." Finally, I will talk about *waribashi* made in Japan.

Do you know when and where people first used chopsticks? Many people think that Chinese people began to use them more than 3,000 years ago. Later, they became popular in other countries in Asia, too. Now a lot of people in the world are using them.

②The next *slide shows things that people use when they eat in these three countries, Japan, China, and Korea. Please look at Picture 1. These are Japanese chopsticks. Actually, they are mine. Next, Picture 2. You can see a soup spoon and chopsticks. I took this picture in China. People there usually use long chopsticks and soup spoons. In Japan and China, chopsticks made of wood or plastic are popular. Next, Picture 3. You can see a spoon and chopsticks, again. These chopsticks are not as light as chopsticks in Japan or China because they are made of *metal. I took this picture in Korea. I saw these kinds of chopsticks and spoons in many restaurants.

Next, let's enjoy a *Waribashi* Quiz! Let's start. 1) Which do we use more often, *waribashi* made in Japan or in other countries? Do you know the answer? Yes, we usually use *waribashi* made in other countries, such as China. 2) Does Japan *import more *waribashi* from other countries than before? The answer is "No!" About 15 *billion pairs of *waribashi* come from abroad now, but more *waribashi* came to Japan in the past. 3) When did Japan import *waribashi* the most? I will give you a hint. It was just before we were born. The answer is 2005! ③Please look at this. In 2005, more than 25 billion pairs of *waribashi* came to Japan, but the number became smaller after 2005. Do you know why many Japanese people stopped using a lot of *waribashi*? I think they wanted to [④]. Maybe they were afraid that a lot of trees would be cut down for *waribashi*.

But should we stop using *waribashi*? Some people think ⑤using *waribashi* made in Japan is good for the environment. Many Japanese *waribashi* companies use two kinds of wood to make *waribashi*. They use small wood that they don't need to make things. They also use wood from trees that people cut down to help other trees grow better. It's interesting, right?

I was very surprised that there are many ideas and facts about chopsticks. Why don't you learn about the things you usually use? Like me, please find some interesting facts. Thank you for listening.

注　spoon　スプーン　　disposal　使い捨ての　　slide　スライド　　metal　金属
　import　～を輸入する　　billion pairs of ～　10 億膳の～

※　輸入量については，財務省の統計による

1　右は，下線部①で Erika が見せたスライドです。Erika が話した内容の順になるようにスライドの（ A ）～（ C ）に入る最も適当なものを下のア～ウの中からそれぞれ一つずつ選び，その記号を書きなさい。

Today's Presentation
1.（　A　）
2.（　B　）
3.（　C　）
4. *Waribashi* Made in Japan

A（　　　）　B（　　　）　C（　　　）

ア　*Waribashi* Quiz

イ　Things People Use to Eat in Three Countries

ウ　History of Chopsticks

2　次は，下線部②のスライドで見せた【三つの写真】と，スライドを作る際に Erika が使った【メモ】の一部です。【メモ】の英文の（ A ），（ B ）にそれぞれ入る最も適切な英語 1 語を書きなさい。A（　　　）　B（　　　）

【三つの写真】

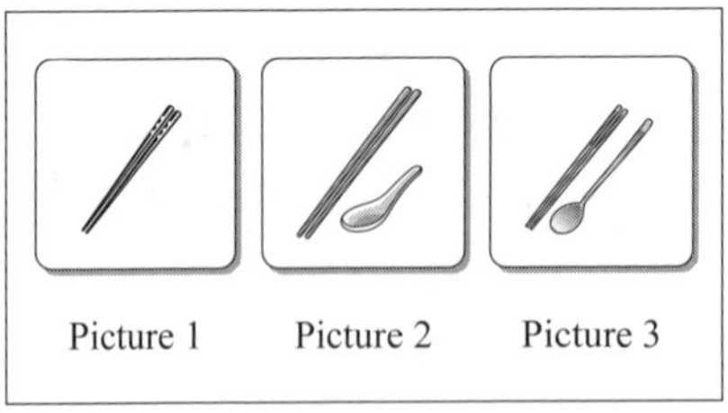

【メモ】

• People use long chopsticks with soup spoons in（ A ）.
• Chopsticks used in Korea are the（ B ）of the three.

3　下線部③で見せたグラフとして最も適当なものを下のア～エの中から一つ選び，その記号を書きなさい。（　　　）

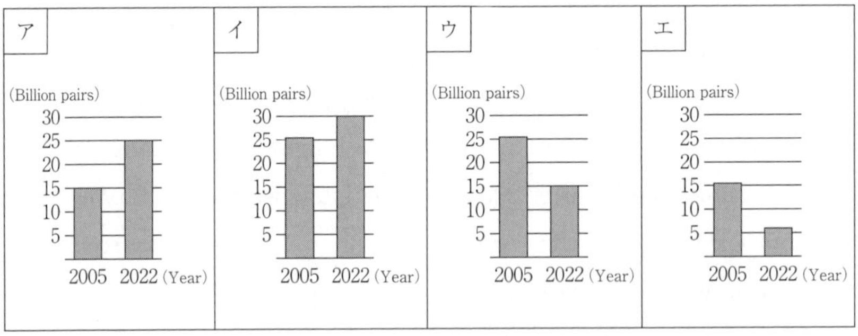

4　本文の内容に合うように，［　④　］に入る適切な英語を書き，英文を完成させなさい。

（　　　　　　　　　　　　　　　　　　　　　　　　　　　　　　　　　　　　）

5　下線部⑤の理由を具体的に 45 字程度の日本語で書きなさい。

6　クラスメートの Aya は，Erika の発表のあとに，紙の書籍と電子書籍（e-books）のそれぞれの長所と短所に関する発表を行いました。次は，Aya がアンケート結果を示すときに使用した【図】

と，発表後の Aya と Erika との【対話】です。【対話】の中の[　　]に，Erika の質問に対する答えを，Aya に代わって，20 語程度の英語で書きなさい。2 文以上になってもかまいません。なお，【図】に示した語は使ってもよいこととします。

【図】

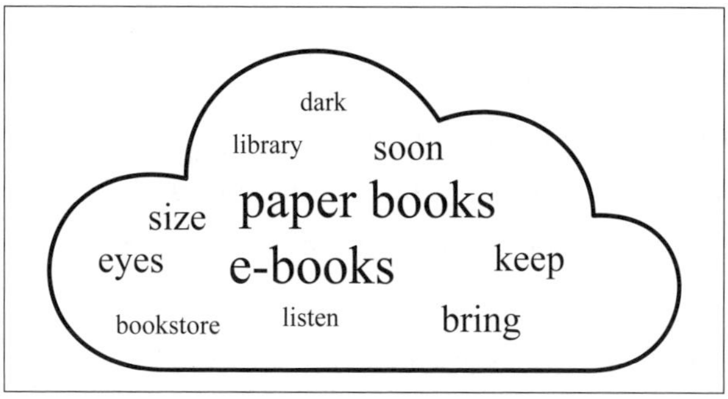

【対話】

Erika: Thank you for your presentation. Can I see the picture with many words again? You said, "The sizes of the words show how many times students used the words." I think it is very useful.

Aya: Thank you. Everyone has different ideas. I was very surprised.

Erika: OK. Please tell me your idea. Which are better, paper books or e-books, and why?

Aya: [　　]

Erika: Thank you. I think so, too.

〈放送原稿〉

〈チャイム〉

これから，2024年度鹿児島県公立高等学校入学試験英語の聞き取りテストを行います。問題用紙を開けなさい。英語は1番から5番は1回だけ放送します。6番以降は2回ずつ放送します。メモをとってもかまいません。(約3秒間休止)

では，1番の問題を始めます。まず，問題の指示を読みなさい。(約12秒間休止)

それでは放送します。

Judy:　Is this your guitar, Takashi?

Takashi:　Yes, I'm learning how to play the guitar.

Judy:　I want to learn how to play it, too. (約10秒間休止)

次に，2番の問題です。まず，問題の指示を読みなさい。(約12秒間休止)

それでは放送します。

Yuka:　Hi, Jonny. Which club will you join?

Jonny:　I played badminton in junior high school but I want to play tennis in high school.

Yuka:　I want to play tennis, too. Let's play it together in the club. (約10秒間休止)

次に，3番の問題です。まず，問題の指示を読みなさい。(約13秒間休止)

それでは放送します。

Mary:　I'm looking for my cap. Have you seen it, Takuma?

Takuma:　The black cap?

Mary:　No. It's a white cap. It has a picture of a black cat.

Takuma:　I saw the white cap under the kitchen table. (約10秒間休止)

次に，4番の問題です。まず，問題の指示を読みなさい。(約13秒間休止)

それでは放送します。

Mai:　Hi, Daniel.

Daniel:　Hi, Mai. This town will have a festival this Thursday and Friday. Would you like to come with us?

Mai:　Sounds good. But I'm busy on Thursday.

Daniel:　OK. How about the next day?

Mai:　That's great!

Question : When will they go to the festival? (約15秒間休止)

次に，5番の問題です。まず，問題の指示を読みなさい。(約15秒間休止)

それでは放送します。

We will visit the City Zoo next week. In the morning, we will see a lot of animals, such as monkeys, elephants and lions. We will also go to the Bird House. We can see many beautiful birds there. Next, let's go to the restaurant and eat lunch. After lunch, we will visit the Koala House. We can touch koalas and take pictures with them. Have you ever touched a koala? After we take pictures, we can enjoy shopping at the shopping center. You can buy animal cookies there. Are you excited? I like koalas, so I'm very excited. Let's enjoy the zoo!（約 10 秒間休止）

次に，6 番の問題です。まず，問題の指示を読みなさい。（約 25 秒間休止）

それでは放送します。

Hi, everyone. Next week, we are going to welcome students from America. We have three groups. Each group will give them a presentation. Group 1, you will talk about Japanese food. Group 2, please introduce popular sports in Japan. The students in group 3 will tell them about good places to visit in Kagoshima. You have to remember that all groups should introduce your school life. OK, let's make a presentation!

では，2 回目を放送します。（約 3 秒おいて，繰り返す。）（約 10 秒間休止）

次に，7 番の問題です。まず，問題の指示を読みなさい。（約 12 秒間休止）

それでは放送します。

Hello, everyone. I have always wanted to use English in my daily life.

Last year, I went to a supermarket and saw a young boy. Maybe he was looking for his mother. I wanted to help him so I talked to him. He answered in English but I couldn't understand him. I was very sad. Soon, people around us helped him. This experience made me think that I must study English every day. "I will study hard," I thought.

Yesterday, when I was shopping at a supermarket, a woman spoke to me in English. This time, I understood what she said! We talked and I found she was looking for green tea. "OK, please come with me," I said and we found green tea. She said, "Thank you. Your English is very good." I was really happy to hear that. I studied English very hard every day and I was successful.

Question：What did Asuka decide after she couldn't help the boy?（約 7 秒間休止）

では，2 回目を放送します。（最初から質問までを繰り返す。）（約 15 秒間休止）

次に，8 番の問題です。まず，問題の指示を読みなさい。（約 13 秒間休止）

それでは，放送します。

Narumi:　David, if you had a lot of money, what would you do?

David:　I would start a company.

Narumi:　That's nice! I would use the money for my family or friends.

David:　What would you do with the money, Narumi?

Narumi:　(　　　　　)

では，2 回目を放送します。（約 3 秒おいて，繰り返す。）（約 1 分間休止）

〈チャイム〉

これで，聞き取りテストを終わります。次の問題に進みなさい。

社会

時間 50分　　　満点 90点

1 次のⅠ，Ⅱの問いに答えなさい。答えを選ぶ問いについては一つ選び，その記号を書きなさい。

Ⅰ 次の略地図を見て，1～7の問いに答えなさい。

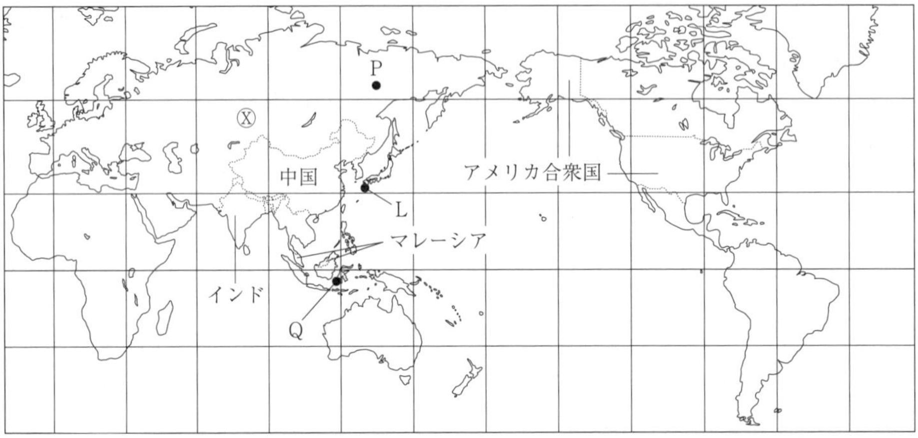

1 略地図中のⓍは，六大陸の一つで最も面積の大きい大陸です。この大陸の名称を書きなさい。(　　　大陸)

2 略地図中のLの位置は，北緯31度，東経130度です。Lから地球の中心に引いた線をのばして，地球上の正反対にあたった地点の位置として最も適当なものを選びなさい。(　　)

ア 北緯31度 西経130度

イ 北緯31度 西経50度

ウ 南緯31度 西経130度

エ 南緯31度 西経50度

3 略地図中のP付近，Q付近では，いずれも高床式の建物が見られますが，さまざまな違いがあります。Q付近に見られる高床式の建物の写真を〔1群〕から，Q付近と同じ気候の月別平均気温と月別降水量のグラフを〔2群〕から，Q付近に見られる建物が高床式になっている理由を〔3群〕から，それぞれ選びなさい。1群(　　) 2群(　　) 3群(　　)

〔1群〕 P付近またはQ付近に見られる建物の写真

a

b

〔2群〕 P付近またはQ付近のいずれかと同じ気候の月別平均気温と月別降水量のグラフ

あ

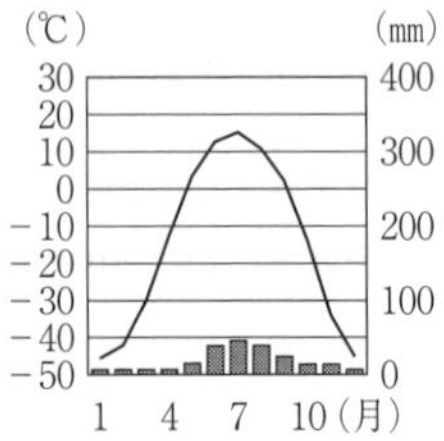

い

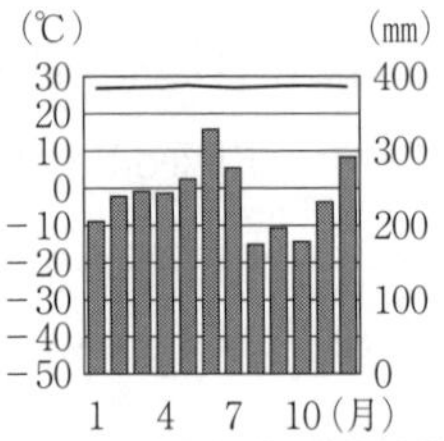

(理科年表2023から作成)

〔3群〕 建物が高床式になっている理由

ア 建物から出る熱が地面に伝わり，永久凍土がとけて建物が傾くのを防ぐため。

イ 風通しをよくすることで，暑さや湿気をやわらげるため。

4　資料1の　は，略地図中のアメリカ合衆国における州別に見た人口構成について，ある人種または民族が20％以上の州を示したものです。その人種または民族を説明したものを選びなさい。(　　　)

ア　中国などから移住してきたアジア系の人々

イ　かつて農園の労働力となったアフリカ系の人々

ウ　メキシコなどから移住してきたスペイン語を話す人々

エ　ネイティブアメリカンとよばれる先住の人々

資料1

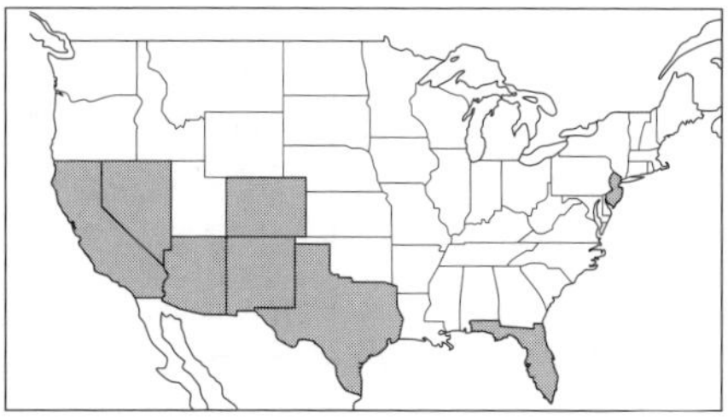

※アラスカ，ハワイは除く

(データブック　オブ・ザ・ワールド2023から作成)

5　資料2は，2000年から2020年までの期間における，略地図中の中国，アメリカ合衆国，インドの自動車生産台数の推移を示したものです。資料2から読み取れることとして最も適当なものを選びなさい。(　　　)

資料2

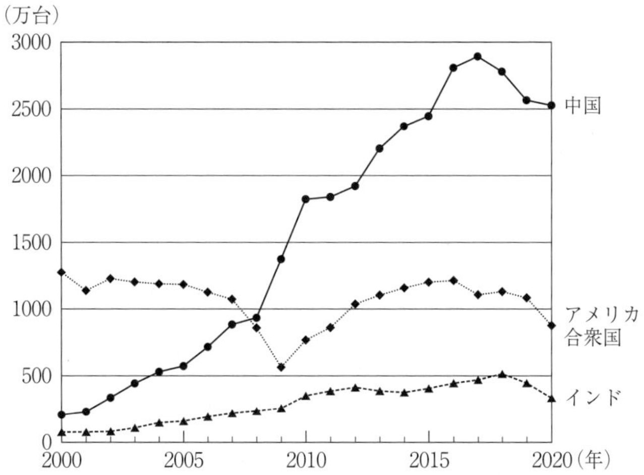

(国際自動車工業連合会資料から作成)

ア　三つの国の生産台数は，どの国も前年の生産台数を上回っている。

イ　中国の生産台数は，2008年以降，アメリカ合衆国の生産台数を上回っている。

ウ　この期間において，アメリカ合衆国とインドの生産台数は，2009年に最も落ち込んでいる。

エ　2005年の生産台数は，アメリカ合衆国がインドの約2倍，中国がインドの約6倍である。

6　略地図中のマレーシアやその周辺諸国では，資料3のような私たちの身の回りでよく使われている製品の原料となるパーム油が生産され，主要な輸出品となっています。しかし，生産や輸出が増加することで，ある問題がおきています。どのような問題がおきていますか。パーム油の原料となる植物名を明らかにしながら，資料4からわかることを解答欄に合わせて説明しなさい。

(パーム油の原料となる　　　　　　　　　　　　　　　　　　　　　　　　　　　　　)

資料３

資料４　パーム油の原料となる植物の農園開発のようす

７　略地図中のインドでは，1990年代に入って，南部の都市ベンガルールなどへアメリカ合衆国のICT関連企業の進出が活発になり，ICT関連の産業が急速に成長しています。アメリカ合衆国のICT関連企業がインドに進出した理由を，資料５，資料６，資料７をもとに説明しなさい。

(　　　　　　　　　　　　　　　　　　　　　　　　　　　　　　　　　　　　　　　)

資料５　インドの主な言語

ヒンディー語
英語

資料６　平均月収(2020年，アメリカドル換算)

アメリカ合衆国	4502ドル
インド	230ドル

(世界国勢図会 2022／2023から作成)

資料７　アメリカ合衆国とインドの位置と時刻の関係

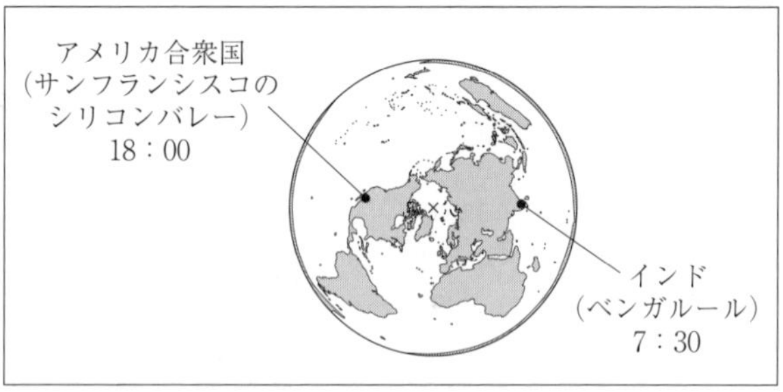

Ⅱ　次の略地図を見て，1～6の問いに答えなさい。

1　略地図を参考にして，島根県と隣接している都道府県の数を書きなさい。(　　　)

2　資料１は東北地方で行われている竿燈《かんとう》まつりのようすです。この祭りは提灯《ちょうちん》を米俵に見立てて米の豊作を祈る祭りです。この祭りが行われている県を略地図中のa～dから選び，県名を書きなさい。

記号(　　　)　県名(　　　県)

資料１

3　略地図中の㋐の地域では，ある季節に濃霧が発生します。次の文はその季節に濃霧が発生するしくみを説明したものです。文中の①～③について（　　）からそれぞれ適当なものを選んで書きなさい。①(　　　)　②(　　　)　③(　　　)

㋐の地域では，（①：夏・冬）に，湿った（②：北西・南東）の季節風が（③：暖流であたためられる・寒流で冷やされる）ために，濃霧が発生する。

4　資料２は略地図中のW～Z県の農業産出額総額と主な生産物の産出額を示したもので，あ～えはW～Z県のいずれかです。X県はあ～えのどれか選びなさい。(　　　)

資料２　　(2022年，単位：億円)

	農業産出額総額	米	野菜	果実	畜産
あ	1232	134	190	534	285
い	5114	169	531	112	3473
う	2369	1319	323	99	525
え	4409	611	1611	111	1340

(生産農業所得統計から作成)

5　資料３は，2021年における都道府県別の出版業の事業所数の割合を示したものです。これを見ると，略地図中の東京都に多くの事業所が集まっていることがわかります。その理由について説明した次の文の□に適することばを補い，これを完成させなさい。(　　　　　　　)

首都である東京には，世界中から多くの人や□から。

資料３

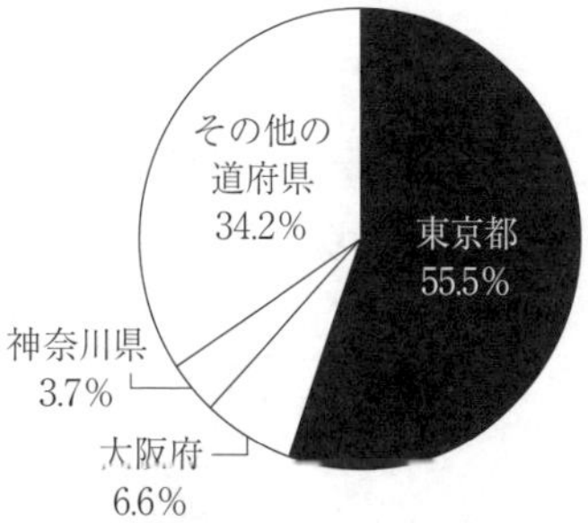

(e-Stat統計で見る日本から作成)

6　略地図中の富山県高岡市の一部を示した次の地形図に関して，(1)，(2)の問いに答えなさい。

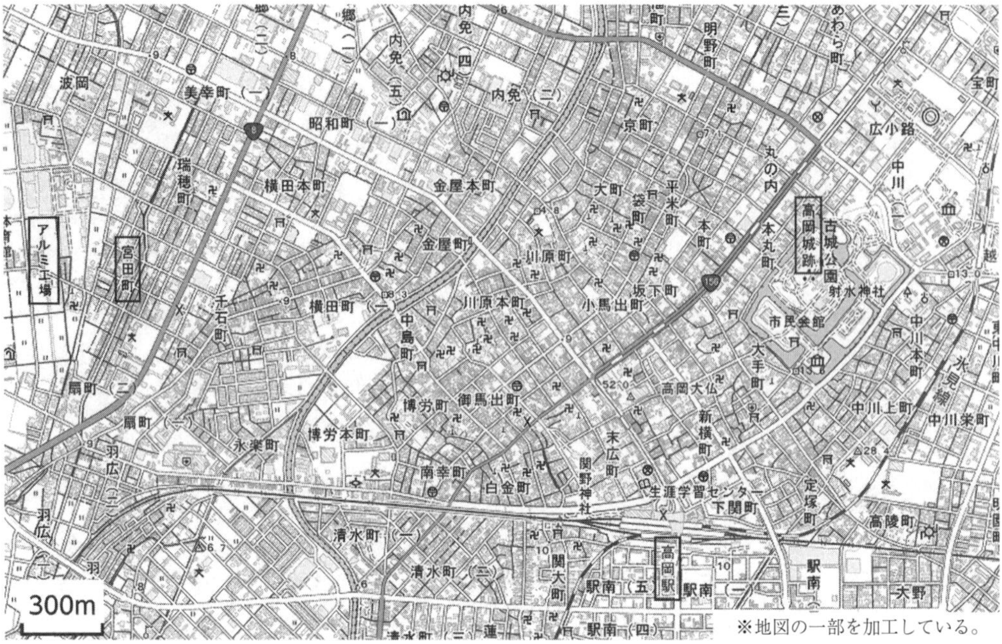

※地図の一部を加工している。

（国土地理院　地理院地図から作成）
（編集部注：原図を縮小しています。）

(1)　この地形図から読み取れることとして，最も適当なものを選びなさい。(　　　)

ア　この地形図上の範囲では，寺院よりも神社の数のほうが多い。

イ　宮田町付近は急な傾斜地であり，果樹栽培が行われている。

ウ　市役所から半径600mの範囲内に，消防署，警察署がある。

エ　高岡駅からみた高岡城跡の方位は，およそ北西である。

(2)　地形図にはアルミ工場が見られます。富山県では，以前からアルミニウム工業が盛んですが，その背景として，地形や気候の特徴から，他の地域よりも比較的に大量の電力を得るのに適していることがあります。富山県が大量の電力を得るのに適している理由を，資料4，資料5をもとに，発電方法の種類にふれながら，解答欄に合わせて説明しなさい。

(富山県は，　　　　　　　　　　　　　　　　　　　　　　　　　　　　　　から。)

資料4　富山県付近の地形

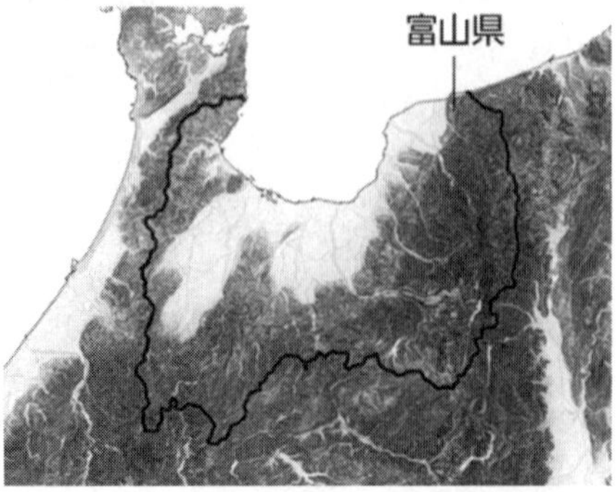

※濃い色になるほど標高が高いことを表す。

（国土地理院　地理院地図から作成）

資料5　富山県周辺の主な県の県庁所在地の年間降水量の平年値と全国順位

	平年値（mm）	全国順位
金沢市	2402	4位
富山市	2374	5位
福井市	2300	7位
全国平均	1662	―

※平年値とは，1991年～2020年の30年間の平均値をさす。

（気象庁資料から作成）

[2] 次のⅠ，Ⅱの問いに答えなさい。答えを選ぶ問いについては一つ選び，その記号を書きなさい。

Ⅰ　次は，ある中学生が江戸時代までの学習が終了したところでその内容をまとめ，発表するために作成したプレゼンテーション資料の一部です。1～6の問いに答えなさい。

A　文明の形成と日本列島

(スライド1)	(スライド2)	(スライド3)
最後の氷期終了後の世界 農耕・牧畜開始と，大河のほとりでⓐ文明の形成	最後の氷期終了後の日本列島 狩りや漁，採集で生活を営む縄文時代	縄文の人々のくらし ［①］（写真1）などを使用した信仰 写真1 

B　日本と外国との交流

(スライド1)	(スライド2)	(スライド3)
古代～中世の交流 主にⓑ中国との交流がⓒ日本の社会や文化に影響	写真2  西欧人との交流 ポルトガル人による種子島《たねがしま》への［②］（写真2）伝来	江戸幕府の外交 鎖国政策と，「四つの窓口」での交流

C　18世紀～19世紀の日本と欧米

(スライド1)	(スライド2)	(スライド3)
江戸幕府の状況 数度の幕政改革と，19世紀以降の幕府の行き詰まり	地方の藩の状況 ⓓ藩政改革により，発言力を強める藩の出現	欧米の状況 ⓔフランス革命などによる社会の近代化

1　［①］，［②］にあてはまる最も適当なことばを，［①］は写真1を，［②］は写真2をそれぞれ参考にして書きなさい。①(　　　)　②(　　　)

2　ⓐに関して，メソポタミア文明で使われた文字に関する資料として最も適当なものを選びなさい。(　　　)

ア

イ

ウ

エ

3　ⓑに関する次のできごとを年代の古い順に並べなさい。(　　→　　→　　→　　)

ア　足利義満《あしかがよしみつ》は，明《みん》との間で，勘合を利用した日明貿易を始めた。

イ　宋《そう》銭が日本に輸入され，市での売買や年貢の納入で用いられるようになった。

ウ　邪馬台国《やまたいこく》の女王卑弥呼《ひみこ》が魏《ぎ》へ使いを送り，「親魏倭王《しんぎわおう》」の称号や銅鏡などを得た。

エ　鑑真《がんじん》が，何度も遭難しながらも来日して，唐の仏教を伝えた。

4　ⓒに関して，資料1について述べた次の文章の［X］，［Y］にあてはまることばの組み合わせとして最も適当なものを選びなさい。ただし，［X］には同じことばが入ることとします。(　　　)

資料1

鎌倉時代に中国から日本へ伝えられた［X］は，日本の文化に大きな影響を与えた。［X］の僧であった雪舟《せっしゅう》は，資料1のような［Y］を描いた。

ア　X　禅宗　　Y　水墨画　　イ　X　真言宗　　Y　水墨画

ウ　X　禅宗　　Y　錦絵　　エ　X　真言宗　　Y　錦絵

5　ⓓに関して，改革の一つとして，薩摩《さつま》藩は，肥前藩と同様に資料２のような施設を建設し，資料３のような武器等を製造しました。薩摩藩や肥前藩における藩政改革について説明した下の文中の［　　］に適することばを補い，これを完成させなさい。(　　　　　　　　)

資料２

（鹿児島県「かごしまタイムトラベル」の一部を加工）

資料３

※反射炉で製造した武器の再現模型

（鹿児島県「かごしまタイムトラベル」から）

下級武士や改革派が実権を握り，財政の立て直しと［　　］を進めた。

6　ⓔに関して，資料４，資料５は，それぞれフランス革命前の社会と革命が目ざした社会を描いた風刺画《ふうしが》で，その中で描かれている石は税などの負担を表したものとされています。資料４，資料５を比較して，フランス革命がどのような社会の実現を目ざしたか，**税などの負担**ということばを用いて説明しなさい。

(　　　　　　　　　　　　　　　　　　)

資料４　フランス革命前の社会を描いた風刺画

資料５　フランス革命が目ざした社会を描いた風刺画

Ⅱ　次の年表を見て，1～6の問いに答えなさい。

年	できごと	
1868	天皇を中心とする新政府が，ⓐ「御一新」とよばれる改革を始めた	↑
1874	民撰《みんせん》議院設立の建白書が政府に提出され，［①］運動が始まった	A
1889	大日本帝国憲法が発布された	↓
1905	日本はロシアとポーツマス条約を結んだ	B
1945	日本が［②］宣言を受け入れ，第二次世界大戦が終結した	↑
1973	ⓑ日本の経済が，石油危機により打撃を受けた	C ↓

1　［①］，［②］にあてはまる最も適当なことばを書きなさい。①(　　　)　②(　　　)

2　ⓐに関して，新政府の改革として**誤っているもの**を選びなさい。(　　　)

ア　アメリカ合衆国と日米修好通商条約を結んだ。

イ　元号を明治と改め，江戸を東京と改称した。

ウ　五箇条の御誓文を出し，会議を開いて政治を行うことなどを示した。

エ　廃藩置県を行い，各府県に府知事，県令を派遣した。

資料１

3　Aの時期に活躍した人物について述べた文のうち，資料１の人物について述べたものとして最も適当なものを選びなさい。(　　　)

ア 国会開設を目ざして立志社を設立し，自由党党首となった。

イ 初代内閣総理大臣に就任し，憲法制定に力をつくした。

ウ 国会開設をめぐって政府を去り，立憲改進党党首となった。

エ 岩倉使節団に参加し，帰国後は殖産興業の推進に努めた。

4 Bについて，この条約内容に対して，国民は政府を激しく批判した。その理由を説明した次の文の［　　］に適することばを，資料2をもとに補い，これを完成させなさい。

（　　　　　　　　　　　　）

日清戦争に比べて，日露戦争では，国民が［　　　　］にもかかわらず，賠償金が得られなかったため。

資料2 日清・日露戦争の比較

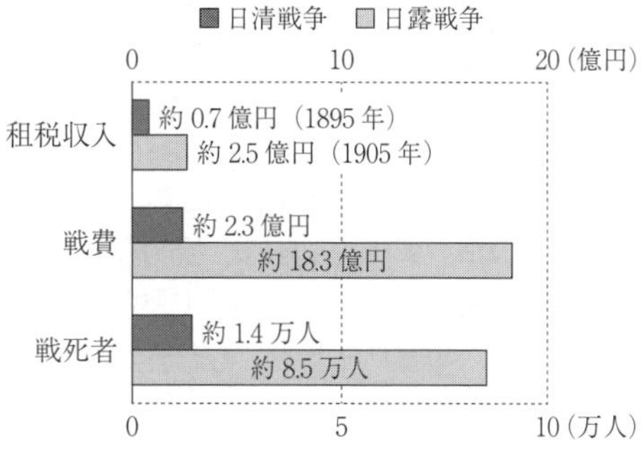

※租税収入は戦争終了時の年度統計

（明治大正財政史，明治大正財政詳覧などから作成）

5 Cの期間におこったできごとを述べた文を三つ選び，年代の古い順に並べなさい。

（　　→　　→　　）

ア 日本と中華人民共和国が日中共同声明に調印して，国交が正常化した。

イ 吉田茂内閣のときに，サンフランシスコ平和条約が結ばれた。

ウ アジア初のオリンピックとパラリンピックが，東京で開催された。

エ 関東大震災により，東京・横浜などの都市が大きな被害を受けた。

6 ⓑについて，当時，日本国内では資料3のような日用品の買い占めなどの混乱がおきました。このような混乱がおこった理由について，資料4，資料5，資料6をもとに，解答欄に合わせて説明しなさい。ただし，**物価**ということばを用いることとします。

（日本の　　　　　　　　　　　　から。）

資料3

資料4 日本のエネルギー供給の構成

（単位：%）

	石炭	石油	その他
1955 年	47.2	17.6	35.2
1973 年	15.5	77.4	7.1

（総合エネルギー統計から作成）

資料5 1バレルあたりの原油価格の推移(1970～1977 年)

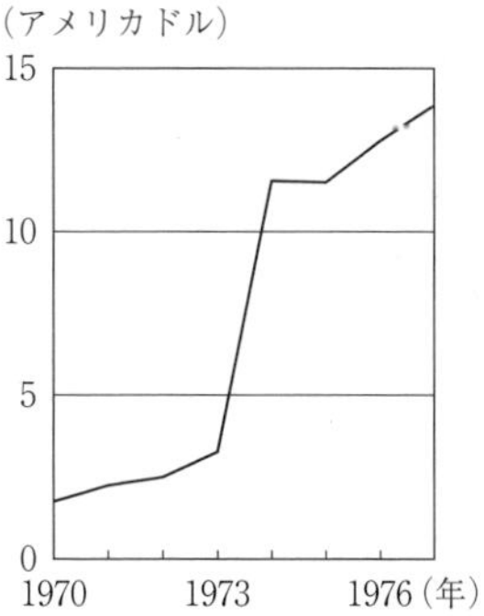

※1 バレルは約 159 リットル

（データブック オブ・ザ・ワールド 2023 などから作成）

資料6 消費者物価指数の対前年増加率の推移(1970～1977 年)

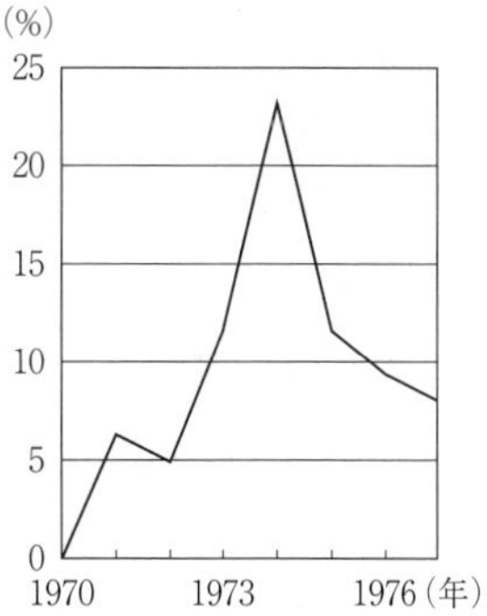

（長期経済統計から作成）

3　次のⅠ，Ⅱの問いに答えなさい。答えを選ぶ問いについては一つ選び，その記号を書きなさい。

Ⅰ　次のA～Fは，ある中学校の社会科の授業で，生徒たちが公民的分野で関心をもった学習の内容や，関連するできごとを記したカードです。1～6の問いに答えなさい。

A　世界遺産条約に基づく世界遺産登録
　2021年に「奄《あま》美《み》大島《おおしま》，徳之島，沖縄島北部及び西表島《いりおもてじま》」が世界遺産に登録され，鹿児島県の世界遺産は3件になった。

B　住民のボランティア活動への参加
　2023年に，鹿児島県において，「燃ゆる感動かごしま国体・かごしま大会」が開催され，運営等でボランティアが活躍した。

C　社会の変化と新しい人権
　社会の変化とともに，人間が自分の生き方や生活の仕方について，自由に決定する自己決定権が主張されるようになった。

D　わが国の行政改革
　1980年代ころから，省庁の数が見直されるなどして，国の行政改革が進められた。

E　わが国の地方自治
　住民の身近な生活にかかわる地方自治では，住民の意思を生かすために，住民の直接請求権が認められている。

F　レポートを作成する際のルール
　インターネットを活用して，探究した学習の内容をレポートにまとめる際には，ルールを守ることが大切である。

1　Aに関して，世界遺産条約は，国連のある専門機関の提案で1972年に採択され，世界の貴重な自然や文化財を世界遺産として保護することで，将来に残すことを目的としています。その専門機関の略称を**カタカナ4字**で答えなさい。(　　　)

2　Bに関して，自分たちの利益を目的にせず，公共の利益のために活動する非営利組織のことを何というか，略称を選びなさい。(　　　)

ア　PKO　　イ　NPO　　ウ　ODA　　エ　CSR

3　Cに関して，医療の分野で，患者が病気について医師から説明を受け，理解してから治療を受けるかどうかを選択できることを何というか，**カタカナ**で答えなさい。(　　　)

4　Dについて，このときの行政改革の具体的な内容を述べた文として最も適当なものを選びなさい。(　　　)

ア　民間企業の国に対する説明責任を強化するため，情報公開制度を充実させた。

イ　内閣機能の充実を図り，2001年の中央省庁の再編で，省庁の数を増やした。

ウ　国主導の経済活動を促進させるため，行政の企業に対する許認可権を見直した。

エ　国立病院や国立博物館などを独立行政法人化して，運営の自主性を高めた。

5　Eに関して，住民の直接請求権の一つである，「議会の解散請求」の手続きに関して述べた次の文の X ， Y にあてはまることばの組み合わせとして最も適当なものを選びなさい。ただし，有権者が40万人以下の地方公共団体においての場合とします。(　　　)

　有権者の3分の1以上の必要署名数をもって X に請求することで，住民投票が行われ，そこで有効投票の Y の同意があれば解散となる。

ア　X　選挙管理委員会　　Y　3分の2以上　　イ　X　首長　　Y　過半数

ウ　X　選挙管理委員会　　Y　過半数　　エ　X　首長　　Y　3分の2以上

6 Fに関して，インターネットの普及にともない，レポートを作成する際に注意すべきことがあります。(1)，(2)の問いに答えなさい。

(1) インターネット上の情報の特徴に関して，次の文章の Z に適することばを書きなさい。
( )

情報の発信者が名前を明らかにせずに発信することもできるため，不確実な情報が含まれやすい。また，受信者が得た情報は，簡単に Z されたり，拡散されたりしてしまう。

(2) (1)の特徴を参考にしながら，レポートを作成する際のルールについて，資料から読み取れることを説明しなさい。ただし，**著作権**ということばを用いることとします。
( )

資料 ある中学生が作成したレポートの抜粋

〈探究テーマ〉 わが国の政治の課題について
〈探究の内容〉 探究テーマについて，いくつかの参考資料を調べた。A は，わが国の政治について「[1)]△△△」と述べている。また，この意見について，B は「[2)]□□□」と新たな視点から反論している。以上の意見に基づいて私は，◇◇◇と考える。
〈参考資料の出典〉
1）A 著「日本の政治の▽▽▽について」○○出版，2010 年，p.200
2）B 著「日本の政治の一考察」https://******/，2021 年 1 月，閲覧日 2022 年 1 月 10 日

Ⅱ ある中学校の生徒たちが，これまでの経済についての学習を振り返り，新たに出てきた疑問や，さらに深く学びたいことについて話し合いをしています。1～6 の問いに答えなさい。

ⓐ持続可能な社会を実現するために私たちにできることは何だろうか。
これまでの経済についての学習を振り返り，新たに出てきた疑問や，さらに深く学びたいことについて話し合おう。
○月×日 晴れ
物価の上昇が気になる。ⓑ価格やⓒ流通のしくみについて，私たちの生活と結び付けながら考えたい。
働き方改革やコロナ禍で，雇用や就業形態の多様化が進んだ。ⓓやりがいや充実感をもって働くために，どういった制度があればよいだろうか。
ⓔ経済のグローバル化は，私たちの生活にどのような影響を与えているのだろうか。

1 ⓐに関して，2015 年に国際連合に加盟する 193 か国のすべてが賛成して採択された，地球規模の課題を 17 の領域に分け，課題の解決に向けて，2030 年までに達成することを目ざした目標を何というか，略称を**アルファベット 4 字**で答えなさい。ただし，大文字と小文字を使い分けて書くこととします。( )

2 ⓑに関して述べた文として最も適当なものを選びなさい。( )
ア 企業どうしで価格を決め競争を制限するような行為を行うことは，独占禁止法で禁止されている。
イ 需要量と供給量が一致し市場の均衡がとれた価格は，独占価格とよばれている。
ウ 商品の価格は，一般的に，供給量が需要量を上回っている場合に上がる。

エ　水道やガスなどの価格は，すべて公共料金として，全国でそれぞれ同じ価格に設定されている。

3　ⓒに関して，先生とゆうきさんは，資料1を見ながら流通についての会話をしています。文中の［　　］に適することばを補い，これを完成させなさい。(　　　　　　　　　)

資料1　商品が生産者から消費者に届くまでの流通経路

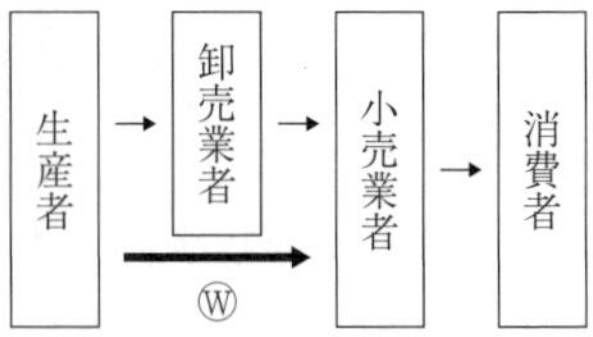

先生　：近年の流通では，ⓦのような経路がみられるようになりましたね。この経路にはどのような利点がありますか。

ゆうき：小売業者は，商品を生産者から直接仕入れることで，労力の削減や［　　］を図り，消費者に安く販売することができるという利点があると思います。

先生　：そうですね。他にも，消費者に届くまでの時間を削減できるという利点もありますね。

4　ⓓに関して，仕事上の責任を果たしつつ，健康で豊かな生活ができるよう，仕事と生活の調和をはかる社会の実現が求められています。この仕事と生活の調和を何というか，**カタカナ**で答えなさい。(　　　　)

5　ひろさんは，ⓔについて学習したことの一部を下のようにまとめました。［X］，［Y］にあてはまることばの組み合わせとして最も適当なものを選びなさい。(　　　)

私たちの生活は，商品を通じて，さまざまな国の人々の生活とも深く関わっている。資料2を見ると，2022年において最も円安なのは，［X］である。

グローバル化する経済社会に生きる私たちは，環境や人権，社会倫理に配慮した商品・サービスを選ぶ消費活動，いわゆる［Y］を心がけることが必要である。

資料2　アメリカドル(1ドル)に対する円の為替相場の推移(2022年，月平均値)

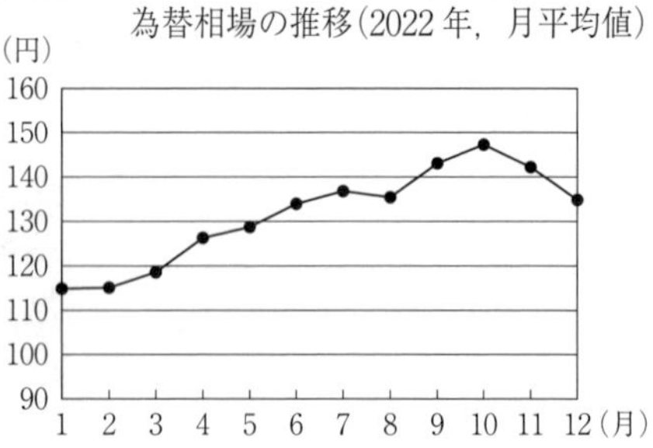

(日本銀行資料から作成)

ア　X　1月　　Y　エシカル消費
イ　X　1月　　Y　大量消費
ウ　X　10月　　Y　エシカル消費
エ　X　10月　　Y　大量消費

6　生徒たちはこの話し合いのあと，「日本における財政の課題」をテーマにして討論を行う準備をしました。その中で，まことさんは，資料3，資料4をもとに国債を発行することによって財源を確保することの問題点についてまとめました。そのまとめの内容を，国債を発行することによる国民の負担，国債費とその他の歳出の割合の変化に着目して**60字以上80字以内**で書きなさい。

資料３ 国債残高の推移

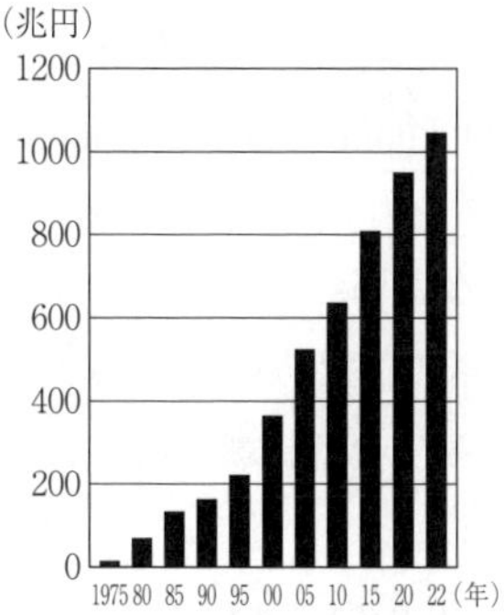

※2000年度までは実績，2022年度は第２次補正後予算で計上

(財務省資料から作成)

資料４ 国の一般会計の歳出に占める国債費の割合

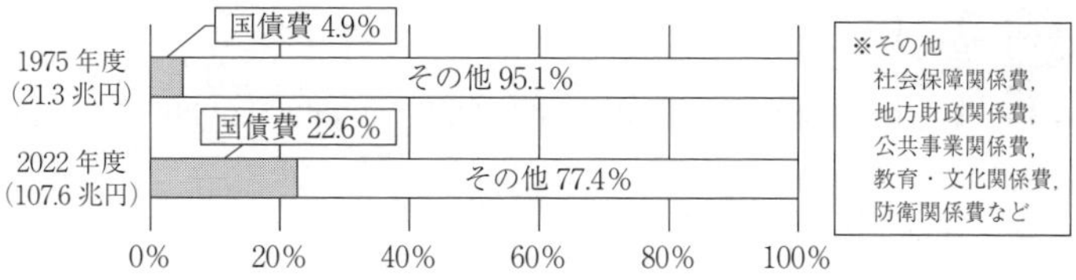

(財務省資料から作成)

理科

時間　50分　　　満点　90点

1　次の各問いに答えなさい。答えを選ぶ問いについては記号で答えなさい。

1　初夏のころ，日本列島付近では，太平洋高気圧とオホーツク海高気圧が発達し，暖気と寒気がぶつかり合い，ほぼ同じ勢力のときに停滞前線が生じる。その結果，停滞前線付近では長期間にわたり雨が降り続く。この停滞前線を何というか，答えなさい。(　　　)

2　採取したアブラナの花を図1のようなルーペで観察する。次の文中の①，②について，それぞれ正しいものはどれか，答えなさい。

図1

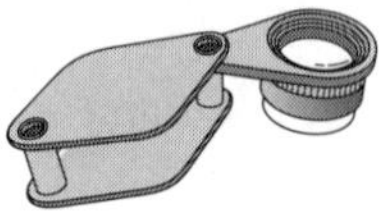

①(　　　)　②(　　　)

採取したアブラナの花をルーペで観察するときは，ルーペを①(ア　目に近づけて　　イ　目から遠ざけて)，②(ア　花　　イ　ルーペ)を前後に動かしてよく見える位置を探す。

3　陰極線(電子線)の性質について，次の文中の［ a ］，［ b ］に＋または－を書きなさい。a(　　　)　b(　　　)

図2

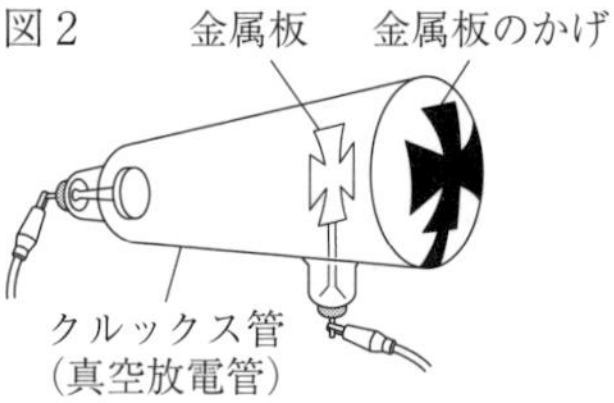

図2のようなクルックス管（真空放電管）で真空放電をさせたとき，金属板のかげが［ a ］極側にできることから，陰極線（電子線）は［ b ］極から出ていることが確かめられる。

4　身のまわりの物質には，混合物と純粋な物質がある。純粋な物質は，単体と化合物に分類することができる。化合物はどれか，二つ答えなさい。(　　　)(　　　)

ア　水　　イ　鉄　　ウ　亜鉛　　エ　水素　　オ　炭酸水素ナトリウム

5　火山活動の影響による強い酸性の水が河川に流れ込み，そこに生きる生物に影響を及ぼすことがある。その場合は，①河川の環境を維持するために，化学的な反応を利用することがある。また，私たちの生活排水は，下水処理場における下水処理の過程で主に②微生物のはたらきを利用してきれいにされ，さらに，消毒されて河川にもどされる。このように，人間が自然環境を積極的に維持することを保全という。

(1)　下線部①について説明した次の文中の［　　］に適する反応の名称を答えなさい。(　　　)

河川水にアルカリ性の物質を加えて［　　］させ，酸性を弱める。

(2)　下線部②について説明した次の文中の［　　］に適することばを答えなさい。(　　　)

微生物が生活排水にふくまれている有機物を無機物に［　　］するはたらき。

6　図3はある地震における震源からの距離と2種類の地震の波X，Yが届くまでの時間の関係を示している。ただし，地震の波X，Yはそれぞれ一定の速さで伝わるものとする。

図3

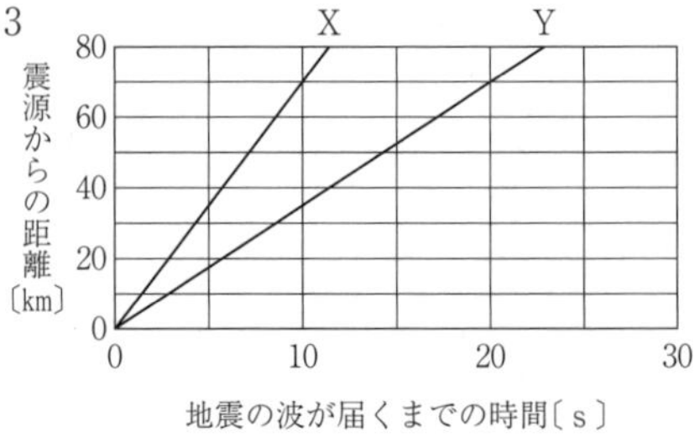

(1)　地震の波X，Yのうち，速いほうの波の速さは何km/sか，答えなさい。(　　　km/s)

(2)　緊急地震速報は，地震の波X，Yの速さの違いを利用して大きなゆれがくることを事前に知らせる予報・警報である。次の文は，緊急地震速報について述べたものである。①，②について，それぞれ正しいものはどれか，答えなさい。

①(　　　)　②(　　　)

地震が発生したときに生じる①（ア　P波　　イ　S波）を，震源に近いところにある地震計でとらえてコンピュータで分析し，②（ア　P波　　イ　S波）の到着時刻や震度を予想してすばやく知らせる。

2　次のⅠ，Ⅱの各問いに答えなさい。答えを選ぶ問いについては記号で答えなさい。

Ⅰ　図1はある地域の地形を等高線を用いて模式的に表したものであり，数値は標高を示している。図2は，図1の標高の異なるX，Y，Zの3地点でボーリングによる地質調査を行った結果をもとに，地層の重なりを表したものである。この地域では堆積物が連続的に堆積し，地層の折れ曲がりや断層はなく，地層の上下関係が逆転していないことがわかっている。また，凝灰岩の層は一つしかないこともわかっている。

図1

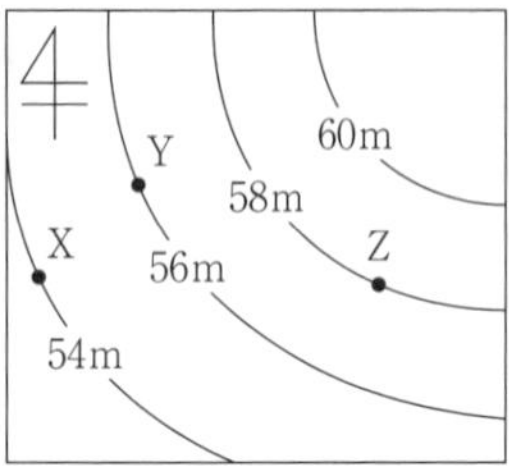

図2

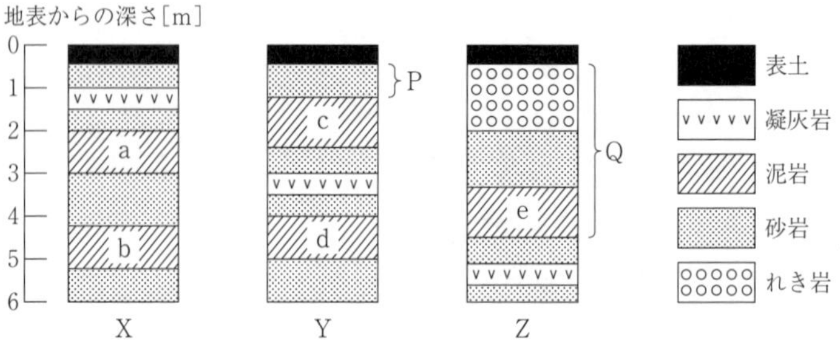

1　凝灰岩について正しく述べているものはどれか，答えなさい。(　　　)

ア　生物の死がいなどが堆積してできる。　イ　丸みを帯びた粒が堆積してできる。

ウ　火山灰などが堆積してできる。　エ　地下深くでマグマが冷えてできる。

2　図2のa～eの泥岩の層のうち，最も古いと考えられるのはどれか，答えなさい。(　　　)

3　図2のPの層からビカリアの化石が見つかっている。ビカリアと同じ新生代の示準化石はどれか，答えなさい。(　　　)

ア　サンヨウチュウ　イ　ナウマンゾウ　ウ　アンモナイト　エ　フズリナ

4　この地域は，かつて海底であったことがわかっている。図2のQの地層の重なりからQで示した地層が堆積した期間に，Zの地点付近の海の深さはどのように変化したと考えられるか。粒の大きさに着目して，理由もふくめて答えなさい。

(　　　　　　　　　　　　　　　　　　　　　　　　　　　　　　　　　　　　　　　)

Ⅱ　太陽系にはさまざまな天体が存在している。図は，太陽系に属する惑星の直径や平均密度について表したものであり，A～Gは，地球以外の七つの惑星を表している。グループXとグループYは，地球をふくめた太陽系の八つの惑星を，特徴をもとに二つのグループに分けたものである。

図

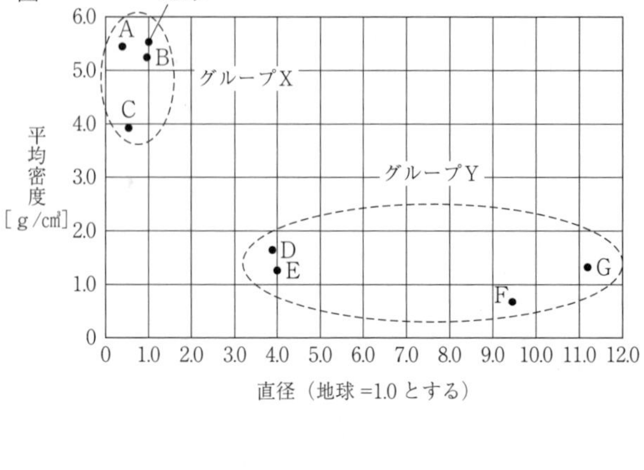

1　図のグループYに属する惑星は何とよばれるか，答えなさい。(　　　)

2　次の文は，グループXに属する惑星とグループYに属する惑星のそれぞれの表面の平均温度と衛星の数を比較したとき，グループYに属する惑星の特徴を説明したものである。①，②について，それぞれ正しいものはどれか，答えなさい。①(　　　)　②(　　　)

グループYに属する惑星のそれぞれの表面の平均温度は①(ア　低く　　イ　高く)，衛星の数は②(ア　少ない　　イ　多い)。

3　表は図のAとFの惑星の特徴をまとめたものである。AとFの名称をそれぞれ答えなさい。

A(　　　)　F(　　　)

表

惑星	特徴
A	大気はきわめてうすく，昼夜の温度差は約600℃にもなる。表面には巨大ながけやクレーターが見られる。
F	主に水素とヘリウムからなる気体でできている。氷や岩石の粒でできた巨大な環をもつ。

4　図のEの惑星の体積は地球の体積のおよそ何倍か。図を参考にして答えなさい。ただし，それぞれの惑星は完全な球体であるものとします。(　　　倍)

3　次のⅠ，Ⅱの各問いに答えなさい。答えを選ぶ問いについては記号で答えなさい。

Ⅰ　次は，はるかさんとエレンさんの会話である。

はるか：鹿児島県は，二つの世界自然遺産が登録されていて，自然が豊かな県だよ。

エレン：そうだね。私は奄美《あまみ》大島《おおしま》に行ったことがあるよ。貴重な動植物が生息していることに驚いたよ。きれいな海にも感動して，海水浴や塩作り体験を楽しんだよ。塩作り体験では，海水から水を蒸発させて塩を作ったよ。

はるか：塩の主な成分は，塩化ナトリウムだったね。海水はとても塩辛いから，海水にはたくさんの塩化ナトリウムがとけているのだろうね。

エレン：そういえば，授業で，物質が水にとける量には上限があって，それは物質の種類や水の量，温度によって異なることを学習したね。ある物質を 100g の水にとかして飽和水溶液にしたときの，とけた物質の質量を □ といったよね。

はるか：そうだね。塩化ナトリウムと硝酸カリウムの □ は教科書に書いてあったね。

エレン：□ がわかることで，飽和水溶液にとけている物質の質量も計算できるね。

はるか：例えば，①20℃の塩化ナトリウムの飽和水溶液200gの水をすべて蒸発させたとすると，何 g の塩化ナトリウムをとり出すことができるかな。

エレン：あとで計算してみよう。たしか，②水溶液の温度を下げ，再び物質を結晶としてとり出すこともできるよね。

はるか：そうだったね。先生と一緒に実験してみよう。

【各物質を 100g の水にとかして飽和水溶液にしたときの，とけた物質の質量】

水の温度〔℃〕	10	20	40	60
塩化ナトリウム〔g〕	37.7	37.8	38.3	39.0
硝酸カリウム〔g〕	22.0	31.6	63.9	109.2

【はるかさんとエレンさんが先生と一緒に行った実験】

40℃の水 50g を入れた二つのビーカーに，それぞれ塩化ナトリウムと硝酸カリウムを 15g ずつ入れて完全にとかし，水溶液をつくった。二つの水溶液をそれぞれ 10℃までゆっくり冷却すると，一方のビーカーのみ結晶が出てきた。

1　□ にあてはまることばはどれか，答えなさい。ただし，□ には同じことばがあてはまるものとします。(　　　)

ア　溶質　　イ　溶媒　　ウ　密度　　エ　溶解度

2　下線部①について，とり出すことができる塩化ナトリウムは何 g か，小数第 2 位を四捨五入して小数第 1 位まで答えなさい。(　　　g)

3　下線部②の操作を何というか，答えなさい。(　　　)

4　【はるかさんとエレンさんが先生と一緒に行った実験】で出てきた結晶の物質名とその結晶の質量を答えなさい。物質名(　　　)　質量(　　　g)

Ⅱ　金属にはさまざまな種類があり，種類によって性質が異なる。

1　金属の塊 A～F を用意し，質量と体積を測定した。図 1 は，その結果を表したものである。F

と同じ種類の金属の塊と考えられるものを，A～Eから一つ選びなさい。ただし，金属の塊A～Fはそれぞれ，アルミニウム，鉄，銅のいずれかです。(　　　　)

図1

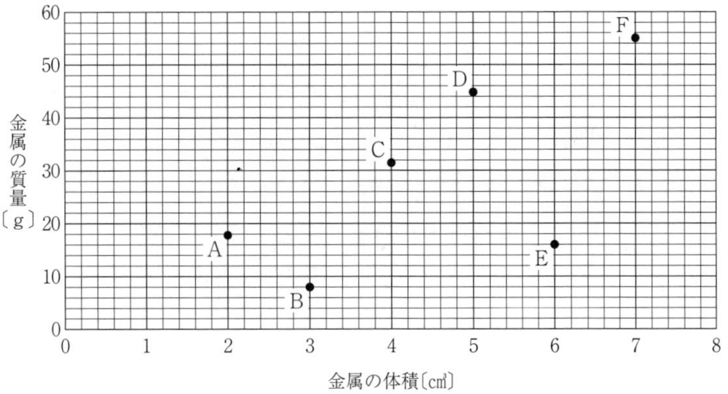

2　金属を加熱すると，結びついた酸素の分だけ質量が増加する。図2は，マグネシウムと銅について，それぞれ質量をかえて加熱し，完全に酸化させたときの，加熱前の金属の質量と加熱後の酸化物の質量の関係を表したものである。

図2

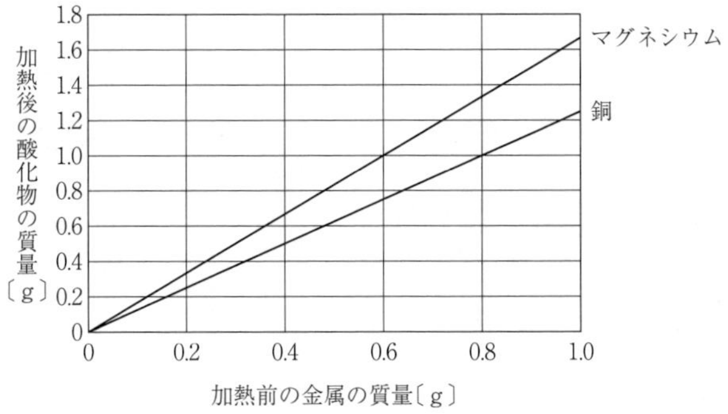

(1)　銅を熱すると酸化銅（CuO）ができた。このときの変化を化学反応式で表しなさい。

(　　　　　　　　　　　　)

(2)　マグネシウムの粉末と銅の粉末の混合物2.0gを用意し，図3のように加熱して完全に酸化させたところ，加熱後のマグネシウムと銅の酸化物の質量は3.0gであった。混合物にふくまれていた銅の質量は何gか，答えなさい。(　　　　g)

図3

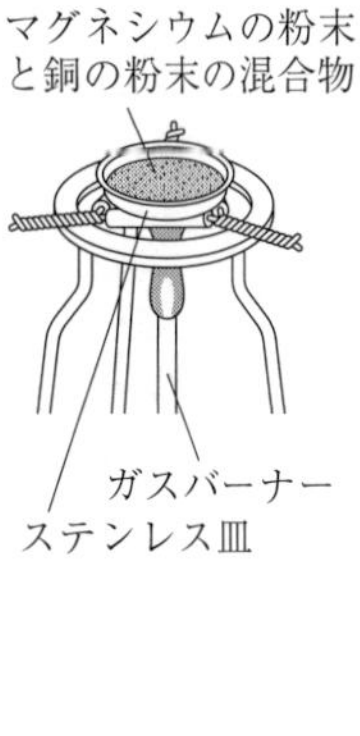

4　次のⅠ，Ⅱの各問いに答えなさい。答えを選ぶ問いについては記号で答えなさい。

Ⅰ　しんじさんは，動物の細胞のつくりと植物の細胞のつくりの共通点と相違点を見つけるために顕微鏡を用いて観察を行い，その結果をノートに記録した。図は，しんじさんのノートの一部である。

図

課題　動物と植物の細胞のつくりには，どのような共通点と相違点があるだろうか。

【観察した細胞】　ヒトのほおの内側の細胞：染色していないもの，染色したもの

オオカナダモの葉の細胞：染色していないもの，染色したもの

（用いた染色液：酢酸オルセイン液）

【結果】

〈観察した細胞〉 A	〈観察した細胞〉 B
〈スケッチ〉 C（染色していないもの）　D（染色したもの）	〈スケッチ〉 E（染色していないもの）　F（染色したもの）
〈気づいたこと〉 ・厚いしきりに囲まれた細胞が規則正しくびっしり並んでいた。 ・染色していないものに，たくさんの緑色の粒が見られた。 ・染色したものでは，赤く染まったまるいものが一つ見られた。	〈気づいたこと〉 ・並び方は不規則でバラバラになっていた。 ・緑色の粒は見られなかった。 ・染色したものでは，赤く染まったまるいものが一つ見られた。

1　ヒトのほおの内側の細胞は，図の【結果】の〈観察した細胞〉のA，Bの細胞のどちらか。また，図のEにあてはまるスケッチは次のア～エのうちどれか，それぞれ答えなさい。ただし，図のC～Fには，ア～エのいずれかがあてはまるものとします。

ヒトのほおの内側の細胞（　　　）　E（　　　）

ア

イ
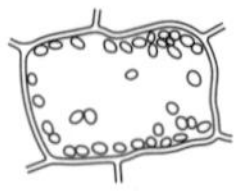
ウ

エ
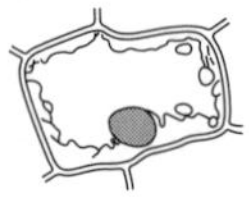

2　図の【結果】の〈気づいたこと〉の下線部はBには見られなかった。このつくりの名称を答えなさい。（　　　）

3　図の【結果】の〈気づいたこと〉から，AとBに共通して見られる「赤く染まったまるいもの」の名称を答えなさい。（　　　）

4　図の【結果】のAの細胞で見られた緑色の粒では光合成が行われている。光合成とはどのようなはたらきのことか，簡単に説明しなさい。（　　　　　　　　　　　　　　　　　　）

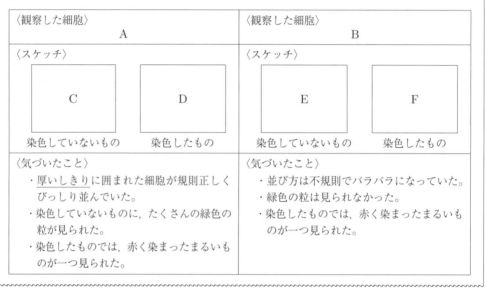

Ⅱ　生命の連続性について，次の各問いに答えなさい。

1　ある被子植物の花弁の色には，赤色と白色がある。図は，その被子植物の受精のようすを模式的に表している。

図

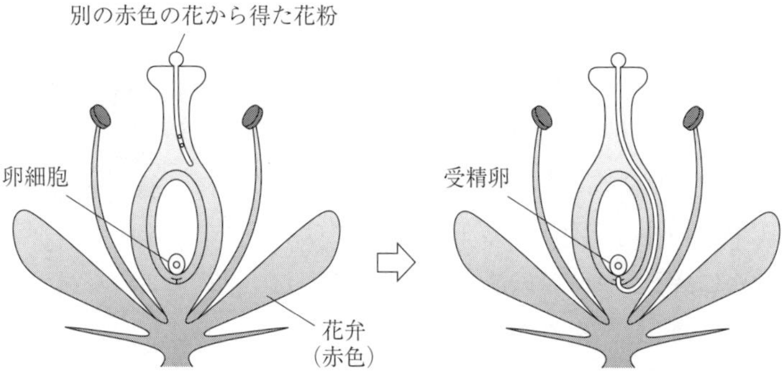

⑴　受精によって子をつくる生殖を何というか，答えなさい。(　　　)

⑵　図の被子植物の花弁の赤色は顕性形質（優性形質），白色は潜性形質（劣性形質）である。図のように，赤色の花のめしべに，別の赤色の花から得た花粉を受粉させた。こうしてできた種子が成長すると，白色の花が咲いた。受精前の卵細胞がもっていた花の色に関する遺伝子を答えなさい。ただし，赤色にする遺伝子をA，白色にする遺伝子をaとします。(　　　)

2　受精によって子をつくるアサガオは，子の形質が親の形質と同じになることもあれば，異なることもある。サツマイモについて，栄養生殖によってできた子の形質は，親の形質と比べてどのようになるか。染色体の受けつがれ方に着目して，理由もふくめて答えなさい。

(　　　　　　　　　　　　　　　　　　　　　　　　　　　　　　　)

3　発生について述べた，次の文章中の［X］，［Y］にあてはまることばを答えなさい。ただし，同じ記号には同じことばがあてはまるものとします。X(　　　)　Y(　　　)

受精卵は体細胞分裂によって細胞の数をふやし，形やはたらきが同じ細胞が集まって［X］をつくる。いくつかの種類の［X］が集まって一つのまとまった形となり，［Y］という特定のはたらきをする部分となる。そして，いくつかの［Y］が集まって個体がつくられる。

5　次のⅠ，Ⅱの各問いに答えなさい。答えを選ぶ問いについては記号で答えなさい。

Ⅰ　ひろみさんは，エネルギーを変換するとき，エネルギーの総量がどうなるのかを調べるため，図1のように，プーリー（滑車）つき発電機，豆電球，電流計，電圧計などを使って，豆電球1個の回路をつくり，次の実験を行った。その後，ひろみさんは実験結果のレポートを作成し，図2のような発表を行った。ただし，質量100gの物体にはたらく重力の大きさを1Nとし，おもりが落下している間だけ発電するものとする。

図1

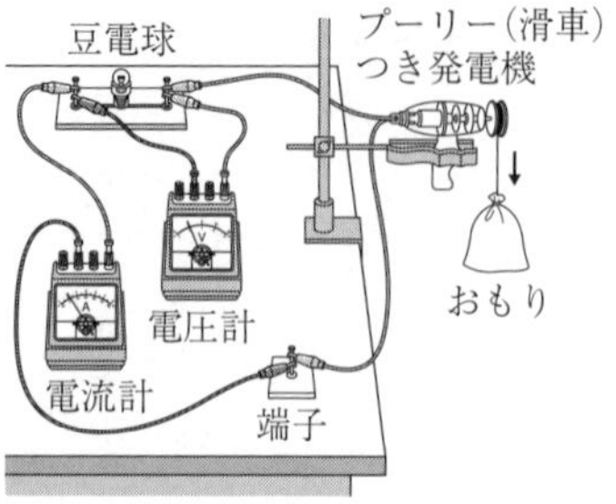

実験　質量が1200gのおもりを床から1.0mの高さまで巻き上げた後，静かに落下させ，床に達するまで発電した。そのときの電流，電圧，落下時間を測定した。電流と電圧は，ある程度安定したときの値を読みとった。

表は，実験を5回行ったときの電流，電圧とおもりの落下時間の平均値を示したものである。

表

電流	電圧	落下時間
350mA	2.0V	5.0秒

図2

ひろみさん

重力に逆らっておもりを床から 1.0m の高さまで一定の速さで持ち上げたとき，持ち上げる力がした仕事は [a] J です。このとき，おもりが床から 1.0m の高さでもっている位置エネルギーは，[a] J になります。

おもりが床から 1.0m の高さでもっている位置エネルギー [a] J に対して，豆電球を点灯させる電気エネルギーは [b] J なので，発電の効率は約 [c] % です。

このことから，おもりの位置エネルギーのすべてが電気エネルギーに変換されたわけではないことがわかります。その理由は，おもりの位置エネルギーの一部が，糸とプーリー（滑車）との間の摩擦によって発生したエネルギーや他のエネルギーに変換されたためと考えられます。

この実験のように，位置エネルギーを利用して発電する方法として [d] 発電があります。発電時に，温室効果ガスの一つである二酸化炭素を出さないことが長所です。

1　次の問いに答えなさい。ただし，同じ記号には同じ数値があてはまるものとします。

(1)　[a] と [b] にあてはまる数値を答えなさい。a（　　　）　b（　　　）

(2)　[c] にあてはまる数値を，小数第1位を四捨五入して整数で答えなさい。（　　　）

2　図2の下線部のエネルギーとして最も適当なものはどれか，答えなさい。（　　　）

ア　力学的エネルギー　　イ　化学エネルギー　　ウ　光エネルギー　　エ　熱エネルギー

3　[d] にあてはまるものはどれか，答えなさい。（　　　）

ア　火力　　イ　水力　　ウ　風力　　エ　バイオマス

Ⅱ　けいさんとみわさんは，物体にはたらく力について調べるために，水平面に置かれた木の板，ばね，二つのばねばかりXとYを準備した。固定したくぎにばねをつなぎ，図1，2のようにばねばかりをつないで，ばねばかりを水平方向へ引く実験1，2を行った。

実験1　図1のようにXを引いた。表は，ばねを2.0cmずつのばして静止させたときのXの値を記録したものである。

図1

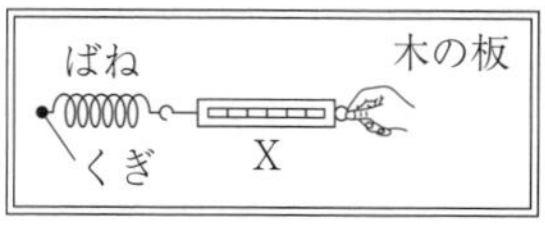

表

ばねののび〔cm〕	0	2.0	4.0	6.0	8.0	10.0
Xの値〔N〕	0	0.5	1.1	1.5	1.9	2.5

実験2　図2のように実験1で用いたばねに金属の輪を付け，XとYを取り付けた。ばねののびが10.0cmになるように保ちながら，XとYの引く力をかえばねを静止させた。ただし，X，Yを引く力は一直線上で同じ向きにはたらいているものとする。

図2

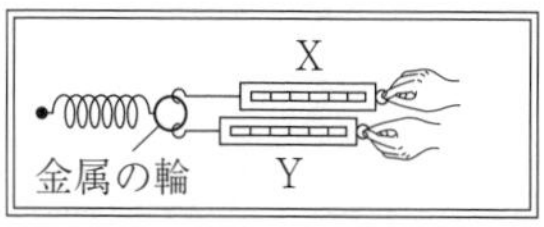

1　実験1について，表から得られる値を「•」で示し，ばねののびとXの値の関係をグラフにかきなさい。

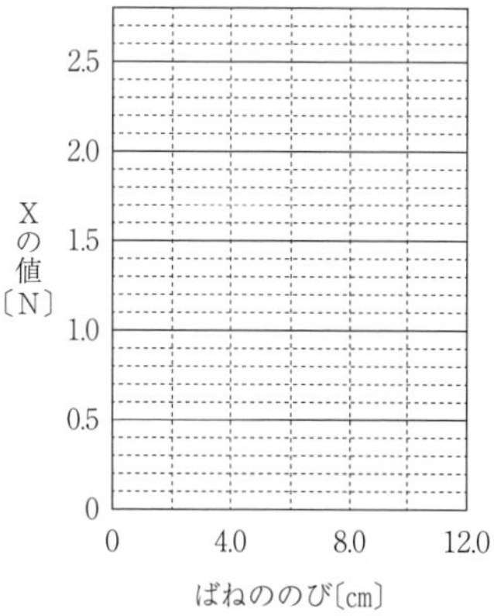

2　けいさんとみわさんは，実験1のばねとXにはたらく力について黒板の図を参考に考えている。次は，そのときの2人と先生の会話である。[a]，[b]にF_1～F_4のいずれかを書きなさい。a（　　　）b（　　　）

先生：ばねとXには，水平方向にF_1～F_4の力がはたらいています。

けい：ばねとXが静止しているとき，F_2の力とつり合っている力は[a]ですね。

先生：そうです。F_2の反作用はどの力ですか。

みわ：F_2の反作用は[b]です。

先生：そうです。ばねとXが静止しているとき，「一つの物体にはたらく2力のつり合いの条件」と「作用・反作用の法則」から，ばねとXにはたらくF_1～F_4の力の大きさは，どれも同じであることがわかりますね。

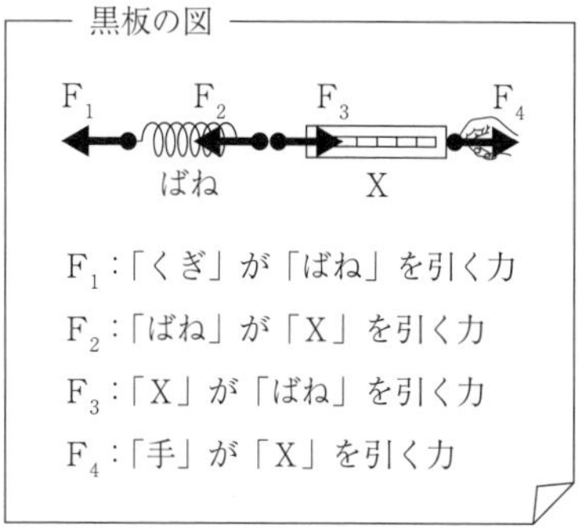

3　実験2について，X，Yの値の関係を表すグラフはどれか，答えなさい。（　　　）

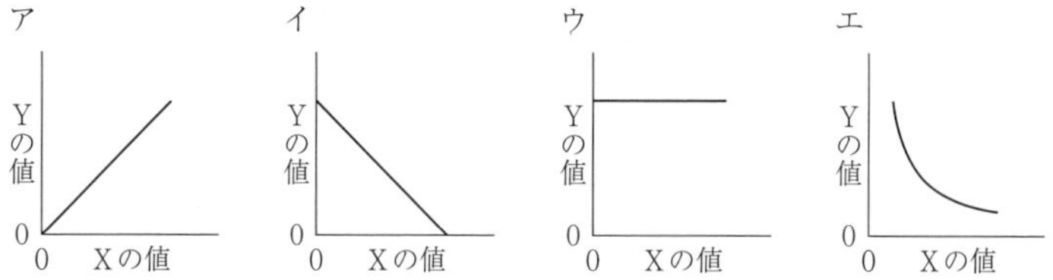

【資料2】

社会参加に関する困りごと（上位５項目）		
１位	どのような活動が行われているか知らない	49.6%
２位	自分にどのような活動ができるかわからない	35.6%
３位	言葉が通じるか不安がある	25.3%
４位	地域の人たちが自分を受け入れてくれるか不安がある	22.7%
５位	他の用事と時間が重なり，参加できない	17.8%

※　複数回答可としているため，割合を足し合わせても100.0%にならない。

（出入国在留管理庁「令和４年度　在留外国人に対する基礎調査」をもとに作成）

・　この調査における社会参加とは，社会におけるさまざまな活動に参加することをいう。活動の内容としては「ボランティア活動」，「町内会・自治会への加入」，「行政機関の活動への協力」，「学校の保護者会の活動」などがある。

問題

山田さんは、グループで話し合ったことを受けて「在留外国人が抱える課題に対して私たちにできること」というテーマで、クラスの生徒に向けて意見文を書くことにしました。あなたならどのように書きますか。あとの(1)～(4)の条件に従って書きなさい。

条件

(1)　二段落で構成し、六行以上八行以下で書くこと。

(2)　第一段落には【資料1】及び【資料2】から読み取ったことを書くこと。

(3)　第二段落には、第一段落を踏まえて、在留外国人が抱える課題に対して私たちにできることを書くこと。

(4)　原稿用紙の使い方に従って、文字、仮名遣いも正確に書くこと。ただし、資料を示す場合や、資料中の数値をそのまま使用する場合は、次の例にならって書くこと。

例　【資料1】→ 資料1　数値→ 三〇・五%

5　山田さんたちのグループは、総合的な学習の時間の取り組みのなかで鹿児島県在住の外国人にインタビューを行いました。次は、【インタビューの一部】とその後の【グループでの話し合いの様子】、話し合いの際に参考にした【資料1】【資料2】です。これらを読んで、あとの問題に答えなさい。

【インタビューの一部】

〈インタビューの相手〉
ベトナムから移住してきたAさん
韓国から来ている留学生のBさん

山　田「生活を送るうえで、最近何か困ったことはありますか。」
Aさん「今住んでいる住宅の近くにごみ捨て場があるのですが、地区のごみ捨てのルールがよく分からないんです。」
Bさん「先日の台風の時はとても怖かったです。何かあった時にどうすればいいか、考えておけばよかったと思います。」

【グループでの話し合いの様子】

山田「今回のインタビューでは、在留外国人として鹿児島県で暮らしている人たちの話を直接聞くことができたね。」
佐藤「二人とも困ったことがあると話していたよ。在留外国人には地域で暮らすうえでの困りごとがあるんだね。」
鈴木「私たちが身近にいる在留外国人と共に暮らしていくために、彼らが感じている課題をもっと知る必要があると思うよ。」
山田「そうだね。それらの課題を調べていたら、【資料1】【資料2】を見つけたよ。これらも参考にして、在留外国人が抱える課題に対して私たちにできることを考えてみよう。」

【資料1】

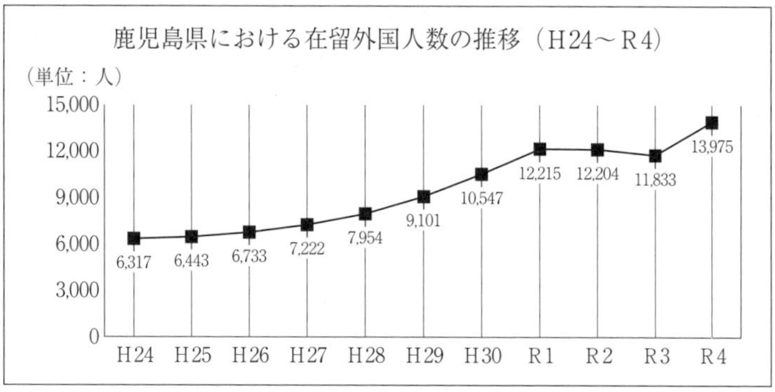

（出入国在留管理庁「在留外国人統計」をもとに作成）

・　在留外国人とは「留学生」,「定住者」や「永住者」など，日本で生活している外国人を指す。

自分が馬鹿馬鹿しく思えてきちゃった」

やや芝居がかったその口調は、航大へというより、自分自身を叱咤《しった》しているように感じられた。

「もう悩む必要はないぞ。俺に任せておけ」

「無責任男を頼るつもりはありません」

凜はキッパリと言い放ち、挑むように航大を指差して不敵に笑った。

「あんたに決められるくらいなら、自分で決める」

航大は笑顔で肩を竦《すく》める。

「できるといいな」

「おかげ様で、意地でも自分で決めてやろうって気になったよ」

爽やかな笑顔を浮かべて、凜は悪戯《いたずら》っぽく舌を出す。③軽やかに宣言したその声に、陰りの色はもうなかった。

（真紀涼介「勿忘草《わすれなぐさ》をさがして」より）

(注) ルーティン＝日常に行われる決まった手順や仕事。
怪訝＝その場の事情やわけがわからず、納得がいかない様子。
逡巡＝なかなか決心がつかずためらうこと。しりごみすること。

1 ――線部①を凜の気持ちを踏まえて朗読するとき、どのように読むのがよいですか。最も適当なものを次から選び、記号で答えなさい。（　　）

ア 内緒にしていたプランターの水やりを航大に見られて、もう隠せないとあきらめる気持ちを踏まえ、なげやりな様子で読む。

イ 自発的にしていたプランターの水やりを、航大に評価してもらえてうれしく思う気持ちを踏まえ、照れくさそうな様子で読む。

ウ 早朝に起きて花を世話することは大変なのに、航大に口先だけでほめられて落胆する気持ちを踏まえ、悲しげな様子で読む。

エ 花を世話する自分を航大は認めてくれたものの、そんな価値など私にはないと拒絶する気持ちを踏まえ、不愛想な様子で読む。

2 次の文は――線部②の指す内容をまとめたものです。［Ⅰ］～［Ⅲ］に適当な言葉を補い、文を完成させなさい。ただし、［Ⅰ］には十字以内の言葉を考えて書き、［Ⅱ］には本文中から最も適当な五字の言葉を抜き出して書き、［Ⅲ］には十五字以内の言葉を考えて書くこととします。

凜が航大の言葉を［Ⅰ］したときに思わず表出させた大袈裟な仕草が［Ⅱ］であったことによって、凜が本当の自分ではないと言った、普段の［Ⅲ］ことが確認できたこと。

Ⅰ　　Ⅱ　　Ⅲ

3 次のア～ウの航大の行動や心情を、話の展開に沿って順番に並べ替えるとどのようになりますか。ア、イ、ウを適切に並べ替えて書きなさい。（　→　→　）

ア 悪い想像を振り払えず不安そうな凜を刺激するような挑発的な言葉をあえて発することで、鼓舞しようとしている。

イ 他人に優しく自分に厳しい性格のせいで悩む凜に対して、力になりたいと思っている。

ウ くだらないやり取りに呆れつつも面白さを感じて心を開き始めた凜の背中を押そうとしている。

4 ――線部③から読み取れるこの時の凜の様子について、ここに至るまでの経過を踏まえて五十五字以内で説明しなさい。

い』って」

凜が口を開くが、言葉を発するよりも先に、何かに気付いて固まった。眉をひそめて、航大を睨《にら》む。

「それ、私が言った言葉でしょ」

航大が笑みを深める。

「正解。よく気付いたな」

以前この場所で、彼女が言っていた言葉だ。雑談の中の軽口のひとつだが、間違っているということもないだろう。休息は大事だ。陽が出ていないときにガザニアが花を閉じるのは、もちろん裏表があるからなんて理由ではない。それはきっと、余計なエネルギーを使わないようにするためだ。美しく咲き続けるために、体を休める必要性を知っているからだ。

「気付くよ、それくらい。私を馬鹿だと思ってるの？」

「まさか。天才だと思ってるよ」

「馬鹿にしてるでしょ」

「多少ね」

「そこは嘘《うそ》でも否定しなさいよ」

凜はムッとして眉根を寄せるが、くだらないやり取りに呆《あき》れたように、唇の端は微かに吊《つ》り上がっていた。雑談に興じているときの、いつもの調子だ。

彼女はじょうろをシンクの上に置き、思案するように腕を組む。

「休みねえ。休んだところでアレコレ考えちゃいそうだけど」

「アレコレ考えればいいさ。そして、今日で結論を出せばいい。このまま本番を迎えるのか、部の皆にもっと良いものを目指そうと提案するのか。結局のところ、問題はそこだろ」

凜は眉を八の字にする。

「それを決められないから、困ってるんだけど」

「だから、決めるためにもう一度、よく考えるんだよ。大丈夫。どんな結論を出そうと、部員の皆は受け入れてくれるって」

無根拠で無責任な言葉だな、と航大は自分でも思う。ただ、根拠はなくても、自信があった。皆が凜を慕うのは、彼女の優しさに惹《ひ》かれたからだ。その優しさは、決して演じられたものではない。人知れず自主的に校内の花の世話をするような女の子が、演技の要求をするくらいのことで、嫌われるわけがない。

「あんた、壮太くらいしかうちの部員に知り合いいないでしょ」と凜が唇を尖らせる。

「それじゃあ部員のことをよく知っている凜に訊《き》くけど、演劇部の皆さんは、部長にもっと上を目指そうと言われて、碌《ろく》に話も聞かずに不満を口にするような連中なのか？」

「そんな人はいない、けど……」

凜は答えるが、尚《なお》も不安そうだった。一度浮かんだ悪い想像は、簡単には振り払えないのだろう。

航大は大袈裟なまでに背中を反らし、自分の胸をドンと叩いてみせる。

「大丈夫。どうしても決められないんだったら、俺が決めてやるから」

「何でコウが決めるのよ」と凜が冷めた声で言う。

「だって、自分じゃ決められないんだろ？　どうせ決められないのなら、俺が決めたっていいじゃないか」

いいわけないでしょ、と凜が呆れ顔でかぶりを振り、両手を上げて伸びをする。太陽から活力をもらうように、窓から射す陽光を全身で浴びる。

「あーあ。何か、あんたとアホな会話をしていたら、色々と悩んでいた

「俺や他の誰かが凜と同じことをしていても、たいしたことじゃないと思う？　それくらい普通のことだ、って」

「それは……」

凜は言葉に詰まり、困ったように眉をひそめた。沈黙が、彼女の答えを雄弁に語っている。他人に優しく、自分に厳しい。それは立派な心持ちだが、それ故に自らの美点を素直に受け入れられないことは、彼女の明確な欠点だ。屋根より高いハードルを見上げて嘆息するなんて、それこそ滑稽だ。

プランターに植えられた花の姿が頭に浮かんだ。一見すると美しいその花も、よく観察してみれば、咲き終わり、枯れた花をいくつもその身に付けたままにしている。重苦しく、辛《つら》そうだ。

いまの自分に、彼女の悩みを解決する力はない。しかし、彼女が抱えている不要なものを取り除くことくらいなら、自分にもできるのではないか、と航大は思う。花がらを摘むように、不当に彼女の心を重くしているものたちを、ひとつひとつ取り払う。それも、彼女の力になるということではないだろうか。

「誰だって人から嫌われることは恐いよ。俺もそうだ。いまだって、自分の行動は凜にとって迷惑なんじゃないかって不安になってる」

「そんな。迷惑なんかじゃないよ」

両手を大きく左右に振り、慌てた様子で凜が否定する。その大袈裟《おおげさ》な仕草が余りにいつも通りで、航大は少し緊張がほぐれた。

普段の明朗快活な姿を、凜は本当の自分ではないと言った。でも、咄嗟《とっさ》に顔を出した彼女の一面は、航大のよく知る彼女だった。やはりその顔も、彼女を形づくる一部なのだ。たとえ演じていたものであっても、偽りではない。②そのことにホッとした。

肩の力が抜ける。重く考えることなんてないのではないかと思えてきた。普段通り、軽口のキャッチボールをするみたいに、思い付きを口にすればいい。それくらい気楽な方が、相手だって変に緊張しないで受け止められる。

「なあ、無責任な提案をしてもいいかな」

凜が(注)怪訝《けげん》な顔で航大を見る。

「無責任な言葉なら、あんまり聞きたくないんだけど」

「それなら止《や》めとくよ」

航大があっさりと引き下がると、凜はムッとして唇を尖《とが》らせた。

「そんなふうに言われると、却《かえ》って気になっちゃうでしょ」

「それじゃあ、聞いてみる？」

微《かす》かに(注)逡巡《しゅんじゅん》するような間を置いてから、凜が首を縦に振る。

「聞くだけ聞いてあげる」

航大は頷《うなず》き、天井を見上げるようにして口を開く。

「今日の部活、休みにしたら」

期待外れの提案に失望したように、凜の表情が曇った。

「それは無理。ただでさえ稽古がうまくいってないのに、もう本番はすぐそこなんだよ。休んでる余裕なんてないって」

「でも、いまの状態で稽古したって意味がないんじゃないか？　部員は現状に満足していて、凜はそこに注文をつけられないでいるんだろ。それじゃあ改善のしようがない」

淡々とした口調で航大が指摘すると、凜は口を閉ざして俯《うつむ》いた。彼女自身、そのことは痛いほど理解しているのだろう。

「休めば改善するってものでもないと思うけどさ、俺の知り合いの役者さんが言ってたんだよ。『適度に休まないと、良い芝居なんてできな

先　生「いい話し合いができましたね。古典の文章を読む時に、現代語で書かれた文章など他の文章を手がかりにして読むと、内容を捉えやすくなりますね。」

語群　ア　卑劣な　　イ　慎重な　　ウ　軽率な　　エ　迅速な

4　次の文章を読んで、あとの1～4の問いに答えなさい。

> 高校二年生の森川航大《もりかわこうだい》（コウ）は、不本意な形でサッカー部を退部している。同級生である柴《しば》田《た》凜《りん》は、演劇部部長で来月に迫った文化祭で上演する劇の完成度を高めたいが、今の出来に満足している部員達に自分の思いを伝えることで、部内の良好な雰囲気を壊すことを恐れている。凜は他人の目を気にして言いたいことも言えない自分は「薄っぺらな人間」だと航大に打ち明ける。

自分が刃物を手にしているような気分になり、航大は息を呑《の》む。これから口にしようとしている言葉は、果たして本当に彼女のためになるのだろうかと不安になる。口を閉ざし、沈黙に身を委ねたくなった。

腰に手を置き、大きく息を吐く。サッカーをしていたころ、ＰＫを蹴る前に必ずやっていたルーティン(注)だ。肺の中の空気と一緒に、不安と弱気を体外へと追いやる。緊張がほぐれ、心が落ち着いた。

一度口から出た言葉をなかったことにはできない。勢いに任せて、航大は続ける。

「誰に頼まれたわけでもないのに早起きして学校の花を世話しているような人間が、薄っぺらなわけがない」

「①そんなの、たいしたことじゃないよ」

謙遜ではなく、本心からそう思っているのだろう。凜の声には、突き放すような刺々《とげとげ》しさがあった。

怯《ひる》まずに、航大は言葉を重ねる。

「俺が同じことをしていたら？」

「え？」

2　――線部②「是」が指すものは何ですか。本文中から八字で抜き出して答えなさい。[　　　　　　　　]

3　――線部③「荒れにければ」とありますが、その理由を説明したものとして最も適当なものを次から選び、記号で答えなさい。（　　）
ア　「禍」が、国王の命令を受けた人々に突然襲われ、驚いたから。
イ　「禍」が、鉄を得られなくなり、空腹を我慢できなかったから。
ウ　国王が、国中の食料を食べ尽くした「禍」に腹を立てたから。
エ　国王が、全く言うことを聞かない「禍」に嫌気がさしたから。

4　次は、本文の内容をもとに先生と生徒が話し合っている場面です。[Ⅰ]～[Ⅲ]に適当な言葉を補い、会話を完成させなさい。ただし、[Ⅰ]には十五字以内でふさわしい内容を考えて書き、[Ⅱ]には本文中から十四字の言葉を抜き出して書き、[Ⅲ]にはあとの語群から最も適当なものを選び、記号で答えることとします。

Ⅰ [　　　　　　　　　　　　　　　]
Ⅱ [　　　　　　　　　　　　　　]
Ⅲ（　　）

先生　「この話では、一つの国が滅びるまでの経過が書かれています。何が原因で国が滅んだのでしょうか。」
生徒A　「『禍』が原因だと思います。」
生徒B　「私もAさんと同じ意見です。さらに付け加えると、火に焼かれた『禍』が、国のあらゆる場所を焼き尽くしたからだと思います。」
先生　「なるほど。実は、この話のもとになったと思われる話があります。次の【資料】は、その話の最後の場面を現代語訳したものです。これも踏まえて考えてみましょう。」

【資料】

薪を積み上げて焼き殺そうとしたが、身体が火のように真っ赤になったかと思うと、走り出し、村に入っては村を焼き尽くし、市場に行っては市場を灰にし、城に入っては城を炎上させてしまった。こうして国中を走り回っては各地を大混乱に陥《おとしい》れ、人々は飢餓に苦しむ羽目になった。
安穏《あんのん》な暮らしに飽きて〔わざわざ〕禍を買ったりするから、そのようなことになったのである。
（「旧雑譬喩経《くぞうひゆきょう》全訳　壺《つぼ》の中の女」より）

生徒A　「【資料】にも、本文と同じように、『禍』によって国が滅びていく様子が書かれているね。しかし一方で、本文にはない、『禍』を手に入れた国王を責めるような一文があるよ。」
生徒B　「そうだね。【資料】を手がかりに、国王の発言や行動に注目してもう一度本文を読み返してみよう。」
生徒A　「本文にも、【資料】と同じように穏やかな暮らしに飽きてしまったと書いてあるよ。国王は毎日の生活がつまらなくなって、禍というものが、いったい[Ⅰ]から手に入れようとしたんだね。」
生徒B　「でも、まさか「[Ⅱ]」という命令を出したことで、最終的に国が滅んでしまうことになるなんて、国王は考えもしなかっただろうね。」
生徒A　「つまり、国が滅んだのは、国王の[Ⅲ]行動が原因だと考えられるよね。」

5　次は、朝の会で、ある生徒がスピーチをした際の【スピーチの内容】と、それに対する他の生徒の応答です。本文で述べられた、筆者の考える「聞き手のもつ役割」を果たすことを意識した応答として**適当でない**ものを、あとのア～エから一つ選び、記号で答えなさい。（　　）

【スピーチの内容】

> 今日は私の目標についてお話しします。昨年の秋、「燃ゆる感動かごしま国体・かごしま大会」が開催されました。私は兄が参加したローイング競技を見に行ったのですが、見ているうちに私自身もこの競技をやってみたいと思うようになりました。今の私の目標は、高校でこの競技に挑戦し、兄と国体に出場することです。

ア　うんうん、新しいことへの挑戦はいいですよね。私も高校入学を機に新しいことを始めてみようかなと思いました。

イ　ああ、ローイングって、オールを漕《こ》いでボートの着順を競う競技でしたよね。新しい目標を見つけるよい機会になりましたね。

ウ　私は野球を見に行きましたよ。昨年の夏の甲子園の決勝と同じ対戦カードを地元で見られたのがよい思い出です。

エ　あなたも挑戦したくなるぐらい、お兄さんはかっこいい姿を見せてくれたんでしょうね。頑張ってくださいね。

3　次の文章を読んで、あとの1～4の問いに答えなさい。

(注)天竺《てんじく》に国あり。天下おさまり、人民楽しくして、一憂の凶なし(少しの心配事もない。)。国王、楽しみにほこりて、心の置きどころなきままに(穏やかな暮らしに飽きてしまい、)、「禍《わざはひ》と①いふものは、いかやうなるものやらん(どのようなものか、)、禍といふもの求めてまいらせよ(探し求めて私の元に持ってきなさい)」とい ふ(注)宣旨《せんじ》を下されたりければ、宣旨おもくして、(注)大臣公卿《くぎやう》より人民百姓にいたるまで、禍を求むるに、(注)猪《ゐ》のやうなるものを一つたづね出《いだ》して、「②是《これ》ぞ禍よ」と言ひければ、悦《よろこ》びをなして国王に奉《たてまつ》りたり(差し上げたところ、)ければ、国王愛して是を飼ひたまふほどに、鉄《くろがね》より他は食《く》らふものなし。

やうやう年月つもりて、国中の鉄尽き失《う》せぬ。けだもの、もの(食べる物)を欲しがりて③荒れにければ、国王「うち殺すべし」といふ宣旨を下したまひにけれども、矢たつ事なく、切れども刀たつ事なし。火に焼きたりければ、鉄のやうにて、けだものよる所ごとに焼け失せぬ(立ち寄った所は全て焼失した。)。国城《こくじやう》をはじめて、一国のこる所なし。一国猶《なほ》滅び失す。

(「宝物集」より)

(注)　天竺＝日本における、インドの古い呼び名。
宣旨＝国王の命令を伝える文書。
大臣公卿＝国王に仕える、高官の総称。
猪＝イノシシのこと。

1　――線部①「いふ」を現代仮名遣いに直して書きなさい。（　　）

限ったことではありません。ビジネスや公的なコミュニケーションにおいても、「聞き上手であること」は重要であり、「聞く力」は肯定的に評価され、獲得したいスキルとしてとらえられているのではないでしょうか。

私的であれ公的であれ、会話の中で「聞き手」は、話し手に対する単なるサポート役ではなく、人間関係の根幹を支える大きな存在であるのです。日本語の「聞くこと」には、「聞く」「聴く」「訊《き》く」(注)といった三つの意味が混在します。そのため、「聞くこと」は、コミュニケーションの様々な場面や状況や人間関係が複雑に絡《から》み合いながら多様に変化する、実に［ b ］のある行為として位置づけられるのではないでしょうか。

（村田和代「優しいコミュニケーション――『思いやり』の言語学」より）

(注)　2章＝本文は3章にあたり、2章では雑談の意義を述べている。
訊く＝ここでは「質問する」の意。

1　本文中の［ a ］・［ b ］にあてはまる語の組み合わせとして、最も適当なものを次から選び、記号で答えなさい。（　　）

ア　a　受容的　b　一貫性　　イ　a　懐疑的　b　協調性
ウ　a　好意的　b　柔軟性　　エ　a　否定的　b　意外性

2　――線部①「役割」とありますが、これと同じ重箱読みの熟語を次から選び、記号で答えなさい。（　　）

ア　仕事　　イ　秘密　　ウ　手本　　エ　砂場

3　次は、ある生徒が授業で本文を学習し、――線部②以降で紹介される日本語会話と英語会話との対照研究の内容をまとめた【ノートの一部】です。［ Ⅰ ］・［ Ⅱ ］に入る最も適当な言葉を、［ Ⅰ ］には三字、［ Ⅱ ］には十一字で本文中から抜き出して書きなさい。

Ⅰ［　　　］　Ⅱ［　　　　　　　　　　　］

【ノートの一部】

○日本語会話と英語会話との対照研究

日本語のコミュニケーション
・聞き手責任
聞き手に期待されること
・話し手が言葉を尽くさなくてもその意図を［ Ⅰ ］こと

英語のコミュニケーション
・話し手責任
話し手に期待されること
・［ Ⅱ ］ように言葉を尽くすこと

日本語会話における聞き手の重要性
・会話への積極的参与　→「共話」

4　次は、授業で、ある生徒が本文の学習内容をまとめて発表した際の【スライドの一部】と【発表原稿】です。【スライドの一部】の内容を踏まえて、【発表原稿】の［　　］に入る内容を六十五字以内で考えて書き、原稿を完成させなさい。

［　　　　　　　　　　　　　　　　　　　　　　　　　］

【スライドの一部】

聞き手とはどのような存在か
考察1　聞き手行動の意味
考察2　日本語会話と英語会話との比較
考察3　聞き手のもつ役割とは

【発表原稿】

私は、この文章を読み、スライドに示した筆者の三つの考察を通じて、聞き手とは［　　］存在であると考えました。
私もこれから人の話を聞く時は、このことを意識して、「聞き上手」になりたいです。

が読み取れます。また、「明日の会議でこの間話してた新しい企画について提案しようと思ってるの」という発言に対する「絶対採用間違いないよ」という応答からは、聞き手は話し手とすでに提案内容を共有していることや、その提案に対して［ a ］であるという聞き手の心的態度が読み取れます。

（中略）

聞いているというシグナルや多層的な意味の提示を通して、聞き手が話し手に反応し、それにまた話し手が反応するといったような相互的な応答反応が発生することによって、話し手と聞き手双方による相互行為が達成されます。したがって、聞き手がコミュニケーションの中で果たす①役割は絶大なものとしてとらえられるのです。このような立場から、社会言語学者の難波彩子は、会話の共同構築に向けた聞き手の在り方や貢献を指す「リスナーシップ（listenership）」という概念を提案しています。コミュニケーションにおける聞き手の役割や、聞き手としての行動は、相互行為の構築には欠かせないということがわかります。

②日本語会話で聞き手のもつ役割が顕著であることは、英語会話との対照研究を通して多くの研究者から指摘されています。代表的なものを紹介しましょう。

言語学者のジョン・ハインズは、英語・日本語のコミュニケーションの成否に関して、「話し手責任」と「聞き手責任」という特徴をあげています。英語によるコミュニケーションでは、話し手の責任が重く、話し手は聞き手に誤解を与えないように言葉を尽くすことが期待される一方、日本語でのコミュニケーションでは、聞き手の責任が重く、話し手が自分の考えや意図を十分に言語化しなくても、聞き手がそれを察することを期待できると指摘しています。

また、日本とアメリカのビジネスコミュニケーションを比較考察した社会言語学者のハル・ヤマダの研究でも、日本語のコミュニケーションの基本的な特徴の一つは聞き手重視であることを指摘し、「リスナートーク（listener talk）」という用語で特徴づけています。このような特徴は、曖昧さ、思いやり、和、ウチとソトの区別などを重んじる日本文化や、日本の社会的規範に由来し、日本語の日常会話では、相手の言いたいことを「察する」ことが求められるとしています。相手の言いたいことを「察する」ことは、日本語のコミュニケーションでは欠かせない、聞き手側の会話への積極的な参与を示す指標と言えるかもしれません。

日本語教育学者の水谷信子は、聞き手による頻繁な相槌の使用状況を観察し、聞き手が会話に積極的に関わりながら、話し手と一緒に会話を紡《つむ》いでいく有り様を「共話」と名付けました。日常のコミュニケーションをふりかえってみると、様々なシーンで、参加者が共に会話を構築していく「共話」が行われていることに気づくでしょう。

（中略）

日常生活においては、意識的に聞き手行動に着目することはないにせよ、「あの人は聞き上手だよね」「親友は私の思っていることをよく察してくれるから」というように、「話し手」よりも、むしろ「聞き手」に直接関わるようなことをしばしば聞くことがあります。(注)2章でとりあげたように、日常生活の中でのやりとりを通して、ただ単に情報を正確に伝えるということではなく、とりとめもないことを話して共感したり、冗談を言い合ったり、励まし合ったりするようなことが、豊かな人間関係を築いていく上では欠かせません。つまり、このような相互的なコミュニケーションにおいては、聞き手のもつ役割は話し手のそれと同じくらい重要なのです。これは、親しい友人や家族との私的なコミュニケーションに

国語

時間　五〇分
満点　九〇点

1　次の1・2の問いに答えなさい。

1　次の――線部のカタカナは漢字に直し、漢字は仮名に直して書きなさい。

(1) 異議をトナえる。（　　える）
(2) オンコウな性格の人。（　　）
(3) チュウセイを尽くす。（　　）
(4) 大きな負荷がかかる。（　　）
(5) 嗅覚が鋭い。（　　）
(6) 流行が廃れる。（　　れる）

2　次の行書で書かれた漢字を楷書で書いたときの総画数を答えなさい。（　　画）

2　次の文章を読んで、あとの1～5の問いに答えなさい。

コミュニケーションの授業で、「聞き手行動を意識しましょう」と言うと必ずと言っていいほど「聞き手の行動って何ですか?」という質問を受けます。日常生活でコミュニケーションを行う際に、自分が話し手になる、つまり話すことから考えるのが一般的で、コミュニケーションは「話す―聞く」というキャッチボールであることを、あまり意識していないのかもしれません。

（中略）

聞き手行動も視野に入れた研究においては、従来受動的にとらえられてきた「聞き手」の在り方とは正反対に、聞き手の会話への積極的な関与や、創造的で活動的な側面について言及されるようになってきました。たとえば、社会言語学者のデボラ・タネンは、聞き手が聞いたり理解したりする行動は「受動的な受信ではなく、むしろ積極的な解釈が必要とされるため、対話的な行為である」と指摘しています。では、聞き手行動から何がわかるのでしょうか?

聞き手の行動に着目して会話を観察してみてください。頷《うなず》きや微笑《ほほえ》み、相槌《づち》など、様々なシグナルを送ることによって、聞き手が話し手に継続的に応答していることがわかるでしょう。これらのシグナルは、多層的な情報を伝えています。聞き手の様々な応答シグナルは、聞いていることを示すだけでなく、聞き手のアイデンティティ、主観や心的態度など「指標的な情報」を提示します。

たとえば、「パーティの招待状に、出席者はスーツ着用って書いてあるんだけど、サウナスーツでいいのかな?」という発言に対して、聞き手が、「なんでやねん!」と応答した場合を考えてみましょう。ボケとツッコミについて理解している関西弁話者という聞き手のアイデンティティ

2024年度／解答

数学

① 【解き方】1. (1) 与式 $= 41 - 35 = 6$ (2) 与式 $= \frac{3}{4} \times \frac{8}{9} + \frac{1}{2} = \frac{2}{3} + \frac{1}{2} = \frac{4}{6} + \frac{3}{6} = \frac{7}{6}$ (3) 与式 $= 3\sqrt{2} - \frac{\sqrt{12}}{\sqrt{6}} = 3\sqrt{2} - \sqrt{2} = 2\sqrt{2}$ (4) $72 = 8 \times 3 \times 3$ だから，8，$8 \times 3 = 24$，$8 \times 3 \times 3 = 72$ (5) イは，5の倍数。エは，$5n + 10 = 5(n + 2)$ より，5の倍数。よって，イとエ。

2. 与式 $= a(x - y) - b(x - y) = (x - y)(a - b)$

3. 本体価格を x 円とすると，$1.1x = 176$ より，$x = 160$

4. △ADC で，∠ACD = 180° − 60° − 69° = 51°　FE ∥ DC だから，$\angle x = 51°$

5. 最初に箱の中にあった赤玉を x 個とおくと，$x : 100 = (40 - 4) : 4$ より，$4x = 3600$　よって，$x = 900$ より，約900個。

【答】1. (1) 6 (2) $\frac{7}{6}$ (3) $2\sqrt{2}$ (4) 8，24，72 (5) イ，エ 2. $(x - y)(a - b)$ 3. 160 (円) 4. 51° 5. (約) 900 (個)

② 【解き方】1. 右図で，辺 OA とねじれの位置にある辺は，辺 BC，辺 CD，辺 BP，辺 DP の4本。これは辺 OB，辺 OC，辺 OD，辺 PA，辺 PB，辺 PC，辺 PD でも同様。また，辺 AB とねじれの位置にある辺は，辺 OC，辺 OD，辺 PC，辺 PD の4本。これは辺 BC，辺 CD，辺 DA でも同様。よって，すべての辺についてねじれの位置にある辺は4本だから，ア。

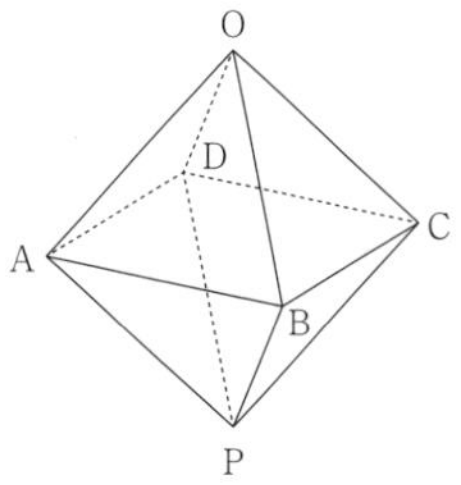

2. $y = ax + b$ は，切片が正で，傾きが負だから，ウかエ。$y = \frac{a}{x}$ は，$a < 0$ だから，ウかエ。$y = \frac{b}{a}x^2$ は $\frac{b}{a} < 0$ だから，イかウ。よって，ウ。

3. 右図のように，線分 AB の垂直二等分線と線分 AB との交点を O とし，点 P を中心とした半径 OP の円と $\overset{\frown}{\mathrm{AP}}$ との交点を C とすると，△COP は正三角形だから，∠COP = 60°　よって，∠COP の二等分線と $\overset{\frown}{\mathrm{CP}}$ との交点を Q とすればよい。

(例)

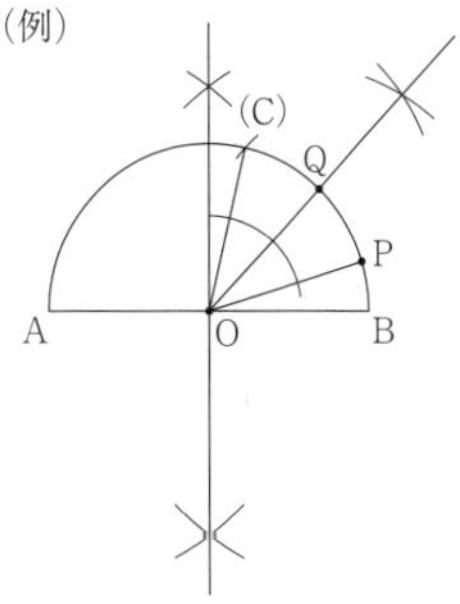

4. 棒の取り出し方は全部で，$3 \times 3 = 9$ (通り)　積が偶数になるのは，(A，B) = (1，2)，(3，2)，(7，2) の3通りだから，求める確率は，$\frac{3}{9} = \frac{1}{3}$

5. 重さの合計が 240g だから，$x + y = 240$ ……①　さつまいもに含まれる食物繊維は，$x \times \frac{2200}{100} = 22x$ (mg) で，にんじんに含まれる食物繊維は，$y \times \frac{2400}{100} = 24y$ (mg) だから，$22x + 24y = 5440$ ……②　①，②を，連立方程式として解いて，$x = 160$，$y = 80$

【答】1. ア 2. ウ 3. (前図) 4. $\frac{1}{3}$ 5. (さつまいも) 160 (g) (にんじん) 80 (g)

③ 【解き方】1. 最低気温の低い順に並べると，5.8，9.5，9.8，10.5，12.4，12.6，14.3，16.5，19.9，23.9，24.3，24.9 だから，中央値は，$(12.6 + 14.3) \div 2 = 13.45$ より，13.5 ℃。

2. 2002年について，アは正しい。また，27 ℃以上 31 ℃未満は，$1 + 5 = 6$ (日)，31 ℃以上 35 ℃未満は，$10 + 11 = 21$ (日)，35 ℃以上 39 ℃未満は，$4 + 0 = 4$ (日) より，イも正しい。さらに，27 ℃以上 33 ℃未満が，$6 + 10 = 16$ (日) で，33 ℃以上 39 ℃未満は，$11 + 4 = 15$ (日) だから，ウは誤り。2022年について，

エは正しい。また，27℃以上31℃未満は，$0+0=0$(日)だから，オは誤り。さらに，27℃以上33℃未満は，$0+3=3$(日)，33℃以上39℃未満は，$21+7+0=28$(日)だから，カは正しい。よって，ウ，オ。

3. (1) $(28+8)\times 5\div 9=20$(℃)

4. ① 最大値と最小値の差は大口が最も大きく，第3四分位数と第1四分位数の差は与論島が最も小さいから，正しい。② 鹿児島より志布志の方が第1四分位数が小さいから，正しくない。③ 3つ以上6つ以下だが，4つかどうかは分からない。④ 指宿も3つ以上あるから，正しくない。

【答】1. 13.5(℃)　2. ウ，オ

3. (1) 20(℃)　(2) 9月　(理由) 20℃は，19℃以上21℃未満の階級に入っており，度数折れ線から9月のほうが10月よりも相対度数が大きいと判断できるから。

4. ① ア　② イ　③ ウ　④ イ

4 【解き方】1. $y=\frac{1}{6}x^2$ に $x=12$ を代入すると，$y=\frac{1}{6}\times 12^2=24$　$x=18$ を代入すると，$y=\frac{1}{6}\times 18^2=54$　$x=24$ を代入すると，$y=\frac{1}{6}\times 24^2=96$　$x=30$ を代入すると，$y=\frac{1}{6}\times 30^2=150$ だから，イ。

2. ドローンの位置は，10秒後，$y=\frac{1}{6}\times 10^2=\frac{50}{3}$ より，Pから $\frac{50}{3}$m の場所，20秒後，$y=\frac{1}{6}\times 20^2=\frac{200}{3}$ より，Pから $\frac{200}{3}$m の場所にいるから，移動した距離は，$\frac{200}{3}-\frac{50}{3}=50$(m)　よって，求める速さは，秒速，$50\div(20-10)=5$(m)

3. (1) ドローンがP地点の真上を出発してから t 秒後に進む距離は，$0\leqq t\leqq 30$ の範囲で，$\frac{1}{6}t^2$m で，マオさんが t 秒後にP地点から $(3t+54)$m の所にいるので，$\frac{1}{6}t^2=3t+54$ より，両辺を6倍して，$t^2=18t+324$　右辺を移項して，$t^2-18t-324=0$　解の公式より，$t=\frac{-(-18)\pm\sqrt{(-18)^2-4\times 1\times(-324)}}{2\times 1}=\frac{18\pm 18\sqrt{5}}{2}=9\pm 9\sqrt{5}$　$0\leqq t\leqq 30$ より，$t=9+9\sqrt{5}$　(2) 自動車がP地点を通過してからの時間を x 秒，進む道のりを ym とし，P地点を $x=0$，$y=0$ とすると，自動車の進み方は，$y=4.8x$，マオさんの進み方は，$y=3x+54$ の式で表せるので，R地点は，$4.8x=3x+54$ より，$x=30$ だから，R地点はP地点から，$3\times 30+54=144$(m)の地点。よって，マオさんは，$900-144=756$(m)を180秒で走るので，秒速，$756\div 180=4.2$(m)

【答】1. イ　2. (秒速) 5(m)　3. (1) $9+9\sqrt{5}$(秒後)　(2) (秒速) 4.2(m)

5 【解き方】1. 図4で，$\overset{\frown}{\mathrm{CD}}$ に対する円周角だから，$\angle\mathrm{CGD}=\angle\mathrm{CBD}=60^\circ$

3. (1) $\mathrm{AD}=4+5+3=12$ だから，$\mathrm{GD}=12-4=8$　(2) 点CからGDに垂線をひき，交点をIとおく。△CGIは，30°，60°の直角三角形だから，$\mathrm{GI}=\frac{1}{2}\mathrm{GC}=\frac{3}{2}$，$\mathrm{CI}=\frac{\sqrt{3}}{2}\mathrm{GC}=\frac{3\sqrt{3}}{2}$　よって，$\mathrm{DI}=8-\frac{3}{2}=\frac{13}{2}$　△DCIで三平方の定理より，$\mathrm{CD}=\sqrt{\left(\frac{13}{2}\right)^2+\left(\frac{3\sqrt{3}}{2}\right)^2}=7$　(3) $\mathrm{AI}=4+\frac{3}{2}=\frac{11}{2}$ だから，△AICで三平方の定理より，$\mathrm{AC}=\sqrt{\left(\frac{11}{2}\right)^2+\left(\frac{3\sqrt{3}}{2}\right)^2}=\sqrt{37}$　△BDC，△ACEは共に正三角形で，相似比は $7:\sqrt{37}$ だから，$\mathrm{S}:\mathrm{T}=7^2:(\sqrt{37})^2=49:37$

【答】1. 60°　2. (a) エ　(b) ア　(c) キ　(d) コ　(e) シ　3. (1) 8　(2) 7　(3) 49：37

英　語

1 【解き方】1. ジュディの「これはあなたのギターですか？」という質問に対して，タカシが「はい，僕はギターの弾き方を習っています」と言っている。

2. ジョニーの「高校ではテニスがしたいです」というせりふに対して，ユカが「私もテニスがしたいです。そのクラブでいっしょにそれをしましょう」と言っている。

3. タクマの「黒い帽子ですか？」という質問に対して，メアリーが「いいえ。白い帽子です」と言っている。

4. お祭りは木曜日と金曜日に行われるが，マイは木曜日が忙しいため，ダニエルは金曜日にお祭りに行くことを提案している。

5. 午前中に「バード・ハウス」に行ったあと，「レストラン」で昼食を食べる。昼食後は「コアラ・ハウス」に行き，「ショッピングセンター」で買い物をする。

6. 第2班は日本の人気スポーツを紹介することになっている。また，全ての班が学校生活を紹介しなければならない。

7. 少年を助けることができなかったことで，アスカは毎日英語を勉強しようと決心した。「～しようと決心する」= decide to ～。

8. 「あなたはそのお金で何をするのですか？」という質問に対する返答。「私は～するでしょう」= I would ～。

【答】1. エ　2. ア　3. イ　4. Friday　5. ウ→ア→イ→エ　6. ウ

7.（例）decided to study English every day　8.（例）I would buy a new big house for my family.

◀全訳▶　1.

ジュディ：これはあなたのギターですか，タカシ？

タカシ　：はい，僕はギターの弾き方を習っています。

ジュディ：私もその弾き方を習いたいです。

2.

ユカ　　：こんにちは，ジョニー。あなたはどのクラブに入るつもりですか？

ジョニー：僕は中学校でバドミントンをしていましたが，高校ではテニスがしたいです。

ユカ　　：私もテニスがしたいです。そのクラブでいっしょにそれをしましょう。

3.

メアリー：私は帽子を探しています。あなたはそれを見ましたか，タクマ？

タクマ　：黒い帽子ですか？

メアリー：いいえ。白い帽子です。それには黒い猫の絵があります。

タクマ　：台所のテーブルの下で白い帽子を見ました。

4.

マイ　　：こんにちは，ダニエル。

ダニエル：こんにちは，マイ。今週の木曜日と金曜日にこの町でお祭りがあります。僕たちといっしょに来ませんか？

マイ　　：いいですね。でも木曜日は忙しいです。

ダニエル：わかりました。その翌日はどうですか？

マイ　　：それはいいですね！

質問：彼らはいつお祭りに行く予定ですか？

5. 私たちは来週，市立動物園を訪れる予定です。午前中，私たちはサルやゾウやライオンなどたくさんの動物を見る予定です。私たちはバード・ハウスにも行く予定です。私たちはそこで多くの美しい鳥を見ることができます。次に，レストランに行って昼食を食べましょう。昼食後，私たちはコアラ・ハウスを訪れる予定です。

私たちはコアラに触って，彼らといっしょに写真を撮ることができます。あなたは今までにコアラに触ったことがありますか？　写真を撮ったあと，私たちはショッピングセンターで買い物を楽しむことができます。あなたはそこで動物クッキーを買うことができます。わくわくしますか？　私はコアラが好きなので，とてもわくわくしています。動物園を楽しみましょう！

6. こんにちは，みなさん。来週，私たちはアメリカの生徒たちを迎える予定です。私たちには３つの班があります。各班が彼らに発表を行います。第１班，あなたたちは日本料理について話します。第２班，日本で人気のスポーツを紹介してください。第３班の生徒たちは鹿児島で訪れるべきよい場所について彼らに話します。全ての班があなたたちの学校生活を紹介しなければならないことを覚えておくようにしてください。それでは，発表を行いましょう！

7. こんにちは，みなさん。私はいつも日常生活の中で英語を使いたいと思ってきました。

昨年，私はスーパーマーケットに行き，幼い少年を見かけました。おそらく彼は母親を探していたのでしょう。私は彼を助けたいと思ったので，彼に話しかけました。彼は英語で答えましたが，私は彼の言うことが理解できませんでした。私はとても悲しい気持ちでした。まもなく，私たちの周りの人々が彼を助けました。この経験は私に毎日英語を勉強しなければならないと思わせてくれました。「熱心に勉強しよう」と私は思いました。

昨日，私がスーパーマーケットで買い物をしていると，女性が英語で私に話しかけました。今回，私は彼女が何を言っているのか理解できました！　私たちは話をして，私は彼女が緑茶を探していることをわかりました。「わかりました，私といっしょに来てください」と私は言って，私たちは緑茶を見つけました。彼女は「ありがとう。あなたの英語はとても上手です」と言いました。私はそれを聞いてとてもうれしかったです。私は毎日とても熱心に英語を勉強し，成功しました。

質問：少年を助けることができなかったあと，アスカは何を決心しましたか？

8.

ナルミ　　：ディビッド，もしたくさんのお金があったら，あなたは何をしますか？

ディビッド：僕なら会社を始めるでしょう。

ナルミ　　：それはいいですね！　私なら家族や友人たちのためにそのお金を使うでしょう。

ディビッド：あなたはそのお金で何をするのですか，ナルミ？

ナルミ　　：私は家族のために新しい大きな家を買うでしょう。

2 **【解き方】** 1. ①「いつそのパーティーをするの？」。シュンの「今週の土曜日だよ」というせりふの直前のウに入る。②「彼女は君の国の出身だよ」。ニックの「へえ，僕の国？」というせりふの直前のイに入る。

2. ①「雨が降っているときにあなた自身を乾いたままにするために使うもの」。「傘」= umbrella。②「父親や母親の兄弟」。「おじ」= uncle。③「ある場所から立ち去ること」。「去る，出発する」= leave。

3. (1)「あなたは家族とどこに行ったのですか？」に対する返答。「私は東京に行きました」となる。「～に行った」= went to ～。(2)「マットがどこにいるか知っていますか？」に対する返答。「私は今朝から彼を見ていません」となる。現在完了の否定文〈haven't ＋過去分詞〉で表す。see の過去分詞は seen。(3)「私は今日これらの本を買いました」に対する応答。「それらはあなたの好きな作家によって書かれた（書かれている）のですか？」となる。受動態〈be 動詞＋過去分詞〉で表す。write の過去分詞は written。

4. ペットショップで犬を買ったあと，木材を買って犬小屋を作ったことを順に説明する。解答例は「私はペットショップで犬を買いました。次に，木材を買うために店に行きました。そして私は犬小屋を作るために一生懸命作業をしました。それを作り終えたとき，私はとても幸せでした」。

【答】 1. ① ウ　② イ　2. ① umbrella　② uncle　③ leave

3. (1) I went to　(2) I haven't seen　(3) Are they written（または，Were they written）

4.（例）bought a dog at a pet shop. Next, I went to a store to buy wood. Then, I worked hard to make the dog's house. When I finished making it, I was very happy.（34 語）

◀全訳▶ 1.

ニック：もうすぐ春休みだね！

シュン：うん。僕の家族は花見パーティーをする予定だよ。

ニック：いいね。誰が来る予定なの？

シュン：おばさん，いとこ，友人のエミリーだよ。彼女は君の国の出身だよ。

ニック：へえ，僕の国？　彼女はどの都市の出身なの？

シュン：彼女はロンドン出身だ。

ニック：へえ，彼女とロンドンについて話したいな。いつそのパーティーをするの？

シュン：今週の土曜日だよ。君は来ることができる？

ニック：行きたいけれど，まず家族に聞かないといけないから，明日そのことについて話そう。

シュン：いいよ。それじゃあ。

ニック：さようなら。

2.

ビル：お母さん，行ってきます。それじゃあ。

母親：ビル，午後は雨が降るらしいわよ。傘は持っている？

ビル：うん。バッグの中に入っている。ありがとう，お母さん。ところで，今日の放課後はサムの家に行くよ。

母親：どうして？

ビル：彼と数学を勉強するんだ。彼のおじさんのジョージが僕たちに数学を教えてくれるんだ。彼はサムのお父さんの兄弟だよ。

母親：ああ，それはいいわね，でも午後6時までに帰宅するのを忘れないでね。今日はピアノのレッスンがあるわよ。

ビル：うん，わかっている。午後5時50分までにサムの家を出るよ。

母親：わかったわ。楽しい一日を過ごしてね。

3 【解き方】Ⅰ. 1. 直前の「掃除をすれば，あなたたちは大切なことが学べます。何度もそう言ってきたのに，あなたたちはまだ理解していません」という言葉から，先生は「悲しい」と思っていた。2. 第3段落の1文目を見る。タケルが黒板をきれいにしたのは，彼の友だちが欠席していたから。3. 第3段落の最終文と第4段落の最終文を見る。タケルは「掃除をすることは私たちを幸せにすることができる」と感じており，それがケビンの「掃除をすることのよい点は何ですか？」に対するタケルの答えになる。「～を幸せにする」= make ～ happy。

Ⅱ. 1. 直前でベッキーは「芸術と釣りに興味がある」と言っている。芸術と釣りが楽しめるのはAのプラン。2. アユミとベッキーの5番目のせりふより，2人はCのプランを選んだことがわかる。最後のせりふでアユミが「集合時間の10分前に会いましょう」と言っているので，2人は「東バスステーションで午前9時50分」に会うことにした。

Ⅲ. 第4段落の最終文の中で，コウヘイは「スポーツで最も大切なことは，周りの人のおかげで私たちがスポーツを楽しむことができるのだということを覚えておくことです」と述べている。ウの「私たちは周りの人のおかげでスポーツが楽しめるのだということを覚えておくべきだ」が適切。

【答】Ⅰ. 1. エ　2. his friend was absent　3. (例) Cleaning can make us happy　Ⅱ. 1. ア　2. イ　Ⅲ. ウ

◀全訳▶ Ⅰ.

こんにちは，みなさん！　昨日，昼休みのあとに私たちが教室を掃除し始めたとき，ケビンが私に「掃除をすることのよい点は何？　僕はアメリカで教室を掃除しなかった」と尋ねました。私はどう言えばいいのかわからなかったので，昨夜彼の質問に対する答えを見つけようとしました。今日，私はそのことについてお話しします。

1年生だったとき，私は掃除が好きではありませんでした。それは本当に退屈でした。私は昼休みをもっと長くとって，もっと友だちと遊びたいと思いました。友だちと遊び続け，掃除をしないこともありました。ある日，私たちはまた掃除の時間に遊びました。そのとき，先生が私たちに「掃除をすればあなたたちは大切なことが学べます。何度もそう言ってきたのに，あなたたちはまだ理解していません。私は悲しいけれど，あなたたちはそれが理解できるとまだ信じています」と言いました。私は彼がそのとき何を言っているのかわかりませんでした。

ある日，友だちが欠席していたので，私が黒板をきれいにしました。彼はいつもとても一生懸命作業していたので，私もとても一生懸命作業しました。掃除の時間のあと，数学の先生が教室にやって来ました。彼女は黒板を見て，「このクラスの黒板はいつもきれいですね。私はうれしい気持ちになっていつも教えることを楽しんでいます。ありがとう」と言いました。私はみんながほほ笑んでいたことを覚えています。彼女もほほ笑んでいました。その数学の授業は本当に楽しかったです。私は掃除をすることが私たちを幸せにすることができたのだと感じました。

別の日，腕を骨折していたため，私は掃除の時間に机を動かすことができませんでした。そのとき，クラスメイトの1人が私を助けてくれました。私は彼女とあまり話しておらず，彼女はただのクラスメイトでした。でも彼女は私が机を動かすのを手伝ってくれました。そのとき，私は「ありがとう」とだけ言いました。数日間，私たちはいっしょに机を動かしました。まもなく，私たちはたくさん話すようになりました。今，私たちはとても仲のいい友だちで，いつもいっしょに楽しい時間を過ごしています。これは掃除をすることが私たちを幸せにすることができたと感じた2度目の機会でした。

ケビン，あなたは昨日私に質問しました。あなたは「掃除をすることのよい点は何ですか？」と言いました。私の答えは「掃除をすることは私たちを幸せにすることができる」です。聞いていただいてありがとうございました。

Ⅱ.

アユミ　：おはよう，ベッキー。あなたは鹿児島で初めての週末を迎えますよね？　今週末はどんな予定ですか？

ベッキー：こんにちは，アユミ。私はまだ決めていません。

アユミ　：それが聞けてよかった！　私は土曜日にあなたとバス旅行を楽しみたいです。

ベッキー：まあ，素晴らしい！　ぜひ行きたいです。どんなプランが楽しめるのですか？

アユミ　：この比較表を見てください。4つのプランがあります。

ベッキー：ええと，私は芸術と釣りに興味があります。だから，プランAがよさそうです。

アユミ　：それはいいですね，でも私は早く起きたくないのです。これはどうですか？　私は音楽を聞くのが好きです。

ベッキー：それもよさそうですね，でも私は他の人とお風呂に入りたくありません。

アユミ　：ああ，本当に？　では，このプランを選びましょう。私たちは芸術と自転車に乗ることが楽しめます。

ベッキー：わかりました。私たちはいつどこで会いましょうか？

アユミ　：集合時間の10分前に会いましょう，だから東バスステーションで午前9時50分に会うことにしましょう。

ベッキー：それじゃあそのときにね。

Ⅲ. コウヘイは今年の夏の大きな野球大会でプレーをした三校合同チームのキャプテンでした。高校3年生になったとき，彼はたった1人のメンバーでした。彼の学校の近くの2つの学校もより多くのメンバーを必要としており，彼らはいっしょにプレーすることに決めました。

大会前，彼は「合同チームには，違う学校の選手がいるので，いっしょに練習するのは大変です。それぞれの学校から僕たちの学校に来るのに時間がかかるので練習する十分な時間がとれません。それにそれぞれの学校に異なったスケジュールがあるので，僕たちは週に3日しか練習しません。でも，今はいっしょに野球をする新しい友だちがたくさんいるので僕はとてもうれしいです」と言いました。

彼のチームは最初の試合に負けました。彼は「負けたことは残念に感じます。でも，僕は勝つことのためだけに野球をやっているのではないことに気づきました。周りの人たちなしでは僕は野球ができませんでした。チームメンバーのおかげで，僕はこの大会を楽しむことができ，他のチームのおかげで，僕たちは試合を楽しむことができました。野球をしてきたことが本当にうれしいです」と言いました。

「スポーツで最も大切なことは何ですか？」という質問に対して，彼は「僕たちは自分たち自身の目的のためにスポーツをしていると思います。例えば，よい健康状態を保つため，よい思い出を作るため，あるいは勝つために僕たちはスポーツをします。それらはすべて大切ですが，僕にとって，スポーツで最も大切なことは，周りの人のおかげで僕たちがスポーツを楽しむことができるのだということを覚えておくことです」と言いました。

コウヘイは彼の夢のためにより一生懸命勉強しています。彼は体育の先生になるために大学に行きたいと思っています。彼は生徒たちといっしょに野球を楽しみたいと思っています。私は彼が生徒たちととても幸せな未来を送ることを願っています。

4 **【解き方】** 1. 第1段落の8文目以降に着目する。エリカは「箸の歴史」→「3つの国で人々が食事をするために使うもの」→「割箸クイズ」→「日本製の割箸」の順に話した。

2. A. 第3段落の6～8文目を見る。長い箸とスープスプーンを使うのは「中国」の人。B. 直前のtheと直後のof the three（3つの中で）から，最上級が入る。第3段落の11～13文目を見る。韓国で使われている箸は金属製のため，3つの国の中で「最も重い」。「最も重い」= the heaviest。

3. 直後の文で「2005年には250億膳以上の割箸が日本に来ましたが，2005年以降はその数がより少なくなりました」と述べられている。

4. 直後の「おそらく彼らは割箸のために多くの木が切り倒されるのを恐れたのでしょう」に着目する。解答例は「彼らは環境を守りたかったのだと思います」。「環境を守る」= save the environment。

5. 同段落の4・5文目を見る。use small wood that they don't need to make things =「物を作るのに必要としない小さい木材を使う」。use wood from trees that people cut down to help other trees grow better =「他の木がよりよく成長するのを助けるために人々が切り倒した木の木材を使う」。

6. 紙の本と電子書籍ではどちらの方がいいかを理由とともに説明する。

【答】 1. A. ウ　B. イ　C. ア　2. A. China　B. heaviest　3. ウ　4.（例）save the environment

5. 物を作るのに不要な小さな木材や他の木がよりよく育つように切る木を材料として割箸が作られるから。（47字）（同意可）

6.（例）E-books are better than paper books because they are easy to carry. Also, we can keep many e-books in our phones.（21語）

◀全訳▶　私たちは食事をするときにたいてい何を使いますか？　手ですか？　スプーンですか？　そうです，私たちは箸を使います。しかし今までにそれらについて考えたことがありますか？　自分が箸のことをあまり知らないことに気づいたので，私は今年の夏にそれらについて学びました。今日，私は箸についてお話ししたいと思います。まず，箸の歴史についてお話しします。次に，3つの国で食事をするときに人々が使っているものを紹介します。それから，人気のある使い捨ての木製の箸である「割箸」についてあなたたちに質問をします。最後に，日本製の割箸についてお話しします。

人々がいつどこで初めて箸を使ったかあなたたちは知っていますか？　多くの人々は3,000年以上前に中国の人々がそれらを使い始めたと考えています。その後，それらはアジアの他の国々でも人気になりました。今では世界の多くの人々がそれらを使っています。

次のスライドは日本，中国，韓国の3か国で食事をするときに人々が使うものを示しています。写真1を見てください。これらは日本の箸です。実を言うと，それらは私のものです。次に，写真2です。スープスプーンと箸が見えます。私は中国でこの写真を撮りました。そこの人々はたいてい長い箸とスープスプーンを使います。日本や中国では，木製やプラスチック製の箸が人気があります。次に，写真 3 です。再びスプーンと箸が見えます。これらの箸は金属製のため日本や中国の箸ほど軽くありません。私は韓国でこの写真を撮りました。私はこれらの種類の箸やスプーンを多くのレストランで見かけました。

次に，割箸クイズを楽しみましょう！　始めましょう。1）日本製の割箸と他の国で作られた割箸では私たちはどちらをよく使っているでしょうか？　答えがわかりますか？　そうです，私たちはたいてい中国など他国で作られた割箸を使っています。2）日本は以前よりも多くの割箸を他の国から輸入しているでしょうか？　答えは「いいえ！」です。今，約 150 億膳の割箸が海外から来ていますが，過去にはもっと多くの割箸が日本に来ていました。3）日本はいつ割箸を最も多く輸入したでしょうか？　ヒントを差し上げましょう。それは私たちが生まれるほんの少し前のことでした。答えは 2005 年です！　これを見てください。2005 年には，250 億膳以上の割箸が日本に来ましたが，2005 年以降はその数がより少なくなりました。なぜ多くの日本人が多くの割箸を使うのをやめたのかわかりますか？　彼らは環境を守りたかったのだと思います。おそらく彼らは割箸のために多くの木が切り倒されるのを恐れたのでしょう。

しかし私たちは割箸を使うのをやめるべきなのでしょうか？　日本製の割箸を使うのは環境によいと考える人もいます。多くの日本の割箸の会社では割箸を作るために 2 種類の木材を使っています。彼らは物を作るのに必要としない小さい木材を使います。彼らはまた，他の木がよりよく成長するのを助けるために人々が切り倒した木の木材も使います。それは興味深いですよね？

箸に関する多くの考えや事実があることに私はとても驚きました。あなたたちが普段使っているものについて学んでみてはどうですか？　私のように，いくつかの興味深い事実を見つけてください。聞いていただいてありがとうございました。

(6 の対話)

エリカ：発表してくれてありがとう。多くの単語がある絵をもう一度見てもいいですか？　あなたは「単語の大きさは生徒たちがその単語を何回使ったのかを示しています」と言いました。それはとても役立つと思います。

アヤ　：ありがとう。みんな異なる考えを持っています。私はとても驚きました。

エリカ：わかりました。あなたの考えを私に話してください。紙の本と電子書籍ではどちらの方がいいですか，そしてそれはなぜですか？

アヤ　：電子書籍は持ち運びやすいので紙の本よりもいいです。それに，私たちは電話の中に多くの電子書籍を保存することができます。

エリカ：ありがとう。私もそう思います。

社 会

1 【解き方】 Ⅰ. 1.「六大陸」とは，面積の大きい順にユーラシア大陸，アフリカ大陸，北アメリカ大陸，南アメリカ大陸，南極大陸，オーストラリア大陸のこと。

2. 地球上の正反対にある地点の緯度は，数値は同じで，北緯と南緯を入れ替えたもの。経度は，180 からその地点の数値を引き，東経と西経を入れ替えたものになる。

3. P は寒帯，Q は熱帯に属していることがヒントとなる。

4. ウはヒスパニックの説明。

5. ア．どの国も前年の生産台数を下回っている年がある。ウ．インドはあてはまらない。エ．アメリカ合衆国は約 6 倍，中国は約 3 倍が正しい。

6. パーム油の原料は油やし。農園を広げるため，熱帯林が伐採されている。

7. インドはかつてイギリスの植民地だったことから英語を話せる人が多く，平均月収はアメリカ合衆国より低い。また，アメリカ合衆国とインドの時差がおよそ 12 時間となることにも注目。

Ⅱ. 1. 鳥取県，広島県，山口県と隣接している。

2. 東北 4 大祭りの 1 つで，多くの観光客もつめかける。

3. 濃霧の発生により気温があまり上がらず，土地もやせていることから，稲作や畑作には向いていない地域。

4. X は茨城県。W は稲作が盛んな新潟県で「う」，Y はみかんの生産が盛んな愛媛県で「あ」，Z は畜産が盛んな鹿児島県で「い」となる。

5. 東京都では出版に欠かせない印刷業も盛ん。

6. ⑴ ア．寺院の方が神社よりも多い。イ．宮田町付近は平地で，水田が多い。エ．「北西」ではなく，北東が正しい。⑵ 日本海側の気候に属する富山県は，冬の降雪量が多いことから，春には大量の雪どけ水が発生する。

【答】 Ⅰ. 1. ユーラシア(大陸) 2. エ 3. (1 群) a (2 群) い (3 群) イ 4. ウ 5. イ 6. (パーム油の原料となる)油やしを栽培するために開発を進め，森林が減少していく問題がおきている。(同意可) 7. インドでは英語を話せる労働者を低賃金で雇うことができ，また，昼夜が逆転していることを利用して 24 時間対応が可能になるから。(同意可)

Ⅱ. 1. 3 2. (記号) a (県名) 秋田(県) 3. ① 夏 ② 南東 ③ 寒流で冷やされる 4. え 5. 情報が集まってくる (同意可) 6. ⑴ ウ ⑵ (富山県は,)標高の高い山に囲まれ，降水量が多いという特徴があることから，山地から流れ出る豊富な雪どけ水などの水資源を水力発電に利用できる(から。) (同意可)

2 【解き方】 Ⅰ. 1. ① 女性のすがたをかたどったものが多い。まじないの道具に使われたと考えられている。② 1543 年に伝えられた。

2. メソポタミア文明で使われたのは，くさび形文字。

3. アは室町時代，イは平安時代～，ウは弥生時代，エは奈良時代のできごと。

4.「真言宗」が伝えられたのは平安時代。「錦絵」は江戸時代に広まった多色刷りの浮世絵版画。

5. このような改革を行った藩を「雄藩《ゆうはん》」という。

6. 資料から「石」を背負っているのが誰かを確認するとよい。フランス革命は，主権が国王ではなく市民にあるという思想のもと，絶対王政を倒した市民革命。

Ⅱ. 1. ① 国民が政治に参加する権利を求めて，憲法の制定や国会の開設を求めた運動。板垣退助らを中心に始まった。② アメリカ・イギリス・中国 (後にソ連も) による日本の無条件降伏を求めた共同宣言。日本は 8 月 14 日に受け入れを連合国に通告し，翌 15 日に天皇から国民に伝えられた。

2. アは 1858 年のできごと。条約を結んだのは江戸幕府。

3. アは板垣退助，イは伊藤博文，ウは大隈重信，エは大久保利通について述べたもの。

4. この批判の高まりが，1905 年に起こった日比谷焼き打ち事件にもつながった。

5. アは 1972 年，イは 1951 年，ウは 1964 年，エは 1923 年のできごと。

6.「石油危機」は，第四次中東戦争をきっかけに，中東の産油国が原油価格を大幅に値上げしたことが原因でおこった。

【答】 Ⅰ. 1. ① 土偶　② 鉄砲　2. イ　3. ウ→エ→イ→ア　4. ア　5. 軍事力の強化(同意可)　6. 主に平民が税などの負担を負っていた社会から，聖職者や貴族も同様に負担する社会の実現を目ざした。(同意可)

Ⅱ. 1. ① 自由民権　② ポツダム　2. ア　3. エ　4. 大きな負担を負い，多くの犠牲を払った（同意可）　5. イ→ウ→ア　6. (日本の)エネルギー供給が石炭から石油に依存するようになっていた中で，原油価格が大幅に上がり，物価が上昇した(から。)（同意可）

③ **【解き方】** Ⅰ. 1. 国際連合教育科学文化機関の略称。

2. アは国連平和維持活動，ウは政府開発援助，エは企業の社会的責任の略称。

3. 自己決定権を含めた新しい人権の根拠となるのは，日本国憲法第 13 条にある幸福追求に対する国民の権利。

4. ア.「情報公開制度」は，国や行政機関等が保有する情報や文書等を，市民が開示請求できる制度。イ. 1 府 22 省庁が 1 府 12 省庁に再編され，省庁の数は減少した。ウ.「官から民へ」を合言葉に，小さな政府を目指し，民営化の流れが継続しているので誤り。

5. 首長や議員の解職請求も同様の手続きで行われる。

6. ⑴ コピーをすること。⑵ 自分の考え・気持ちなどを作品上で表現した著作者が持つ権利を著作権という。

Ⅱ. 1. 持続可能な開発目標の略称。

2. イ.「独占価格」ではなく，均衡価格が正しい。ウ. 供給量＞需要量であれば価格は下落し，供給量＜需要量であれば価格は上昇する。エ. 水道の価格は地方公共団体が決定する。ガスの価格は，都市ガスであれば政府の認可を必要とするが，ガス会社によって価格は異なる可能性がある。

3. 生産者から消費者に商品やサービスが移動するはたらきを流通という。生産者と消費者の間を仲介する業者の数が増えれば，それだけ費用がかかる。

5. 円安とは，ドルなどの外国通貨に対して円の価値が低くなること。つまり，1 ドルを得るために，以前よりも多くの円を支払わなければならなくなる状態のこと。結果的に物価の上昇につながる。また，エシカルには，「倫理的な」という意味がある。

6. 国債残高の増加は，将来の国債費の増加につながり，将来の歳出に占める国債費の割合が高くなれば，それ以外の歳出項目に充てられる予算の割合が減り，機動的な財政政策がとりにくくなると考えられる。

【答】 Ⅰ. 1. ユネスコ　2. イ　3. インフォームド・コンセント　4. エ　5. ウ　6. ⑴ 複製　⑵ インターネット上の情報を引用する場合にも，書籍からの引用と同様に，情報の発信者の著作権を守るため，出典を明記すること。(それぞれ同意可)

Ⅱ. 1. SDGs　2. ア　3. 流通費用の削減（同意可）　4. ワーク・ライフ・バランス　5. ウ　6. 国債の残高が増加することでその返済の負担を後の世代の人々にますます追わせてしまうことと，国の歳出に占める国債費が増加することで他の予算を圧迫すること。(75 字)（同意可）

理　科

1 【解き方】4. 水は水素と酸素，炭酸水素ナトリウムはナトリウム・水素・炭素・酸素の化合物。

6. (1) 図3のグラフより，速いほうの波は波Xで，震源からの距離が70kmのとき，地震の波が届くまでの時間が10秒なので，$\dfrac{70\,(\mathrm{km})}{10\,(\mathrm{s})} = 7\,(\mathrm{km/s})$　(2) 初期微動を起こすP波の速さのほうが，主要動を起こすS波の速さより速いので，緊急地震速報はP波の観測後に，ゆれの大きな主要動を起こすS波の到着時刻や震度を予想して知らせる。

【答】1. 梅雨前線　2. ① ア　② ア　3. a. ＋　b. －　4. ア・オ　5. (1) 中和　(2) 分解

6. (1) 7 (km/s)　(2) ① ア　② イ

2 【解き方】Ⅰ. 2. 地層は下の層ほど古く，凝灰岩の層を基準に考えると，bが一番下の層になり，aとd，cとeが同じ層と考えられる。

3. サンヨウチュウとフズリナは古生代，アンモナイトは中生代の示準化石。

4. 粒が大きなものは海の浅いところで，粒が小さなものは海の深いところで堆積する。

Ⅱ. 2. グループYに属する惑星は木星・土星・天王星・海王星なので，グループXの地球型惑星に比べて太陽から遠く，表面の平均温度は低い。

4. Eの惑星の直径は地球の，$\dfrac{4.0}{1.0} = 4$ (倍)になり，球の体積は $\dfrac{4}{3}\pi \times (半径)^3$ で求められるので，$4^3 = 64$ (倍)

【答】Ⅰ. 1. ウ　2. b　3. イ

4. 上の地層をつくる岩石ほど粒が大きいので，海の深さはじょじょに浅くなったと考えられる。(同意可)

Ⅱ. 1. 木星型惑星　2. ① ア　② イ　3. A. 水星　F. 土星　4. 64 (倍)

3 【解き方】Ⅰ. 2. 表より，20℃の水100gに塩化ナトリウムは37.8gまでとけるので，100 (g) + 37.8 (g) = 137.8 (g)の塩化ナトリウムの飽和水溶液には37.8gの塩化ナトリウムがとけている。よって，塩化ナトリウムの飽和水溶液200gにとけている塩化ナトリウムの質量は，$37.8\,(\mathrm{g}) \times \dfrac{200\,(\mathrm{g})}{137.8\,(\mathrm{g})} \fallingdotseq 54.9\,(\mathrm{g})$

4. 表より，10℃の水100gに塩化ナトリウムは37.7g，硝酸カリウムは22.0gまでとけるので，10℃の水50gにとける塩化ナトリウムは，$37.7\,(\mathrm{g}) \times \dfrac{50\,(\mathrm{g})}{100\,(\mathrm{g})} = 18.85\,(\mathrm{g})$　10℃の水50gにとける硝酸カリウムは，$22.0\,(\mathrm{g}) \times \dfrac{50\,(\mathrm{g})}{100\,(\mathrm{g})} = 11.0\,(\mathrm{g})$になる。よって，結晶が出てきたのは硝酸カリウムで，15 (g) − 11.0 (g) = 4.0 (g)

Ⅱ. 1. 図1のグラフで，原点と点Fを直線で結ぶと，点Cがその直線上にあるので，金属の塊FとCが同じ種類の金属と考えられる。

2. (2) 図2のグラフより，0.6gのマグネシウムは1.0gの酸化マグネシウムになるので，x gのマグネシウムは，$x\,(\mathrm{g}) \times \dfrac{1.0\,(\mathrm{g})}{0.6\,(\mathrm{g})} = \dfrac{5}{3}x\,(\mathrm{g})$の酸化マグネシウムになる。また，0.8gの銅は1.0gの酸化銅になるので，y gの銅は，$y\,(\mathrm{g}) \times \dfrac{1.0\,(\mathrm{g})}{0.8\,(\mathrm{g})} = \dfrac{5}{4}y\,(\mathrm{g})$の酸化銅になる。加熱前のマグネシウムの粉末と銅の粉末の混合物の質量は2.0g，加熱後の酸化マグネシウムと酸化銅の混合物の質量は3.0gなので，$\begin{cases} x + y = 2.0 \\ \dfrac{5}{3}x + \dfrac{5}{4}y = 3.0 \end{cases}$ が成り立つ。よって，これを解いて，$y = 0.8$ (g)

【答】Ⅰ. 1. エ　2. 54.9 (g)　3. 再結晶　4. (物質名) 硝酸カリウム　(質量) 4.0 (g)

Ⅱ. 1. C 2. ⑴ $2Cu + O_2 \rightarrow 2CuO$ ⑵ 0.8（g）

④【解き方】Ⅰ. 1. A の細胞は厚いしきり（細胞壁）に囲まれた細胞が規則正しくびっしりと並び，たくさんの緑色の粒（葉緑体）が見られるので植物細胞と考えられる。よって，動物細胞であるヒトのほおの内側の細胞は B になり，酢酸オルセイン液で染色されるのは核なので，図の E のスケッチは核が観察されないウになる。

Ⅱ. 1. ⑵ 潜性形質である白色の花が咲いたことから，受精後にできた種子がもつ遺伝子の組み合わせは aa ということがわかるので，受精前の卵細胞がもつ遺伝子と，受精前の精細胞がもつ遺伝子はどちらも a。

2. 栄養生殖は無性生殖。

【答】Ⅰ. 1.（ヒトのほおの内側の細胞）B E. ウ 2. 細胞壁 3. 核

4. 光を受けてデンプンなどの養分をつくるはたらき。(同意可)

Ⅱ. 1. ⑴ 有性生殖 ⑵ a 2. 親の染色体がそのまま受けつがれるので，子の形質は，親と同じになる。(同意可) 3. X. 組織 Y. 器官

⑤【解き方】Ⅰ. 1. ⑴ a. 質量 1200g のおもりにはたらく重力の大きさは，$1\,(\text{N}) \times \dfrac{1200\,(\text{g})}{100\,(\text{g})} = 12\,(\text{N})$ なので，$12\,(\text{N}) \times 1.0\,(\text{m}) = 12\,(\text{J})$ b. 表より，350mA = 0.35A なので，$0.35\,(\text{A}) \times 2.0\,(\text{V}) \times 5.0\,(\text{s}) = 3.5\,(\text{J})$ ⑵ ⑴より，$\dfrac{3.5\,(\text{J})}{12\,(\text{J})} \times 100 \fallingdotseq 29\,(\%)$

2. 摩擦によって熱や音が出る。

3. ダムなどで水を高いところから落として発電機を回す水力発電。

Ⅱ. 1. 実験結果の誤差を考え，グラフは原点を通る直線を引く。

2. a. 力のつり合いは 1 つの物体にはたらく力の関係で，F_2 は X にはたらく左向きの力なので，X にはたらく右向きの力の F_4 がつり合いの関係になる。b. F_2 はばねが X を引く力なので，その力の反作用は，X がばねを引く力の F_3 になる。

3. ばねののびが 10.0cm になるように保つためには，X と Y の値の和が 2.5N になる必要があるので，X と Y の値の和が一定になるグラフを選ぶ。

【答】Ⅰ. 1. ⑴ a. 12 b. 3.5 ⑵ 29 2. エ 3. イ

Ⅱ. 1.（右図） 2. a. F_4 b. F_3 3. イ

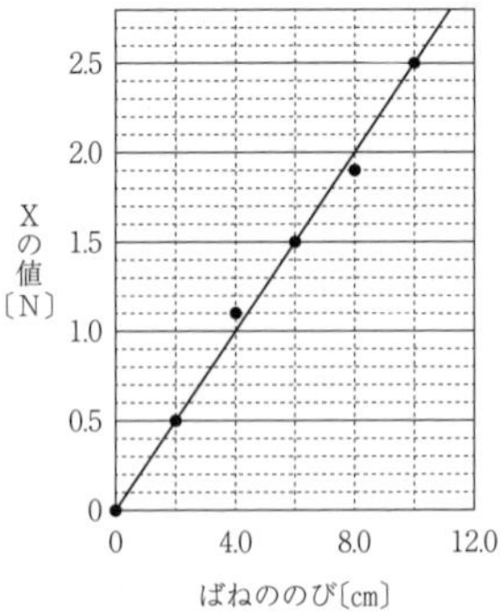

国　語

1 **【解き方】** 2. 楷書では「泰」。

【答】 1. (1) 唱(える)　(2) 温厚　(3) 忠誠　(4) ふか　(5) きゅうかく　(6) すた(れる)　2. 十(画)

2 **【解き方】** 1. aは,「絶対採用間違いないよ」と言い切って, 提案に肯定的な様子。bは,「コミュニケーションの様々な場面や状況や人間関係」が「多様に変化する」というように, その場に応じて対応する様子。

2.「重箱読み」は「音読み＋訓読み」の熟語。イは「音読み＋音読み」, ウは「訓読み＋音読み」の湯桶読み, エは「訓読み＋訓読み」である。

3. Ⅰ. ジョン・ハインズは,「日本語でのコミュニケーション」では, 話し手が「自分の考えや意図」を十分に言語化できなくても, 聞き手が「それを察すること」を期待できると指摘している。Ⅱ.「英語によるコミュニケーション」では, 話し手が「聞き手に誤解を与えないように言葉を尽くすこと」が期待されると述べている。

4.「考察1」では, 聞き手が話し手に「頷きや微笑み, 相槌」などの「様々なシグナル」を送ることで,「多層的な情報」を伝え,「話し手と聞き手双方による相互行為」が達成されると述べていることをおさえる。そして「考察2」では, 英語と日本語のコミュニケーションを比較し, 日本語は「聞き手責任」が重いと述べたうえで,「聞き手が会話に積極的に関わりながら, 話し手と一緒に会話を紡いで」いると説明していることに着目する。そのうえで,「考察3」では,「聞き手のもつ役割は話し手のそれと同じくらい重要」と述べたあと,「聞き手」は「単なるサポート役」ではなく,「人間関係の根幹を支える大きな存在」であるとまとめていることから考える。

5. 本文で,「ただ単に情報を正確に伝える」ことではなく,「共感したり…励まし合ったり」するような「相互的なコミュニケーション」において,「聞き手のもつ役割は話し手のそれと同じくらい重要」だと述べていることをふまえる。話し手がスピーチで述べている内容を聞き手が受け止め, 共感を伝えるような応答と, 自分個人の情報だけを返している応答とを区別する。

【答】 1. ウ　2. ア　3. Ⅰ. 察する　Ⅱ. 聞き手に誤解を与えない

4. 様々なシグナルを通して会話に積極的に関わり, 話し手と相互にコミュニケーションを構築することで, 人間関係の根幹を支え豊かにする (62字) (同意可)

5. ウ

3 **【解き方】** 1. 語頭以外の「は・ひ・ふ・へ・ほ」は「わ・い・う・え・お」にする。

2.「大臣公卿より人民百姓にいたるまで」が「禍」を探し求め, 一つ見つけ出したものをおさえる。

3. けだものが「食べる物」を欲しがって「荒れ」ていることをとらえる。けだものが「鉄より他は食らふものなし」であることをふまえ,「国中の鉄尽き失せぬ」という状況になったことに着目する。

4.「穏やかな暮らしに飽きてしま」った国王は,「禍といふものは, いかやうなるものやらん」と思い, 禍を「私の元に持ってきなさい」という「宣旨」を下している。このように, 国王が安易に禍を欲しがったことが原因で国が滅んだことから考える。

【答】 1. いう　2. 猪のやうなるもの　3. イ

4. Ⅰ. どのようなものか見てみたかった (15字) (同意可)　Ⅱ. 禍といふもの求めてまいらせよ　Ⅲ. ウ

◀口語訳▶　天竺に国がある。天下は治まり, 人民は豊かに暮らして, 少しの心配事もない。国王は, 豊かなことを自慢にして, 穏やかな暮らしに飽きてしまい,「禍というものは, どのようなものか, 禍というものを探し求めて私の元に持ってきなさい」という宣旨を下されると, 宣旨を重んじて, 大臣や公卿から人民, 百姓にいたるまで, 禍を探し求めると, イノシシのようなものを一匹探し出して,「これが禍です」と言ったので, 喜ばしそうに国王に差し上げたところ, 国王はこれを大切にお飼いになったが, 鉄以外のものは食べない。

次第に年月が過ぎ, 国じゅうの鉄が尽きてなくなってしまった。けだものは, 食べる物を欲しがって荒れたので，国王が「うち殺してしまえ」という宣旨を下されたのだが，矢が立つことがなく，切ろうとしても刀が立つことがない。火で焼いたところ，まるで鉄のようで，けだものが立ち寄った所は全て焼失した。国の城を始めとして，一国のどこも残らなかった。一国はもう滅び失われてしまった。

4 **【解き方】** 1. 人間として「薄っぺらなわけがない」と言われた凜が，「謙遜」ではなく「本心」から否定して，「突き放すような刺々しさ」のある声で「たいしたことじゃない」と言っていることから考える。

2. Ⅰ・Ⅱ.「自分の行動は凜にとって迷惑なんじゃないか」という発言を，「両手を大きく左右に振」って否定する凜の「大袈裟な仕草」が，「余りにいつも通り」だと航大は感じている。Ⅲ. 凜が「本当の自分ではない」と否定した「普段の明朗快活な姿」が，咄嗟の仕草に表れていたことから，そうした普段の姿も「彼女を形づくる一部」であるとわかり，航大は安心している。

3. 演劇部のことで思い悩む凜を見て，「いまの自分に，彼女の悩みを解決する力はない…取り除くことくらいなら，自分にもできるのではないか」と思い，今日の部活を休みにするという「無責任な提案」をしている。そして，「私を馬鹿だと思ってるの？」「まさか。天才だと思ってるよ」という「くだらないやり取り」に凜が「いつもの調子」を見せてきたので，「どんな結論を出そうと，部員の皆は受け入れてくれるって」と励ましている。そのあと，「尚も不安そう」にしている凜を見て，「一度浮かんだ悪い想像は…振り払えないのだろう」と思った航大は，「俺が決めてやる」と凜をあおり，「あんたに決められるくらいなら，自分で決める」という言葉を引き出している。

4. 部内の良好な雰囲気を壊したくなくて何も言えないでいたが，航大から言葉をかけてもらううちに，「色々と悩んでいた自分が馬鹿馬鹿しく思えてきちゃった」と気持ちが軽くなり，「意地でも自分で決めてやろうって気になった」と宣言していることから考える。

【答】 1. エ

2. Ⅰ. 慌てた様子で否定（同意可）　Ⅱ. いつも通り　Ⅲ. 明朗快活な姿は偽りではない（13字）（同意可）

3. イ→ウ→ア

4. 部員の反発を恐れて自分の思いを伝えるかどうかを決められずにいたが，航大の励ましによって，迷いがなくなった様子。(55字)（同意可）

5 **【答】**（例）

県内の在留外国人数は増え続けている。しかし，多くの人が社会でどのような活動が行われているのか知らないと回答しており，地域社会で孤立しがちであることが読み取れる。

在留外国人と共生するためには，隣人として日ごろからお互いを理解し合うことが大切だ。こちらから積極的に声をかけて，町内会や学校の行事への参加を促すのがいいだろう。(8行)

~MEMO~

~MEMO~

鹿児島県公立高等学校

2023年度
入学試験問題

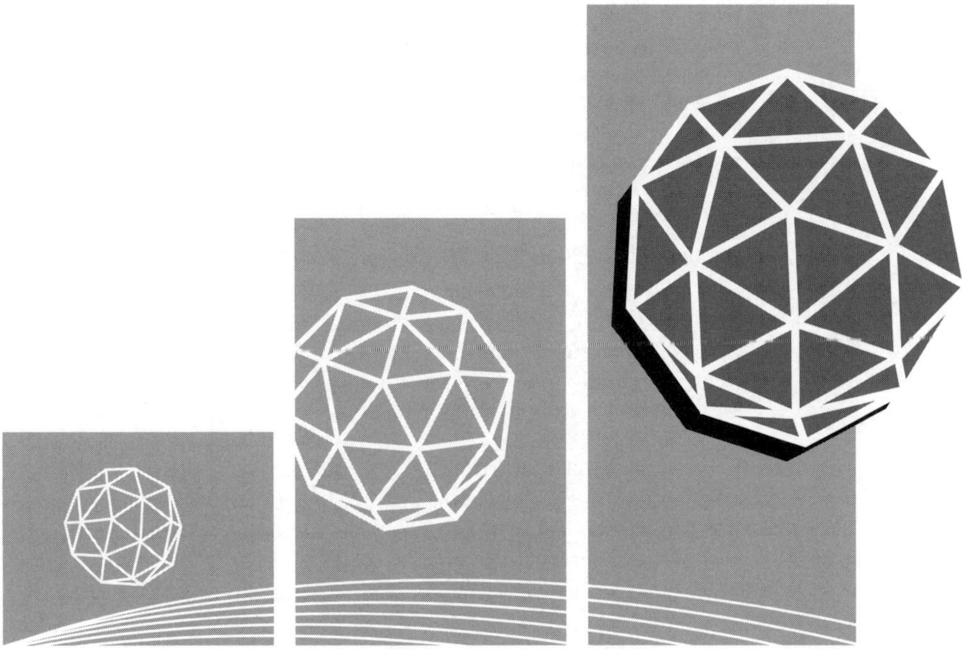

数学

時間　50分　　　　満点　90点

1　次の 1～5 の問いに答えなさい。

1　次の(1)～(5)の問いに答えよ。

(1)　$63 \div 9 - 2$ を計算せよ。(　　　)

(2)　$\left(\frac{1}{2} - \frac{1}{5}\right) \times \frac{1}{3}$ を計算せよ。(　　　)

(3)　$(x + y)^2 - x(x + 2y)$ を計算せよ。(　　　)

(4)　絶対値が 7 より小さい整数は全部で何個あるか求めよ。(　　　個)

(5)　3 つの数 $3\sqrt{2}$，$2\sqrt{3}$，4 について，最も大きい数と最も小さい数の組み合わせとして正しいものを右のア～カの中から 1 つ選び，記号で答えよ。(　　　)

	最も大きい数	最も小さい数
ア	$3\sqrt{2}$	$2\sqrt{3}$
イ	$3\sqrt{2}$	4
ウ	$2\sqrt{3}$	$3\sqrt{2}$
エ	$2\sqrt{3}$	4
オ	4	$3\sqrt{2}$
カ	4	$2\sqrt{3}$

2　連立方程式 $\begin{cases} 3x + y = 8 \\ x - 2y = 5 \end{cases}$ を解け。(　　　　　)

3　10 円硬貨が 2 枚，50 円硬貨が 1 枚，100 円硬貨が 1 枚ある。この 4 枚のうち，2 枚を組み合わせてできる金額は何通りあるか求めよ。(　　　通り)

4　$\frac{9}{11}$ を小数で表すとき，小数第 20 位を求めよ。(　　　)

5　下の 2 つの表は，A 中学校の生徒 20 人と B 中学校の生徒 25 人の立ち幅跳びの記録を，相対度数で表したものである。この A 中学校の生徒 20 人と B 中学校の生徒 25 人を合わせた 45 人の記録について，200cm 以上 220cm 未満の階級の相対度数を求めよ。(　　　)

A 中学校

階級(cm)	相対度数
160 以上 ～ 180 未満	0.05
180 ～ 200	0.20
200 ～ 220	0.35
220 ～ 240	0.30
240 ～ 260	0.10
計	1.00

B 中学校

階級(cm)	相対度数
160 以上 ～ 180 未満	0.04
180 ～ 200	0.12
200 ～ 220	0.44
220 ～ 240	0.28
240 ～ 260	0.12
計	1.00

2　次の1～3の問いに答えなさい。

1　次は，先生と生徒の授業中の会話である。次の(1)～(3)の問いに答えよ。

先　生：円周を5等分している5つの点をそれぞれ結ぶと，図のようになります。図を見て，何か気づいたことはありますか。

図

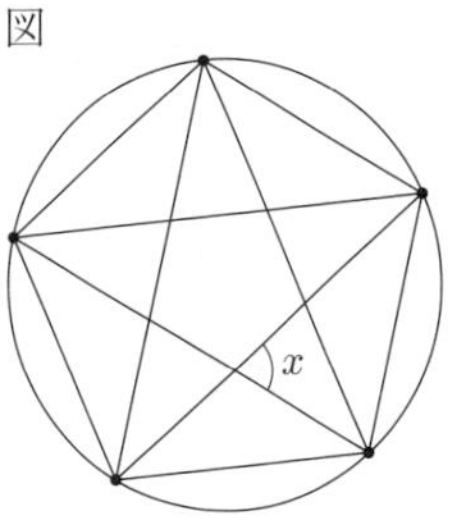

生徒A：先生，私は正五角形と星形の図形を見つけました。

先　生：正五角形と星形の図形を見つけたんですね。それでは，正五角形の内角の和は何度でしたか。

生徒A：正五角形の内角の和は［　　　］度です。

先　生：そうですね。

生徒B：先生，私は大きさや形の異なる二等辺三角形がたくさんあることに気づきました。

先　生：いろいろな図形がありますね。他の図形を見つけた人はいませんか。

生徒C：はい，①ひし形や台形もあると思います。

先　生：たくさんの図形を見つけましたね。図形に注目すると，②図の $\angle x$ の大きさもいろいろな方法で求めることができそうですね。

(1)　［　　　］にあてはまる数を書け。(　　　)

(2)　下線部①について，ひし形の定義を下のア～エの中から1つ選び，記号で答えよ。(　　　)

ア　4つの角がすべて等しい四角形　　イ　4つの辺がすべて等しい四角形

ウ　2組の対辺がそれぞれ平行である四角形　　エ　対角線が垂直に交わる四角形

(3)　下線部②について，$\angle x$ の大きさを求めよ。(　　　)

2　右の図のような長方形ABCDがある。次の【条件】をすべて満たす点Eを，定規とコンパスを用いて作図せよ。ただし，点Eの位置を示す文字Eを書き入れ，作図に用いた線も残しておくこと。

【条件】

・線分BEと線分CEの長さは等しい。

・△BCEと長方形ABCDの面積は等しい。

・線分AEの長さは，線分BEの長さより短い。

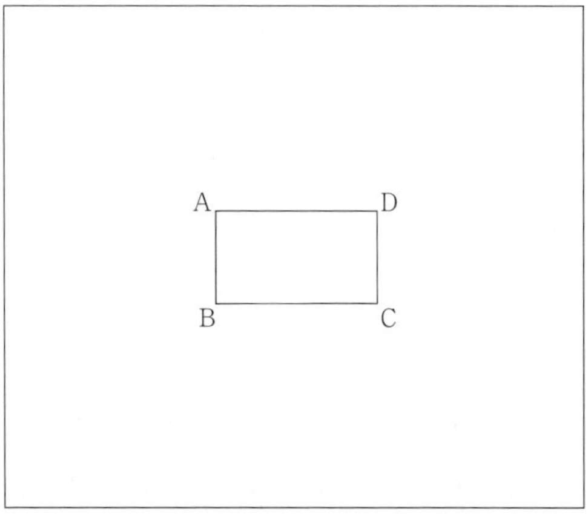

3　底面が正方形で，高さが3cmの直方体がある。この直方体の表面積が80cm^2であるとき，底面の正方形の一辺の長さを求めよ。ただし，底面の正方形の一辺の長さを$x$cmとして，xについての方程式と計算過程も書くこと。

方程式と計算過程(　　　　　　　　　　　　　　　　　　　　　　　)　答(　　　cm)

③　国勢調査(1950年～2020年)の結果をもとに表や図を作成した。次の1～3の問いに答えなさい。

1　表は，鹿児島県の人口総数を表したものである。表をもとに，横軸を年，縦軸を人口総数として，その推移を折れ線グラフに表したとき，折れ線グラフの形として最も適当なものを下のア～エの中から1つ選び，記号で答えよ。(　　　)

表

	1950年	1955年	1960年	1965年	1970年	1975年	1980年	1985年	1990年	1995年	2000年	2005年	2010年	2015年	2020年
人口総数(人)	1804118	2044112	1963104	1853541	1729150	1723902	1784623	1819270	1797824	1794224	1786194	1753179	1706242	1648177	1588256

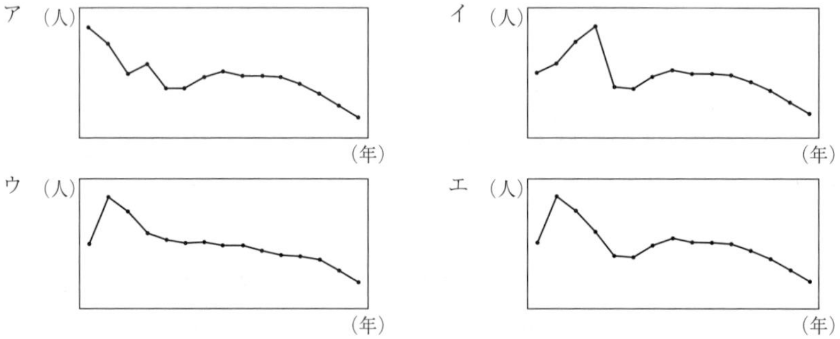

2　図1は，2020年における都道府県別の人口に占める15歳未満の人口の割合を階級の幅を1％にして，ヒストグラムに表したものである。鹿児島県は約13.3％であった。次の(1)，(2)の問いに答えよ。

図1

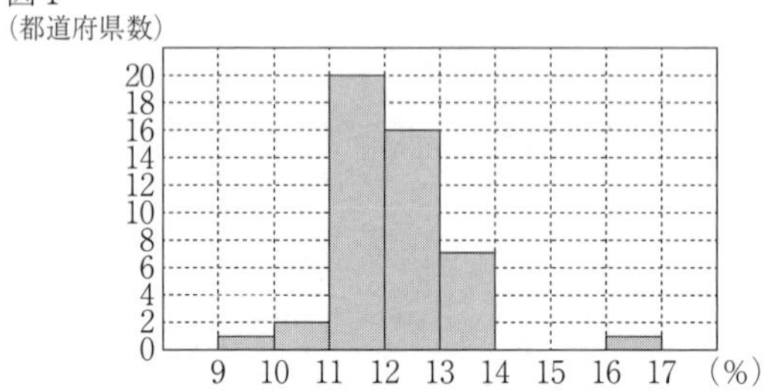

(1)　鹿児島県が含まれる階級の階級値を求めよ。(　　　　％)

(2)　2020年における都道府県別の人口に占める15歳未満の人口の割合を箱ひげ図に表したものとして，最も適当なものを右のア～エの中から1つ選び，記号で答えよ。(　　　)

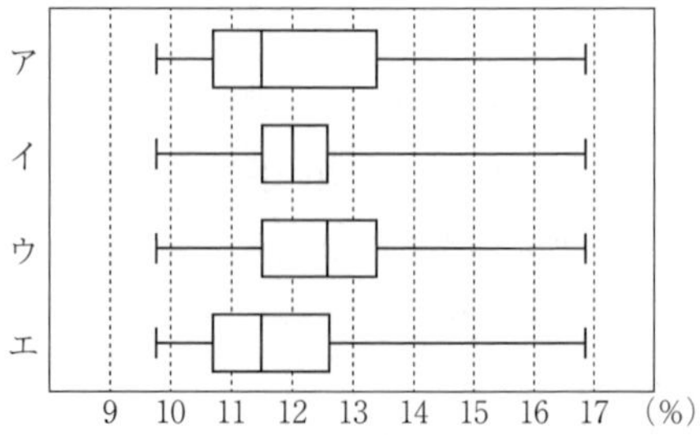

3　1960年から2020年まで10年ごとの鹿児島県の市町村別の人口に占める割合について，図2は15歳未満の人口の割合を，図3は65歳以上の人口の割合を箱ひげ図に表したものである。ただし，データについては，現在の43市町村のデータに組み替えたものである。

図2

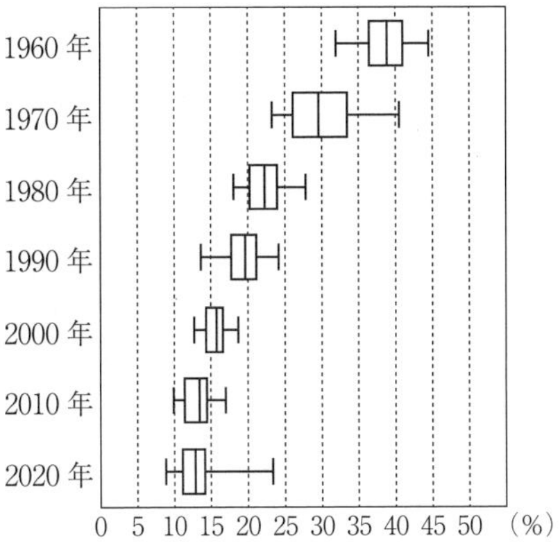

図3

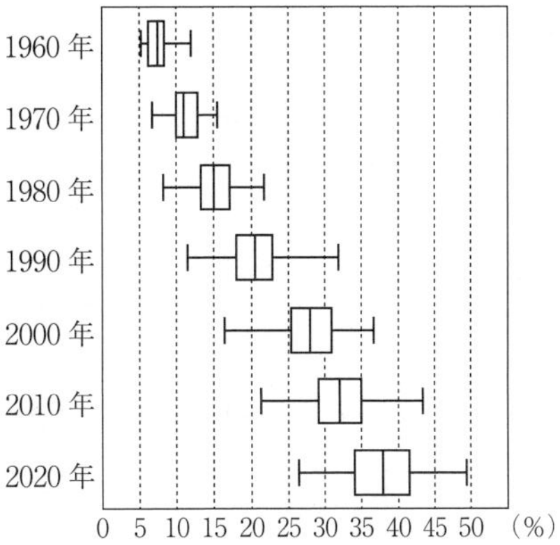

図2や図3から読みとれることとして，次の①～⑤は，「正しい」,「正しくない」,「図2や図3からはわからない」のどれか。最も適当なものを下のア～ウの中からそれぞれ1つ選び，記号で答えよ。

① 図2において，範囲が最も小さいのは1990年である。(　　　)

② 図3において，1980年の第3四分位数は15％よりも大きい。(　　　)

③ 図2において，15％を超えている市町村の数は，2010年よりも2020年の方が多い。

(　　　)

④ 図3において，2000年は30以上の市町村が25％を超えている。(　　　)

⑤ 図2の1990年の平均値よりも，図3の1990年の平均値の方が大きい。(　　　)

ア　正しい　　イ　正しくない　　ウ　図2や図3からはわからない

4　右の図で，放物線は関数 $y = \frac{1}{4}x^2$ のグラフであり，点Oは原点である。点Aは放物線上の点で，その x 座標は4である。点Bは x 軸上を動く点で，その x 座標は負の数である。2点A，Bを通る直線と放物線との交点のうちAと異なる点をCとする。次の1～3の問いに答えなさい。

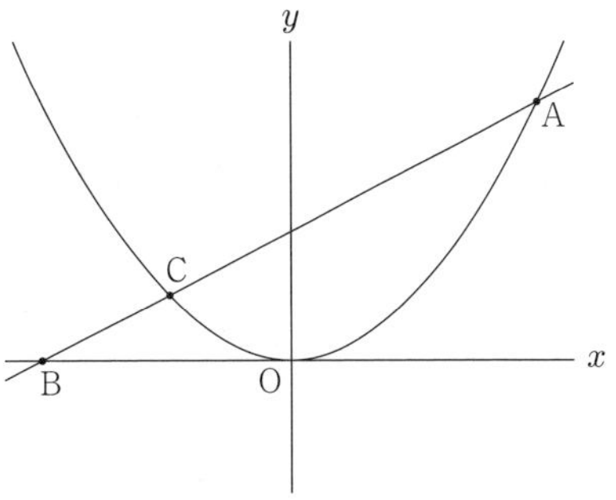

1　点Aの y 座標を求めよ。(　　　)

2　点Bの x 座標が小さくなると，それにともなって小さくなるものを下のア～エの中からすべて選び，記号で答えよ。(　　　)

ア　直線ABの傾き　　イ　直線ABの切片　　ウ　点Cの x 座標　　エ　△OACの面積

3　点Cの x 座標が－2であるとき，次の(1)，(2)の問いに答えよ。

(1)　点Bの座標を求めよ。ただし，求め方や計算過程も書くこと。

求め方や計算過程(　　　　　　　　　　　　　　　　　　　　)　答(　　　)

(2)　大小2個のさいころを同時に投げ，大きいさいころの出た目の数を a，小さいさいころの出た目の数を b とするとき，座標が $(a-2,\ b-1)$ である点をPとする。点Pが3点O，A，Bを頂点とする△OABの辺上にある確率を求めよ。ただし，大小2個のさいころはともに，1から6までのどの目が出ることも同様に確からしいものとする。(　　　)

5　図1のようなAB = 6cm，BC = 3cmである長方形ABCDがある。

図1
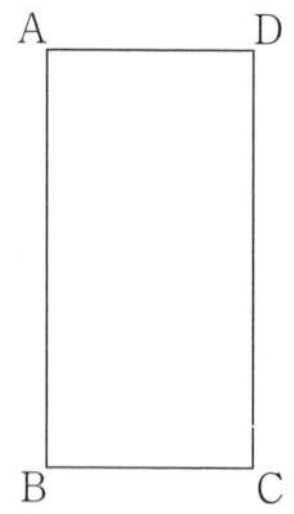

図2は，図1の長方形ABCDを対角線ACを折り目として折り返したとき，点Bの移った点をEとし，線分AEと辺DCの交点をFとしたものである。

図2
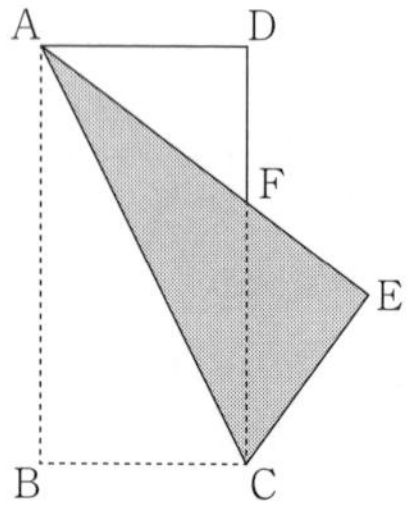

図3は，図2の折り返した部分をもとに戻し，長方形ABCDを対角線DBを折り目として折り返したとき，点Cの移った点をGとし，線分DGと辺ABの交点をHとしたものである。

図3
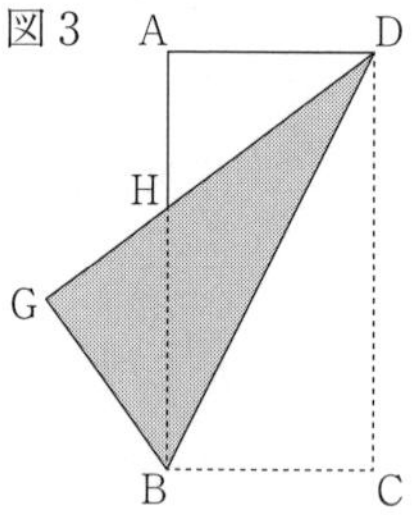

図4は，図3の折り返した部分をもとに戻し，線分DHと対角線AC，線分AFの交点をそれぞれI，Jとしたものである。

図4
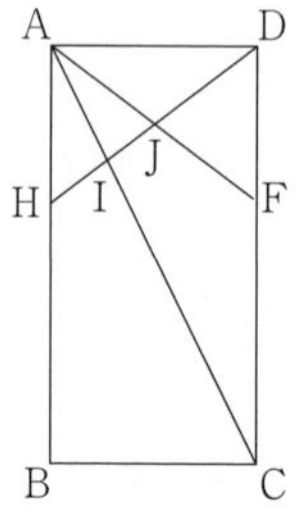

次の1～4の問いに答えなさい。

1　長方形ABCDの対角線ACの長さを求めよ。(　　　cm)

2　図2において，△ACFが二等辺三角形であることを証明せよ。

(　　　　　　　　　　　　　　　　　　　)

3　線分DFの長さを求めよ。(　　　cm)

4　△AIJの面積を求めよ。(　　　cm^2)

英語

時間　50分　　　　満点　90点

(編集部注)　放送問題の放送原稿は英語の末尾に掲載しています。
音声の再生についてはもくじをご覧ください。

(注)　[2]の4，[4]の6については，次の指示に従いなさい。
一つの下線に1語書くこと。
短縮形（I'm や don't など）は1語として数え，符号（, や ? など）は語数に含めない。

(例1)　No,　I'm　not.【3語】

(例2)　It's　June　30　today.【4語】

[1]　聞き取りテスト　放送の指示に従って，次の1～8の問いに答えなさい。英語は1から5は1回だけ放送します。6以降は2回ずつ放送します。メモをとってもかまいません。

1　これから，Kenta と Lucy との対話を放送します。Lucy が昨日買ったものとして最も適当なものを下のア～エの中から一つ選び，その記号を書きなさい。(　　　)

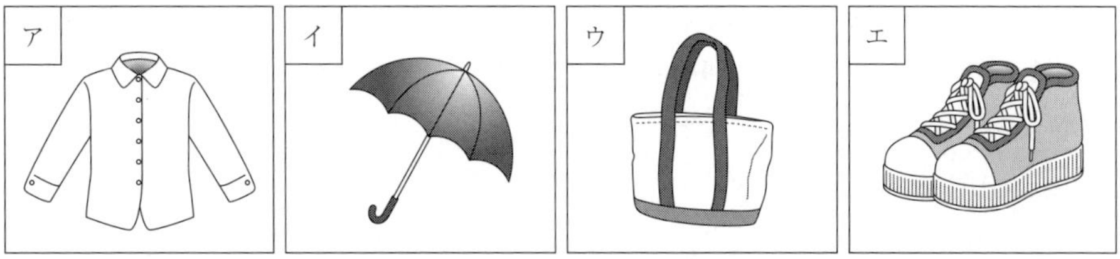

2　これから，Mark と Yumi との対話を放送します。二人が最も好きな季節を下のア～エの中から一つ選び，その記号を書きなさい。(　　　)

ア　spring　　イ　summer　　ウ　autumn　　エ　winter

3　これから，Becky と Tomoya との対話を放送します。Tomoya が英語のテスト勉強のために読まなければならないページは全部で何ページか，最も適当なものを下のア～エの中から一つ選び，その記号を書きなさい。(　　　)

ア　14ページ　　イ　26ページ　　ウ　40ページ　　エ　56ページ

4　これから，Saki と Bob との対話を放送します。対話の後に，その内容について英語で質問します。下の英文がその質問の答えになるよう，(　　)に入る適切な英語1語を書きなさい。

(　　　)

He is going back to Australia in (　　).

5　これから，White 先生が次の表を使って授業中に行った説明の一部を放送します。次の表を参考にしながら White 先生の説明を聞き，その内容として最も適当なものをあとのア～エの中から一つ選び，その記号を書きなさい。(　　　)

	 beef	 chicken	 pork
Japan	1,295,000 t	2,757,000 t	2,732,000 t
The U.S.	12,531,000 t	16,994,000 t	10,034,000 t

※単位はｔ（トン）　　（「米国農務省のウェブサイト」をもとに作成）

ア　日本とアメリカにおける食肉の消費について

イ　日本とアメリカにおける食肉の生産について

ウ　日本とアメリカにおける食肉の輸入について

エ　日本とアメリカにおける食肉の輸出について

6　あなたは，あるコンサート会場に来ています。これから放送されるアナウンスを聞いて，このコンサートホール内で禁止されていることを下のア～エの中から一つ選び，その記号を書きなさい。

（　　　）

ア　水やお茶を飲むこと　　イ　写真を撮ること　　ウ　音楽に合わせて踊ること

エ　電話で話すこと

7　これから，英語の授業での Tomoko の発表を放送します。発表の後に，その内容について英語で質問します。下の英文がその質問の答えになるように，（　　）に適切な英語を補って英文を完成させなさい。

She learned that she should (　　　　　　　　　　　　　　　　　　　　).

8　これから，中学生の Naoko と ALT の Paul 先生との対話を放送します。その中で，Paul 先生が Naoko に質問をしています。Naoko に代わって，その答えを英文で書きなさい。2 文以上になってもかまいません。書く時間は 1 分間です。

(　　　　　　　　　　　　　　　　　　　　　　　　　　　　)

2 次の1～4の問いに答えなさい。

1 次は，Kohei と ALT の Ella 先生との，休み時間における対話である。下の①，②の表現が入る最も適当な場所を対話文中の〈 ア 〉～〈 エ 〉の中からそれぞれ一つ選び，その記号を書け。

Kohei: Hi, can I talk to you now?

Ella: Sure. What's up, Kohei?〈 ア 〉

Kohei: I have to make a speech in my English class next week. Before the class, I want you to check my English speech.〈 イ 〉

Ella: Yes, of course. What will you talk about in your speech?

Kohei: I'm going to talk about my family.

Ella: All right.〈 ウ 〉

Kohei: For three minutes.

Ella: I see. Do you have time after school?

Kohei: Yes, I do.〈 エ 〉 I will come to the teachers' room. Is it OK?

Ella: Sure. See you then.

① How long will you talk? (　　)

② Can you help me? (　　)

2 次は，John と父の Oliver との自宅での対話である。(①)～(③)に，下の［説明］が示す英語1語をそれぞれ書け。①(　　) ②(　　) ③(　　)

John: Good morning, Dad.

Oliver: Good morning, John. Oh, you will have a party here tonight with your friends, right?

John: Yes. I'm very happy. Ben and Ron will come.

Oliver: What time will they come?

John: They will (①) at the station at 5:30 p.m. So, maybe they will come here at 5:45 p.m. or 5:50 p.m.

Oliver: I see.

John: Can we use the (②)? We will cook pizza together.

Oliver: That's good. You can use all the (③) on the table.

John: Thank you. We will use the potatoes and onions.

［説明］ ① to get to the place

② the room that is used for cooking

③ plants that you eat, for example, potatoes, carrots, and onions

3 (1)～(3)について，あとの［例］を参考にしながら，(　　)内の語を含めて3語以上使用して，英文を完成させよ。ただし，(　　)内の語は必要に応じて形を変えてもよい。また，文頭に来る語は，最初の文字を大文字にすること。

(1)(　　　　　　　　　　　　　　　　) yesterday.

(2) I hear that it (　　　　　　　　　　　　　　　　) tomorrow.

(3) No, but our father knows (　　　　　　　　　　　　　　　　　　　　　　　　) it.

［例］〈教室で〉

A:　What were you doing when I called you yesterday?

B:　(study) in my room.　　(答)　I was studying

(1)〈教室で〉

A:　When did you see the movie?

B:　(see) yesterday.

(2)〈教室で〉

A:　It's rainy today. How about tomorrow?

B:　I hear that it (sunny) tomorrow.

(3)〈家で〉

A:　Can you use this old camera?

B:　No, but our father knows (use) it.

4　次は，中学生のHikariが昨日の下校中に体験した出来事を描いたイラストである。Hikariになったつもりで，イラストに合うように，一連の出来事を解答欄の書き出しに続けて25〜35語の英語で書け。英文の数は問わない。

On my way home yesterday, ______ ______ ______ ______ ______ ______ ______ ______

______ ______ ______ ______ ______ ______ ______ ______ ______ ______ ______ ______

______ ______ ______ ______ ______ ______ ______ ______ ______ ______ ______ ______

______ ______ ______

3 次のⅠ～Ⅲの問いに答えなさい。

Ⅰ 次は，中学生のKojiが，英語の授業で発表した“My Experiences Here”というタイトルのスピーチである。英文を読み，あとの問いに答えよ。

Hello, everyone! Do you remember that I came here from Yokohama about one year ago? Today, I want to talk about my experiences.

When I was 13 years old, I read a newspaper and learned about studying on this island. I was very interested. I liked nature, especially the sea and its animals. I said to my parents, “Can I study on the island in Kagoshima?” After I talked with my parents many times, they finally let me live and study here for one year. I came here last April.

At first, I was very (①), so I enjoyed everything. For example, studying with my new friends, living with my *host family and fishing on a boat. But in June, I lost my *confidence. I tried to wash the dishes, but I broke many. When I made *onigiri*, I used too much *salt. I made so many mistakes. I couldn't do anything well. When I felt sad, I talked about my feelings to my host family and my friends. Then, they understood and supported me. They said to me, “You can do anything if you try. Don't worry about making mistakes. It is important to learn from your mistakes.”

Now, I am happy and try to do many things. Before I came here, I didn't wash the dishes after dinner, but now I do it every day. Before I came here, I didn't enjoy talking with others, but now I enjoy talking with my friends on this island. I often *asked for help from others, but now I don't do that. [②]

I have to leave here soon. I have learned a lot from my experiences here. I think I am *independent now. Thank you, everyone. I'll never forget the life on this island.

注 host family ホストファミリー（滞在先の家族） confidence 自信 salt 塩
asked for help from others 他人に助けを求めた independent 精神的に自立している

1 (①) に入る最も適当なものを下のア～エの中から一つ選び，その記号を書け。(　　)

ア angry　イ excited　ウ sick　エ sleepy

2 次の質問に対する答えを，本文の内容に合うように英文で書け。

Who supported Koji when he was sad?

(　　　　　　　　　　　　　　　　　　　　)

3 [②] に入る最も適当なものを下のア～ウの中から一つ選び，その記号を書け。(　　)

ア I wish I had friends on this island.

イ I didn't learn anything on this island.

ウ I have changed a lot on this island.

Ⅱ 次は，鹿児島ミュージックホール（Kagoshima Music Hall）のウェブサイトの一部と，それを見ているMakiと留学生のAlexとの対話である。二人の対話を読み，あとの問いに答えよ。

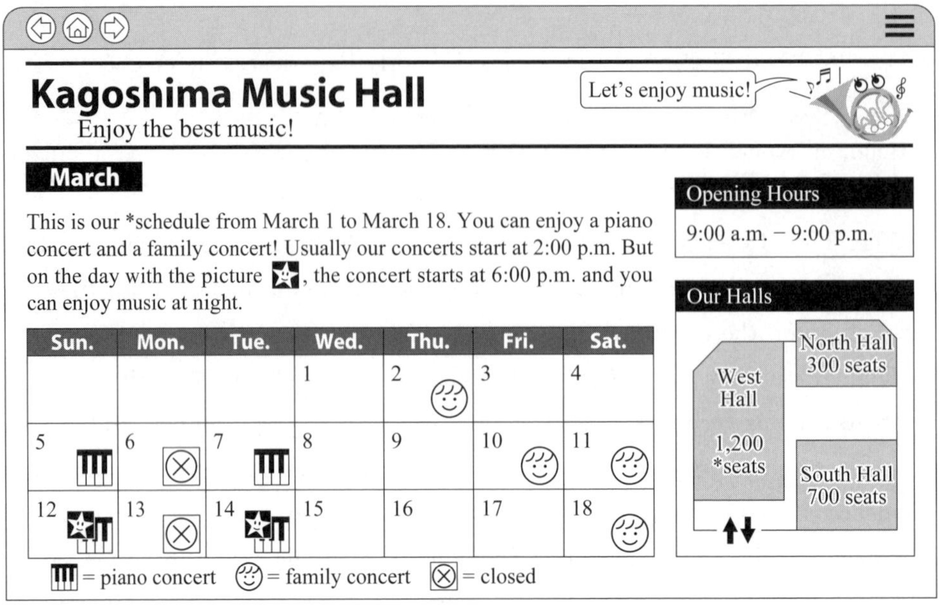

Kagoshima Music Hall

Enjoy the best music!

Let's enjoy music!

March

This is our *schedule from March 1 to March 18. You can enjoy a piano concert and a family concert! Usually our concerts start at 2:00 p.m. But on the day with the picture, the concert starts at 6:00 p.m. and you can enjoy music at night.

Sun.	Mon.	Tue.	Wed.	Thu.	Fri.	Sat.
			1	2	3	4
5	6	7	8	9	10	11
12	13	14	15	16	17	18

= piano concert = family concert = closed

Opening Hours

9:00 a.m. – 9:00 p.m.

Our Halls

North Hall 300 seats

West Hall 1,200 *seats

South Hall 700 seats

注 schedule スケジュール seat (s) 座席

Maki: Alex, please look at this. We can enjoy a concert at Kagoshima Music Hall.

Alex: That's nice. I like music. What kind of concerts can we enjoy?

Maki: They have two kinds of concerts, a piano concert and a family concert.

Alex: What is the family concert?

Maki: I have been to a family concert before. You can listen to some popular songs and sing songs with musicians. It's fun. They always have the family concerts in (①) Hall. A lot of families come to the concerts, so the biggest hall is used for the family concert.

Alex: How about the other one?

Maki: You can enjoy the wonderful piano performance by a famous musician.

Alex: I like playing the piano, so I want to go to the piano concert. Shall we go?

Maki: Well, I can't go to the concert in the second week because I will have tests on March 6 and 8. And I will have my sister's birthday party on the evening of March 12. How about (②)?

Alex: OK! I can't wait!

1 (①) に入る最も適当なものを下のア～ウの中から一つ選び，その記号を書け。(　　　)

ア West　イ North　ウ South

2 (②) に入る最も適当なものを下のア～エの中から一つ選び，その記号を書け。(　　　)

ア March 7　イ March 11　ウ March 12　エ March 14

Ⅲ 次は，ある英字新聞の記事 (article) と，それを読んだ直後の Ted 先生と Mone との対話である。英文と対話文を読み，(　　) 内に入る最も適当なものをあとのア～エの中から一つ選び，その記号を書け。(　　　)

"I love my high school life," said Jiro. Jiro is a student at an *agricultural high school in Kagoshima. He and his classmates are very busy. They go to school every day, even on summer and winter holidays, to *take care of their *cows. They clean the cow house and give food to their cows. One of them is *Shizuka.* Now they have a big dream. They want to make *Shizuka* the best cow in Japan.

What is the most important thing when we *raise cows? "The answer is to keep them *healthy," Jiro's teacher said. "No one wants sick cows. So, we take care of the cows every day. We can use computer *technology to keep them healthy. It is very useful."

Jiro answered the same question, "I agree with my teacher. It's not easy to keep them healthy. Cows must eat and sleep well. So, we give them good food. We also *walk them every day. We make beds for cows. Many people think love is important to raise good cows. That's true, but it is not enough for their health."

Now, Jiro and his classmates are working hard to keep their cows healthy. "We will do our best," Jiro and his classmates said.

注　agricultural　農業の　　take care of ～　～の世話をする　　cow(s)　牛
　　raise ～　～を育てる　　healthy　健康に　　technology　技術　　walk ～　～を歩かせる

Ted:　What is the most important point in this article?
Mone:　(　　　　　)
Ted:　Good! That's right! That is the main point.

ア　To raise good cows, the students don't have to use computer technology.
イ　To raise good cows, the students must be careful to keep them healthy.
ウ　The students must give cows a lot of love when they are sick.
エ　The students have to eat a lot of beef if they want to be healthy.

4　次は，中学生のKenが英語の授業で発表した鳥と湿地（wetlands）についてのプレゼンテーションである。英文を読み，あとの問いに答えなさい。

Hello everyone. Do you like birds? I love birds so much. Today, I'd like to talk about birds and their favorite places, wetlands.

① Today, I will talk about four points. First, I want to talk about birds in Japan. Second, I will explain favorite places of birds. Third, I will tell you ② the problem about their favorite places, and then, I will explain why wetlands are important for us, too.

Do you know how many kinds of birds there are in Japan? Bird lovers in Japan work together to learn about birds every year. From 2016 to 2020, 379 kinds of birds were found. ③ Please look at this *graph. The three birds seen often in Japan are *Hiyodori*, *Uguisu*, and *Suzume*. We have seen *Hiyodori* the most often. From 1997 to 2002, we could see *Suzume* more often than *Uguisu*, but *Suzume* became the third from 2016 to 2020.

Second, I will talk about birds' favorite places, "wetlands." Have you ever heard about wetlands? Wetlands are *areas of *land which are covered with water. Why do birds love wetlands?

Wetlands can give the best environment for many kinds of living things. There is a lot of water in wetlands. So, many kinds of plants live there. These plants are home and food for many *insects and fish. Birds eat those plants, insects, and fish. Wetlands are the best environment for birds because there is a lot of（ ④ ）for birds.

Wetlands are now getting smaller and that's a big problem. You can find information on the website of *the United Nations. It says, "In just 50 years — since 1970 — 35% of the world's wetlands have been lost." Why are they getting smaller? Each wetland has different reasons for this. People are using too much（ ⑤ ）. For example, they use it for drinking, *agriculture and *industry. *Global warming is hurting wetlands, too. Wetlands are lost faster than forests because of these reasons. This is very serious for birds.

Do we have to solve this? Yes, we do. Those birds' favorite places are very important for humans, too. They support both our lives and environment. I'll tell you ⑥ two things that wetlands do for us. First, wetlands make water clean. After the rain, water stays in wetlands. Then, *dirt in the water goes down, and the clean water goes into the river. We use that clean water in our comfortable lives. Second, wetlands can hold CO_2. Plants there keep CO_2 in their bodies even after they die. Actually, wetlands are better at holding CO_2 than forests. They are very useful to stop global warming.

Why don't you do something together to protect birds and wetlands? Thank you for listening.

注　graph　グラフ　　area(s)　地域　　land　陸地　　insect(s)　昆虫
　　the United Nations　国際連合　　agriculture　農業　　industry　産業
　　global warming　地球温暖化　　dirt　泥

1　右は，下線部①で Ken が見せたスライドである。Ken が発表した順になるようにスライドの（ A ）～（ C ）に入る最も適当なものを下のア～ウの中からそれぞれ一つずつ選び，その記号を書け。(A)(　　　)　(B)(　　　)　(C)(　　　)

ア　The Problem about Wetlands

イ　Birds' Favorite Places

ウ　Birds in Japan

Birds and Wetlands

1. （ A ）
2. （ B ）
3. （ C ）
4. Why Wetlands are Important

2　下線部②の内容を最もよく表している英語 5 語を，本文中から抜き出して書け。

(　　　　　　　　　　　　　　　　　　　　)

3　下線部③で Ken が見せたグラフとして最も適当なものを下のア～ウの中から一つ選び，その記号を書け。(　　　)

ア

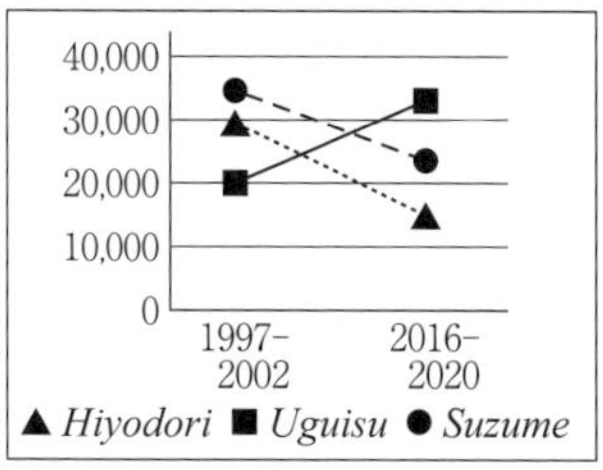

イ

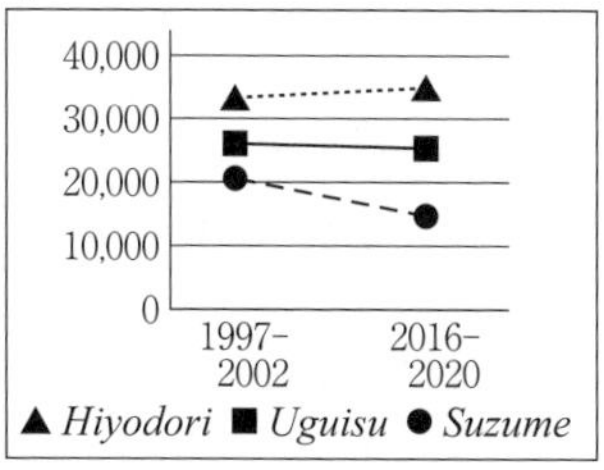

ウ

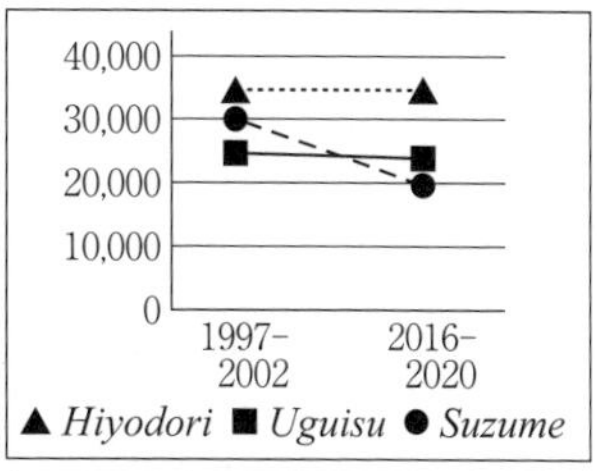

※各グラフの縦軸は鳥の数を，横軸は調査期間を示す。　（「全国鳥類繁殖分布調査」をもとに作成）

4　（ ④ ），（ ⑤ ）に入る語の組み合わせとして，最も適当なものを右のア～エから一つ選び，その記号を書け。(　　　)

	④	⑤
ア	money	water
イ	money	air
ウ	food	air
エ	food	water

5　下線部⑥の内容を具体的に 25 字程度の日本語で書け。

6　次は，Ann が自分の発表で使うグラフと，それを見ながら話している Ann と Ken との対話である。Ann に代わって，対話中の □ に 15 語程度の英文を書け。2 文以上になってもかまわない。

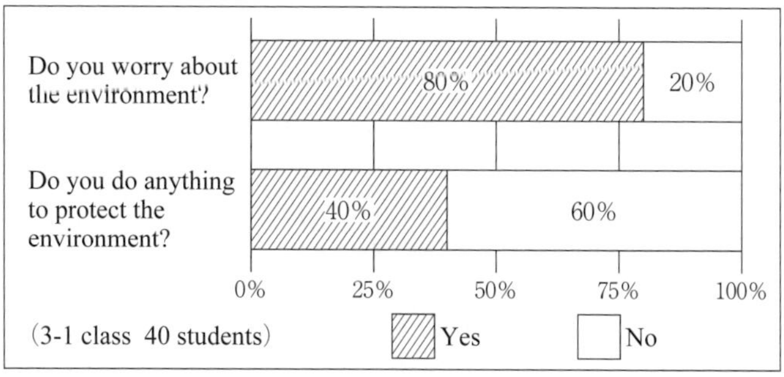

Ann:　Your presentation was good. I'll speak in the next class. Please look at this. 80% of our classmates worry about the environment, but more than half of them don't do anything to save the environment. I don't think it is good. We should do something to change this.

Ken: What can we do?

Ann:

Ken: That's a good idea.

〈放送原稿〉

〈チャイム〉

これから，2023 年度鹿児島県公立高等学校入学試験英語の聞き取りテストを行います。問題用紙を開けなさい。

英語は1番から5番は1回だけ放送します。6番以降は2回ずつ放送します。メモをとってもかまいません。(約 3 秒間休止)

では，1 番の問題を始めます。まず，問題の指示を読みなさい。(約 12 秒間休止)

それでは放送します。

Kenta: Lucy, you are wearing nice shoes. You look good.

Lucy: Thank you. I bought them yesterday. I'm very happy.

Kenta: Oh, I want new shoes, too. (約 10 秒間休止)

次に，2 番の問題です。まず，問題の指示を読みなさい。(約 11 秒間休止)

それでは放送します。

Mark: It's getting cold. Winter is coming. I don't like winter.

Yumi: I agree. I like spring the best because we can see beautiful flowers.

Mark: Me, too. Spring is my favorite season. (約 10 秒間休止)

次に，3 番の問題です。まず，問題の指示を読みなさい。(約 15 秒間休止)

それでは放送します。

Becky: How many pages do you have to read for the English test, Tomoya?

Tomoya: 40 pages.

Becky: How many pages have you finished?

Tomoya: 26 pages.

Becky: You have 14 pages to read. I hope you will do your best. (約 10 秒間休止)

次に，4 番の問題です。まず，問題の指示を読みなさい。(約 14 秒間休止)

それでは放送します。

Saki: I hear that you will go back to Australia next month, Bob. How long will you stay there?

Bob: For two weeks. I'll be back in Japan on January 10th.

Saki: So, you will spend New Year's Day in Australia.

Bob: Yes, with my family.

Question : Is Bob going back to Australia in December or in January? (約 15 秒間休止)

次に，5 番の問題です。まず，問題の指示を読みなさい。(約 23 秒間休止)

それでは放送します。

I'm going to talk about how much meat Japanese and American people ate in 2020. They often eat three kinds of meat; beef, chicken, and pork. Look at this. Japanese people ate chicken as much as pork. How about American people? They ate chicken the most. You may think beef is eaten the most in the U.S., but that's not true. It is interesting. (約 10 秒間休止)

次に，6 番の問題です。まず，問題の指示を読みなさい。(約 15 秒間休止)

それでは放送します。

Welcome to "Starlight Concert"! To enjoy the concert, please remember some rules. You can drink water or tea. You can take pictures and put them on the Internet if you want to. You can enjoy dancing to the music. But you cannot talk on the phone in this hall. We hope you will enjoy the concert and make good memories. Thank you.

（約 3 秒おいて，繰り返す。）（約 10 秒間休止）

次に，7 番の問題です。まず，問題の指示を読みなさい。（約 15 秒間休止）

それでは放送します。

Hello, everyone. Today, I'll talk about one thing I learned. Last week, I watched an interview of my favorite singer on TV. She had a difficult time before she became famous. She was very poor and had to work, so she didn't have time to learn music. How did she become famous? The answer was in the interview. "I've never given up my dream," she said. I learned that I should never give up my dream. I hope that her words will help me a lot in the future.

Question：What did Tomoko learn from her favorite singer?（約 7 秒間休止）

では，2 回目を放送します。（最初から質問までを繰り返す。）（約 15 秒間休止）

次に，8 番の問題です。まず，問題の指示を読みなさい。（約 15 秒間休止）

それでは，放送します。

Naoko:　Some students from Australia will visit our class next week.

Paul:　Yes, Naoko. I want you to do something to welcome them.

Naoko:　I have an idea to make them happy in the classroom.

Paul:　Oh, really? What will you do for them?

Naoko:　(　　　　　)

（約 3 秒おいて，繰り返す。）（約 1 分間休止）

〈チャイム〉

これで，聞き取りテストを終わります。次の問題に進みなさい。

社会

時間　50分　　　　満点　90点

1　次のⅠ～Ⅲの問いに答えなさい。答えを選ぶ問いについては一つ選び，記号を書きなさい。

Ⅰ　次の略地図1，略地図2を見て，1～6の問いに答えよ。

略地図1

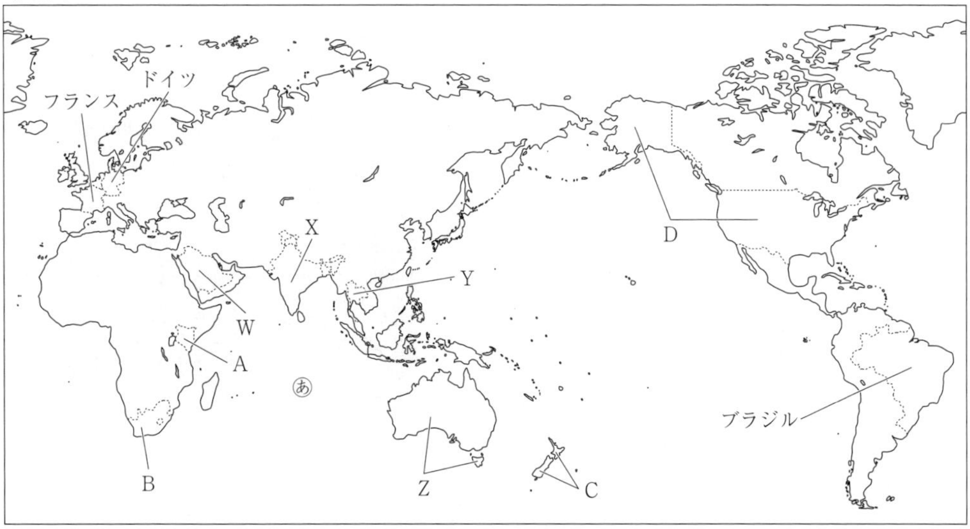

1　略地図1中のⓐは，三大洋の一つである。この海洋の名称を答えよ。(　　　)

2　略地図2は，図の中心の東京からの距離と方位を正しく表した地図である。略地図2中のア～エのうち，東京から北東の方位，約8000kmに位置している場所として，最も適当なものはどれか。(　　　)

略地図2

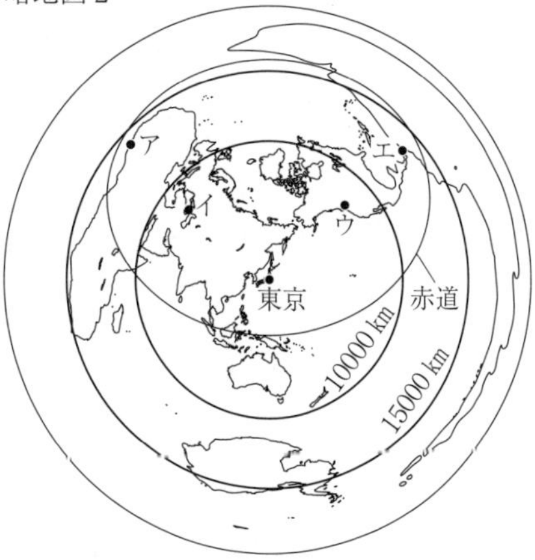

3　略地図1中のA～D国の特徴について述べた次のア～エのうち，B国について述べた文として最も適当なものはどれか。(　　　)

ア　牧草がよく育つことから牧畜が盛んであり，特に羊の飼育頭数は人口よりも多いことで知られている。

イ　サバナが広く分布し，内陸の高地では，茶や切り花の生産が盛んである。

ウ　サンベルトとよばれる地域では，先端技術産業が発達している。

エ　過去にはアパルトヘイトとよばれる政策が行われていた国であり，鉱産資源に恵まれている。

4　表は，略地図1中のW～Z国で信仰されている宗教についてまとめたものであり，表中の ① ～ ④ には，語群の宗教のいずれかが入る。表中の ① ， ③ の宗教として適当なものをそれぞれ答えよ。なお，同じ番号には同じ宗教が入るものとする。

表

	主な宗教別の人口割合(%)
W	① (94)， ④ (4)， ② (1)
X	② (80)， ① (14)， ④ (2)
Y	③ (83)， ① (9)
Z	④ (64)， ③ (2)， ① (2)

(「データブック　オブ・ザ・ワールド 2023」から作成)

①(　　　)　③(　　　)

語群　仏教　　キリスト教　　ヒンドゥー教　　イスラム教

5　略地図1中のフランスやドイツなどの多くのEU加盟国では，資料1のように，国境を自由に行き来し，買い物などの経済活動を行う人々が多い。この理由について，解答欄の書き出しのことばに続けて書け。ただし，**パスポート**と**ユーロ**ということばを使うこと。

(多くのEU加盟国では，　　　　　　　　　　)

資料1

6　資料2は，略地図1中のブラジルの1963年と2020年における輸出総額と主な輸出品の割合を示しており，資料3は近年におけるブラジルの主な輸出品の輸出量と世界における割合及び順位を示している。ブラジルの主な輸出品の変化と特徴について，資料2，資料3をもとに書け。ただし，**モノカルチャー経済**ということばを使うこと。(　　　　　　　　　　)

資料2　ブラジルの輸出総額と主な輸出品の割合

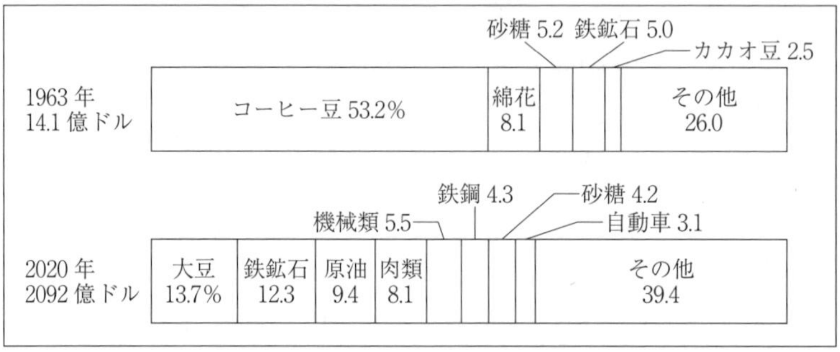

(「日本国勢図会 2022／23」などから作成)

資料3　ブラジルの主な輸出品の輸出量と世界における割合及び順位

品目	輸出量	割合	順位
大豆	8297万トン	47.9%	1位
鉄鉱石	343百万トン	20.7%	2位
原油	6226万トン	2.8%	11位
肉類	772万トン	14.7%	2位

※大豆と鉄鉱石は2020年，原油と肉類は2019年の統計

(「世界国勢図会 2022／23」などから作成)

Ⅱ 次の略地図を見て，1～5の問いに答えよ。

略地図

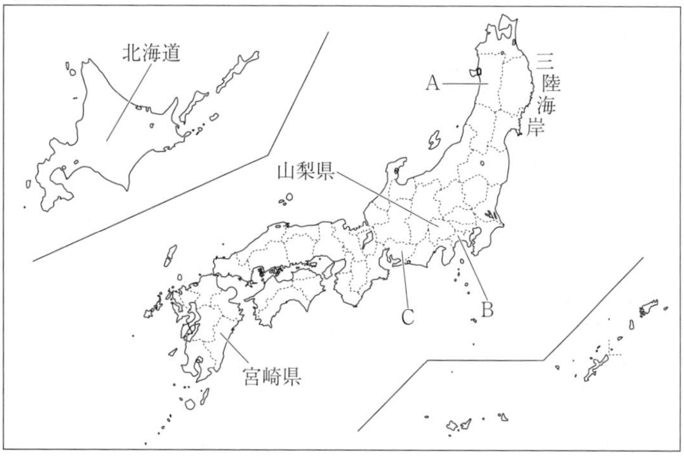

1 略地図中の北海道では，乳牛を飼育し，生乳やバター，チーズなどの乳製品を生産する農業が盛んである。このような農業を何というか。(　　　)

2 略地図中の三陸海岸の沖合は，日本でも有数の漁場となっている。その理由の一つとして，この海域が暖流と寒流のぶつかる潮目（潮境）となっていることが挙げられる。三陸海岸の沖合などの東日本の太平洋上で，暖流である日本海流とぶつかる寒流の名称を答えよ。(　　　)

3 資料1は略地図中のA～C県の人口に関する統計をまとめたものであり，ア～ウはA～C県のいずれかである。B県はア～ウのどれか。(　　　)

資料1

	人口増減率(%)	年齢別人口割合(%)			産業別人口割合(%)		
		0～14歳	15～64歳	65歳以上	第1次産業	第2次産業	第3次産業
ア	1.22	11.8	62.7	25.6	0.8	21.1	78.1
イ	－6.22	9.7	52.8	37.5	7.8	25.5	66.6
ウ	0.79	13.0	61.7	25.3	2.1	32.7	65.3
全国	－0.75	11.9	59.5	28.6	3.4	24.1	72.5

※四捨五入しているため，割合の合計が100％にならないところがある。
※人口増減率は，2015年から2020年の人口増減率であり，
(2020年人口－2015年人口)÷2015年人口×100で求められる。

(「日本国勢図会 2022／23」などから作成)

4 略地図中の山梨県では，写真1のような扇状地が見られる。扇状地の特色とそれをいかして行われている農業について述べた次の文の［　　］に適することばを補い，これを完成させよ。(　　　　　　　　)

扇状地の中央部は粒の大きい砂や石からできているため［　　］。そのため，水田には適さないが，ぶどうなどの果樹の栽培に利用されている。

写真1

5　略地図中の宮崎県では，写真2のようなビニールハウスなどを用いたピーマンの栽培が盛んである。宮崎県でこのような農業が盛んであるのはなぜか。資料2～資料4をもとに書け。ただし，**気候**，**出荷量**，**価格**ということばを使うこと。

(　　　　　　　　　　　　　　　　　　　　　　　　　　　　　　　　　　　　　　)

写真2

資料2　各地の月別平均気温

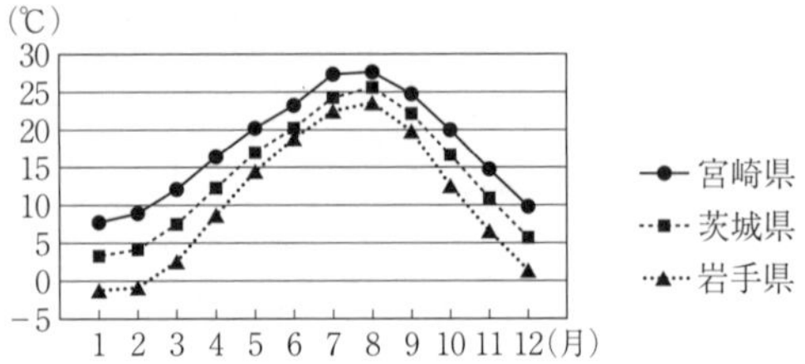

※各地の気温は各県の県庁所在地のもの

(気象庁統計から作成)

資料3　東京都中央卸売市場へのピーマンの月別出荷量（2021年）

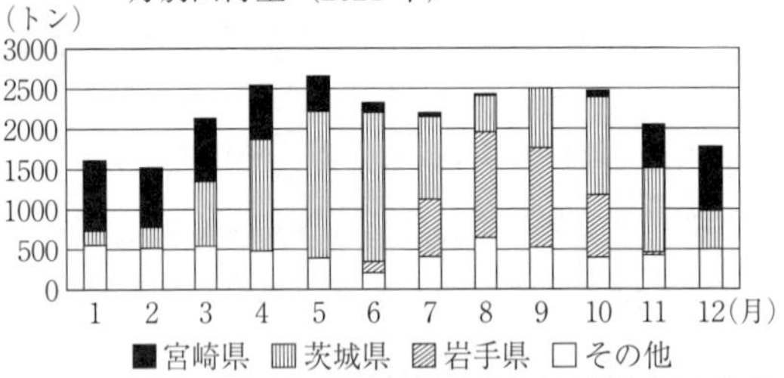

(東京都中央卸売市場統計から作成)

資料4　ピーマンの月別平均価格（2002年～2021年平均）

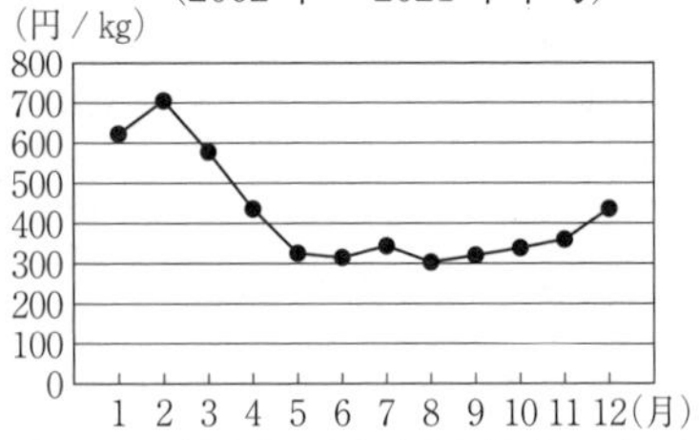

(東京都中央卸売市場統計から作成)

Ⅲ　縮尺が2万5千分の1である次の地形図を見て，1，2の問いに答えよ。

地形図

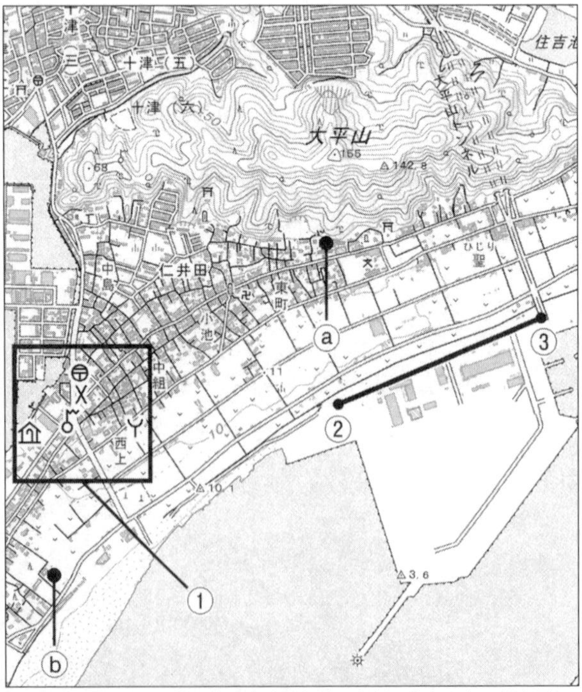

※読み取りやすくするため，①の範囲の地図記号の表記の大きさを一部変更している。

(令和元年国土地理院発行2万5千分の1地形図「高知」から作成)

1　地形図の読み取りに関する次のA，Bの文について，下線部の正誤の組み合わせとして最も適当なものはどれか。(　　　)

A：□で囲まれた①の範囲には，消防署はみられない。

B：●━━●で示した②，③間の地形図上での長さは3cmなので，実際の距離は750mである。

ア　A　正　　B　正　　イ　A　正　　B　誤　　ウ　A　誤　　B　正

エ　A　誤　　B　誤

2　右の表は，高知市の指定緊急避難場所一覧の一部を示したものであり，表中のア，イは地形図中にⓐ，ⓑで示した避難場所のいずれかである。ⓐはア，イのどちらか。また，そのように考えた理由を，ⓐ周辺の地形の特徴をふまえ，解答欄の書き出しのことばに続けて書け。

表

	洪水	土砂災害
ア	○	○
イ	○	×

○：避難可　　×：避難不可

(高知市資料から作成)

記号(　　　)

(ⓑとは異なりⓐは，　　　　　　　　　　　　　　　　　　　　　　　　)

2　次のⅠ～Ⅲの問いに答えなさい。答えを選ぶ問いについては一つ選び，その記号を書きなさい。

Ⅰ　次の略年表を見て，1～6の問いに答えよ。

世紀	主なできごと
5	大和政権の大王たちが，たびたび中国に使いを送った――――――――A
8	平城京を中心に，仏教や唐の文化の影響を受けたⓐ天平文化が栄えた
11	［　①　］政治は，藤原道長・頼通のときに最も栄えた
13	北条泰時が，武士独自の法である［　②　］を制定した――――――――B
16	ⓑ商業や手工業，流通の発達にともない，京都などの都市が発展した
18	貨幣経済が広まったことで，ⓒ自給自足に近かった農村社会に変化が生じた

1　［　①　］，［　②　］にあてはまる最も適当なことばを書け。①(　　　)　②(　　　)

2　Aのころ，主に朝鮮半島などから日本列島へ移住し，須恵器とよばれる土器を作る技術や漢字などを伝えた人々を何というか。(　　　)

3　ⓐについて，資料1は天平文化を代表する正倉院宝物の「螺《ら》鈿《でん》紫《し》檀《たんの》五《ご》絃《げん》琵《び》琶《わ》」と「瑠《る》璃《り》坏《のつき》」である。資料1から読み取れる天平文化の特色を書け。ただし，**遣唐使**ということばを使うこと。

(　　　　　　　　　　　　　　　　　　　　)

資料1

螺鈿紫檀五絃琵琶	瑠璃坏
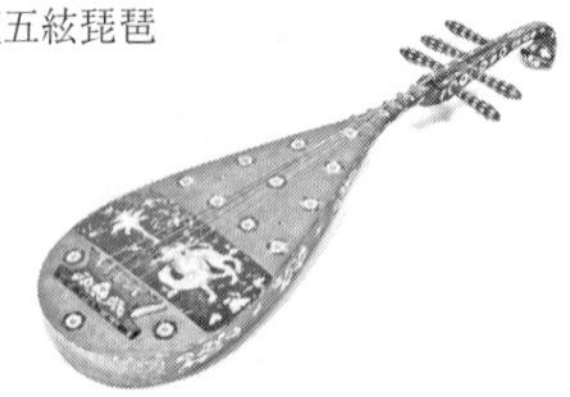	
・5弦の琵琶はインドが起源といわれている。 ・中国で作られたと考えられている。	・西アジアで作られたガラスに，中国で銀の脚を付けたと考えられている。

4　AとBの間の時期におこった次のア～エのできごとを，年代の古い順に並べよ。

(　→　→　→　)

ア　桓武天皇が長岡京，ついで平安京へ都を移し，政治を立て直そうとした。

イ　白河天皇が位を息子にゆずり，上皇となったのちも政治を行う院政をはじめた。

ウ　聖徳太子が蘇我馬子と協力し，中国や朝鮮半島の国々にならった新しい政治を行った。

エ　関東地方で平将門，瀬戸内地方で藤原純友がそれぞれ反乱を起こした。

5　ⓑについて述べた次の文の［　X　］，［　Y　］にあてはまることばの組み合わせとして最も適当なものはどれか。

(　　　)

資料2は，『洛《らく》中《ちゅう》洛《らく》外《がい》図《ず》屏《びょう》風《ぶ》』の中に描かれている16世紀後半の祇園祭のようすである。平安時代から行われているこの祭は，1467年に始まった［　X　］で中断したが，京の有

資料2　洛中洛外図屏風

(米沢市上杉博物館蔵)

力な商工業者である［Y］によって再興され，現在まで続いている。

ア　X　応仁の乱　　Y　惣　　イ　X　応仁の乱　　Y　町衆

ウ　X　壬申の乱　　Y　惣　　エ　X　壬申の乱　　Y　町衆

6　ⓒに関する次の文の［　　］に適することばを補い，これを完成させよ。(　　　　)

商品作物の栽培や農具・肥料の購入などで，農村でも貨幣を使う機会が増えた。その結果，土地を集めて地主となる農民が出る一方，土地を手放して小作人になる者や，都市に出かせぎに行く者が出るなど，農民の間で［　　］という変化が生じた。

Ⅱ　次は，中学生が「近代以降の日本の歴史」について調べ学習をしたときにまとめた〔あ〕～〔え〕の4枚のカードと，先生と生徒の会話の一部である。1～5の問いに答えよ。

〔あ〕　近代産業の発展

ⓐ日清戦争前後に軽工業部門を中心に産業革命が進展した。ⓑ日露戦争前後には重工業部門が発達し，近代産業が発展した。

〔い〕　国際協調と国際平和

第一次世界大戦後に，世界平和と国際協調を目的とする［①］が設立された。また軍備縮小をめざすワシントン会議が開かれた。

〔う〕　軍部の台頭

ⓒ五・一五事件や二・二六事件が発生し，軍部が政治的な発言力を強め，軍備の増強を進めていった。

〔え〕　民主化と国際社会への復帰

戦後，GHQの占領下で，政治・経済面の民主化がはかられた。またⓓサンフランシスコ平和条約を結び，独立を回復した。

先　生：複数のカードに戦争や軍備ということばが出てきますが，〔い〕のカードのころには，第一次世界大戦に参加した国や新たな独立国で民主主義が拡大していきました。

生徒A：日本でも，民主主義的な思想の普及やさまざまな社会運動が展開されていったのですね。

先　生：そうです。大正時代を中心として政治や社会に広まった民主主義の風潮や動きを［②］とよびます。

生徒B：でもその後の流れは，〔う〕のカードのように，軍部が台頭して戦争への道を歩んでいったのですね。

生徒A：なぜ，第一次世界大戦の反省はいかされなかったのかな。どうして，その後の戦争を防ぐことができなかったのだろう。

先　生：そのことについて，当時の世界や日本の政治・経済の情勢から考えてみましょう。

1　［①］，［②］にあてはまる最も適当なことばを書け。ただし，［①］は**漢字4字**で書け。

①(　　　　)　②(　　　　)

2　ⓐに関して，日清戦争前後のできごとについて述べた次の文の［X］，［Y］にあてはまることばの組み合わせとして最も適当なものはどれか。(　　　　)

明治政府は，日清戦争直前の1894年，陸奥宗光外相のときにイギリスとの交渉で［X］に成功した。また，日清戦争後の1895年に下関条約を結んだが，［Y］により遼東半島を返還した。

	X	Y
ア	関税自主権の回復	日比谷焼き打ち事件
イ	関税自主権の回復	三国干渉
ウ	領事裁判権（治外法権）の撤廃	日比谷焼き打ち事件
エ	領事裁判権（治外法権）の撤廃	三国干渉

3　ⓑに関して，資料１の人物は，この戦争に出兵した弟を思って「君死にたまふことなかれ」という詩をよんだことで知られている。この人物は誰か。

（　　　）

資料１

4　ⓒに関する次の文の□にあてはまることばを，資料２を参考に答えよ。ただし，□には同じことばが入る。

（　　　）

犬養毅首相が暗殺されたこの事件によって，□の党首が首相となっていた□内閣の時代が終わり，終戦まで軍人出身者が首相になることが多くなった。

資料２　第27代から第31代首相と所属・出身

代	首相	所属・出身
27	浜口雄幸	立憲民政党
28	若槻礼次郎	立憲民政党
29	**犬養毅**	**立憲政友会**
30	斎藤実	海軍
31	岡田啓介	海軍

5　ⓓに関して，この条約が結ばれた以前のできごととして，最も適当なものはどれか。（　　　）

ア　朝鮮戦争がはじまった。

イ　沖縄が日本に復帰した。

ウ　東海道新幹線が開通した。

エ　バブル経済が崩壊した。

Ⅲ　資料１は米騒動のようすを描いたものである。米騒動がおこった理由を，資料２，資料３を参考にして書け。ただし，**シベリア出兵**と**価格**ということばを使うこと。

（　　　　　　　　　　　　　　　　　　　　　　　　　　　　　　　）

資料１　米騒動のようす（1918年）

資料２　シベリア出兵のようす
（1918年）

資料３　東京の米１石（約150 kg）あたりの
年平均取引価格

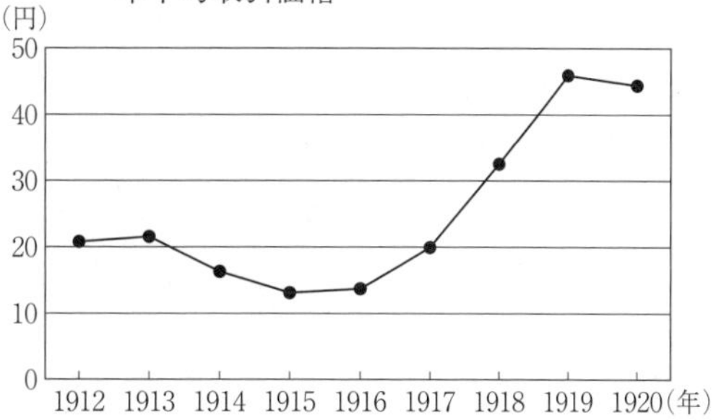

（「日本近代史辞典」から作成）

3　次のⅠ～Ⅲの問いに答えなさい。答えを選ぶ問いについては一つ選び，その記号を書きなさい。

Ⅰ　次は，ある中学生が「よりよい社会をつくるために」というテーマで，公民的分野の学習を振り返ってまとめたものの一部である。1～5の問いに答えよ。

よりよい社会をつくるために

◇　人権の保障と日本国憲法

基本的人権は，ⓐ個人の尊重の考え方に基づいて日本国憲法で保障されている。

社会の変化にともない，ⓑ「新しい人権」が主張されるようになった。

◇　持続可能な社会の形成

世代間や地域間の公平，男女間の平等，貧困削減，ⓒ環境の保全，経済の開発，社会の発展等を調和の下に進めていく必要がある。

◇　国民の自由や権利を守る民主政治

国の権力を立法権，行政権，司法権の三つに分け，それぞれ，ⓓ国会，内閣，裁判所に担当させることで権力の集中を防ぎ，国民の自由と権利を守ろうとしている。

◇　民主政治の発展

民主政治を推進するために，国民一人一人が政治に対する関心を高め，ⓔ選挙などを通じて，政治に参加することが重要である。

↓

よりよい社会の実現を目指し，現代社会に見られる課題の解決に向けて主体的に社会に関わろうとすることが大切である。

1　次の文は，ⓐに関する日本国憲法の条文である。［　　］にあてはまることばを**漢字2字**で書け。(　　　)

第13条　すべて国民は，個人として尊重される。生命，自由及び［　　］追求に対する国民の権利については，公共の福祉に反しない限り，立法その他の国政の上で，最大の尊重を必要とする。

2　ⓑに関して，「新しい人権」に含まれる権利として最も適当なものはどれか。(　　　)

ア　自由に職業を選択して働き，お金や土地などの財産を持つ権利

イ　個人の私的な生活や情報を他人の干渉などから守る権利

ウ　国や地方の公務員の不法行為で受けた損害に対して賠償を求める権利

エ　労働組合が賃金などの労働条件を改善するために使用者と交渉する権利

3　ⓒに関して，ダムや高速道路など，大規模な開発事業を行う際に，事前に周辺の環境にどのような影響があるか調査・予測・評価することを何というか。(　　　)

4　ⓓに関して，予算の議決における衆議院の優越について述べた次の文の［X］，［Y］にあてはまることばの組み合わせとして最も適当なものはどれか。(　　　)

予算について，参議院で衆議院と異なった議決をした場合に［X］を開いても意見が一致しないときや，参議院が，衆議院の可決した予算を受け取ったあと［Y］日以内に議決しないときは，衆議院の議決が国会の議決となる。

ア X 両院協議会 Y 30　イ X 両院協議会 Y 10
ウ X 公聴会 Y 30　エ X 公聴会 Y 10

5 中学生のゆきさんは，ⓔに関して調べ，資料1，資料2の取り組みがあることを知った。資料1，資料2の取り組みのねらいとして考えられることは何か。資料3，資料4をもとにして書け。
(　　　　)

資料1 期日前投票所の大学への設置

資料2 高校生を対象としたある市の期日前投票所の取り組み

・高校生を対象にした独自の選挙チラシを配布し，情報提供・啓発を実施
・生徒が昼休みや放課後に投票できるよう，各学校ごとに開設時間を配慮

(総務省資料から作成)

資料3 年齢別投票率
(第49回衆議院議員総選挙［2021年実施］)

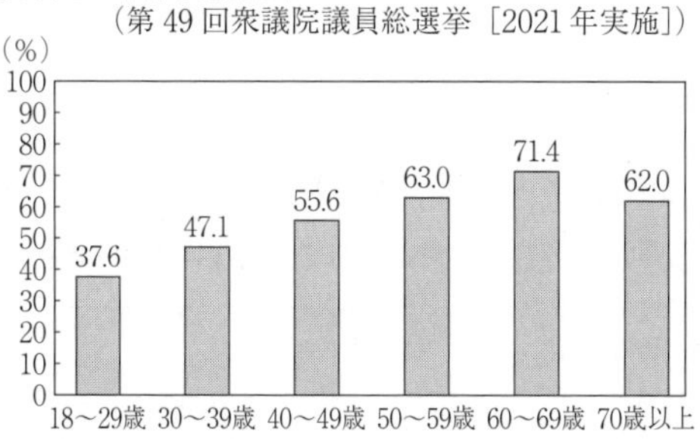

※年齢別投票率は全国から抽出して調査したものである。
(総務省資料から作成)

資料4 年齢別棄権理由とその割合
(第49回衆議院議員総選挙［2021年実施］)

理由	18～29歳	30～49歳	50～69歳	70歳以上
選挙にあまり関心がなかったから	46.7%	31.4%	30.7%	15.6%
仕事があったから	37.8%	24.8%	14.9%	3.1%
重要な用事(仕事を除く)があったから	22.2%	9.1%	8.9%	3.1%

※調査では，17の選択肢からあてはまるものをすべて選ぶようになっている。
※18～29歳の棄権理由の上位三位を示している。
(第49回衆議院議員総選挙全国意識調査から作成)

Ⅱ 次は，ある中学校の生徒たちが「私たちと経済」について班ごとに行った調べ学習のテーマと調べたことの一覧である。1～5の問いに答えよ。

班	テーマ	調べたこと
1	政府の経済活動	ⓐ租税の意義と役割，財政の役割と課題
2	消費生活と経済	消費者の権利と責任，消費者問題，ⓑ消費者を守る制度
3	市場のしくみと金融	ⓒ景気の変動と物価，ⓓ日本銀行の役割
4	生産と労働	企業の種類，ⓔ株式会社のしくみ，労働者の権利と労働問題

1 ⓐに関して，消費税や酒税など税を納める人と負担する人が異なる税を何というか。
(　　)

2 ⓑに関して，訪問販売や電話勧誘などで商品を購入した場合，一定期間内であれば資料のような通知書を売り手に送付することで契約を解除することができる。この制度を何というか。
(　　)

資料

通知書
次の契約を解除します。
契約年月日　○○年○月○日
商品名　○○○○
契約金額　○○○○○円
販売会社　株式会社×××　□□営業所
担当者　△△△△
支払った代金○○○○○円を返却し，
商品を引き取ってください。
○○年○月○日
○○県○市○町○丁目○番○号
氏名　○○○○○

3 ⓒに関して述べた次の文の X , Y にあてはまることばの組み合わせとして最も適当なものはどれか。(　　　)

一般的に, X のときには消費が増え, 商品の需要が供給を上回ると, 価格が高くても購入される状態が続くため, 物価が上がり続ける Y がおこる。

ア　X　好況　　Y　デフレーション　　イ　X　不況　　Y　デフレーション
ウ　X　好況　　Y　インフレーション　　エ　X　不況　　Y　インフレーション

4 ⓓについて述べた文として**誤っているもの**はどれか。(　　　)

ア　政府資金の取り扱いを行う。
イ　日本銀行券とよばれる紙幣を発行する。
ウ　一般の銀行に対して資金の貸し出しや, 預金の受け入れを行う。
エ　家計や企業からお金を預金として預かる。

5 ⓔについて述べた次の文の □ に適することばを補い, これを完成させよ。ただし, **負担**ということばを使うこと。(　　　　　　　　　　　　　　　　　　　　　)

株主には, 株式会社が倒産した場合であっても, □ という有限責任が認められている。

Ⅲ　資料1は, 鹿児島中央駅に設置されているエレベーターの場所を案内している標識の一部である。この標識にみられる表記の工夫について, 資料2をもとに**50字以上60字以内**で書け。

資料1

資料2　鹿児島県における外国人宿泊者数の推移

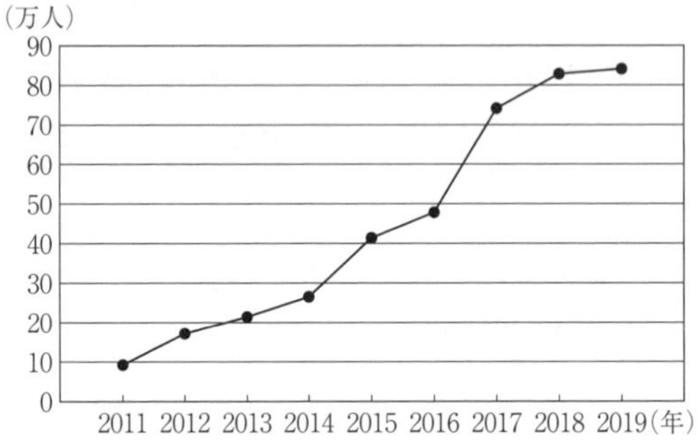

※宿泊者数は延べ人数である。　(鹿児島県観光統計から作成)

理科

時間　50分　　　　満点　90点

1　次の各問いに答えなさい。答えを選ぶ問いについては記号で答えなさい。

1　図1の力A，力Bの合力の大きさは何Nか。ただし，図1の方眼の1目盛りを1Nとする。(　　　N)

図1

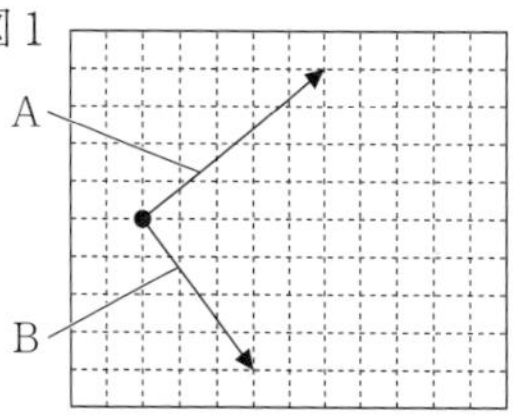

2　メタン（CH_4）を燃焼させると，二酸化炭素と水ができる。この化学変化を表す次の化学反応式を完成せよ。

$CH_4 + 2O_2 \rightarrow$(　　　)

3　顕微鏡を使って小さな生物などを観察するとき，はじめに視野が最も広くなるようにする。次のア～エのうち，最も広い視野で観察できる接眼レンズと対物レンズの組み合わせはどれか。

(　　　)

ア　10倍の接眼レンズと4倍の対物レンズ　　イ　10倍の接眼レンズと10倍の対物レンズ

ウ　15倍の接眼レンズと4倍の対物レンズ　　エ　15倍の接眼レンズと10倍の対物レンズ

4　震度について，次の文中の□にあてはまる数値を書け。(　　　)

ある地点での地震によるゆれの大きさは震度で表され，現在，日本では，気象庁が定めた震度階級によって震度0から震度□までの10階級に分けられている。

5　ある日，動物園に行ったみずきさんは，いろいろな動物を見たり，乗馬体験をしたりした。

(1)　動物のエサやり体験コーナーに行くと，エサの入った箱が水平な机の上に置かれていた。エサと箱を合わせた質量を10kg，エサの入った箱が机と接している部分の面積を$0.2m^2$とするとき，机が箱から受ける圧力の大きさは何Paか。ただし，質量100gの物体にはたらく重力の大きさを1Nとする。(　　　Pa)

(2)　シマウマやライオンを見た後，展示館に行くと，図2のような展示があった。これは，何らかの原因で，植物がふえたとしても，長い時間をかけてもとのつり合いのとれた状態にもどることを示した模式図である。生物の数量の関係の変化を表したものになるように，C～Eにあてはまるものをア～ウから一つずつ選べ。なお，図2のAはつり合いのとれた状態を示しており，図2及びア～ウの破線（┆）はAの状態と同じ数量を表している。

C(　　　)　D(　　　)　E(　　　)

図2

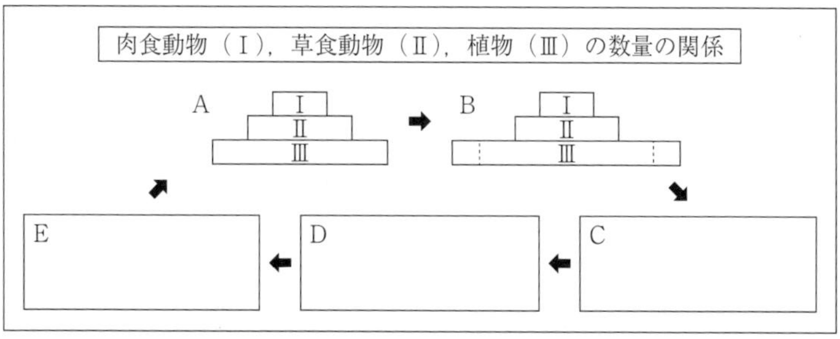

ア
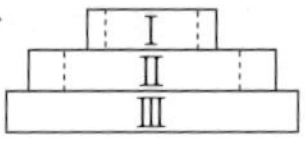

イ
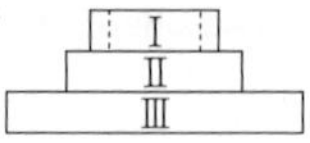

ウ
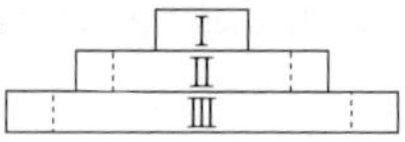

(3)　乗馬体験コーナーで，「以前は仕事率の単位に馬力が使われ，1馬力は約735Wであった。」という話を聞いた。735Wの仕事率で44100Jの仕事をするとき，かかる時間は何秒か。

(　　　　秒)

(4)　売店に，「廃棄プラスチック削減に取り組んでいます。」という張り紙があった。みずきさんは，人間の生活を豊かで便利にしている科学技術の利用と自然環境の保全について関心をもち，家でプラスチックについて調べた。プラスチックについて述べたものとして，**誤っているもの**はどれか。(　　　)

ア　水にしずむものもある。　　イ　有機物である。　　ウ　人工的に合成されたものはない。

エ　薬品による変化が少ない。

2　次のⅠ，Ⅱの各問いに答えなさい。答えを選ぶ問いについては記号で答えなさい。

Ⅰ　ある日，桜島に行ったゆうさんが，気づいたことや，桜島に関してタブレット端末や本を使って調べたり考えたりしたことを，図のようにまとめた。

図

桜島について

○年△月□日

〈気づいたこと〉

・ゴツゴツした岩がたくさんあった。

・道のあちらこちらに火山灰が見られた。

桜島

〈火山の形〉

傾斜がゆるやかな形	円すい状の形（桜島）	ドーム状の形
	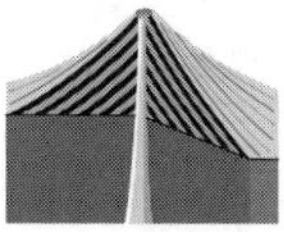	
弱い ←――――――― マグマのねばりけ ―――――――→ 強い		

〈火山灰の観察〉

目的：火山灰にふくまれる一つ一つの粒の色や形を調べる。

方法：少量の火山灰を［　a　］。

　　その後，適切な操作を行い，双眼実体顕微鏡で粒をくわしく観察する。

〈火山灰の広がり〉

桜島の降灰予報から火山灰の広がりについて考えた。右の桜島の降灰予報から，桜島上空の風向は［　b　］であることがわかる。もし，桜島上空に上がった火山灰が，この風によって10m/sの速さで30km離れた地点Pの上空に到達したとすると，そのときにかかる時間は，［　c　］分であると考えられる。

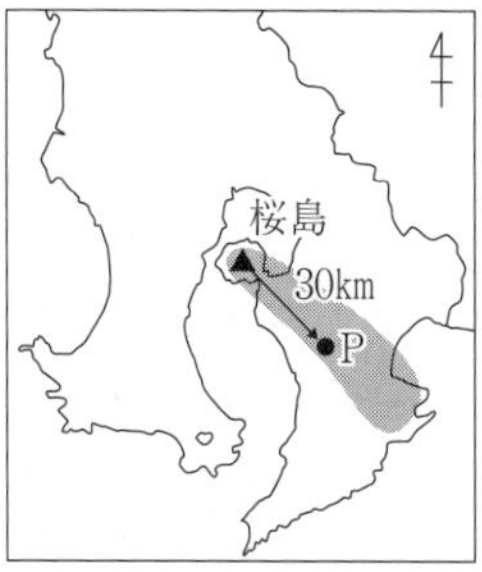

1　地下にあるマグマが地表に流れ出たものを何というか。(　　　)

2　図の〈火山の形〉について，噴火のようすと火山噴出物の色の特徴を解答欄の書き出しのことばに続けて書け。

（傾斜がゆるやかな形の火山はドーム状の形の火山に比べて，　　　　）

3　図の〈火山灰の観察〉について，［　a　］にあてはまる操作として最も適当なものはどれか。(　　　)

ア　蒸発皿に入れて水を加え，指でおして洗う　　イ　スライドガラスにのせ染色液をたらす

ウ　ビーカーに入れてガスバーナーで加熱する　　エ　乳鉢に入れて乳棒を使ってすりつぶす

4　図の〈火山灰の広がり〉について，b と c にあてはまるものとして最も適当なものはそれぞれどれか。b（　　　）c（　　　）

b　ア　北東　　イ　南東　　ウ　南西　　エ　北西

c　ア　3　　イ　10　　ウ　50　　エ　300

Ⅱ　たかしさんとひろみさんは，太陽の黒点について調べるため，図1のような天体望遠鏡を使って太陽の表面を数日間観察した。そのとき太陽の像を記録用紙の円の大きさに合わせて投影し，黒点の位置や形をスケッチした。その後，記録用紙に方位を記入した。図2は，スケッチしたもののうち2日分の記録である。

図1

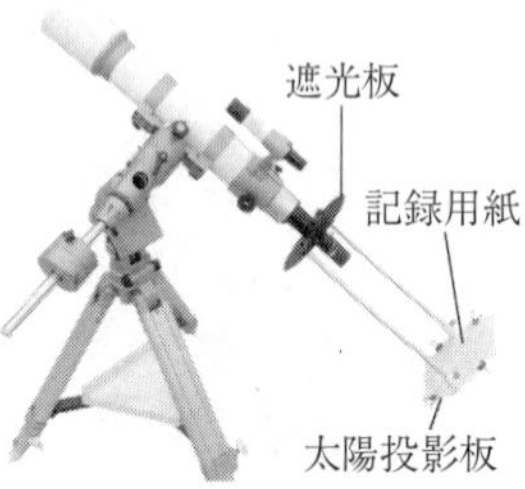

図2

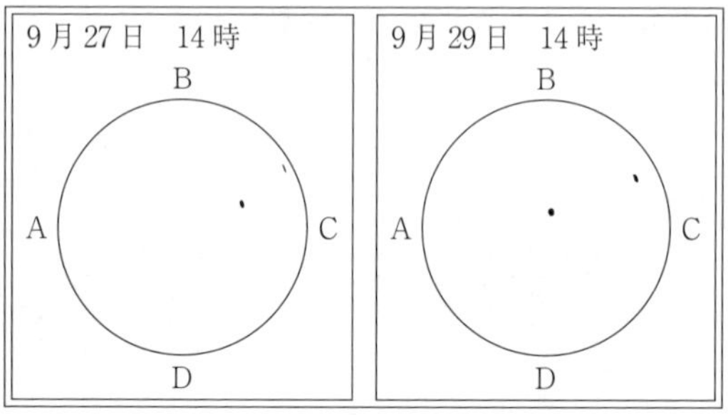

1　黒点が黒く見える理由を，解答欄の書き出しのことばに続けて書け。
（黒点はまわりに比べて，　　　　　　　　　　　　　　　　　　　　　　　　　　）

2　図2のA～Dには記入した方位が書かれている。天体望遠鏡を固定して観察していたとき，記録用紙の円からAの方向へ太陽の像がずれ動いていた。Aはどれか。（　　　）

ア　東　　イ　西　　ウ　南　　エ　北

次は，観察の後の2人と先生の会話である。

たかし：数日分の記録を見ると，黒点の位置が変化していることから，太陽は a していることがわかるね。

ひろみ：周辺部では細長い形に見えていた黒点が，数日後，中央部では円形に見えたことから，太陽は b であることもわかるね。

先　生：そのとおりですね。

たかし：ところで，黒点はどれくらいの大きさなのかな。

ひろみ：地球の大きさと比べて考えてみようよ。

3　この観察からわかったことについて，会話文中の a と b にあてはまることばを書け。a（　　　）b（　　　）

4　下線部について，記録用紙の上で太陽の像は直径10cm，ある黒点はほぼ円形をしていて直径が2mmであったとする。この黒点の直径は地球の直径の何倍か。小数第2位を四捨五入して小数第1位まで答えよ。ただし，太陽の直径は地球の直径の109倍とする。（　　　倍）

3　次のⅠ・Ⅱの各問いに答えなさい。答えを選ぶ問いについては記号で答えなさい。

Ⅰ　あいさんはダニエル電池をつくり，電極の表面の変化を調べて，電流をとり出すしくみを考えるため，次の実験を行った。

実験

①　ビーカーに硫酸亜鉛水溶液と亜鉛板を入れた。

②　セロハンチューブの中に硫酸銅水溶液と銅板を入れ，これをビーカーの中の硫酸亜鉛水溶液に入れた。

③　図のように，亜鉛板と銅板に光電池用モーターを接続すると光電池用モーターが回転した。

④　しばらく光電池用モーターを回転させると，亜鉛板，銅板ともに表面が変化し，亜鉛板は表面がでこぼこになっていることが確認できた。

図

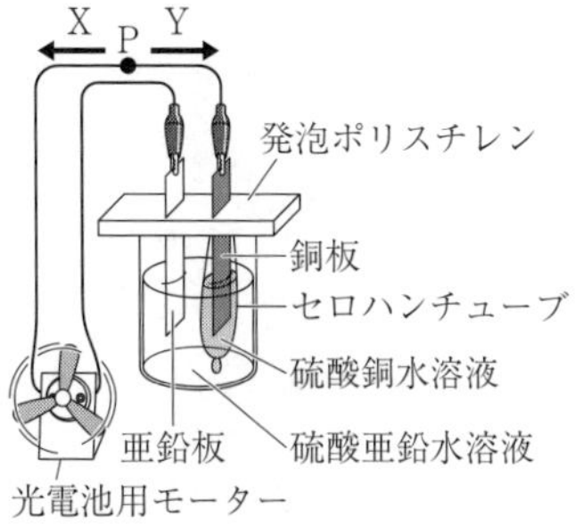

1　ダニエル電池の－極は，亜鉛板と銅板のどちらか。また，図の点Pを流れる電流の向きは，図のX，Yのどちらか。－極(　　　)　電流の向き(　　　)

2　水溶液中の銅板の表面で起こる化学変化のようすを模式的に表しているものとして，最も適当なものはどれか。ただし，⊖は電子を表している。(　　　)

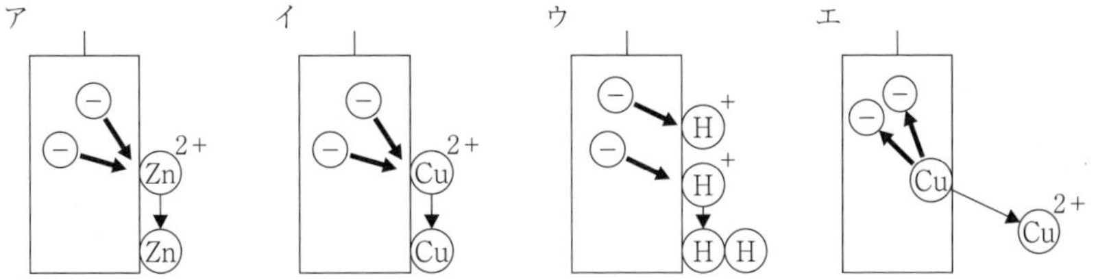

3　次は，実験の後のあいさんと先生の会話である。

あい：この実験を通して，ダニエル電池では，物質のもつ［ a ］エネルギーが［ b ］エネルギーに変換されているということが理解できました。

先生：ところで，セロハンチューブにはどのような役割があると思いますか。

あい：セロハンチューブには，硫酸亜鉛水溶液と硫酸銅水溶液が簡単に混ざらないようにする役割があると思います。

先生：そのとおりです。セロハンチューブがなく，この二つの水溶液が混ざると，亜鉛板と硫酸銅水溶液が直接反応して亜鉛板の表面には金属が付着し，電池のはたらきをしなくなります。このとき，亜鉛板の表面ではどのような反応が起きていますか。

あい：亜鉛板の表面では，［ c ］という反応が起きています。

(1)　会話文中の［ a ］，［ b ］にあてはまることばを書け。a(　　　)　b(　　　)

(2)　会話文中の［ c ］について，「亜鉛イオン」，「銅イオン」，「電子」ということばを使って正しい内容となるように書け。

(　　　　　　　　　　　　　　　　　　　　　　　　　　　　　　　　　　　　)

Ⅱ　図1は，鹿児島県の郷土菓子のふくれ菓子である。その材料は，小麦粉，黒糖，重そうなどである。重そうは炭酸水素ナトリウムの別名であり，ホットケーキの材料として知られるベーキングパウダーにも炭酸水素ナトリウムがふくまれている。ベーキングパウダーにふくまれている炭酸水素ナトリウムの質量を調べるため，次の実験1，2を行った。

図1

実験1　ある濃度のうすい塩酸40.00gが入ったビーカーを5個用意し，それぞれ異なる質量の炭酸水素ナトリウムを図2のように加えた。ガラス棒でかき混ぜて十分に反応させ，二酸化炭素を発生させた。その後，ビーカー内の質量を記録した。表はその結果である。なお，発生した二酸化炭素のうち，水にとけている質量については無視できるものとする。

図2

表

反応前のビーカー内の質量〔g〕	40.00	40.00	40.00	40.00	40.00
加えた炭酸水素ナトリウムの質量〔g〕	2.00	4.00	6.00	8.00	10.00
反応後のビーカー内の質量〔g〕	40.96	41.92	43.40	45.40	47.40

1　二酸化炭素について，次の文中の□にあてはまる内容を「密度」ということばを使って書け。

(　　　　　　　　　　)

二酸化炭素は，水に少ししかとけないので，水上置換法で集めることができる。また，□ので，下方置換法でも集めることができる。

2　次の文は，実験1について述べたものである。［a］にあてはまるものをア～エから選べ。また，［b］にあてはまる数値を書け。a(　　　)　b(　　　)

うすい塩酸40.00gと反応する炭酸水素ナトリウムの最大の質量は，表から［a］の範囲にあることがわかる。また，その質量は［b］gである。

ア　2.00g～4.00g　　イ　4.00g～6.00g　　ウ　6.00g～8.00g　　エ　8.00g～10.00g

実験2　実験1と同じ濃度のうすい塩酸40.00gに，ベーキングパウダー12.00gを加え，ガラス棒でかき混ぜて十分に反応させたところ，二酸化炭素が1.56g発生した。

3　実験2で用いたものと同じベーキングパウダー100.00gにふくまれている炭酸水素ナトリウムは何gか。ただし，実験2では塩酸とベーキングパウダーにふくまれている炭酸水素ナトリウムの反応のみ起こるものとする。(　　　g)

4　次のⅠ，Ⅱの各問いに答えなさい。答えを選ぶ問いについては記号で答えなさい。

Ⅰ　動物は外界のさまざまな情報を刺激として受けとっている。

1　図1のヒトの〈受けとる刺激〉と〈感覚〉の組み合わせが正しくなるように，図1の「•」と「•」を実線（——）でつなげ。

図1

〈受けとる刺激〉			〈感覚〉
光	•	•	聴覚
におい	•	•	視覚
音	•	•	嗅覚

2　刺激に対するヒトの反応を調べるため，意識して起こる反応にかかる時間を計測する実験を次の手順1～4で行った。

手順1　図2のように，5人がそれぞれの間で棒を持ち，輪になる。

手順2　Aさんは，右手でストップウォッチをスタートさせると同時に，右手で棒を引く。左手の棒を引かれたBさんは，すぐに右手で棒を引く。Cさん，Dさん，Eさんも，Bさんと同じ動作を次々に続ける。

手順3　Aさんは左手の棒を引かれたらすぐにストップウォッチを止め，かかった時間を記録する。

手順4　手順1～3を3回くり返す。

図2

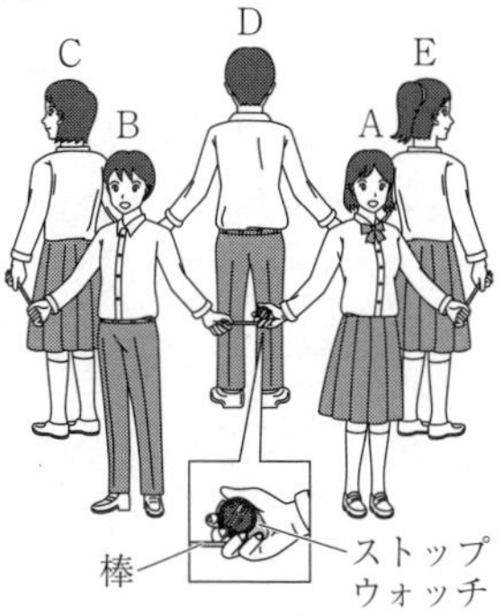

表は，実験の結果をまとめたものである。ただし，表には結果から求められる値を示していない。

表

回数	結果〔秒〕	1人あたりの時間〔秒〕
1回目	1.46	
2回目	1.39	
3回目	1.41	
平均		X

(1)　表の X にあてはまる値はいくらか。小数第3位を四捨五入して小数第2位まで答えよ。
（　　　）

(2)　中枢神経から枝分かれして全身に広がる感覚神経や運動神経などの神経を何というか。
（　　　）

(3)　実験の「意識して起こる反応」とは異なり，意識とは無関係に起こる反応もある。次の文中の①，②について，それぞれ正しいものはどれか。①（　　　）　②（　　　）

手で熱いものにさわってしまったとき，とっさに手を引っ込める反応が起こる。このとき，命令の信号が①（ア　脳　　イ　せきずい）から筋肉に伝わり，反応が起こっている。また，熱いという感覚が生じるのは，②（ア　脳　　イ　せきずい　　ウ　手の皮ふ）に刺激の信号が伝わったときである。

Ⅱ　ゆきさんとりんさんは，図１の生物をさまざまな特徴の共通点や相違点をもとに分類している。次は，そのときの２人と先生の会話の一部である。

図１

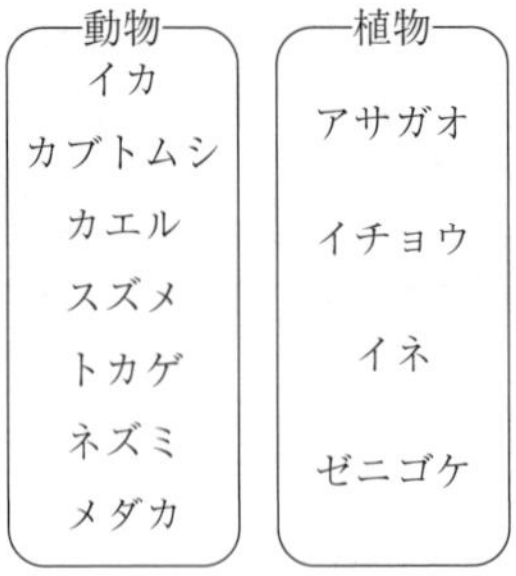

ゆき：動物について，動き方の観点で分類すると，カブトムシとスズメは，はねや翼をもち，飛ぶことができるから同じグループになるね。

りん：ほかに体の表面の観点で分類すると，トカゲとメダカにだけ［　　　］があるから，同じグループになるね。

先生：そのとおりですね。

ゆき：植物と動物について，それぞれ観点を変えて分類してみようよ。

1　会話文中の［　　　］にあてはまることばを書け。(　　　)

2　２人は図１の植物について，表１の観点で図２のように分類した。図２のA～Fは，表１の基準のア～カのいずれかである。AとDはそれぞれア～カのどれか。A(　　　)　D(　　　)

表１

観点	基準
胚珠	ア　胚珠がむきだしである イ　胚珠が子房に包まれている
子葉	ウ　子葉は１枚 エ　子葉は２枚
種子	オ　種子をつくる カ　種子をつくらない

図２

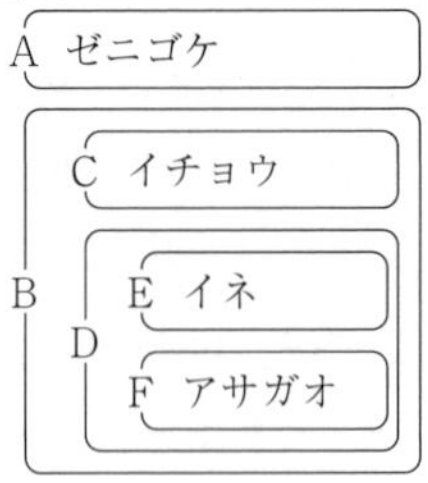

3　２人は図１の動物について，表２の観点で図３のように分類した。図３の②，③にあてはまる動物はそれぞれ何か。なお，図３のG～Jは表２の基準のキ～コのいずれかであり，図３の①～③は，イカ，スズメ，ネズミのいずれかである。②(　　　)　③(　　　)

表２

観点	基準
子の生まれ方	キ　卵生 ク　胎生
背骨の有無	ケ　背骨がある コ　背骨がない

図３

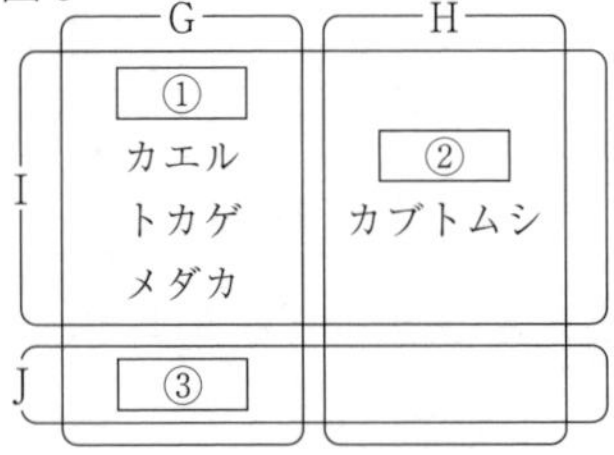

4　２人は図１の動物について，「生活場所」を観点にして，「陸上」，「水中」という基準で分類しようとしたが，一つの動物だけはっきりと分類することができなかった。その動物は何か。また，その理由を生活場所に着目して，「幼生」，「成体」ということばを使って書け。

動物名(　　　)　理由(　　　　　　　　　　　　　　　　　　　　　　　　　)

5　次のⅠ，Ⅱの各問いに答えなさい。答えを選ぶ問いについては記号で答えなさい。

Ⅰ　凸レンズのはたらきを調べるため，図1のように，光源，焦点距離10cmの凸レンズ，スクリーン，光学台を使って実験装置を組み立て，次の実験1～3を行った。このとき，凸レンズは光学台に固定した。

図1

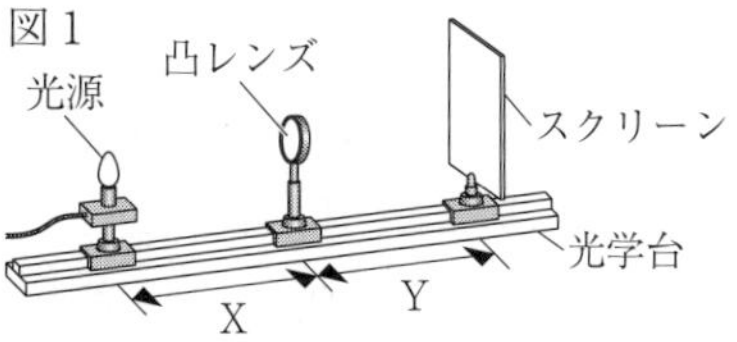

実験1　光源を動かして，光源から凸レンズまでの距離Xを30cmから5cmまで5cmずつ短くした。そのたびに，はっきりとした像がうつるようにスクリーンを動かして，そのときの凸レンズからスクリーンまでの距離Yをそれぞれ記録した。表はその結果であり，「—」はスクリーンに像がうつらなかったことを示す。

表

X〔cm〕	30	25	20	15	10	5
Y〔cm〕	15	17	20	30	—	—

実験2　図1の装置でスクリーンにはっきりとした像がうつったとき，図2のように，凸レンズの下半分を光を通さない厚紙でかくした。このとき，スクリーンにうつった像を観察した。

図2

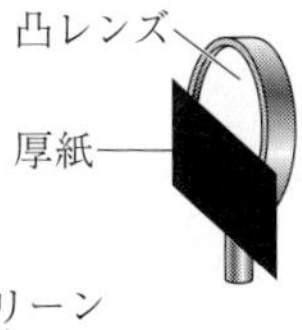

実験3　図1と焦点距離の異なる凸レンズを使って，スクリーンにはっきりとした像がうつるようにした。図3は，このときの光源，凸レンズ，スクリーンを真横から見た位置関係と，点Aから凸レンズの点Bに向かって進んだ光の道すじを模式的に表したものである。

図3

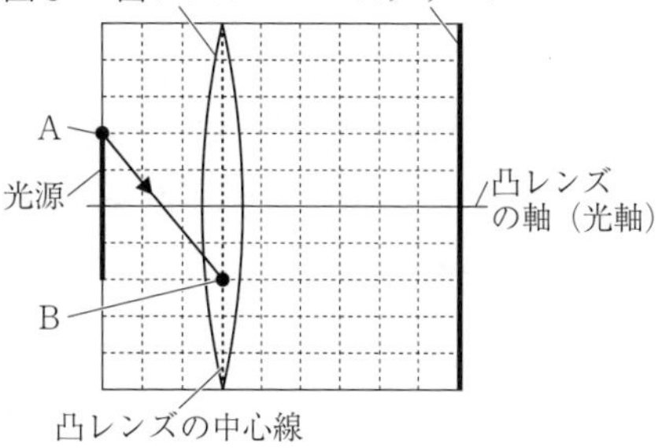

1　凸レンズのような透明な物体の境界面に，ななめに入射した光が境界面で曲がる現象を光の何というか。(　　　)

2　実験1で，スクリーンに光源と同じ大きさの像がうつった。このときのXは何cmか。

(　　　cm)

3　実験2について述べた次の文中の①，②について，それぞれ正しいものはどれか。

①(　　　)　②(　　　)

凸レンズの下半分を厚紙でかくしたとき，かくす前と比べて，観察した像の明るさや形は次のようになる。

・観察した像の明るさは①(ア　変わらない　　イ　暗くなる)。

・観察した像の形は②(ア　変わらない　　イ　半分の形になる)。

4　実験3で，点Bを通った後の光の道すじを図3に実線（——）でかけ。ただし，作図に用いる補助線は破線（--------）でかき，消さずに残すこと。また，光が曲がって進む場合は，凸レンズの中心線で曲がるものとする。

Ⅱ　電流と電圧の関係を調べるために，図1のように電源装置，スイッチ，電流計，電圧計，端子P，端子Qを接続して，端子P，Q間に抵抗器を取り付けてスイッチを入れたところ，抵抗器に電流が流れた。

次に，端子P，Q間の抵抗器をはずし，抵抗の大きさが15Ωの抵抗器aと抵抗の大きさが10Ωの抵抗器bを用いて，実験1，2を行った。ただし，抵抗器以外の抵抗は考えないものとする。

図1

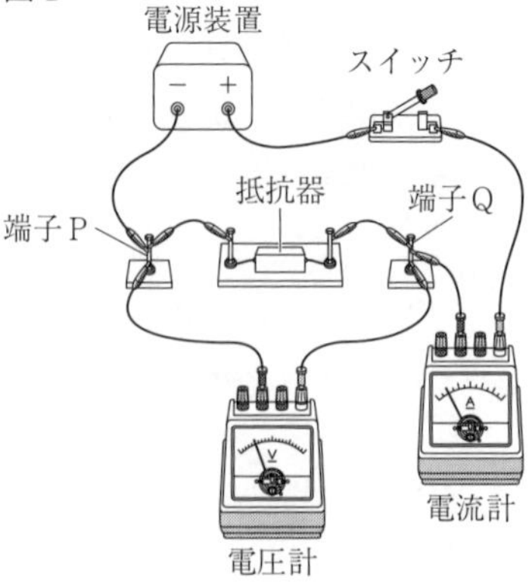

実験1　図2のように抵抗器aと抵抗器bを接続したものを端子P，Q間につないで，電源装置の電圧調節つまみを動かし，電圧計の値を見ながら電圧を0V，1.0V，2.0V，3.0V，4.0V，5.0Vと変化させたときの，電流の大きさをそれぞれ測定した。表はその結果である。

図2

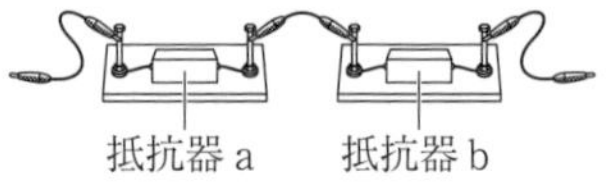

表

電圧　〔V〕	0	1.0	2.0	3.0	4.0	5.0
電流〔mA〕	0	40	80	120	160	200

実験2　図3のように，抵抗器aと抵抗器bを接続したものを端子P，Q間につないで，電源装置の電圧調節つまみを調節し，電圧計が5.0Vを示すようにした。

図3

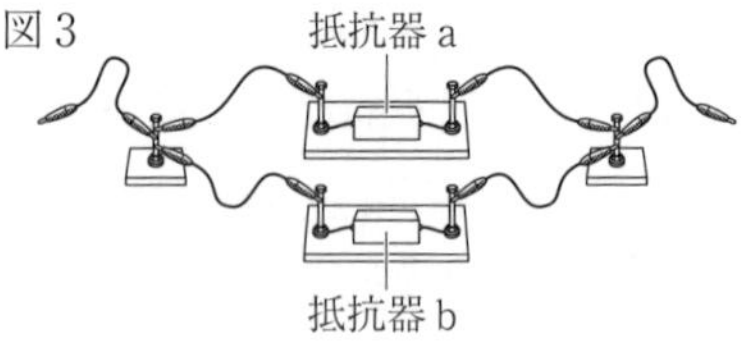

1　図1のように電流が流れる道すじのことを何というか。(　　　　)

2　実験1について，端子P，Q間の電圧と電流の関係をグラフにかけ。ただし，表から得られる値を「•」で示すこと。

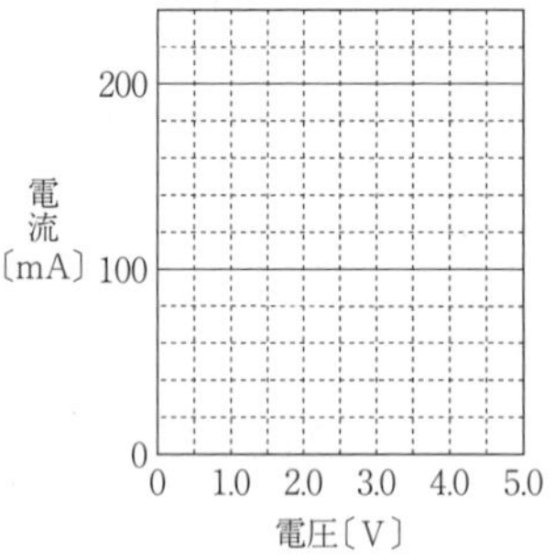

3　実験2で，抵抗器bに流れる電流は何Aか。(　　　　A)

4　実験1，2で，電圧計が5.0Vを示しているとき，消費する電力が大きい順にア～エを並べよ。(　　→　　→　　→　　)

ア　実験1の抵抗器a　　イ　実験1の抵抗器b

ウ　実験2の抵抗器a　　エ　実験2の抵抗器b

資料1

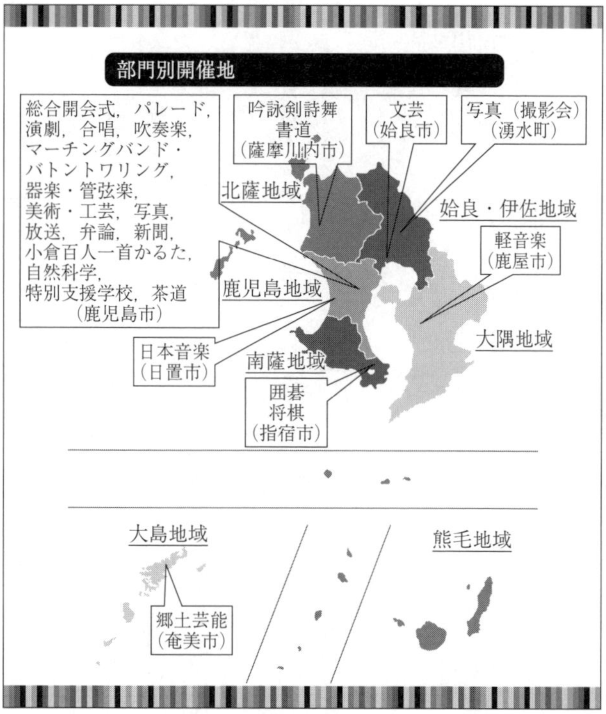

（「鹿児島県教育委員会ホームページ」をもとに作成）

資料2

大会概要

大会について

第 47 回大会で，全都道府県開催の一巡目を締めくくる記念すべき大会

大会テーマ

47 の結晶　桜島の気噴《いぶき》にのせ紬《つむ》げ文化の 1 ページ

目的

芸術文化活動を通じて，全国的，国際的規模での生徒相互の交流を図る

参加者など

参加校は約 3 千校
参加者は約 2 万人
（海外からはニュージーランド，ベトナム，韓国の 3 カ国）
観覧者は約 10 万人

（「第 47 回全国高等学校総合文化祭ホームページ」をもとに作成）

資料3

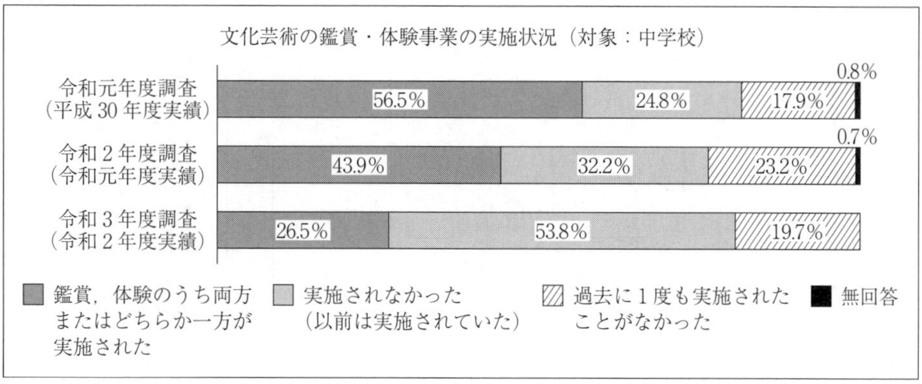

（文化庁　令和元～ 3 年度「文化芸術による子供育成総合事業に関する調査研究」をもとに作成）

5　中学校の生徒会役員であるあなたは、学校で配られた広報誌を読み、鹿児島県で二〇二三年七月二十九日から八月四日にかけて第47回全国高等学校総合文化祭（以下、総文祭）が開催されることを知りました。興味をもったあなたは、来年度、高校生になる中学三年生に向けて総文祭を紹介したいと考え、生徒会新聞に来場を呼びかける記事を掲載することにしました。記事を書くために準備した、資料1〜3の中から参考にする資料を二つ選び、あとの(1)〜(4)の条件に従って、記事の下書きを完成させなさい。選んだ二つの資料については、解答欄に1〜3の番号を記入すること。

条件

(1)　[A] には適当な見出しを書くこと。

(2)　[B] は二段落で構成し、六行以上八行以下で書くこと。

・第一段落には、資料から分かることを書くこと。

・第二段落では、第一段落を踏まえて、あなたが考える総文祭の魅力を書くこと。

(3)　選択した資料を示す場合や、資料中の数値を使用する場合は、次の例にならって書くこと。

例　資料→[資料][1]　数値→[30.5][%]

(4)　原稿用紙の正しい使い方に従って、文字、仮名遣いも正確に書くこと。

資料番号（　　）（　　）

見出しA（　　　　　　　　　　）

B

1 2 3

記事の下書き

4 5 6 7 8

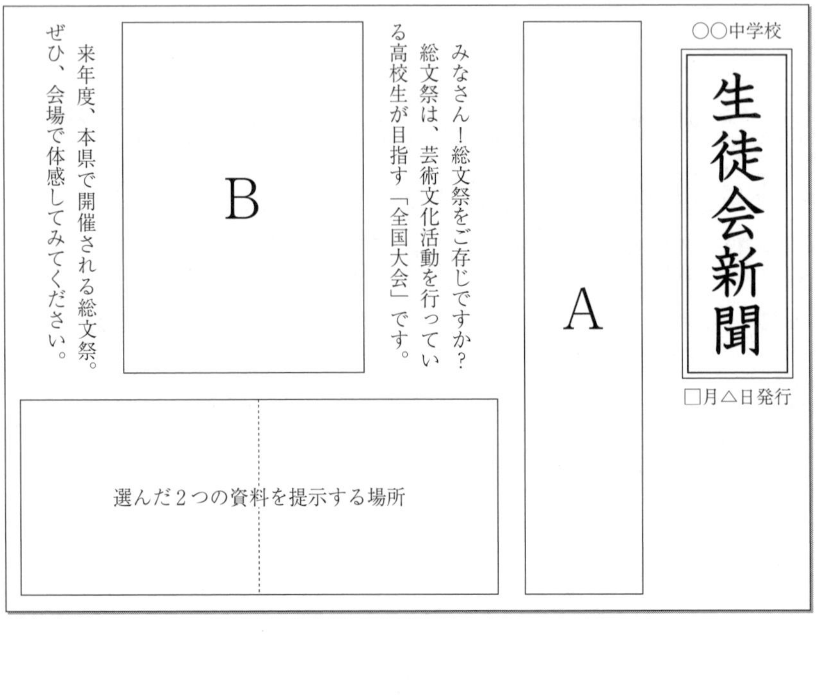
○○中学校
生徒会新聞
□月△日発行
A
みなさん！総文祭をご存じですか？
総文祭は、芸術文化活動を行っている高校生が目指す「全国大会」です。
B
来年度、本県で開催される総文祭。
ぜひ、会場で体感してみてください。
選んだ2つの資料を提示する場所

できないでいる。

エ　力を試す場がなくなってしまい、今まで絵を描き続けてきたことを後悔している。

2　次の文章は――線部②における千暁の心情を説明したものである。[Ⅰ]～[Ⅲ]に適当な言葉を補え。ただし、[Ⅰ]には、本文中から最も適当な六字の言葉を抜き出して書き、[Ⅱ]には、十字以内、[Ⅲ]には、十五字以内の言葉を考えて答えること。

描きかけの絵を鈴音が墨でうっかり汚してしまったことを機に、千暁は自らの意志で絵を黒く塗り、ここ数年[Ⅰ]で塗った嘘の絵を描いていたことに気づいた。このことは千暁にとって[Ⅱ]きっかけとなっただけでなく、これからは[Ⅲ]絵を描くことができそうだ、と思えるきっかけともなり、満ち足りた気持ちになっている。

Ⅰ

Ⅱ

Ⅲ

3　佐藤さんは、国語の時間に――線部③における千暁の心情について、発表することになった。発表原稿を作成するためにグループで話し合いながら、鈴音が部室に現れた後の千暁と鈴音の心情に関連した描写を付箋に記入し、〈ワークシート〉に貼り付けた。〈ワークシート〉の[X]には、語群から最も適当なものを選び記号で答え、発表原稿の[Y]には、六十五字以内の言葉を考えて答えよ。

X（　　）

Y

語群　ア　怒りに任せて行動する千暁のことが恐ろしい
イ　千暁の絵を台無しにしてしまって申し訳ない
ウ　絵を黒く塗ることを知らせてもらえず悲しい
エ　千暁が絵を黒く塗ったことに納得がいかない

〈ワークシート〉

【鈴音の心情に関連した描写】

- ひどく青ざめた顔
- 少し震えているよう
- 凍りついたような顔
- 視線の先には真っ黒なキャンバス。
- 大声で泣き出した。
- 激しく泣き出した。

→ 理由：[X]と思ったから。

話の流れ →

【千暁の心情に関連した描写】

- あわてた。
- 困って頭をかいた。
- 泣いている姿が、きれいだと思った。
- イーゼルの後ろに立たせた。
- 手穴がぶわっと一気に開いた
- 黒を削り出していく。
- これが僕だ。今の僕らだ。
- 心臓はどきどきしてくる。
- 体温が上がる。

発表原稿

私たちは――線部③における千暁の心情について[Y]とまとめました。

僕は行き場を失った手を空中で、無様に右往左往させた。
「絵っ、……絵、汚して、だか、……だからそんなっ、」
まっくろぉおおおお!!
と、また鈴音が激しく泣き出した。
まっくろ……真っ黒? いや。いやいやいや、違う。そうじゃない。確かにきっかけはあの汚れだけど。そうじゃない。
僕は自分の意志で、この絵を黒く塗った。
そしてそれは、僕を②少し救いもしたんだ。
どう説明すればいい? 僕は困って頭をかいた。それからふと、大声で泣いている鈴音の涙や鼻水が、西日できらきらしていることに気づいた。わんわん泣いている姿が、きれいだと思った。思ってしまった。悲しみや衝撃に無になるんじゃない。もうまっすぐに、感情を爆発させている姿だ。
「……ちょっとここに立って」
僕は鈴音の腕を引いて、イーゼル(注)の後ろに立たせた。鈴音は言われるままに立って、泣き続けた。
僕は絵の具セットから、パレットナイフを取り出す。
黒のキャンバスに手を置く。もう乾いている。大丈夫。
僕の毛穴がぶわっと一気に開いたような感覚になった。
……いける!
そっと慎重に、それから静かに力をこめて、僕は黒を削り出していく。
パレットナイフを短く持った指先に伝わる、下絵の凹凸に少しずつ引っかかる感覚。
足元にガリガリと薄く削られて落ちる黒のアクリルガッシュの細い破片。
――スクラッチ技法。
黒い絵の具の中から、僕が描いていたあざやかな色合いが、虹色が、細く細く顔をのぞかせる。
削れ。削れ。削りだせ。
これが僕だ。今の僕らだ。
塗りつぶされて、憤《いきどお》って、うまくいかなくて、失敗して、大声で泣いてわめいて、かすかな抵抗をする。
僕の心臓はどきどきしてくる。体温が上がる。いいぞ。慎重につかみ取れ。決して逃すな。対象を捉えろ、この鈴音の爆発を捉えろ、削り出し、描け。描け描け描け描け!!!
③これは狩猟だ。獲物を捕まえろ。生け捕れ。
こんな好戦的な気持ちで絵を描いたのは生まれて初めてだ。

(歌代　朔《さく》「スクラッチ」より)

(注)　アクリルガッシュ＝絵の具の一種。
五年前のタンポポ＝洪水被害で避難所生活を送っているときに、クレヨンの汚れをすべて拭き取って千暁が描いた絵。
慟哭＝大声をあげて激しく泣くこと。
イーゼル＝画板やキャンバスを固定するもの。

1　――線部①とあるが、この場面における千暁の様子を説明したものとして最も適当なものを次から選び、記号で答えよ。(　　)
ア　描いていた絵を汚されてしまい、鈴音に対するいらだちを隠せずにいる。
イ　描いていた絵を汚されてしまい、賞が取れないだろうとうなだれている。
ウ　力を試す場がなくなってしまい、気落ちして絵を描くことに集中全部、全部、黒く。
不思議なことに、少しずつ、少しずつ、僕の気持ちは落ち着いていった。
そうだよな。
と、僕は思った。
そうだ、なんかこの絵は嘘《うそ》っぽいって心のどこかでずっと思っていたんだ。
だったらいっそ真っ黒に塗りつぶせ。
そんな嘘なんて。嘘の塊なんて。
『暗闇の牛』ならぬ、暗闇の運動部員たち。
審査も体育祭での展示もないんなら、誰にも遠慮することはないだろう。嘘をついてきれいな絵を描く必要だってないはずだ。
考えてみたら、僕はもう何年も嘘の絵ばかり描いていた気がする。
きっとそれは、あの(注)五年前のタンポポからだ。
……あのとき僕が本当に描きたかったのは、どんな絵だったんだろう。
もしもあのとき、あの汚れをなかったことにして絵を描き直したりせず、汚れたクレヨンのまま、何もかも引き受けて、タンポポを描ききっていたら……。
あれからずっと、僕があざやかな色で塗りつぶしてふさいできたその内側には、一体どんな色たちがうごめいていたんだろう。
鈴音に汚されたこの絵を全部黒く塗ったとき、僕は満ち足りていた。
ああ。
アクリルガッシュが乾くまで、しばらくこの黒さを眺めていたい。
これは真っ黒じゃない。僕は知っている。
この黒の下にたくさんの色彩が詰まっている。
どのくらいそうしていただろう。

窓からの日差しは傾いて、西日特有の、蜂蜜のようにまろやかな光が、薄汚れたシンクに差しこんでいる。
がたん、と部室のドアが開いた。
部活が終わったばかりなんだろう。バレー部のネイビーブルーのユニフォームを着たままの鈴音がひどく青ざめた顔をして僕を見た。マスクを持ったこぶしを固く握りしめて、真夏なのに少し震えているようにも見えた。そして大股で、一直線に僕に近づいてきて、何かを言いかけて、急に凍りついたような顔になった。
視線の先には真っ黒なキャンバス。
「……!!」
息を吸いこむ音と同時に、鈴音は、破裂したように大声で泣き出した。
うわぁああああああ
って、それこそ幼稚園くらいの子どもがギャン泣きするみたいな勢いで。顔を真っ赤にして、ぼろぼろと、どこからそんな水分が出てくるんだろうっていう勢いで、大粒の涙も、いや、粒なんてもんじゃなくて滝みたいな涙も、鼻水も、大声も、のどの奥から、絞り出すように、叫ぶように。
「ごめっ…ごめん、…ごめんなざっ、…」
しゃくりあげながら鈴音が(注)慟哭《どうこく》の合間にごめんなさいをくり返そうとする。
息が詰まって死んでしまうんじゃないかと僕はあわてた。
何より、こんな勢いで泣くなんて。鈴音が泣くなんて。
「いや、何。どうしたの?」
立ち上がって鈴音を落ち着かせようとするけれど、どうすればいいんだ? あの猛獣鈴音といえど女子だぞ。一応女子相手だぞ。じいちゃんばあちゃんや子ども相手じゃないから、背中トントンとか、違うだろう。

4　次の文章を読んで、あとの1～3の問いに答えなさい。

新しい感染症が流行する中、ともに中学三年生で美術部の千暁《かずあき》とバレー部の鈴音《すずね》は思い切り活動ができない学校生活を送っている。ある日、鈴音がうっかり墨をつけて汚してしまった描きかけの絵を前に、千暁は思案していた。

この絵をどうしよう。
昔みたいに新しく描き直す、なんてことは、今までの労力的にもできないし、そもそも気軽なスケッチブックじゃなくて大きなキャンバスだから、取り替えもきかない。
汚れの部分だけをパレットナイフか何かで削り取って、目立たないように上からもう少し明度の低いオイルパステルで塗り直す？
それとも、いっそ(注)アクリルガッシュで汚れ以外の部分も塗り足してみて、質感のアクセントにする？
まだなんとかなる。
でも、……なぜだかやる気がまったく起きない。
とりあえずアクリルガッシュの箱を開けたけれど、明度と彩度の高いあざやかないつもの絵の具を、手に取る気が起こってこない。
バーガンディ、クリムゾン、ブラウン、オーク、レモンイエロー、イエロー、……一本一本、絵の具をゆっくり指さしながらぼんやり考えていると、吹奏楽部の部員の一人がヤケでも起こしたんだろう。最近ものすごい勢いで流行りだしたアニメの主題歌を倍速で吹き出して、サビのところで変な音が出て止まった。
ぎゃはは、と吹奏楽部の部員たちの笑い声が聞こえた。
これじゃ進めない。『僕を連れて進め』ない。
僕はちょっと噴き出して、それから自分の指がたまたま止まった絵の具を見た。
黒。
僕がめったに使うことのない、黒だ。
この絵を描くにあたっては、一度も、一ミリだって使っていない、色。
あざやかで躍動感あふれる選手たち。
……実際のところ彼らは、大会がなくなって、ふてくされて練習に身が入らなくなっている。
①僕だってそうだ。
市郡展の審査がないっていうことが、思いのほか響いていて、うまく絵が描けなくなっていた。
なんだかイライラして、それをモデルのせいにして、体育館で鈴音に言いがかりをつけた。無様でかっこ悪くて。
……この墨で汚されたのは、今の僕らそのものじゃないか。
僕はもう一度、練りこまれた墨をなぞる。
……ああ、そうか。
僕の頭に詰まっていた、垂れこめたもやのようなものの中に、色あざやかな何かが差しこんだ。
それは細い細い線のようで、かぼそくて、……それでも。
僕は黒のアクリルガッシュを取り出した。箱入りのセットとは別の、一度も使っていなかった特大の黒チューブを金属製のトレーに乗せて、版画で使うローラーにべったりとつけた。
はじから慎重に、しっかりと。
あざやかだった絵の上に転がしていく。黒く、黒く。

宗と＝海賊の中心となっている者。

1　――線部①「ゐて」を現代仮名遣いに直して書け。（　　　）

2　――線部②「いひければ」、③「いひければ」の主語は誰か。その組み合わせとして正しいものを次から選び、記号で答えよ。（　　　）

ア　②　宗と　　③　海賊　　イ　②　海賊　　③　あの党

ウ　②　あの党　③　用光　　エ　②　用光　　③　宗と

3　次は、本文の内容をもとに先生と生徒が話し合っている場面である。［Ⅰ］～［Ⅲ］に適当な言葉を補って会話を完成させよ。ただし、［Ⅰ］・［Ⅱ］には、本文中から最も適当な言葉を五字で抜き出し、［Ⅲ］には、十字以内でふさわしい内容を考えて現代語で答えること。Ⅰ［　　　　　］　Ⅱ［　　　　　］　Ⅲ［　　　　　　　　　　］

先　生「この話では、最終的に海賊は用光から何も奪わずに去っています。海賊はなぜ去ったのか考えてみましょう。」

生徒A「用光の演奏が素晴らしかったからだと思います。」

生徒B「どうして素晴らしいということがわかるの。」

生徒A「用光の演奏について本文に『［Ⅰ］』という表現があるよ。」

生徒C「なるほど。どんな思いで演奏していたんだろう。」

生徒A「用光が海賊と出会った場面で『今は疑ひなく殺されなむず』とあるように、死を覚悟していたんだと思うよ。」

生徒B「たしかに演奏をする場面で用光は『［Ⅱ］』と思っているね。」

生徒A「きっと演奏には万感の思いが込もっていたんだろうね。」

生徒B「だから、その演奏を聞いた宗とは、『曲の声に涙落ちて』と言って、何も奪わずに去っているんだね。」

生徒C「そうか、音楽には［Ⅲ］力《ちから》があるのかもしれないね。」

先　生「そうですね。いい話し合いができましたね。ちなみに作者は本文の続きで、この話を『管弦の徳』という言葉でまとめています。」

の本質」について、筆者の考えに最も近いものを選び、記号で答えよ。（　　）

ア　英語について興味があるので、英字新聞の記事を読むことに挑戦しようと思います。そのために、たくさんの英単語を暗記して知識をより増やせるように、自分専用の単語帳を作りたいです。

イ　県外へ修学旅行に行き、私たちの住む地域の良さを改めて感じました。総合的な学習の時間に、伝統文化や産業、郷土料理などに関する話を聞いて、地域の魅力について理解を深めたいです。

ウ　自然災害の被害が毎年大きくなってきているそうです。社会科や理科の学習内容を生かして通学路の危険な箇所を把握し、災害時に的確な行動をとれるようハザードマップを作成したいです。

エ　少子高齢化が進むと街に活気がなくなるのではないかと思っています。これからは、中学校の生徒会活動だけでなく、地域の子ども会活動やボランティア活動などにも参加していきたいです。

3　次の文章を読んで、あとの1～3の問いに答えなさい。

> 平安時代の音楽家であった和邇部用光《わにべのもちみつ》が、土佐の国（現在の高知県）の祭りに出かけた後、都に向かう船旅の途中で海賊に襲われた。本文はそれに続く場面である。

（用光は）弓矢の行方知らねば（弓矢を扱うことができないので、）、防ぎ戦ふに力なくて、今は疑ひなく殺されなむずと思ひて、(注)篳篥《ひちりき》を取り出でて、(注)屋形の上に①ゐて、「あの党や（そこの者たちよ。今はとやかく言っても始まらない。早くなんでも好きなものをお取りください。）。今は沙汰《さた》に及ばず。とくなにものをも取りたまへ。ただし、年ごろ、思ひしめたる（心に深く思ってきた）篳篥の、小調子《こてうし》といふ曲、吹きて聞かせ申さむ。さることこそありしかと（そのようなことがあったと、）、のちの物語にもしたまへ（話の種とされるがよい）」と②いひければ、(注)宗《むね》との大きなる声にて、「主たち（お前たち、）、しばし待ちたまへ。かくいふことなり。もの聞け」と③いひければ、船を押さへて（船をその場にとどめて、）、おのおの静まりたるに、用光、今はかぎりとおぼえければ、涙を流して、めでたき音を吹き出でて、吹きすましたりけり（心をすまして吹き続けた。）。海賊、静まりて、いふことなし。よくよく聞きて、曲終はりて、先の声にて、「君が船に心をかけて（ねらいをつけて、）、寄せたりつれども、曲の声に涙落ちて、かたさりぬ（去ってしまおう）」とて、漕《こ》ぎ去りぬ。

（「十訓抄」より）

(注)　篳篥＝雅楽の管楽器。
　　屋形＝船の屋根。

イは、「直面する未知の事物を解釈し、部分的に明らかな事実をそれと関連して思い当たる諸現象で補充し、それらの事実の起こり得る未来を予見し、それによって計画を立てる」と述べています。十分な知識があってこそ、「目の前の患者を診る」という新しい経験に、適切に対応できるわけです。13

同じように、われわれは、世の中のあれこれについての知識を持っていて、それを使って、現状を認識し、未来に向けた判断をするのです。知識は常に過去のものです。過去についての知識を組み合わせて現状を分析し、未来に向けていろいろなことをする。これが②知識の活用の本質です。そうすると、学校の知というのは、そういう意味で意義がとてもよく分かるわけです。無味乾燥に見えるけれども、世界がどうなっているかという知識をみんなが勉強して、それを使って目の前の現実を解釈して、新しい事態への対応（新たな経験）に活《い》かしていけるわけです。14

（広田照幸「学校はなぜ退屈でなぜ大切なのか」より）

(注)　ノウハウ＝技術的知識・情報。物事のやり方、こつ。
既往症＝現在は治っているが、過去にかかったことのある病気。

1　本文中の a ・ b にあてはまる語の組み合わせとして、最も適当なものを次から選び、記号で答えよ。（　）

ア　a　しかし　b　つまり　　イ　a　だが　b　むしろ
ウ　a　すると　b　だから　　エ　a　また　b　例えば

2　――線部①「不要」とあるが、この熟語と同じ構成の熟語として、最も適当なものを次から選び、記号で答えよ。（　）

ア　失敗　　イ　信念　　ウ　過去　　エ　未知

3　次は、ある生徒が授業で本文について学び、内容を整理したノートの一部である。これを読んで、あとの問いに答えよ。

形式段落1～9　学校の知の意義①
・自分の経験だけでは対応できない問題
　例：商店街の再開発計画
●日々の経験を超えた知が必要になる。
●個人の経験は偶然的かつ特殊的で狭く偏っていることもある。
●経験の幅を拡げるには時間がかかる。
○ Ⅰ から他人の成功、失敗、経験を学ぶことができる。
◎学校で学ぶ知識が役に立つ。

形式段落10～14　学校の知の意義②
・知識が多ければ、それだけ Ⅱ ができる。
　例：同じ夜の星を見る少年と天文学者
・未経験のことに対応するために、既存の知識が大切だ。
　例：目の前の患者を診る医者
○知識があることで経験の質は向上する。
◎学校で学ぶ知識が役に立つ。

〈まとめ〉学校で学ぶ意義＝ Ⅲ ことにある。

Ⅰ ・ Ⅱ に入る最も適当な言葉を、Ⅰ には七字、Ⅱ には九字で本文中から抜き出して書き、Ⅲ には六十五字以内でふさわしい内容を考えて答えよ。

Ⅰ　　Ⅱ

Ⅲ

4　次は、四人の中学生が発言したものである。――線部②「知識の活用知、です。5

（中略）

ジョン・デューイという非常に有名な教育哲学者が『民主主義と教育』（岩波文庫、松野安男訳）という本の中で、次のように書いています。「経験の材料は、本来、変わりやすく、当てにならない。それは、不安定であるから、無秩序なのである。経験を信頼する人は、自分が何に頼っているのかを知らない。なぜなら、それは、人ごとに、また、日ごとに変わり、そして言うまでもなく国ごとにも変わるからである」（前掲書下巻、一一〇頁《ページ》）。ある人が経験するものは、たまたまそれであって、偶然的で特殊的なものなのです。6

それどころか、個人の経験というのは、狭く偏っていたりもします。デューイは、次のように述べています。「経験からは、信念の基準は出てこない。なぜなら、多種多様な地方的慣習からもわかるように、あらゆる相容《あいい》れない信念を誘発するのが、まさに経験の本性そのものだからである」（同右）。7

b、経験は大事だけれども、それはどうしても狭い限定されたものでしかありません。しかも、経験から学ぶというときに、経験の幅を少しずつ拡《ひろ》げていくのには結構時間がかかります。少しずつ経験を拡げたり、何度も失敗したりするためには、人の人生はあまりにも時間が限られています。8

むしろ、文字による情報を通して、ほかの人の成功や失敗がどうだったのかとか、ほかの人の経験がどうなのかということを学ぶのが、てっとり早く「自分の経験」の狭さを脱する道です。そこでは、単に文字の読み書きができるというだけでなく、学校で学ぶ社会科や理科、外国語や数学の知識などが役に立つはずです。何せ、学校の知は「世界の縮図」なのですから。9

二つ目に話したいのは、知識があるかないかで経験の質は違うということです。「知識か経験か」という二項対立ではなくて、そもそも経験の質は、知識があるかないかで異なっているのです。10

ここでも再びデューイの議論を紹介します。一つ目は、十分な知識があれば、深い意味を持つ経験ができる、ということです。デューイは、同じように望遠鏡で夜の星を見ている天文学者と小さな少年との違いを例に挙げて論じています（前掲書下巻、二六頁）。望遠鏡で見えている星は同じです。だけれども、そこから読み取るものは全然違うということです。望遠鏡を覗《のぞ》いている小さな少年は、「赤く光る星がきれいだなあ」と思うかもしれません。しかし、同じ星を同じような望遠鏡で見ている天文学者は、「この光の色は、星の温度や現在の状況を伝えている。この星の色をどう考えればいいんだ」ということを考えながら星を見たりするでしょう。そこから、宇宙の謎が解明できるかもしれません。「単なる物質的なものとしての活動と、その同じ活動がもつことのできる意味の豊かさとの間の相違ほど著しいものはない」とデューイは述べています。11

（中略）

デューイが言っている知識と経験の話でもう一つなるほどと思うのは、まだ経験していないもの、これから何が起きるかといったことを考えるために、既存の知識が必要だ、と述べているくだりです。12

（中略）

デューイが挙げている例は医者の例です。目の前の患者の症状、頭が痛いとか喉が痛いとか、既往症（注）が何かとか、こういうのを全部総合して考えると、これはこういう病気でこれからこうなるから、そうすると投与すべき薬はこれだとか、そういうふうに考えます。そのことをデュー

国語

時間　五〇分
満点　九〇点

1　次の1・2の問いに答えなさい。

1　次の――線部のカタカナは漢字に直し、漢字は仮名に直して書け。

(1)　光をアびる。（　　びる）

(2)　危険をケイコクする信号。（　　）

(3)　社会のフウチョウを反映する。（　　）

(4)　映画の世界に陶酔する。（　　）

(5)　トレーニングを怠る。（　　る）

(6)　小冊子を頒布する。（　　）

2　次の行書で書かれた漢字の特徴を説明したものとして、最も適当なものを次から選び、記号で答えよ。（　　）

ア　全ての点画の筆の運びが直線的である。
イ　点画が一部連続し、筆順が変化している。
ウ　点画の省略がなく、線の太さが均一である。

2　次の文章を読んで、あとの1～4の問いに答えなさい。（1～14は形式段落を表している。）

少し違う角度から学校の知の意義を話しましょう。一つ目は、経験は狭いし、経験し続けるだけでこの世の中のいろいろなことを学べるほど人生は長くない、ということです。1

十九世紀ドイツの「鉄血宰相」と言われたオットー・フォン・ビスマルクが、「愚者は経験から学ぶ、賢者は歴史から学ぶ」と言ったと言われています。正確には少し違うようですが、なかなか味わいのある言葉です。2

愚かな人は自分が経験したところから学ぶ。賢者はほかの人の経験、すなわち、歴史の中の誰かの成功や誰かの失敗、そういうものから学んで、自分の目の前のことに生かしていく。そういう意味の言葉です。3

身近な問題を日常的にこなすためには、多くの場合、自分の経験だけで大丈夫かもしれません。　a　、身近で経験できる範囲の外側にある問題や、全く新しい事態にある問題について、考えたり、それに取り組んだりしようとすると、身近なこれまでの自分の経験だけではどうにもなりません。4

たとえば、何年も商売をやっていくと、商売のこつを覚えたりお客さんとの関係ができたりします。難しい言葉も文字式も、社会も理科も、そこには①不要です。しかし、ある日、「今、自分たちの市で起きている再開発計画について、商店街のみんなで対応を考えましょう」という話になったら、商売の経験だけでは対応できません。再開発計画の書類を手に入れて目を通したり、法令を調べたり、みんなで議論をしたりすることが必要になります。それには、経験で身につけた日日の商売の知識や(注)ノウハウとは異なる種類の知が必要になるのです。日々の経験を超えた

2023年度／解答

数　学

[1] **【解き方】** 1. ⑴ 与式 $= 7 - 2 = 5$　⑵ 与式 $= \left(\frac{5}{10} - \frac{2}{10}\right) \times \frac{1}{3} = \frac{3}{10} \times \frac{1}{3} = \frac{1}{10}$　⑶ 与式 $= x^2 + 2xy + y^2 - x^2 - 2xy = y^2$　⑷ -6, -5, -4, -3, -2, -1, 0, 1, 2, 3, 4, 5, 6 の 13 個。⑸ $(3\sqrt{2})^2 = 18$, $(2\sqrt{3})^2 = 12$, $4^2 = 16$ だから, $2\sqrt{3} < 4 < 3\sqrt{2}$ より，ア。

2. 与式を順に①，②とする。①× 2 +②より，$7x = 21$ だから，$x = 3$　これを①に代入して，$3 \times 3 + y = 8$ より，$y = -1$

3. 150 円，110 円，60 円，20 円の 4 通り。

4. $9 \div 11 = 0.8181\cdots\cdots$ より，小数点以下は 8 と 1 を繰り返す。よって，$20 \div 2 = 10$ より，この繰り返しは 10 回ちょうどで終わるから，1。

5. 200cm 以上 220cm 未満は，A 中学校が，$20 \times 0.35 = 7$ (人)，B 中学校が，$25 \times 0.44 = 11$ (人)だから，合わせて，$7 + 11 = 18$ (人)　よって，$18 \div 45 = 0.40$

【答】 1. ⑴ 5　⑵ $\frac{1}{10}$　⑶ y^2　⑷ 13 (個)　⑸ ア　2. $x = 3$, $y = -1$　3. 4 (通り)　4. 1　5. 0.40

[2] **【解き方】** 1. ⑴ $180° \times (5 - 2) = 540°$　⑶ 右図 1 のように，各点 A〜E をとる。二等辺三角形 BAC において，$\angle ABC = 540 \div 5 = 108°$ だから，$\angle BCA = \angle BAC = (180° - 108°) \times \frac{1}{2} = 36°$　$\triangle ABC \equiv \triangle BCD$ だから，$\angle CBD = \angle BAC = 36°$　$\triangle EBC$ の外角と内角の関係より，$\angle x = 36° + 36° = 72°$

図 1

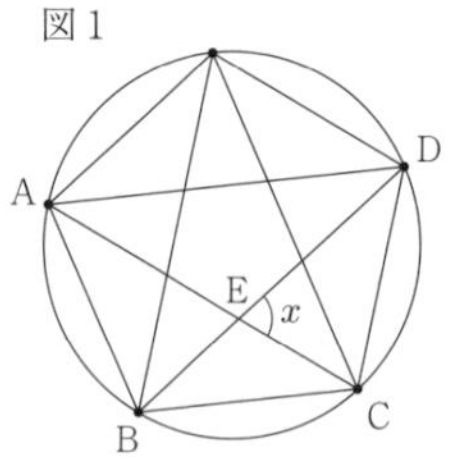

2. 右図 2 のように，辺 BC の垂直二等分線を引き，辺 AD，BC との交点をそれぞれ P，Q とおく。辺 AD より上の直線 PQ 上に，PE = PQ となる点 E をとる。

3. 底面積は $x^2\text{cm}^2$，側面積は，$4x \times 3 = 12x\ (\text{cm}^2)$ だから，$2x^2 + 12x = 80$　移項して整理して，$x^2 + 6x - 40 = 0$　左辺を因数分解して，$(x + 10)(x - 4) = 0$　$x > 0$ だから，$x = 4$

図 2
(例)

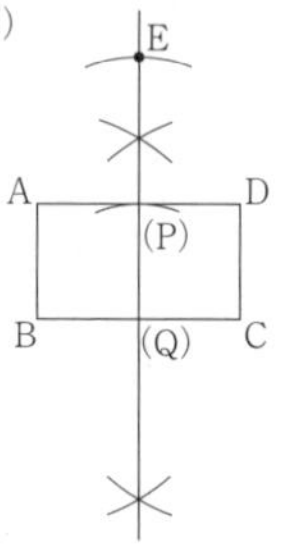

【答】 1. ⑴ 540　⑵ イ　⑶ 72°　2. (右図 2)　3. 4 (cm)

[3] **【解き方】** 1. 1950 年から 1955 年までは増え，1955 年から 1975 年までは減り，1975 年から 1985 年までは増え，1985 年から減っているので，エ。

2. ⑴ 13 %以上 14 %未満の階級に含まれるので，階級値は，$\frac{13 + 14}{2} = 13.5$ (%)　⑵ 都道府県は 47 あり，$47 \div 2 = 23$ あまり 1，$23 \div 2 = 11$ あまり 1 より，第 1 四分位数は少ない方から，$11 + 1 = 12$ (番目)だから 11 %以上 12 %未満，第 2 四分位数（中央値）は少ない方から，$23 + 1 = 24$ (番目)だから 12 %以上 13 %未満，第 3 四分位数は少ない方から，$47 - 11 = 36$ (番目)だから，12 %以上 13 %未満。よって，イ。

3. ①範囲が最も少ないのは，2000 年だから，正しくない。②第 3 四分位数は 15 %以上 20 %未満だから，正しい。③どちらも第 3 四分位数は 15 %より小さいから，15 %を超えるのは 10 市町村以上あるが，2010 年と 2020 年でどちらが多いかは，図 2 からはわからない。④第 1 四分位数は少ない方から 11 番目の市町村で，11 番目が 25 %を超えているから，33 以上の市町村が 25 %を超えているので，正しい。⑤箱ひげ図から平均値は分からない。

【答】1. エ　2. (1) 13.5 (%)　(2) イ　3. ① イ　② ア　③ ウ　④ ア　⑤ ウ

4 【解き方】1. $y = \frac{1}{4}x^2$ に $x = 4$ を代入して，$y = \frac{1}{4} \times 4^2 = 4$

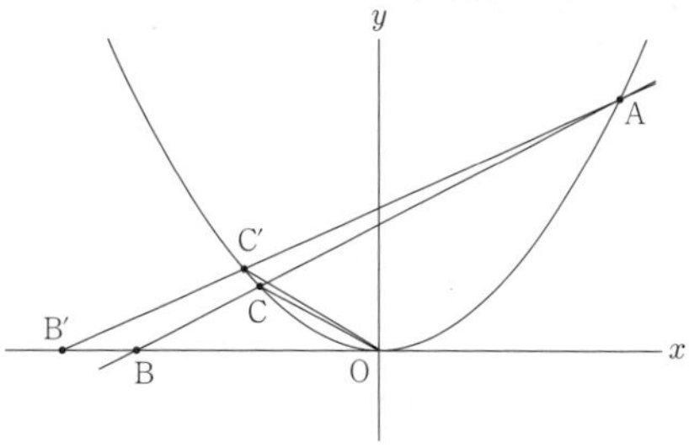

2. 右図のように，点Bの x 座標が小さくなったときの点を B′，C′ とする。直線 AB′ は直線 AB より，傾きは小さくなり，切片は大きくなる。また，点 C′ の x 座標は点Cの x 座標より小さくなり，△OAC′ の面積は△OAC の面積より大きくなる。

3. (1) $y = \frac{1}{4}x^2$ に $x = -2$ を代入して，$y = \frac{1}{4} \times (-2)^2 = 1$ より，C $(-2,\ 1)$　直線 AC は傾きが，$\frac{4-1}{4-(-2)} = \frac{1}{2}$ だから，$y = \frac{1}{2}x + b$ とおいて点Cの座標を代入すると，$1 = \frac{1}{2} \times (-2) + b$ より，$b = 2$　よって，$y = \frac{1}{2}x + 2$ に $y = 0$ を代入して，$0 = \frac{1}{2}x + 2$ より，$x = -4$ だから，B $(-4,\ 0)$　(2) 大小2個のさいころの目の出方は，$6 \times 6 = 36$ (通り)　$(a-2,\ b-1)$ は，x 座標が，$a - 2 = -1,\ 0,\ 1,\ 2,\ 3,\ 4$，$y$ 座標が，$b - 1 = 0,\ 1,\ 2,\ 3,\ 4,\ 5$ の値をとる。辺 OB 上にあるのは，$(-1,\ 0)$，$(0,\ 0)$　直線 AO の式は，$y = x$ だから，辺 AO 上にあるのは，$(0,\ 0)$，$(1,\ 1)$，$(2,\ 2)$，$(3,\ 3)$，$(4,\ 4)$　直線 AB の式は，$y = \frac{1}{2}x + 2$ だから，辺 AB 上にあるのは，$(0,\ 2)$，$(2,\ 3)$，$(4,\ 4)$　よって，点Pが△OAB の辺上にあるのは，$(-1,\ 0)$，$(0,\ 0)$，$(1,\ 1)$，$(2,\ 2)$，$(3,\ 3)$，$(4,\ 4)$，$(0,\ 2)$，$(2,\ 3)$ の8通りだから，求める確率は，$\frac{8}{36} = \frac{2}{9}$

【答】1. 4　2. ア，ウ　3. (1) $(-4,\ 0)$　(2) $\frac{2}{9}$

5 【解き方】1. △ABC で，三平方の定理より，$AC = \sqrt{6^2 + 3^2} = \sqrt{45} = 3\sqrt{5}$ (cm)

3. $DF = x$ cm とおくと，$FC = 6 - x$ (cm) より，$AF = FC = 6 - x$ (cm)　△AFD で三平方の定理より，$AF^2 = AD^2 + DF^2$ から，$(6 - x)^2 = 3^2 + x^2$　左辺を展開して，$36 - 12x + x^2 = 9 + x^2$ より，$12x = 27$　よって，$x = \frac{27}{12} = \frac{9}{4}$

4. AH ∥ CD より，HI：DI = AH：CD = DF：CD = $\frac{9}{4}$：6 = 3：8　また，HJ：DJ = AH：FD = 1：1　よって，IJ：HD = $\left(8 - \frac{3+8}{2}\right)$：$(3 + 8)$ = 5：22　$△AHD = \frac{1}{2} \times 3 \times \frac{9}{4} = \frac{27}{8}$ (cm²) だから，$△AIJ = \frac{27}{8} \times \frac{5}{22} = \frac{135}{176}$ (cm²)

【答】1. $3\sqrt{5}$ (cm)

2. △AEC は△ABC を折り返したものだから，∠BAC＝∠FAC……①　AB ∥ DC より，∠BAC＝∠FCA……②　①，②より，∠FAC＝∠FCA　よって，△ACF は2つの角が等しいので，二等辺三角形。

3. $\frac{9}{4}$ (cm)　4. $\frac{135}{176}$ (cm²)

英　語

1 【解き方】1. ルーシーは「靴を買った」と言っている。

2. ユミは「春が最も好きだ」，マークは「春は僕のお気に入りの季節だ」と言っている。

3. ベッキーの「英語のテストのために何ページ読まなければならないのか？」という質問に対して，トモヤは「40 ページだよ」と答えている。

4. ボブが，オーストラリアに 2 週間滞在し，1 月 10 日には日本に帰っていると言っていることから，彼は 12 月にオーストラリアに戻る。

5. 説明の冒頭で「日本人とアメリカ人が 2020 年にどれくらいの肉を食べたかについて話す」とホワイト先生は言っている。

6. アナウンスで「このホールでは電話で話すことはできない」と言っている。

7. トモコは「自分の夢を決して諦めるべきではないと学んだ」と言っている。

8.「歌を歌う」，「メッセージを書く」など，オーストラリアからの生徒を歓迎するために教室でできることを述べる。

【答】1. エ　2. ア　3. ウ　4. December　5. ア　6. エ　7.（例）never give up her dream

8.（例）We will sing a song for them.

◀全訳▶　1.

ケンタ　：ルーシー，君は素敵な靴を履いているね。似合っているよ。

ルーシー：ありがとう。私は昨日それらを買ったのよ。私はとてもうれしいわ。

ケンタ　：ああ，僕も新しい靴がほしいな。

2.

マーク　：寒くなってきたね。冬が来ているよ。僕は冬が好きではないな。

ユミ　　：私も賛成だわ。美しい花を見ることができるから，私は春が最も好きね。

マーク　：僕も。春は僕のお気に入りの季節だよ。

3.

ベッキー：あなたは英語のテストのために何ページ読まなければならないの，トモヤ？

トモヤ　：40 ページだよ。

ベッキー：あなたは何ページ終えたの？

トモヤ　：26 ページだよ。

ベッキー：あなたは読むべきページが 14 ページもあるのね。私はあなたが最善を尽くすことを願うわ。

4.

サキ：私はあなたが来月オーストラリアに戻ると聞いているわ，ボブ。あなたはそこにどれくらい滞在するの？

ボブ：2 週間だよ。僕は 1 月 10 日には日本に帰っているよ。

サキ：それなら，あなたはオーストラリアで元日を過ごすのね。

ボブ：うん，家族と一緒にね。

質問：ボブはオーストラリアに 12 月に戻りますか，それとも 1 月に戻りますか？

5. 私は日本人とアメリカ人が 2020 年にどれくらいの肉を食べたかについて話します。彼らは 3 種類の肉，牛肉，鶏肉，そして豚肉をよく食べます。これを見てください。日本人は豚肉と同じくらいたくさん鶏肉を食べました。アメリカ人はどうでしょう？　彼らは鶏肉を最もたくさん食べました。あなたはアメリカでは牛肉が最もたくさん食べられていると思うかもしれませんが，それは本当ではありません。それは興味深いです。

6.「スターライトコンサート」にようこそ！　コンサートを楽しむために，いくつかのルールを覚えておいてください。あなたは水やお茶を飲むことができます。あなたは写真を撮り，もしあなたがしたければ，それらをインターネットに載せることができます。あなたは音楽に合わせて踊ることを楽しむことができます。しかし，このホールでは電話で話すことはできません。私たちはあなたがコンサートを楽しみ，よい思い出を作ることを望んでいます。ありがとうございます。

7. こんにちは，みなさん。今日私は，私が学んだひとつのことについて話します。先週，私はテレビで私の大好きな歌手のインタビューを見ました。彼女は有名になる前，つらい時間を過ごしました。彼女はとても貧しく，働かなければならなかったので，音楽を学ぶ時間がありませんでした。彼女はどのようにして有名になったのでしょう？　その答えはそのインタビューの中にありました。「私は夢を決して諦めなかった」と彼女は言いました。私は自分の夢を決して諦めるべきではないと学びました。私は彼女の言葉が将来，私を大いに助けてくれることを望んでいます。

質問：トモコは彼女の大好きな歌手から何を学びましたか？

8.

ナオコ：オーストラリアからの生徒数人が来週，私たちの授業を訪れる予定です。

ポール：そうだね，ナオコ。僕は君に彼らを歓迎するための何かをしてもらいたいんだ。

ナオコ：私には教室で彼らを喜ばせるための考えがあります。

ポール：ええ，本当？　君は彼らのために何をするの？

2 **【解き方】** 1. ①「あなたはどれくらい話すの？」という意味。直後にコウヘイが「3分間です」と答えているウに入る。②「あなたは僕を手伝ってくれますか？」という意味。直後でエラ先生が「ええ，もちろん」と答えているイに入る。

2. ①「その場所に着くこと」という意味。「到着する」= arrive。②「料理のために使われる部屋」という意味。that は主格の関係代名詞。「台所」= kitchen。③「例えば，ジャガイモ，ニンジン，タマネギのような私たちが食べる植物」という意味。「野菜」= vegetable。

3. (1)「私は昨日それを見ました」という文にする。see の過去形は saw。(2)「私は明日晴れるだろうと聞いています」という文にする。「晴れる」= be sunny。(3)「父はそれの使い方を知っています」という文にする。「～の使い方」= how to use ～。

4. 「父親が見つからなくて泣いている少女を見つけたこと」，「警察署に連れていったこと」，「父親が警察署に来たこと」，「父親が無事少女と会えたこと」を順に書く。「泣いている少女」= a crying girl。「A を～に連れていく」= take A to ～。so, then, finally などの順番を表す語を使って書く。

【答】 1. ① ウ　② イ　2. ① arrive　② kitchen　③ vegetables

3. (例) (1) I saw it　(2) will be sunny　(3) how to use

4. (例) I found a crying girl. She said she couldn't find her father. So I took her to the police station. Then, her father came. Finally she met her father. We were very happy. (33 語)

◀全訳▶ 1.

コウヘイ：こんにちは，今話しかけてもいいですか？

エラ　　：もちろんよ。どうしたの，コウヘイ？

コウヘイ：僕は来週の英語の授業でスピーチをしなければなりません。授業の前に，僕はあなたに僕の英語のスピーチをチェックしてもらいたいです。(僕を手伝ってくれますか？)

エラ　　：ええ，もちろん。あなたはスピーチで何について話すの？

コウヘイ：僕は家族について話すつもりです。

エラ　　：わかりました。(あなたはどれくらい話すの？)

コウヘイ：3分間です。

エラ　　：なるほど。あなたは放課後，時間がある？

コウヘイ：はい，あります。僕は職員室に行きます。それでいいですか？

エラ　　：いいわ。そのときに会いましょう。

2.

ジョン　：おはよう，お父さん。

オリバー：おはよう，ジョン。ああ，君は友達と今夜ここでパーティをするよね？

ジョン　：うん。僕はとてもうれしいよ。ベンとロンが来るんだ。

オリバー：彼らは何時に来るの？

ジョン　：彼らは午後5時30分に駅に着くよ。だから，たぶん彼らは午後5時45分か午後5時50分にここに来るだろうね。

オリバー：わかったよ。

ジョン　：僕たちは台所を使ってもいい？　僕たちは一緒にピザを作るんだ。

オリバー：それはいいね。君たちはテーブルの上の野菜を全て使ってもいいよ。

ジョン　：ありがとう。僕たちはジャガイモと玉ねぎを使うよ。

3【解き方】Ⅰ. 1. 空所後に「いろいろなことを楽しんだ」とあることに着目。excited =「わくわくした」。2. 質問は「コウジが悲しかったとき，誰が彼を支えましたか？」。第3段落の後半を見る。コウジを支えたのは，ホストファミリーや友達である。疑問詞が主語で一般動詞の疑問文には，～do (does, did).と答える。3. 島に来る前と今の自分を比較し，その変化を述べている。ウの「僕はこの島で大いに変わった」が適切。

Ⅱ. 1. ファミリーコンサートが行われるホールを選ぶ。直後の文に「最も大きなホールがファミリーコンサートのために使われる」とある。2. マキは，2週目にはテスト，3月12日には姉の誕生日パーティーがあり，コンサートに行くことができない。提案できるのは3月14日のみ。

Ⅲ. テッド先生は「この記事で最も大切なポイントは何か？」とたずねている。記事は，高校生が最高の牛を育てるために，それらを健康に保つよう一生懸命に作業しているという内容。イの「よい牛を育てるために，生徒たちはそれらを健康に保つよう気をつけなければならない」が適切。

【答】Ⅰ. 1. イ　2. (例) His host family and his friends did.　3. ウ　Ⅱ. 1. ア　2. エ　Ⅲ. イ

◀全訳▶　Ⅰ. こんにちは，みなさん！　みなさんは僕が約1年前に横浜からここに来たことを覚えていますか？今日，僕は自分の経験について話したいと思います。

僕は13歳のとき，新聞を読んでこの島で勉強することについて知りました。僕はとても興味がありました。僕は自然，特に海とその動物たちが好きでした。僕は両親に「鹿児島の島で勉強してもいい？」と言いました。僕が何度も両親と話したあと，彼らはついに僕が1年間ここで生活し，勉強することを許してくれました。僕は去年の4月にここに来ました。

最初，僕はとてもわくわくしていたので，いろいろなことを楽しみました。例えば，新しい友達と勉強すること，ホストファミリーと生活すること，そして船で釣りをすることです。しかし6月に，僕は自信を失くしました。僕は皿を洗おうとしましたが，たくさん割ってしまいました。僕がおにぎりを作ったとき，塩を使い過ぎてしまいました。僕はとても多くの失敗をしました。僕は何も上手にすることができませんでした。僕は悲しく感じたとき，自分の感情についてホストファミリーや友達に話しました。そのとき，彼らは僕を理解し，支えてくれました。彼らは僕に「あなたはやろうとすれば何でもできる。失敗することを心配しないで。失敗から学ぶことが大切です」と言いました。

今，僕は幸せで，多くのことをしようとしています。僕はここに来る前，夕食後に皿を洗いませんでしたが，今はそれを毎日しています。僕はここに来る前，他人と話をすることを楽しみませんでしたが，今はこの島で友達と話をすることを楽しんでいます。僕はよく他人に助けを求めましたが，今それをしません。僕はこの島で大いに変わりました。

僕はもうすぐここを去らなければなりません。僕はここでの経験から大いに学びました。僕は今，精神的に自立していると思います。ありがとう，みなさん。僕はこの島での生活を決して忘れません。

Ⅱ.

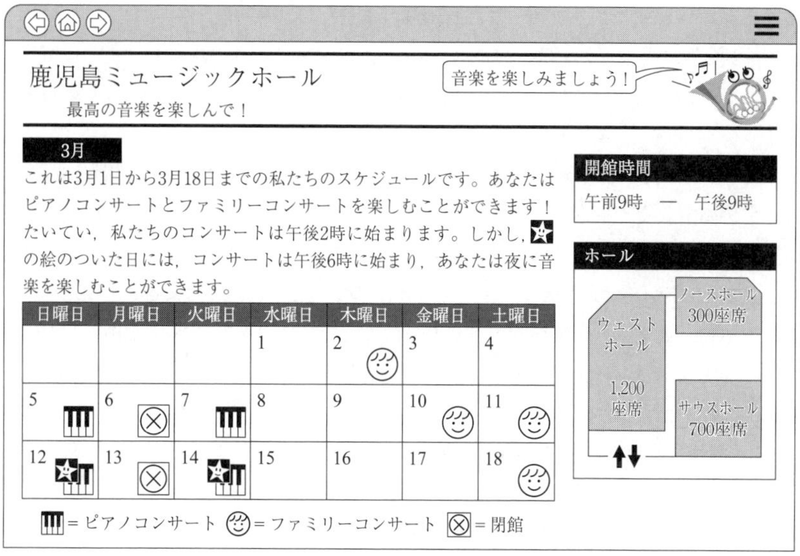

マキ　　　：アレックス，これを見てちょうだい。私たちは鹿児島ミュージックホールでコンサートを楽しめるのよ。

アレックス：それはいいね。僕は音楽が好きだよ。僕たちはどんな種類の音楽を楽しむことができるの？

マキ　　　：2種類のコンサート，ピアノコンサートとファミリーコンサートがあるわ。

アレックス：ファミリーコンサートとは何？

マキ　　　：私は以前ファミリーコンサートに行ったことがあるのよ。あなたはいくつかの人気のある歌を聞いて，ミュージシャンたちと一緒に歌を歌うことができるわ。それは楽しいわよ。彼らはファミリーコンサートをいつもウェストホールでするわ。多くの家族がコンサートに来るから，最も大きなホールがファミリーコンサートのために使われるの。

アレックス：もう一方のはどうなの？

マキ　　　：あなたは有名なミュージシャンによる素晴らしいピアノパフォーマンスを楽しむことができるわ。

アレックス：僕はピアノを弾くことが好きだから，ピアノコンサートに行きたいな。一緒に行かない？

マキ　　　：ええと，私は3月6日と8日にテストがあるから，2週目のコンサートには行くことができないわ。それに私は3月12日の晩に姉の誕生日パーティがあるの。3月14日はどう？

アレックス：いいよ！　僕は待ちきれない！

Ⅲ.「僕は高校生活が大好きです」とジロウが言いました。ジロウは鹿児島の農業高校の生徒です。彼と彼のクラスメートたちはとても忙しいです。彼らは毎日，彼らの牛の世話をするために，夏や冬の休暇でさえ学校へ行きます。彼らは牛小屋を掃除し，彼らの牛にエサを与えます。それらのうちの一頭がシズカです。今，彼らには大きな夢があります。彼らはシズカを日本で最高の牛にしたいのです。

私たちが牛を育てるとき，最も重要なことは何でしょう？「その答えはそれらを健康に保つことです」とジロウの先生は言いました。「誰も病気の牛をほしがりません。だから，私たちは毎日牛の世話をします。私たちはそれらを健康に保つためコンピュータ技術を使うことができます。それはとても役に立ちます」

ジロウが同じ質問に，「僕は先生に賛成です。それらを健康に保つことは簡単ではありません。牛はよく食べて眠らなければなりません。だから，僕たちはそれらによい食べ物を与えます。僕たちは毎日それらを歩かせることもします。僕たちは牛のベッドも作ります。多くの人々はよい牛を育てるために愛情が大切だと考えています。それは本当ですが，それは彼らの健康のためには十分ではありません」と答えました。

今，ジロウと彼のクラスメートたちは彼らの牛を健康に保つため一生懸命に作業しています。「僕たちは最善を尽くします」とジロウと彼のクラスメートたちは言いました。

4 **【解き方】** 1. 第2段落を見る。ケンは，「日本の鳥」，「鳥のお気に入りの場所」，「鳥のお気に入りの場所についての問題」の順に話すと言っている。第1段落の最終文を見ると，鳥のお気に入りの場所とは「湿地」だとわかる。

2. 下線部は「鳥のお気に入りの場所についての問題」という意味。第6段落の1文目を見る。「湿地は今，小さくなってきている」ことが問題だとある。

3. 同段落の内容に着目。「ヒヨドリを最もよく見る」，「1997年から2002年まで，ウグイスよりスズメをより頻繁に見た」，「2016年から2020年にスズメは第3位になった」に当てはまるグラフを選ぶ。

4. ④ 鳥は湿地の植物，昆虫，魚を食べる。湿地が鳥にとって最高の環境である理由は「鳥のための『食べ物』がたくさんある」からである。⑤ 空所後の for example 以下に，水の用途が例示されていることに着目。「人々は『水』を使い過ぎている」。

5. 下線部以降で「湿地は水をきれいにする」，「湿地は二酸化炭素を保持できる」ことが説明されている。First と Second に着目する。

6. グラフの「クラスメートの80％が環境について心配しているが，彼らの半分以上が環境を救うために何もしていない」という状況を変えるためにできることを書く。解答例は「私たちは自分たちの町を掃除することができます。私たちは自分たちの町を一緒に掃除するよう友達に頼むことができます」。

【答】 1. (A) ウ　(B) イ　(C) ア　2. Wetlands are now getting smaller　3. ウ　4. エ

5. 湿地は水をきれいにし，二酸化炭素を保持できること。(25字)(同意可)

6. (例) We can clean our town. We can ask our friends to clean our town together. (15語)

◀全訳▶　こんにちは，みなさん。みなさんは鳥が好きですか？　僕は鳥がとても好きです。今日，僕は鳥とそれらのお気に入りの場所である湿地について話したいと思います。

今日，僕は4つの点について話します。1つ目に，僕は日本の鳥について話したいと思います。2つ目に，僕は鳥のお気に入りの場所について説明します。3つ目に，僕はそれらのお気に入りの場所についての問題をみなさんに教え，それから，湿地がなぜ僕たちにとっても大切かを説明します。

あなたは日本にどれくらいの種類の鳥がいるか知っていますか？　日本の鳥の愛好家は毎年，鳥について学ぶため一緒に取り組んでいます。2016年から2020年まで，379種類の鳥が発見されました。このグラフを見てください。日本でよく見られる3つの鳥はヒヨドリ，ウグイス，そしてスズメです。僕たちはヒヨドリを最もよく見ています。1997年から2002年まで，僕たちはウグイスよりスズメをより頻繁に見ることができましたが，スズメは2016年から2020年に第3位になりました。

2つ目に，僕は鳥のお気に入りの場所，「湿地」について話します。あなたは今までに湿地について聞いたことがありますか？　湿地は水で覆われている陸地の地域です。鳥はなぜ湿地が大好きなのでしょう？

湿地は多くの種類の生き物にとって最高の環境を与えることができます。湿地には多くの水があります。だから，多くの種類の植物がそこに生えています。これらの植物は多くの昆虫や魚にとって家であり食べ物なのです。鳥はそれらの植物，昆虫，そして魚を食べます。鳥のための食べ物がたくさんあるので，湿地は鳥にとって最高の環境です。

湿地は今，小さくなってきており，それが大きな問題です。あなたは国際連合のウェブサイト上に情報を見つけることができます。それには「1970年以来たった50年で，世界の湿地の35％が失われた」と書いてあります。それらはなぜ小さくなっているのでしょう？　これには個々の湿地で異なる理由があります。人々は水を使い過ぎています。例えば，彼らは飲むことや，農業，そして産業のためにそれを使います。地球温暖化も湿地を傷つけています。湿地はこれらの理由のため，森林より速く失われています。これは鳥にとって，とても深刻です。

僕たちはこれを解決しなければなりませんか？　はい，そうです。それらの鳥のお気に入りの場所は人間にとっても，とても大切です。それらは僕たちの生活と環境の両方を支えています。僕は湿地が僕たちのためにしている2つのことをあなたに話します。1つ目に，湿地は水をきれいにします。雨のあと，水は湿地にとどまります。それから，水の中の泥が下に降りて，きれいな水が川に入ります。僕たちは快適な生活の中でそのきれいな水を使っているのです。2つ目に，湿地は二酸化炭素を保持することができます。そこの植物は，枯れたあとでさえも体の中に二酸化炭素を持ち続けます。実際，湿地は森より二酸化炭素を保持することに優れています。それらは地球温暖化を止めるためにとても役に立ちます。

鳥や湿地を守るために，一緒に何かをしませんか？　ご清聴ありがとうございます。

社　会

□1【解き方】Ⅰ．1．太平洋，大西洋に次ぐ広さの海洋。

2．略地図2で東京から北東の方位にあるのはウかエとなるが，10000km に満たないのはウとなる。

3．B国は南アフリカ共和国。「アパルトヘイト」に注目。アはCのニュージーランド，イはAのケニア，ウはDのアメリカ。

4．②はヒンドゥー教，④はキリスト教。Wはサウジアラビア，Xはインド，Yはタイ，Zはオーストラリア。

5．協定を結んでいる国同士では，パスポートなしで国境を行き来できる。ただし，デンマークやスウェーデンなどは協定を結んではいるが，ユーロは導入していない。

6．モノカルチャー経済とは，国の経済が特定の農産物や鉱産資源などの生産や輸出に依存している経済のこと。その生産物の価格変動次第で，国の経済が不安定になりやすい。

Ⅱ．1．乳牛の飼育には涼しい土地が適している。

2．暖流の日本海流は，黒潮ともいう。潮目では，魚のえさとなるプランクトンが多いことにも注目。

3．Bは神奈川県。第1次産業人口の割合の低さがポイント。イは過疎化・高齢化が進んでいることからAの秋田県。ウは第2次産業人口の割合が高いことから，中京工業地帯の中心地であるCの愛知県。

4．甲府盆地の扇状地では，ぶどうやももなどの果実栽培がさかん。

5．宮崎県が冬から春にかけてピーマンを多く出荷できる理由を説明する。なお，自由競争市場では，需要が一定の場合，供給が増えれば価格は下がり，供給が減れば価格は上がることも確認しておくとよい。

Ⅲ．1．消防署の地図記号は，「さすまた」を記号化したもの。そのほか郵便局，交番，電波塔，老人ホームがみられる。

2．等高線から，ⓐの北側には山があることに注意。

【答】Ⅰ．1．インド洋　2．ウ　3．エ　4．① イスラム教　③ 仏教　5．(多くのEU加盟国では，)国境でのパスポートの検査がなく，共通通貨のユーロを使用しているため。(同意可)　6．1963年のブラジルは，コーヒー豆の輸出にたよるモノカルチャー経済の国であったが，近年は大豆や鉄鉱石など複数の輸出品で世界的な輸出国となっている。(同意可)

Ⅱ．1．酪農　2．千島海流(または，親潮)　3．ア　4．水はけがよい（同意可）　5．冬でも温暖な気候をいかして生産を行うことで，他の産地からの出荷量が少なくて価格が高い時期に出荷できるから。(同意可)

Ⅲ．1．ウ　2．(記号) イ　(ⓑとは異なりⓐは，)すぐ側に山があり崖崩れの危険性があるため，土砂災害の避難所に適さないから。(同意可)

□2【解き方】Ⅰ．1．① 天皇が幼いときは摂政，成人してからは関白として，政治の実権を握った政治体制。② 1232年に制定された法。

3．資料1から，唐独自のものだけではなく，シルクロードを通じてインドや西アジアの品々も唐を経由して日本に伝えられたことがわかる。

4．アの平安京遷都は794年，イは1086年，ウは7世紀初め，エは935年～939年のできごと。

5．「壬申の乱」は，672年に天智天皇の弟である大海人皇子と天智天皇の息子である大友皇子との間でおこった争い。「惣」は室町時代に発達した農村の自治組織。

6．土地を持つ百姓を本百姓，持たない百姓を水呑《みずのみ》百姓とよんだ。

Ⅱ．1．① 1920年，アメリカ大統領のウィルソンの提案により発足した組織。②「デモクラシー」は民主主義という意味。

2．「関税自主権の回復」は1911年のできごと。「日比谷焼き打ち事件」は日露戦争の講和条約であるポーツマス条約の内容に不満を持った人たちが1905年におこした事件。

3．代表作に歌集『みだれ髪』がある。

4. 議会に最も多くの議席をもつ政党が基盤となって組織された内閣を，政党内閣という。

5. ⓓは1951年のできごと。アは1950年，イは1972年，ウは1964年，エは1990年代に入ってから。

Ⅲ. 米騒動は，1918年に富山県の主婦が米を県外に出さないことや安売りを求めて始まった行動。騒動は全国に広がり，米問屋や商店などが襲撃された。

【答】 Ⅰ. 1. ① 摂関　② 御成敗式目(または，貞永式目)　2. 渡来人　3. インドや西アジアの文化の影響を受けたものが，遣唐使によって日本に伝えられるなど，国際色豊かであった。(同意可)　4. ウ→ア→エ→イ　5. イ　6. 貧富の差が大きくなる（同意可）

Ⅱ. 1. ① 国際連盟　② 大正デモクラシー　2. エ　3. 与謝野晶子　4. 政党　5. ア

Ⅲ. シベリア出兵を見こした米の買い占めによって米の価格が急激に上昇したから。(同意可)

3 **【解き方】** Ⅰ. 1. 幸福追求権は，新しい人権が認められる法的根拠とされている。

2. イはプライバシーの権利。アは自由権，ウは請求権，エは社会権。

3.「アセスメント」とは評価という意味の語。

4. 衆議院は，参議院に比べて任期が短く，解散もあることから，民意をより反映しやすいとされており，さまざまな優越が認められている。

5. 資料3と資料4から，高校生や大学生と他の世代との投票行動の違いを確認するとよい。

Ⅱ. 1. 税を納める人と負担する人が同じ税は直接税といい，所得税や相続税，自動車税などが該当する。

2. 契約の解除には，書面または電子メールなどで通告する必要がある。

3. 不況のときは消費が減り，商品の需要が供給を下回ると，価格が低くても購入されない状態が続くため，物価が下がり続けるデフレーションがおこる。

4. エは一般の銀行の役割。

5. 会社に負債が残っていても，株主が負担する必要はない。

Ⅲ. 標識には，日本語のほか，英語，ハングル，中国語が書かれており，ピクトグラムやイラストも描かれている点に注目。

【答】 Ⅰ. 1. 幸福　2. イ　3. 環境アセスメント(または，環境影響評価)　4. ア　5. 投票率の低い若い世代の投票できる機会を増やしたり，選挙への関心を高めたりすることで，投票率を上げること。(同意可)

Ⅱ. 1. 間接税　2. クーリング・オフ〔制度〕　3. ウ　4. エ　5. 出資した金額以上を負担しなくてもよい（同意可）

Ⅲ. 鹿児島県を訪れる外国人の人数が年々増えており，外国人にも分かるように日本語だけでなく外国語や絵なども用いられている。(58字)（同意可）

理　科

1 【解き方】1. 右図のように，2つの力の矢印を2辺とする平行四辺形の対角線が合力になる。

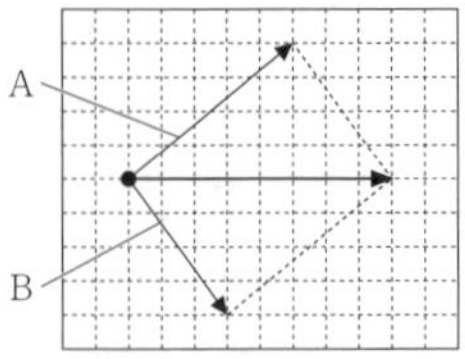

3. 顕微鏡の倍率は，接眼レンズの倍率×対物レンズの倍率で求められ，低倍率ほど広い視野になる。アは，$10 \times 4 = 40$ (倍)　イは，$10 \times 10 = 100$ (倍)　ウは，$15 \times 4 = 60$ (倍)　エは，$15 \times 10 = 150$ (倍)

5. (1) 10kg の物体にはたらく重力の大きさは，10kg = 10000g より，$1\ (\mathrm{N}) \times \dfrac{10000\ (\mathrm{g})}{100\ (\mathrm{g})} = 100\ (\mathrm{N})$　よって，$\dfrac{100\ (\mathrm{N})}{0.2\ (\mathrm{m}^2)} = 500\ (\mathrm{Pa})$　(2) C. 植物がふえたので，植物をえさにする草食動物がふえる。D. 草食動物がふえたので，植物は草食動物に食べられてへり，草食動物をえさにする肉食動物がふえる。E. 肉食動物がふえたので，草食動物は肉食動物に食べられてへる。(3) $\dfrac{44100\ (\mathrm{J})}{735\ (\mathrm{W})} = 60\ (\mathrm{s})$

【答】1. 8 (N)　2. ($CH_4 + 2O_2 \rightarrow$) $CO_2 + 2H_2O$　3. ア　4. 7

5. (1) 500 (Pa)　(2) C. ウ　D. ア　E. イ　(3) 60 (秒)　(4) ウ

2 【解き方】Ⅰ. 2. マグマのねばりけが弱いと溶岩が流れやすく，傾斜がゆるやかな形になる。

4. b. 風は北西から南東に向かって吹いているので，風向は北西。c. 30km = 30000m より，かかる時間は，$\dfrac{30000\ (\mathrm{m})}{10\ (\mathrm{m/s})} = 3000\ (\mathrm{s})$ より，50分。

Ⅱ. 2. 地球の自転の方向は西から東なので，太陽の像は東から西へずれる。

4. 太陽の直径に比べ黒点の直径は，10cm = 100mm より，$\dfrac{2\ (\mathrm{mm})}{100\ (\mathrm{mm})} = \dfrac{1}{50}$ (倍)　太陽の直径に比べ地球の直径は $\dfrac{1}{109}$ 倍。よって，$\dfrac{1}{50} \div \dfrac{1}{109} \fallingdotseq 2.2$ (倍)

【答】Ⅰ. 1. 溶岩

2. (傾斜がゆるやかな形の火山はドーム状の形の火山に比べて，)噴火のようすはおだやかで，火山噴出物の色は黒っぽい。(同意可)

3. ア　4. b. エ　c. ウ

Ⅱ. 1. (黒点はまわりに比べて，)温度が低いから。(同意可)　2. イ　3. a. 自転　b. 球形　4. 2.2 (倍)

3 【解き方】Ⅰ. 1. 亜鉛が電子を2個放出して Zn^{2+} となり溶け出し，亜鉛板に残された電子は導線を通じて銅板に移動する。電子を放出する方が－極。電流が流れる向きは電子の流れる向きと逆。

2. 硫酸銅水溶液中の Cu^{2+} が亜鉛板から移動してきた電子を2個受けとって銅となり，銅板に付着する。

3. (2) セロハンチューブがなければ，亜鉛板に銅が付着する。

Ⅱ. 2. 表より，発生した二酸化炭素の質量は，加えた炭酸水素ナトリウムの質量が 2.00g のとき，40.00 (g) + 2.00 (g) − 40.96 (g) = 1.04 (g)　4.00g のとき，40.00 (g) + 4.00 (g) − 41.92 (g) = 2.08 (g)　6.00g のとき，40.00 (g) + 6.00 (g) − 43.40 (g) = 2.60 (g)　8.00g のとき，40.00 (g) + 8.00 (g) − 45.40 (g) = 2.60 (g)　10.00g のとき，40.00 (g) + 10.00 (g) − 47.40 (g) = 2.60 (g)　この結果から，加えた炭酸水素ナトリウムの質量が 4.00g までは，発生した二酸化炭素の質量は加えた炭酸水素ナトリウムの質量に比例しているが，加えた炭酸水素ナトリウムの質量が 6.00g 以上では，二酸化炭素は 2.60g 以上発生しなくなっている。よって，うすい塩酸 40.00g とちょうど反応する炭酸水素ナトリウムの質量は，$2.00\ (\mathrm{g}) \times \dfrac{2.60\ (\mathrm{g})}{1.04\ (\mathrm{g})} = 5.00\ (\mathrm{g})$

3. 二酸化炭素 1.56g を発生させるのに必要な炭酸水素ナトリウムの質量は，$2.00\,(\text{g}) \times \frac{1.56\,(\text{g})}{1.04\,(\text{g})} = 3.00\,(\text{g})$　よって，ベーキングパウダー 12.00g に炭酸水素ナトリウム 3.00g がふくまれているので，$3.00\,(\text{g}) \times \frac{100.00\,(\text{g})}{12.00\,(\text{g})} \fallingdotseq 25.00\,(\text{g})$

【答】 Ⅰ. 1. (－極) 亜鉛板　(電流の向き) X　2. イ

3. ⑴ a. 化学　b. 電気　⑵ 亜鉛原子が亜鉛イオンになるときに失った電子を銅イオンが受けとって銅原子になる (同意可)

Ⅱ. 1. 空気より密度が大きい (同意可)　2. a. イ　b. 5.00　3. 25.00 (g)

4 **【解き方】** Ⅰ. 2. ⑴ 表より，3 回の実験結果の平均は，1.46 (秒) + 1.39 (秒) + 1.41 (秒) = 4.26 (秒) より，$\frac{4.26\,(\text{秒})}{3} = 1.42\,(\text{秒})$　1 人あたりの時間は，$\frac{1.42\,(\text{秒})}{5} \fallingdotseq 0.28\,(\text{秒})$

Ⅱ. 2. 植物は種子をつくる植物と種子をつくらない植物に大きく分類されるので，A はカ，B はオ。種子植物は被子植物と裸子植物に分類されるので，C はア，D はイ。被子植物は単子葉類と双子葉類に分類されるので，E はウ，F はエ。

3. ホニュウ類は胎生，他は卵生。節足動物や軟体動物は無セキツイ動物。G はケ，H はコ，I はキ，J はク。

【答】 Ⅰ. 1. (右図)　2. ⑴ 0.28　⑵ 末しょう神経　⑶ ① イ　② ア

Ⅱ. 1. うろこ　2. A. カ　D. イ　3. ② イカ　③ ネズミ

4. (動物名) カエル　(理由) 幼生のときは水中で生活するが，成体のときは陸上で生活することもできるため。(同意可)

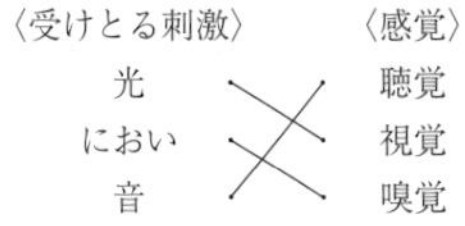

5 **【解き方】** Ⅰ. 2. 光源が焦点距離の 2 倍の位置にあると，光源と同じ大きさの像が反対の焦点距離の 2 倍の位置にできる。よって，表より，X と Y の距離が等しい 20cm のとき。

3. 光源からレンズに入る光の量が半分になるので，像が全体的に暗くなる。光源から出た光が凸レンズを通る道すじがあれば，像の形は全体がうつる。

4. 凸レンズの中心を通る光はそのまま直進する。光源の先端から出た光は凸レンズで屈折して像の先端を通る。この 2 本の光がスクリーン上で交わるところに像ができる。

Ⅱ. 3. 並列回路の各抵抗器に加わる電圧は電源の電圧と等しいので，オームの法則より，$\frac{5.0\,(\text{V})}{10\,(\Omega)} = 0.5\,(\text{A})$

4. 実験 1 の場合，表より，電圧 5.0V で 200mA = 0.2A の電流が流れたので，消費電力は，電力 = 電流 × 電圧 = 電流 × 抵抗 × 電流より，抵抗器 a が，$0.2\,(\text{A}) \times 15\,(\Omega) \times 0.2\,(\text{A}) = 0.6\,(\text{W})$　抵抗器 b が，$0.2\,(\text{A}) \times 10\,(\Omega) \times 0.2\,(\text{A}) = 0.4\,(\text{W})$　実験 2 の場合，抵抗器 a に流れる電流は，$\frac{5.0\,(\text{V})}{15\,(\Omega)} = \frac{1}{3}\,(\text{A})$ なので，消費電力は，$5.0\,(\text{V}) \times \frac{1}{3}\,(\text{A}) \fallingdotseq 1.7\,(\text{W})$　3 より，抵抗器 b が，$5.0\,(\text{V}) \times 0.5\,(\text{A}) = 2.5\,(\text{W})$

【答】 Ⅰ. 1. 屈折　2. 20 (cm)　3. ① イ　② ア　4. (次図ア)

Ⅱ. 1. 回路　2. (次図イ)　3. 0.5 (A)　4. エ→ウ→ア→イ

図ア

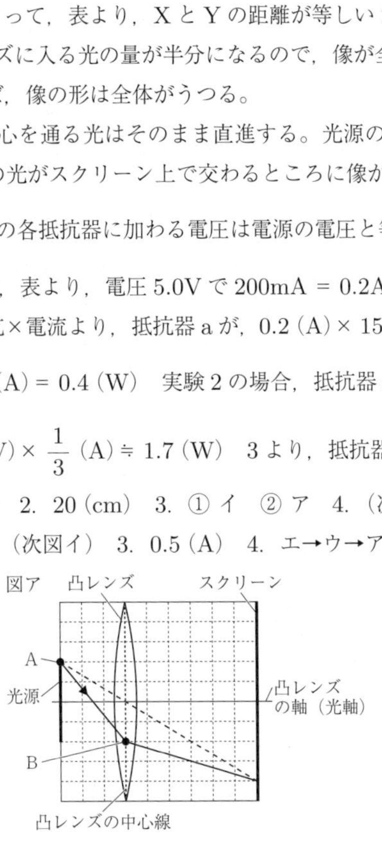

図イ

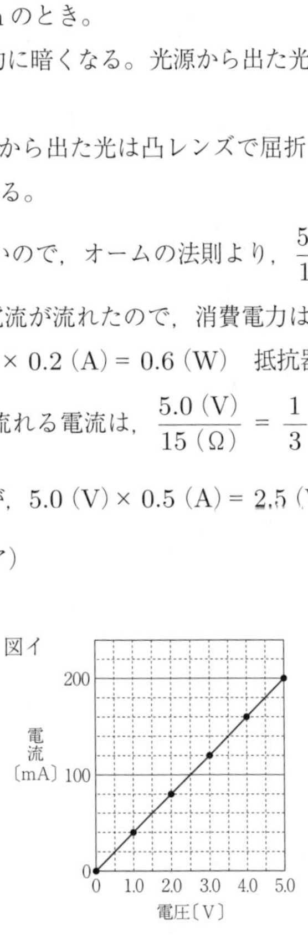

国　語

1 【解き方】2. 楷書で書くと「茶」。楷書で書くときの一画目と四画目が行書ではつながり，筆順が変わっている。

【答】1. (1) 浴(びる)　(2) 警告　(3) 風潮　(4) とうすい　(5) おこた(る)　(6) はんぷ　2. イ

2 【解き方】1. aは，「身近な問題」に対しては「自分の経験だけで大丈夫」と述べた後で，「身近で経験できる範囲の外側…新しい事態にある問題」に対しては「自分の経験だけではどうにもなりません」と，対立する内容を述べている。bは，前で「個人の経験というのは，狭く偏って」いることを示すために「デューイ」を引用し，「経験は大事だけれども…狭い限定されたもの」と言い換えている。

2. 上の漢字が下の漢字の意味を打ち消している。ア・ウは，似た意味の漢字の組み合わせ。イは，上の漢字が下の漢字を修飾している。

3. Ⅰ.「商店街の再開発計画」の例では，経験だけでは対応できないので，「再開発計画の書類を手に入れて…みんなで議論」することが必要になると述べている。その内容を発展させ，9では「文字による情報を通して，ほかの人の成功や失敗…経験がどうなのかということを学ぶ」ことの必要性を示している。Ⅱ. 11で「十分な知識があれば，深い意味を持つ経験ができる」と述べ，その具体例として「望遠鏡で夜の星を見ている天文学者と小さな少年」の話をしている。Ⅲ. 9で「『自分の経験』の狭さを脱する道」において，「学校で学ぶ…知識などが役に立つ」と述べている。また，14で「過去についての知識を組み合わせて…いろいろなことをする」のが「知識の活用の本質」であり，その意味で「学校の知」に意義があると述べている。「未来に向けていろいろなことをする」は，後で「新しい事態への対応…に活かしていける」とも表現されている。

4. 直前の「これ」は，「過去についての知識を組み合わせて…いろいろなことをする」という内容を指す。ここで述べている「過去についての知識を組み合わせ」「現状を分析」「未来に向けていろいろなことをする」に，ウの「学習内容を生かして」「危険な箇所を把握し」「ハザードマップを作成」が対応している。

【答】1. ア　2. エ

3. Ⅰ. 文字による情報　Ⅱ. 深い意味を持つ経験　Ⅲ. 世界の仕組みについての知識を学ぶことで自分の経験の狭さから脱し，その知識を組み合わせて現状を分析し，新たな経験に活かしていける (63字) (同意可)

4. ウ

3 【解き方】1. 歴史的仮名遣いの「ゐ」は「い」にする。

2. ②は，「篳篥」を「吹きて聞かせ申さむ」と言っていることに着目する。③は，「主たち…もの聞け」と言った人物。発言の前に「宗との大きなる声にて」とあることから判断する。

3. Ⅰ.「用光の演奏について」描写している箇所は，「涙を流して…吹きすましたりけり」。ここに「素晴らしい」を意味する，「めでたき」という表現がある。Ⅱ. 生徒Aの「死を覚悟していたんだと思う」という発言に同意し，その根拠を「演奏をする場面で…と思っているね」と述べている。演奏している場面に「今はかぎりとおぼえければ」とあることに着目する。「おぼゆ」は，思われるという意味。Ⅲ. 生徒Bの「演奏を聞いた宗とは…何も奪わずに去っている」を受けて，「音楽には…力がある」と結論づけていることから考える。

【答】1. いて　2. エ　3. Ⅰ. めでたき音　Ⅱ. 今はかぎり　Ⅲ. 人の心を動かす (同意可)

◀口語訳▶ (用光は) 弓矢を扱うことができないので，防いで戦う力がなくて，今は間違いなく殺されるのだろうと思って，篳篥を取り出して，船の屋根の上に座って，「そこの者たちよ。今はとやかく言っても始まらない。早くなんでも好きなものをお取りください。ただし，長年，心に深く思ってきた篳篥の，小調子という曲を，吹いてお聞かせしましょう。そのようなことがあったと，のちの話の種とされるがよい」と言ったところ，海賊の中心となっている者が大きな声で，「お前たち，しばらく待ちなさい。このように言うことだ。(曲を) 聞け」と言ったので，船をその場にとどめて，それぞれ静まったところで，用光は，これが最期だと思われたので，涙を流して，素晴らしい音を吹き出して，心をすまして吹き続けた。海賊は，静まって，何も言わない。よくよく聞いて，曲が終わって，先ほどの声で，「あなたの船にねらいをつけて，近づいたが，曲の音に涙がこぼれて，(だから) 去ってしまおう」と言って，漕ぎ去った。

4 【解き方】1. 直前の「彼らは，大会がなくなって…身が入らなくなっている」を受けて，「僕」も同じだと共感している。また，直後の「市郡展の審査がない…描けなくなっていた」もおさえる。

2. Ⅰ. 絵を黒く塗っている時に，「僕はもう何年も嘘の絵ばかり描いていた」ことに気づいている。「五年前のタンポポ」の絵からずっと，「僕」が「塗りつぶしてふさいできたその内側には，一体どんな色たちがうごめいていたんだろう」と考えている場面をおさえる。Ⅱ. ここ数年「嘘の絵を描いていたことに気づいた」千暁が，「自分の意志」で絵を黒く塗り，さらに「スクラッチ技法」を用いて絵を描き直している。文章のはじめに「新しく描き直す，なんてことは…できない」とあるが，その気持ちが変わっている。Ⅲ.「嘘をついて…描く必要だってない」「本当に描きたかったのは，どんな絵だったんだろう」と考えていたことや，「あの汚れ」があったから「自分の意志」で黒く塗ったことに着目する。

3. X. ワークシートの鈴音に関する描写や，鈴音が「ごめん」「絵，汚して…だからそんなっ」と謝っていることをおさえる。Y.「僕の心臓はどきどきしてくる…この鈴音の爆発を捉えろ」と，全力で描いていることをおさえる。千暁が描こうとしているものとは，「これが僕だ。今の僕らだ…大声で泣いてわめいて，かすかな抵抗をする」というもの。

【答】1. ウ

2. Ⅰ. あざやかな色　Ⅱ. 新しく絵を描き直す (同意可)　Ⅲ. 自分の気持ちに素直になって (13字) (同意可)

3. X. イ　Y. 感情を素直に表す鈴音の姿に触発され，抑圧された日々に対する正直な感情を今なら表現できると確信し，この機会を逃すまいと興奮している (64字) (同意可)

5 【答】(例) (資料番号) 1・2　(見出し A) 文化芸術を通じて広がる世界

B.

資料1からわかるように，総文祭には多くの部門があり，それらは県内各地域で行われます。また，資料2にあるように，海外を含む非常に多くの学校が参加します。

総文祭の魅力は，多くの芸術に触れられることです。会場に足を運べば，普段の生活では接する機会のない地域・人と出会い，自分の世界を広げる機会を得られるでしょう。(8行)

~MEMO~

鹿児島県公立高等学校

2022年度

入学試験問題

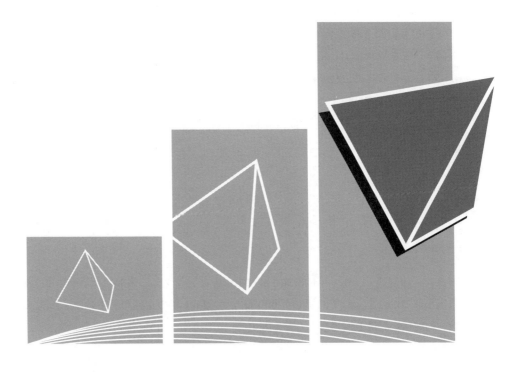

数学

時間　50分　　満点　90点

1　次の1～5の問いに答えなさい。

1　次の(1)～(5)の問いに答えよ。

(1)　$4 \times 8 - 5$ を計算せよ。(　　　)

(2)　$\dfrac{1}{2} + \dfrac{7}{9} \div \dfrac{7}{3}$ を計算せよ。(　　　)

(3)　$(\sqrt{6} + \sqrt{2})(\sqrt{6} - \sqrt{2})$ を計算せよ。(　　　)

(4)　2けたの自然数のうち，3の倍数は全部で何個あるか。(　　　個)

(5)　右の図のように三角すいABCDがあり，辺AB，AC，ADの中点をそれぞれE，F，Gとする。このとき，三角すいABCDの体積は，三角すいAEFGの体積の何倍か。(　　　倍)

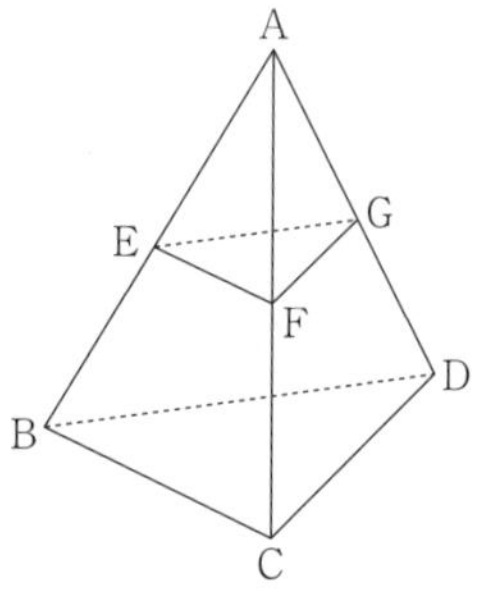

2　等式 $3a - 2b + 5 = 0$ を b について解け。(　　　)

3　右の図のように，箱Aには，2，4，6の数字が1つずつ書かれた3個の玉が入っており，箱Bには，6，7，8，9の数字が1つずつ書かれた4個の玉が入っている。箱A，Bからそれぞれ1個ずつ玉を取り出す。箱Aから取り出した玉に書かれた数を a，箱Bから取り出した玉に書かれた数を b とするとき，$\sqrt{ab}$ が自然数になる確率を求めよ。ただし，どの玉を取り出すことも同様に確からしいものとする。(　　　)

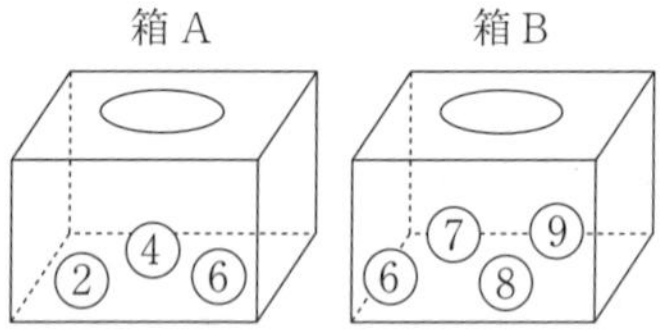

4　右の図で，3点A，B，Cは円Oの周上にある。∠x の大きさは何度か。(　　　)

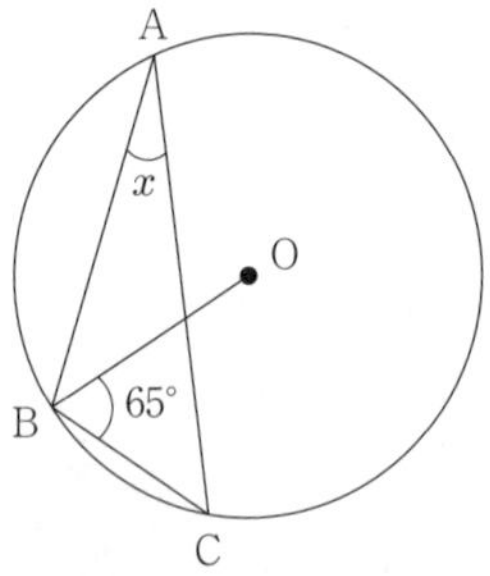

5　表は，1964年と2021年に開催された東京オリンピックに参加した選手数と，そのうちの女性の選手数の割合をそれぞれ示したものである。2021年の女性の選手数は，1964年の女性の選手数の約何倍か。最も適当なものをあとのア～エの中から1つ選び，記号で答えよ。(　　　)

表

	選手数	女性の選手数の割合
1964年	5151人	約13％
2021年	11092人	約49％

（国際オリンピック委員会のウェブサイトをもとに作成）

ア　約2倍　　イ　約4倍　　ウ　約8倍　　エ　約12倍

2　次の1～4の問いに答えなさい。

1　$a<0$とする。関数$y=ax^2$で，xの変域が$-5\leqq x\leqq 2$のときのyの変域をaを用いて表せ。
（　　　）

2　次の四角形ABCDで必ず平行四辺形になるものを，下のア～オの中から2つ選び，記号で答えよ。（　　　）（　　　）

ア　AD∥BC，AB＝DC　　イ　AD∥BC，AD＝BC　　ウ　AD∥BC，∠A＝∠B

エ　AD∥BC，∠A＝∠C　　オ　AD∥BC，∠A＝∠D

3　右の図のように，鹿児島県の一部を示した地図上に3点A，B，Cがある。3点A，B，Cから等距離にある点Pと，点Cを点Pを回転の中心として180°だけ回転移動（点対称移動）した点Qを，定規とコンパスを用いて作図せよ。ただし，2点P，Qの位置を示す文字P，Qも書き入れ，作図に用いた線は残しておくこと。

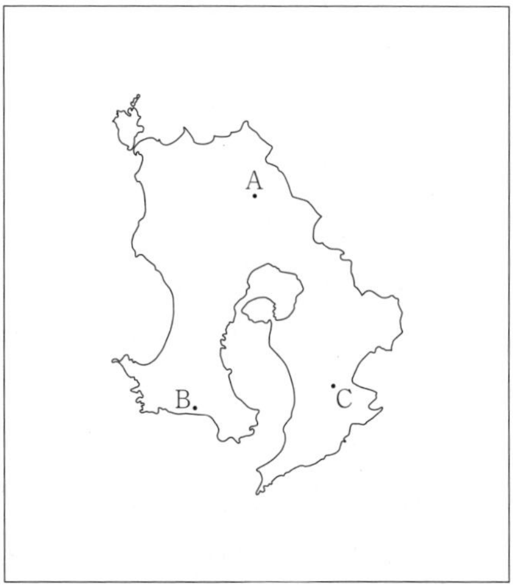

4　表は，A市の中学生1200人の中から100人を無作為に抽出し，ある日のタブレット型端末を用いた学習時間についての調査結果を度数分布表に整理したものである。次の(1)，(2)の問いに答えよ。

(1)　表から，A市の中学生1200人における学習時間が60分以上の生徒の人数は約何人と推定できるか。（約　　　人）

(2)　表から得られた平均値が54分であるとき，x，yの値を求めよ。ただし，方程式と計算過程も書くこと。

方程式と計算過程（　　　　　　　　　　　　）

答　x＝（　　　）　y＝（　　　）

表

階級（分）	度数（人）
以上　　未満 0 ～ 20	8
20 ～ 40	x
40 ～ 60	y
60 ～ 80	27
80 ～ 100	13
計	100

3　右の図は，直線 $y=-x+2a$……①と△ABC を示したものであり，3 点 A，B，C の座標は，それぞれ(2，4)，(8，4)，(10，12)である。このとき，次の 1，2 の問いに答えなさい。

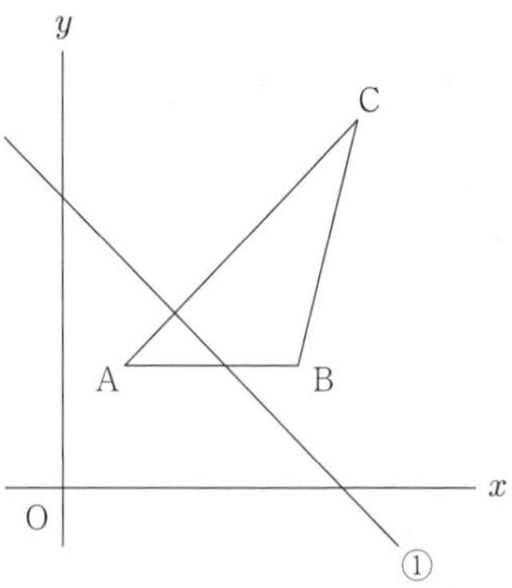

1　△ABC の面積を求めよ。(　　　)

2　直線①が線分 AB と交わるとき，直線①と線分 AB，AC の交点をそれぞれ P，Q とする。このとき，次の(1)〜(3)の問いに答えよ。ただし，点 A と点 B のどちらか一方が直線①上にある場合も，直線①と線分 AB が交わっているものとする。

(1)　直線①が線分 AB と交わるときの a の値の範囲を求めよ。

(　　　)

(2)　点 Q の座標を a を用いて表せ。(　　　)

(3)　△APQ の面積が△ABC の面積の $\frac{1}{8}$ であるとき，a の値を求めよ。ただし，求め方や計算過程も書くこと。

求め方や計算過程(　　　　　　　　　　　　　　　　　　　　　　　　　　　　)

答　a =(　　　)

4　右の図のように，正三角形 ABC の辺 BC 上に，DB = 12cm，DC = 6 cm となる点 D がある。また，辺 AB 上に△EBD が正三角形となるように点 E をとり，辺 AC 上に△FDC が正三角形となるように点 F をとる。線分 BF と線分 ED，EC の交点をそれぞれ G，H とするとき，次の 1〜5 の問いに答えなさい。

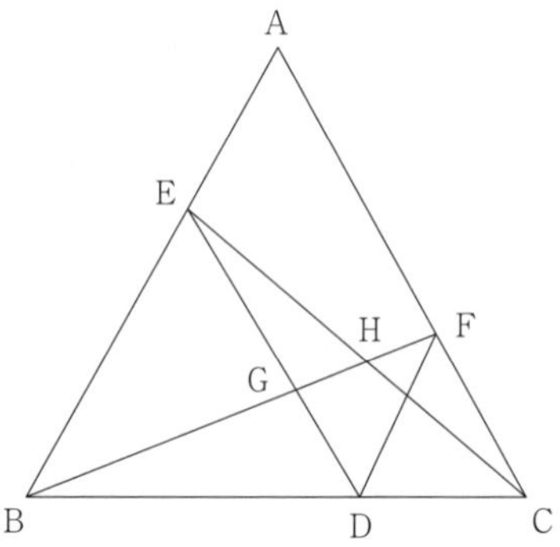

1　∠EDF の大きさは何度か。(　　　)

2　EG：GD を最も簡単な整数の比で表せ。(　　　)

3　△BDF ≡△EDC であることを証明せよ。

(　　　　　　　　　　　　　　　　　　　　　　　　　　　　　　　　　　　　)

4　線分 BF の長さは何 cm か。(　　　cm)

5　△BDG の面積は，△EHG の面積の何倍か。(　　　倍)

5　次の【手順】に従って，右のような白，赤，青の 3 種類の長方形の色紙を並べて長方形を作る。3 種類の色紙の縦の長さはすべて同じで，横の長さは，白の色紙が 1 cm，赤の色紙が 3 cm，青の色紙が 5 cm である。

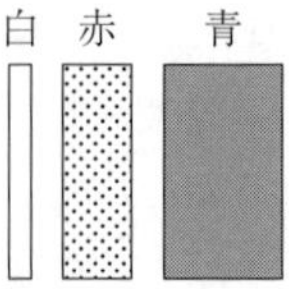

【手順】

下の図のように，長方形を作る。

・白の色紙を置いたものを 長方形1 とする。

・長方形1 の右端に赤の色紙をすき間なく重ならないように並べたものを 長方形2 とする。

・長方形2 の右端に白の色紙をすき間なく重ならないように並べたものを 長方形3 とする。

・長方形3 の右端に青の色紙をすき間なく重ならないように並べたものを 長方形4 とする。

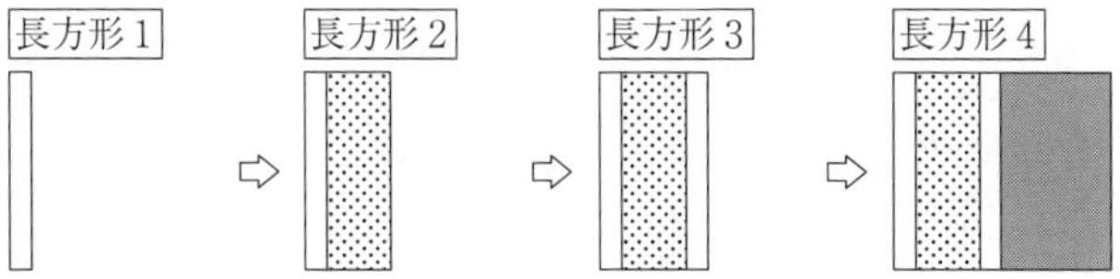

このように，左から白，赤，白，青の順にすき間なく重ならないように色紙を並べ，5枚目からもこの【手順】をくり返して長方形を作っていく。

たとえば，長方形7 は，白，赤，白，青，白，赤，白の順に7枚の色紙を並べた右の図の長方形で，横の長さは15cmである。

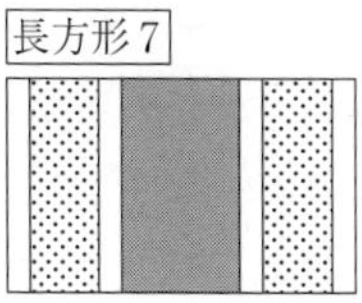

このとき，次の1，2の問いに答えなさい。

1　長方形13 の右端の色紙は何色か。また，長方形13 の横の長さは何cmか。(　　　色)(　　　cm)

2　AさんとBさんは，次の【課題】について考えた。下の【会話】は，2人が話し合っている場面の一部である。このとき，次の(1)，(2)の問いに答えよ。

【課題】

長方形$2n$ の横の長さは何cmか。ただし，nは自然数とする。

【会話】

A：長方形$2n$ は，3種類の色紙をそれぞれ何枚ずつ使うのかな。

B：白の色紙は [ア] 枚だね。赤と青の色紙の枚数は，nが偶数のときと奇数のときで違うね。

A：nが偶数のときはどうなるのかな。

B：nが偶数のとき，長方形$2n$ の右端の色紙は青色だね。だから，長方形$2n$ は，赤の色紙を [イ] 枚，青の色紙を [ウ] 枚だけ使うね。

A：そうか。つまり 長方形$2n$ の横の長さは，[エ] cmとなるね。

B：そうだね。それでは，nが奇数のときはどうなるのか考えてみよう。

(1)　【会話】の中の [ア] ～ [エ] にあてはまる数をnを用いて表せ。

ア(　　　)　イ(　　　)　ウ(　　　)　エ(　　　)

(2)　【会話】の中の下線部について，nが奇数のとき，長方形$2n$ の横の長さをnを用いて表せ。ただし，求め方や計算過程も書くこと。

求め方や計算過程(　　　　　　　　　　)

答(　　　cm)

英語

時間　50分　　　　満点　90点

（編集部注）　放送問題の放送原稿は英語の末尾に掲載しています。
音声の再生についてはもくじをご覧ください。

（注）　[2]の3，[2]の4，[4]の5については，次の指示に従いなさい。
一つの下線に1語書くこと。
短縮形（I'm や don't など）は1語として数え，符号（, や ? など）は語数に含めない。

（例1）　No,　I'm　not.　【3語】

（例2）　It's　June　30　today.　【4語】

[1]　聞き取りテスト　放送の指示に従って，次の1～7の問いに答えなさい。英語は1から4は1回だけ放送します。5以降は2回ずつ放送します。メモをとってもかまいません。

1　これから，Alice と Kenji との対話を放送します。先週末に Kenji が観戦したスポーツとして最も適当なものを下のア～エの中から一つ選び，その記号を書きなさい。（　　）

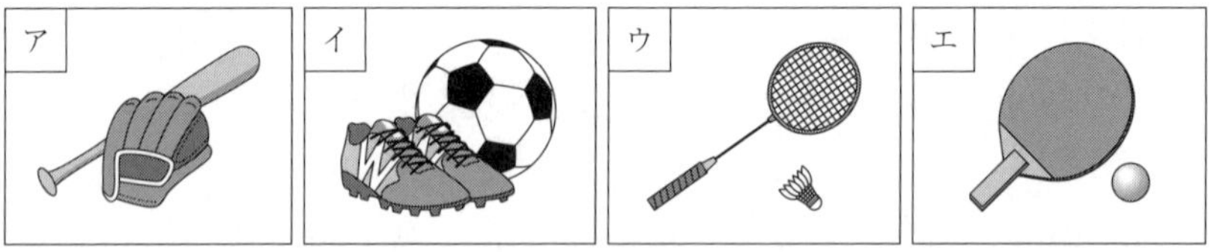

2　これから，留学生の David と郵便局員との対話を放送します。David が支払った金額として最も適当なものを下のア～エの中から一つ選び，その記号を書きなさい。（　　）

ア　290円　　イ　219円　　ウ　190円　　エ　119円

3　これから，Takeru と Mary との対話を放送します。下はその対話の後で，Mary が友人の Hannah と電話で話した内容です。対話を聞いて，（　　）に適切な英語1語を書きなさい。

（　　）

Hannah:　Hi, Mary. Can you go shopping with me on (　　)?

Mary:　Oh, I'm sorry. I'll go to see a movie with Takeru on that day.

4　あなたは留学先のアメリカで来週の天気予報を聞こうとしています。下のア～ウを報じられた天気の順に並べかえ，その記号を書きなさい。（　　→　　→　　）

5　あなたは研修センターで行われるイングリッシュキャンプで，先生の説明を聞こうとしています。先生の説明にないものとして最も適当なものを下のア～エの中から一つ選び，その記号を書きなさい。（　　）

ア 活動日数 イ 部屋割り ウ 注意事項 エ 今日の日程

6 あなたは英語の授業でShoheiのスピーチを聞こうとしています。スピーチの後に，その内容について英語で二つの質問をします。

(1) 質問を聞いて，その答えを英語で書きなさい。(   )

(2) 質問を聞いて，その答えとして最も適当なものをあとのア～ウの中から一つ選び，その記号を書きなさい。(   )

ア We should be kind to young girls. イ We should wait for help from others.

ウ We should help others if we can.

7 これから，中学生のKazuyaとアメリカにいるCathyがオンラインで行った対話を放送します。その中で，CathyがKazuyaに質問をしています。Kazuyaに代わって，その答えを英文で書きなさい。2文以上になってもかまいません。書く時間は1分間です。

(   )

2　次の1～4の問いに答えなさい。

1　Kentaと留学生のSamが東京オリンピック（the Tokyo Olympics）やスポーツについて話している。下の①，②の表現が入る最も適当な場所を対話文中の〈 ア 〉～〈 エ 〉の中からそれぞれ一つ選び，その記号を書け。

Kenta:　Sam, did you watch the Tokyo Olympics last summer?

Sam:　Yes, I watched many games. Some of them were held for the first time in the history of the Olympics, right? I was really excited by the games. 〈　ア　〉

Kenta:　What sport do you like?

Sam:　I like surfing. In Australia, I often went surfing. 〈　イ　〉

Kenta:　My favorite sport is tennis. 〈　ウ　〉

Sam:　Oh, you like tennis the best. I also played it with my brother in Australia. Well, I'll be free next Sunday. 〈　エ　〉

Kenta:　Sure! I can't wait for next Sunday! See you then.

Sam:　See you.

①　Shall we play together?（　　　）

②　How about you?（　　　）

2　次は，Yukoと留学生のTomとの対話である。（ ① ）～（ ③ ）に，下の［説明］が示す英語1語をそれぞれ書け。①(　　　)　②(　　　)　③(　　　)

Yuko:　Hi, Tom. How are you?

Tom:　Fine, but a little hungry. I got up late this morning, so I couldn't eat（ ① ）.

Yuko:　Oh, no! Please remember to eat something next Sunday morning.

Tom:　I know, Yuko. We're going to Kirishima to（ ② ）mountains again. Do you remember when we went there last time?

Yuko:　Yes. We went there in（ ③ ）. It was in early spring.

［説明］　①　the food people eat in the morning after they get up

②　to go up to a higher or the highest place

③　the third month of the year

3　次は，Sotaと留学生のLucyとの対話である。①～③について，［例］を参考にしながら，（　　）内の語に必要な2語を加えて，英文を完成させよ。ただし，（　　）内の語は必要に応じて形を変えてもよい。また，文頭に来る語は，最初の文字を大文字にすること。

①_____ _____ _____　②_____ _____ _____　③_____ _____ _____

［例］　A：　What were you doing when I called you yesterday?

B：　(study) in my room.　　（答）　I was studying

Sota:　Hi, Lucy. What books are you reading? Oh, are they history books?

Lucy:　Yes. ① (like). They are very interesting.

Sota:　Then, maybe you will like this. This is a picture of an old house in Izumi.

Lucy:　Wow! It's very beautiful. Did you take this picture?

Sota:　No, my father did. ②(visit) it many times to take pictures. I hear it's the oldest building there.

Lucy:　How old is the house?

Sota:　③(build) more than 250 years ago.

Lucy:　Oh, I want to see it soon.

4　留学生のLindaがあなたにSNS上で相談している。添付されたカタログを参考に，あなたがLindaにすすめたい方を○で囲み，その理由を二つ，合わせて25～35語の英語で書け。英文は2文以上になってもかまわない。

You should buy (X・Y) because ______ ______ ______ ______ ______ ______ ______

______ ______ ______ ______ ______ ______ ______ ______ ______ ______ ______ ______

______ ______ ______ ______ ______ ______ (25) ______ ______ ______ ______ ______ ______

______ ______ ______ ______ (35)

Hi! I want to buy a bag. Which should I buy, X or Y? Please give me your advice!

	X	Y

価格	~~8,600円~~ 4,300円	2,900円
特徴	化学繊維（防水）	綿（天然素材）
重さ	970 g	590 g
容量	30 L	20 L

3　次のⅠ～Ⅲの問いに答えなさい。

Ⅰ　次の英文は，中学生のYumiが，奄美大島と徳之島におけるアマミノクロウサギ（Amami rabbits）の保護について英語の授業で行った発表である。英文を読み，あとの問いに答えよ。

Yumiが見せた写真

Amami-Oshima Island and Tokunoshima Island became a *Natural World Heritage Site last year. Amami rabbits live only on these islands, and they are in *danger of extinction now. One of the biggest reasons is *car accidents. This *graph shows how many car accidents with Amami rabbits happened every month *over 20 years. There are twice as many car accidents in September as in August because Amami rabbits are more *active from fall to winter. The accidents happened the most in December because people drive a lot in that month. Look at this picture. People there started to protect them. They put this *sign in some places on the islands. It means, "Car drivers must [　　] here." It is very important for all of us to do something for them.

注　Natural World Heritage Site　世界自然遺産　　danger of extinction　絶滅の危機
car accidents　自動車事故　　graph　グラフ　　over ～　～の間（ずっと）　　active　活発な
sign　標識

1　下線部This graphとして最も適当なものを下のア～エの中から一つ選び，その記号を書け。
(　　　)

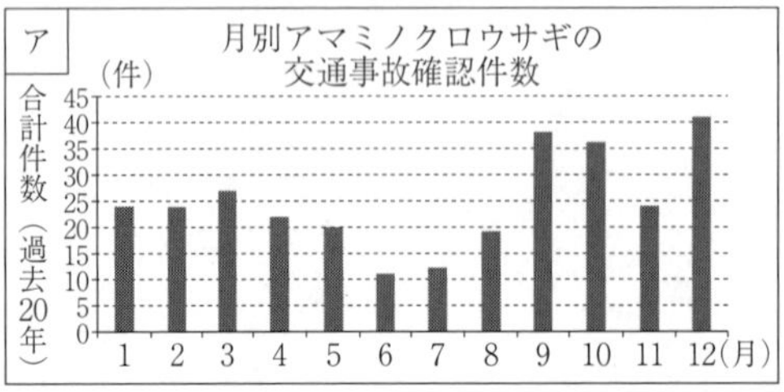

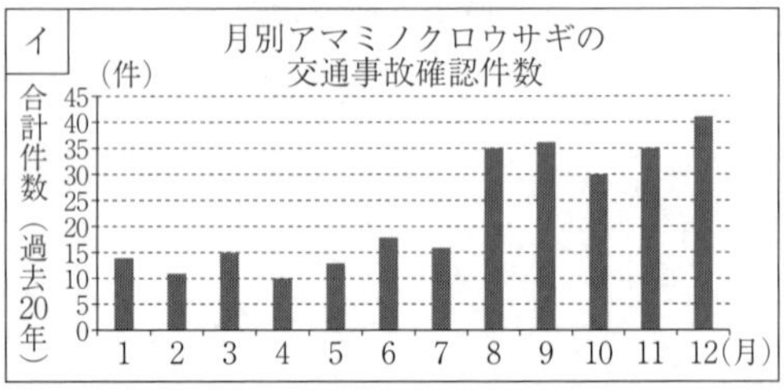

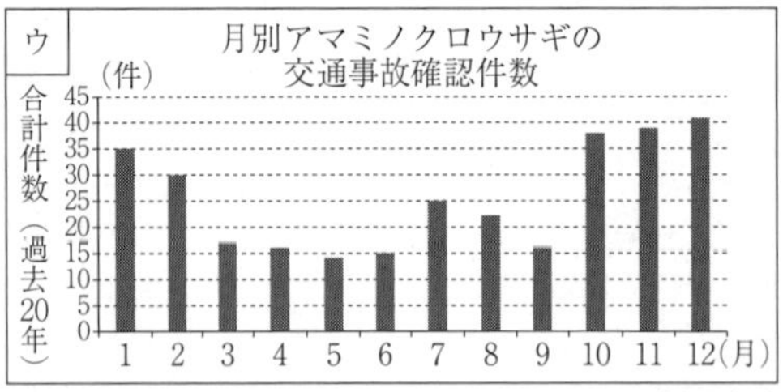

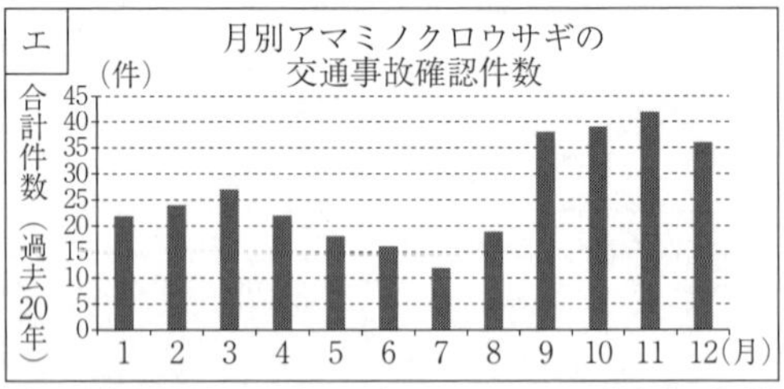

（沖縄奄美自然環境事務所（令和２年９月）のウェブサイトを参考に作成）

2　本文の内容に合うように[　　]に適切な英語を補って英文を完成させよ。
(　　　　　　　　　　)

Ⅱ　中学校に留学中のEllenは，クラスの遠足で訪れる予定のサツマ水族館（Satsuma Aquarium）の利用案内を見ながら，同じクラスのMikaと話をしている。次の対話文を読み，あとの問いに答えよ。

Welcome to Satsuma Aquarium

Aquarium Hours：9:30 a.m. – 6:00 p.m.（You must enter by 5:00 p.m.）

How much?

	One Person	Groups（20 or more）
16 years old and over	1,500 yen	1,200 yen
6-15 years old	750 yen	600 yen
5 years old and under	350 yen	280 yen

What time?

Events（Place）	10:00 a.m. – 12:00	12:00 – 2:00 p.m.	2:00 p.m. – 4:00 p.m.	4:00 p.m. –
*Dolphin Show（Dolphin Pool A）	11:00-11:30	1:30-2:00	3:30-4:00	
Giving Food to *Shark（Water *Tank）		12:30-12:35		
Let's Touch Sea Animals（Satsuma Pool）		12:50-1:05		4:00-4:15
Talking about Sea Animals（Library）	11:00-11:30	1:30-2:00		
*Dolphin Training（Dolphin Pool B）	10:00-10:15	12:30-12:45	2:45-3:00	

Ellen: Hi, Mika! I'm looking forward to visiting the aquarium tomorrow. I want to check everything. First, how much should I pay to enter?

Mika: There are 40 students in our class and we are all 14 or 15 years old, so everyone should pay (①) yen. But our school has already paid, so you don't have to pay it tomorrow.

Ellen: OK. Thank you. Next, let's check our plan for tomorrow. We are going to meet in front of the aquarium at 9:30 a.m. In the morning, all the members of our class are going to see "Dolphin Training" and "Talking about Sea Animals." In the afternoon, we can choose what to do. Then, we are going to leave the aquarium at 2:30 p.m.

Mika: That's right. What do you want to do in the afternoon?

Ellen: I want to enjoy all the events there. So let's see "(②)" at 12:30 p.m. After that, we will enjoy "(③)," and then we will see "(④)."

Mika: That's the best plan! We can enjoy all the events before we leave!

注 Dolphin Show イルカショー　Shark サメ　tank 水そう
Dolphin Training イルカの訓練

1 (①) に入る最も適当なものを下のア～エの中から一つ選び，その記号を書け。(　　　)

ア 350　イ 600　ウ 750　エ 1,200

2 (②)～(④)に入る最も適当なものを下のア～エの中からそれぞれ一つずつ選び，その記号を書け。②(　　　) ③(　　　) ④(　　　)

ア Dolphin Show　イ Giving Food to Shark　ウ Let's Touch Sea Animals
エ Dolphin Training

Ⅲ 次は，中学生のAmiが授業中に読んだスピーチと，そのスピーチを読んだ直後のAmiとSmith先生との対話である。英文と対話文を読み，(　　)内に入る最も適当なものをア～エの中から一つ選び，その記号を書け。(　　　)

Today, plastic *pollution has become one of the biggest problems in the world and many people are thinking it is not good to use plastic *products. Instead, they have begun to develop and use more paper products. In Kagoshima, you can buy new kinds of paper products *made of things around us. Do you know?

An example is "*bamboo paper *straws." They are very special because they are made of bamboo paper. They are also stronger than paper straws. Now, you can buy them in some shops in Kagoshima.

Why is bamboo used to make the straws? There are some reasons. There is a lot of bamboo in Kagoshima and Kagoshima *Prefecture is the largest *producer of bamboo in Japan. People in Kagoshima know how to use bamboo well. So, many kinds of bamboo products are made there. Bamboo paper straws are one of them.

Will the straws help us stop plastic pollution? The answer is "Yes!" If you start to use bamboo products, you will get a chance to think about the problem of plastic pollution. By using things around us, we can stop using plastic products. Then we can make our *society a better place to live in. Is there anything else you can use? Let's think about it.

注　pollution　汚染　　product(s)　製品　　made of ～　～で作られた　　bamboo　竹
　　straw(s)　ストロー　　prefecture　県　　producer　生産地　　society　社会

Mr. Smith: What is the most important point of this speech?
Ami: (　　　　　)
Mr. Smith: Good! That's right! That is the main point.

ア　We should develop new kinds of plastic products, then we can stop plastic pollution.
イ　We should make more bamboo paper straws because they are stronger than plastic ones.
ウ　We should buy more bamboo products because there is a lot of bamboo in Kagoshima.
エ　We should use more things around us to stop plastic pollution in the world.

4 次の英文を読み，1～6の問いに答えなさい。

There is a small whiteboard on the *refrigerator at Sarah's house. At first, her mother bought it to write only her plans for the day, but it has a special meaning for Sarah now.

When Sarah was a little girl, she helped her parents as much as she could at home. Her parents worked as nurses. Sarah knew that her parents had many things to do.

When Sarah became a first-year junior high school student, she started to play soccer in a soccer club for girls. Her life changed a lot. She became very busy. Sarah and her mother often went shopping together, but they couldn't after Sarah joined the club. She practiced soccer very hard to be a good player.

One morning, her mother looked sad and said, "We don't have enough time to talk with each other, do we?" Sarah didn't think it was a big problem because she thought it would be the same for other junior high school students. But later ① she remembered her mother's sad face again and again.

Sarah was going to have a soccer game the next Monday. She asked her mother, "Can you come and watch my first game?" Her mother checked her plan and said, "I wish I could go, but I can't. I have to go to work." Then Sarah said, "You may be a good nurse, but you are not a good mother." She knew that it was *mean, but she couldn't stop herself.

On the day of the game, she found a message from her mother on the whiteboard, "Good luck. Have a nice game!" When Sarah saw it, she remembered her words to her mother. "They made her very sad," Sarah thought. ② She didn't like herself.

Two weeks later, Sarah had work experience at a hospital for three days. It was a hospital that her mother once worked at. The nurses helped the *patients and talked to them with a smile. She wanted to be like them, but she could not communicate with the patients well.

On the last day, after lunch, ③ she talked about her problem to a nurse, John. He was her mother's friend. "It is difficult for me to communicate with the patients well," Sarah said. "It's easy. If you smile when you talk with them, they will be happy. If you are kind to them, they will be nice to you. I remember your mother. She was always thinking of people around her," John said. When Sarah heard his words, she remembered her mother's face. She thought, "Mom is always busy, but she makes dinner every day and takes me to school. She does a lot of things for me."

That night, Sarah went to the kitchen and took a pen. She was going to write ④ her first message to her mother on the whiteboard. At first, she didn't know what to write, but Sarah really wanted to see her mother's happy face. So she decided to write again.

The next morning, Sarah couldn't meet her mother. "Mom had to leave home early. Maybe she hasn't read my message yet," she thought.

That evening, Sarah looked at the whiteboard in the kitchen. The words on it were not Sarah's, instead she found the words of her mother. "Thank you for your message. I was really happy to read it. Please write again." Sarah saw her mother's smile on the whiteboard.

Now, Sarah and her mother talk more often with each other, but they keep writing messages on the whiteboard. It has become a little old, but it *acts as a bridge between Sarah and her mother. They may need it for some years. Sarah hopes she can show her true feelings to her mother without it someday.

注　refrigerator　冷蔵庫　　mean　意地の悪い　　patient(s)　患者　　act(s)　作用する，働く

1　次のア～ウの絵は，本文のある場面を表している。本文の内容に合わないものを一つ選び，その記号を書け。(　　　)

2　下線部①に関して，次の質問に対する答えを本文の内容に合うように英語で書け。

Why did her mother look sad when she talked to Sarah?

(　　　　　　　　　　　　　　　　　　　　　　　　　　　　　　　)

3　下線部②の理由として最も適当なものを下のア～エの中から一つ選び，その記号を書け。

(　　　)

ア　いつも仕事で忙しい母に代わって，Sarah が家事をしなければならなかったから。

イ　Sarah のホワイトボードのメッセージを読んで，母が傷ついたことを知ったから。

ウ　母が書いたホワイトボードのメッセージの内容に Sarah がショックを受けたから。

エ　Sarah は，励ましてくれる母に対してひどいことを言ったことを思い出したから。

4　下線部③に関して，Sarah が John から学んだことを本文の内容に合うように 40 字程度の日本語で書け。

5　下線部④のメッセージとなるように，Sarah に代わって下の□内に 15 語程度の英文を書け。2 文以上になってもかまわない。

____ ____ ____ ____ ____ ____ ____ ____ ____ ____ ____ ____

____ ____ ____ ____ ____ ____

15

Mom,

Sarah

6　本文の内容に合っているものを，下のア～オの中から二つ選び，その記号を書け。

(　　　)(　　　)

ア　Sarah and her mother often used the whiteboard to write their plans from the beginning.

イ　Sarah helped her parents do things at home before she began playing soccer with her club.

ウ　During the job experience at the hospital, Sarah talked with John on her last day after lunch.

エ　Sarah wrote her first message to her mother on the whiteboard, but her mother did not answer her.

オ　Sarah can talk with her mother now, so she doesn't write messages on the whiteboard.

〈放送原稿〉

〈チャイム〉

これから，2022年度鹿児島県公立高等学校入学試験英語の聞き取りテストを行います。問題用紙を開けなさい。

英語は1番から4番は1回だけ放送します。5番以降は2回ずつ放送します。メモをとってもかまいません。(約3秒間休止)

では，1番の問題を始めます。まず，問題の指示を読みなさい。(約13秒間休止)

それでは放送します。

Alice:　Hi, Kenji. Did you do anything special last weekend?

Kenji:　Yes, I did. I watched a baseball game with my father at the stadium.

Alice:　That's good. Was it exciting?

Kenji:　Yes! I saw my favorite baseball player there. (約10秒間休止)

次に，2番の問題です。まず，問題の指示を読みなさい。(約13秒間休止)

それでは放送します。

David:　I want to send this letter to America. How much is it?

Officer:　It's one hundred and ninety yen.

David:　Here is two hundred yen. Thank you. Have a nice day.

Officer:　Hey, wait. You forgot your 10 yen.

David:　Oh, thank you. (約10秒間休止)

次に，3番の問題です。まず，問題の指示を読みなさい。(約20秒間休止)

それでは放送します。

Takeru:　I'm going to see a movie this Friday. Do you want to come with me?

Mary:　I'd like to, but I have a lot of things to do on Friday. How about the next day?

Takeru:　The next day? That's OK for me. (約15秒間休止)

次に，4番の問題です。まず，問題の指示を読みなさい。(約15秒間休止)

それでは放送します。

Here is the weather for next week. Tomorrow, Monday, will be rainy. You'll need an umbrella the next day too, because it will rain a lot. From Wednesday to Friday, it will be perfect for going out. You can go on a picnic on those days if you like. On the weekend, the wind will be very strong. You have to be careful if you wear a hat. I hope you will have a good week.

(約10秒間休止)

次に，5番の問題です。まず，問題の指示を読みなさい。(約18秒間休止)

それでは放送します。

Welcome to English Camp. We are going to stay here for two days. Please work hard with other members and enjoy this camp. Let's check what you are going to do today. First, you have group work. It will start at 1:20 p.m. In your groups, you'll play games to know each other better. Then, you'll enjoy cooking at three. You will cook curry and rice with teachers.

After that, you will have dinner at five and take a bath at seven. You have to go to bed by ten. During the camp, try hard to use English. Don't use Japanese. That's all. Thank you.

（約 3 秒おいて，繰り返す。）（約 10 秒間休止）

次に，6 番の問題です。まず，問題の指示を読みなさい。（約 20 秒間休止）

それでは放送します。

I want to talk about something that happened last week. On Tuesday, I saw an old woman. She was carrying a big bag. It looked heavy. I was just watching her. Then a young girl ran to the old lady and carried her bag. The girl looked younger than me. She helped the old woman, but I didn't. "Why didn't I help her?" I thought.

The next day, I found a phone on the road. I thought someone would be worried about it. So I took it to the police station. A man was there. He looked at me and said, "I think that's my phone. Can I see it?" Then he said, "Thank you very much." His happy face made me happy too.

This is my story. It is important to be like the young girl.

Question (1) : Who helped the old woman?（約 7 秒間休止）

Question (2) : What is Shohei's message in this speech?（約 7 秒間休止）

では，2 回目の放送をします。 （最初から質問(2)までを繰り返す。）（約 15 秒間休止）

次に，7 番の問題です。まず，問題の指示を読みなさい。（約 15 秒間休止）

それでは放送します。

Kazuya: Hi, Cathy. Have you ever done any volunteer activities in America?

Cathy: Yes, of course. Do you want to do a volunteer activity in high school?

Kazuya: Yes, I do.

Cathy: What do you want to do?

Kazuya: (　　　　　　).

（約 3 秒おいて，繰り返す。）（約 1 分間休止）

〈チャイム〉

これで，聞き取りテストを終わります。次の問題に進みなさい。

社会

時間　50分　　　　満点　90点

1　次のⅠ～Ⅲの問いに答えなさい。答えを選ぶ問いについては一つ選び，その記号を書きなさい。

Ⅰ　次の略地図を見て，1～6の問いに答えよ。

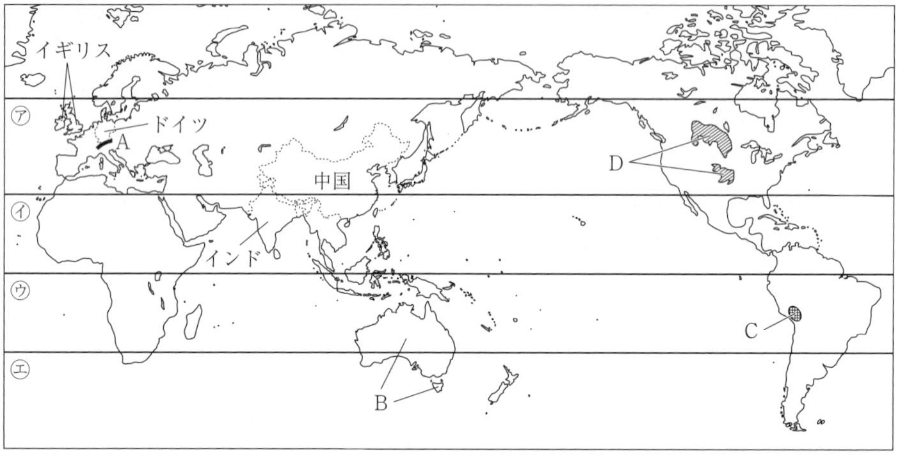

1　略地図中のAの山脈の名称を答えよ。(　　　山脈)

2　略地図中の㋐～㋓は，赤道と，赤道を基準として30度間隔に引いた3本の緯線である。このうち，㋓の緯線の緯度は何度か。北緯，南緯を明らかにして答えよ。(　　　)

3　略地図中のBの国内に暮らす先住民族として最も適当なものはどれか。(　　　)

ア　アボリジニ　　イ　イヌイット　　ウ　マオリ　　エ　ヒスパニック

4　略地図中のCで示した地域のうち，標高4,000m付近でみられる気候や生活のようすについて述べた文として最も適当なものはどれか。(　　　)

ア　夏の降水量が少ないため，乾燥に強いオリーブの栽培が盛んである。

イ　気温が低く作物が育ちにくく，リャマやアルパカの放牧がみられる。

ウ　季節風の影響を受けて夏の降水量が多いため，稲作が盛んである。

エ　一年中気温が高く，草原や森林が広がる地域で焼畑農業が行われている。

5　略地図中のDは，北アメリカにおいて，資料1中の□の農産物が主に栽培されている地域を示している。資料1中の□にあてはまる農産物名を答えよ。(　　　)

資料1　主な農産物の輸出量の上位3か国とその国別割合(%)

農産物	輸出量上位3か国(%)
□	ロシア 16.8　アメリカ 13.9　カナダ 11.2
とうもろこし	アメリカ 32.9　ブラジル 18.1　アルゼンチン 14.7
大豆	ブラジル 44.9　アメリカ 36.5　アルゼンチン 4.9
綿花	アメリカ 41.9　インド 12.1　オーストラリア 11.2

(地理統計要覧 2021 年版から作成)

6　略地図中の中国，ドイツ，インド，イギリスについて，次の⑴，⑵の問いに答えよ。

⑴　資料２の中で，割合の変化が１番目に大きい国と２番目に大きい国の国名をそれぞれ答えよ。１番目(　　　)　２番目(　　　)

⑵　⑴で答えた２か国について，資料３において２か国に共通する割合の変化の特徴を書け。
(　　　　　　　　　　　　　　　　　　　　　　　　　　　　　　　　　)

資料２　各国の再生可能エネルギーによる発電量の総発電量に占める割合(％)

	2010 年	2018 年
中国	18.8	26.2
ドイツ	16.5	37.0
インド	16.4	19.0
イギリス	6.8	35.4

(世界国勢図会 2021／22 年版などから作成)

資料３　各国の発電エネルギー源別発電量の総発電量に占める割合(％)

	風力		水力		太陽光	
	2010 年	2018 年	2010 年	2018 年	2010 年	2018 年
中国	1.1	5.1	17.2	17.2	0.0	2.5
ドイツ	6.0	17.1	4.4	3.7	1.9	7.1
インド	2.1	4.1	11.9	9.5	0.0	2.5
イギリス	2.7	17.1	1.8	2.4	0.0	3.9

(世界国勢図会 2021／22 年版などから作成)

Ⅱ　右の略地図を見て，1～5の問いに答えよ。

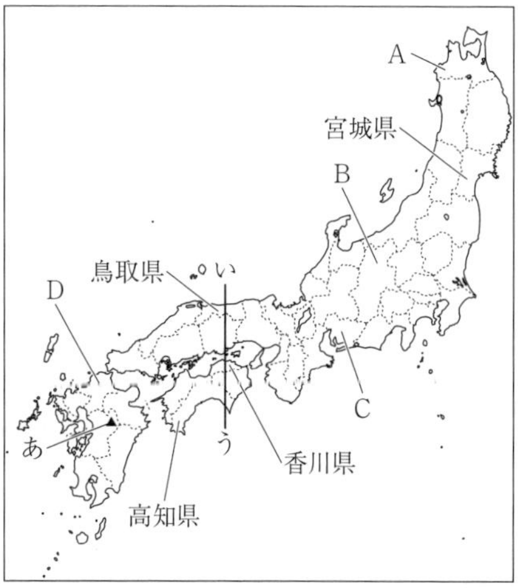

1　近畿地方で海に面していない府県の数を，略地図を参考に答えよ。(　　　)

2　略地図中のあで示した火山がある地域には，火山の大規模な噴火にともなって形成された大きなくぼ地がみられる。このような地形を何というか。
(　　　)

3　略地図中のA～Dの県にみられる，産業の特色について述べた次のア～エの文のうち，Dについて述べた文として最も適当なものはどれか。(　　　)

ア　標高が高く夏でも涼しい気候を生かし，レタスなどの高原野菜の生産が盛んである。

イ　涼しい気候を利用したりんごの栽培が盛んで，国内の生産量の半分以上を占めている。

ウ　明治時代に官営の製鉄所がつくられた地域では，エコタウンでのリサイクルが盛んである。

エ　自動車の関連工場が集まっており，自動車を含む輸送用機械の生産額は全国１位である。

4　略地図中の宮城県ではさけやあわびなどの「育てる漁業」が行われている。「育てる漁業」に関してまとめた資料１について，後の(1)，(2)の問いに答えよ。

資料１

【「育てる漁業」の種類】
・魚や貝などを，いけすなどを利用して大きくなるまで育てて出荷する。
・ⓐ魚や貝などを卵からふ化させ，人工的に育てた後に放流し，自然の中で成長したものを漁獲する。
【日本で「育てる漁業」への転換が進められた理由の一つ】
・他国が200海里以内の［　　　］を設定したことにより，「とる漁業」が難しくなったから。

(1)　ⓐについて，このような漁業を何というか。（　　　　漁業）

(2)　［　　　］にあてはまる最も適当なことばを書け。（　　　）

5　資料２は略地図中の鳥取県，香川県，高知県のそれぞれの県庁所在地の降水量を示している。資料２にみられるように，３県の中で香川県の降水量が特に少ない理由を，資料３をもとにして書け。ただし，**日本海**，**太平洋**ということばを使うこと。

（　　　　　　　　　　　　　　　　　　　　　　　　　　　　　　　　　　　　）

資料２

	年降水量
鳥取県鳥取市	1931.3 mm
香川県高松市	1150.1 mm
高知県高知市	2666.4 mm

（気象庁統計から作成）

資料３　略地図中 い―う 間の断面図と季節風のようす

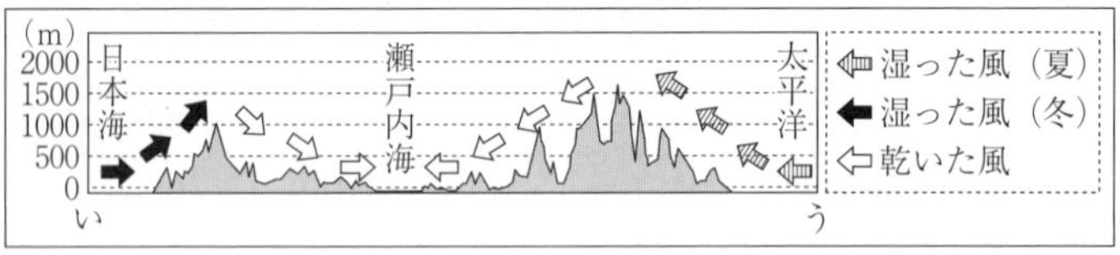

（地理院地図などから作成）

Ⅲ　資料のX，Yの円グラフは，千葉県で特に貿易額の多い成田国際空港と千葉港の，輸入総額に占める輸入上位５品目とその割合をまとめたものである。成田国際空港に該当するものはX，Yのどちらか。また，そのように判断した理由を航空輸送の特徴をふまえて書け。

記号（　　　）　理由（　　　　　　　　　　　　　　　　　　　　　　　　　　　　）

資料

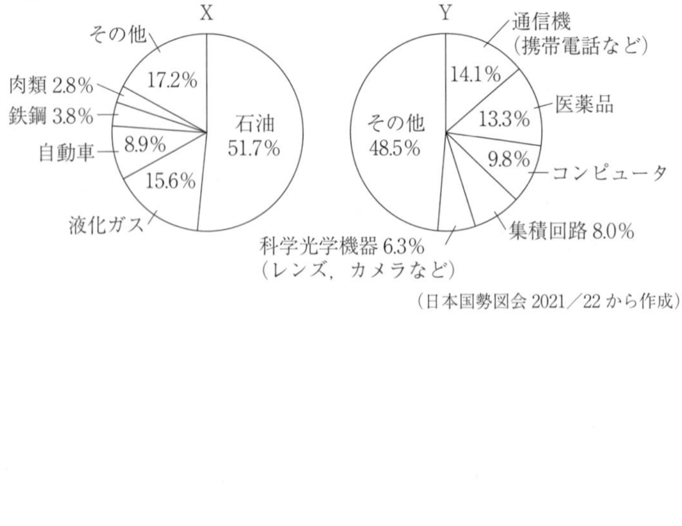

（日本国勢図会 2021／22 から作成）

2　次のⅠ～Ⅲの問いに答えなさい。答えを選ぶ問いについては一つ選び，その記号を書きなさい。

Ⅰ　次は，歴史的建造物について調べ学習をしたある中学生と先生の会話の一部である。1～6の問いに答えよ。

生徒：鹿児島城にあった御楼門《ごろうもん》の再建に関するニュースを見て，門について興味をもったので，調べたことを次のように まとめました。

羅城門《らじょうもん》 平城京やⓐ平安京の南側の門としてつくられた。	ⓑ東大寺南大門 源平の争乱で焼けた東大寺の建物とともに再建された。
守礼門《しゅれいもん》 ⓒ琉球王国の首里城の城門の1つとしてつくられた。	日光東照宮の陽明門 ⓓ江戸時代に，徳川家康をまつる日光東照宮につくられた。

先生：いろいろな門についてよく調べましたね。これらの門のうち，つくられた時期が，再建前の御楼門に最も近い門はどれですか。

生徒：御楼門がつくられたのは17世紀の前半といわれているので，江戸時代につくられた日光東照宮の陽明門だと思います。

先生：そうです。なお，江戸時代には，大名が1年おきに自分の領地を離れて江戸に滞在することを義務づけられた□という制度がありました。薩摩藩の大名が江戸に向かった際には御楼門を通っていたのかもしれませんね。ところで，門には，河川と海の境目など水の流れを仕切る場所につくられた「水門」というものもありますよ。

生徒：それでは，次はⓔ河川や海に関連した歴史をテーマにして調べてみたいと思います。

1　□にあてはまる最も適当なことばを書け。(　　　)

2　ⓐがつくられる以前の時代で，次の三つの条件を満たす時代はどれか。(　　　)

・多くの人々はたて穴住居で生活していた。

・中国の歴史書によると，倭は100ほどの国に分かれていた。

・銅鐸などの青銅器を祭りの道具として使っていた。

ア　縄文時代　　イ　弥生時代　　ウ　古墳時代　　エ　奈良時代

資料1

3　ⓑの中に置かれている，運慶らによってつくられた資料1の作品名を**漢字5字**で書け。(　　　)

4　ⓒについて述べた次の文の□に適することばを，15世紀ごろの中継貿易を模式的に示した資料2を参考にして補い，これを完成させよ。(　　　　　　　　　　　　)

琉球王国は，日本や中国・東南アジア諸国から□する中継貿易によって繁栄した。

資料2

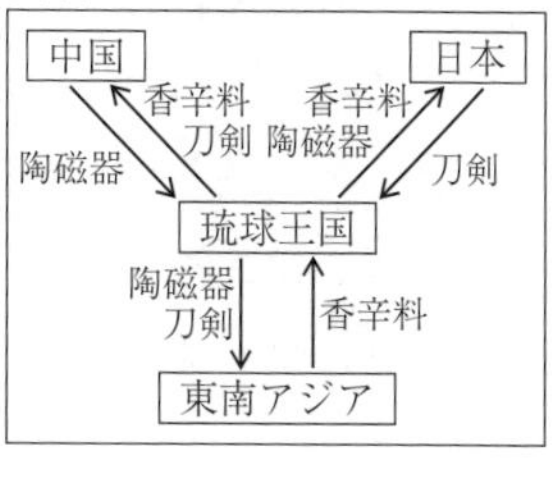

5　ⓓに描かれた資料3について述べた次の文の［X］，［Y］にあてはまることばの組み合わせとして最も適当なものはどれか。（　　）

資料3

この作品は［X］が描いた［Y］を代表する風景画であり，ヨーロッパの絵画に大きな影響を与えた。

ア　X　尾形光琳　　Y　元禄文化
イ　X　葛飾北斎　　Y　元禄文化
ウ　X　尾形光琳　　Y　化政文化
エ　X　葛飾北斎　　Y　化政文化

6　ⓔについて，次のできごとを年代の古い順に並べよ。（　）→（　）→（　）→（　）

ア　ロシアの使節が，蝦夷地の根室に来航し，漂流民を送り届けるとともに，日本との通商を求めた。
イ　平治の乱に勝利したのち，太政大臣になった人物が，現在の神戸市の港を整備した。
ウ　河川に橋をかけるなど人々のために活動した人物が，東大寺に大仏を初めてつくるときに協力をした。
エ　スペインの船隊が，アメリカ大陸の南端を通り，初めて世界一周を成し遂げた。

Ⅱ　次の略年表を見て，1～6の問いに答えよ。

年	できごと
1871	ⓐ岩倉使節団がアメリカに向けて出発した――A
1885	内閣制度が発足し，［①］が初代内閣総理大臣となった
1902	日英同盟が結ばれた――B
1914	ⓑ第一次世界大戦が始まった
1929	ニューヨークの株式市場で株価が大暴落し［②］に発展した
1951	サンフランシスコ平和条約が結ばれた――C

1　［①］，［②］にあてはまる最も適当な人名とことばを書け。①（　　）　②（　　）

2　ⓐが1871年に出発し，1873年に帰国するまでにおきたできごととして最も適当なものはどれか。（　　）

ア　王政復古の大号令の発表　　イ　日米和親条約の締結
ウ　徴兵令の公布　　エ　大日本帝国憲法の発布

3　AとBの間の時期に「たけくらべ」,「にごりえ」などの小説を発表し，現在の5千円札にその肖像が使われていることでも知られている人物はだれか。（　　）

4　ⓑに関して，資料は，この大戦前のヨーロッパの国際関係を模式的に示したものである。資料中の［③］にあてはまる最も適当なことばを書け。（　　）

資料

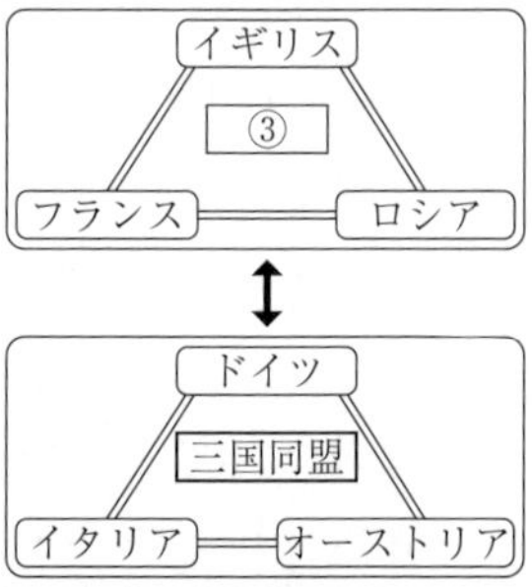

※═は外交上の協力関係を示している。
※↔は外交上の対立関係を示している。

5　BとCの間の時期に活動した人物について述べた次の文X，Yについて，それぞれの文に該当する人物名の組み合わせとして最も適当なものはどれか。(　　　)

X　国際連盟本部の事務局次長として，国際平和のためにつくした。

Y　物理学者で，1949年に日本人として初のノーベル賞を受賞した。

ア　X　新渡戸稲造　　Y　湯川秀樹　　イ　X　吉野作造　　Y　湯川秀樹

ウ　X　新渡戸稲造　　Y　野口英世　　エ　X　吉野作造　　Y　野口英世

6　C以降におこったできごとを，次のア～エから三つ選び，年代の古い順に並べよ。

(　　)→(　　)→(　　)

ア　石油危機の影響で物価が上昇し，トイレットペーパー売り場に買い物客が殺到した。

イ　満20歳以上の男女による初めての衆議院議員総選挙が行われ，女性議員が誕生した。

ウ　男女雇用機会均等法が施行され，雇用における男女間の格差の是正がはかられた。

エ　アジア最初のオリンピックが東京で開催され，女性選手の活躍が話題となった。

Ⅲ　第二次世界大戦後には農地改革が行われ，資料1，資料2にみられるような変化が生じた。農地改革の内容を明らかにしたうえで，その改革によって生じた変化について書け。ただし，**政府**，**地主**，**小作人**ということばを使うこと。

(　　　　　　　　　　　　　　　　　　　　　　　　　　　　　　　　　　　　)

資料1　自作地と小作地の割合

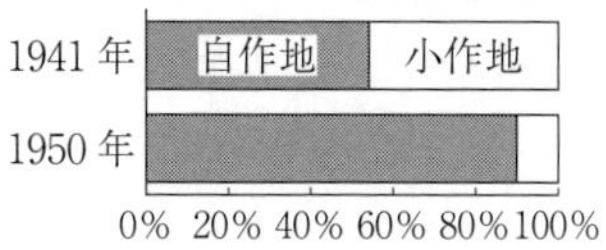

資料2　自作・小作の農家の割合

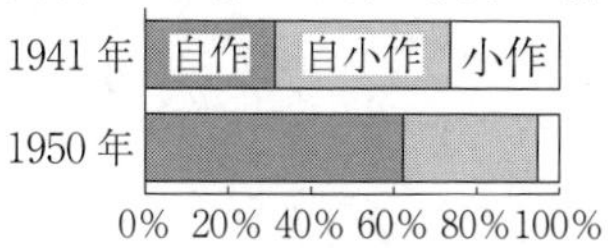

※資料2の補足

「自作」：耕作地の90%以上が自己所有地の農家

「自小作」：耕作地の10%以上90%未満が自己所有地の農家

「小作」：耕作地の10%未満が自己所有地の農家

(近現代日本経済史要覧から作成)

3 次のⅠ～Ⅲの問いに答えなさい。答えを選ぶ問いについては一つ選び，その記号を書きなさい。

Ⅰ 次は，ある中学生が日本国憲法について授業で学んだことをノートにまとめたものである。1～6の問いに答えよ。

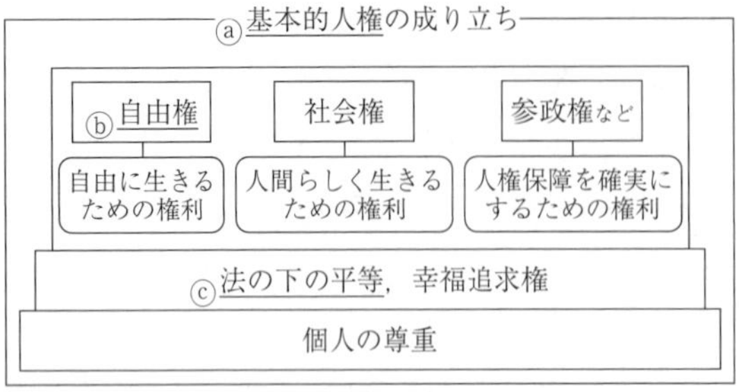

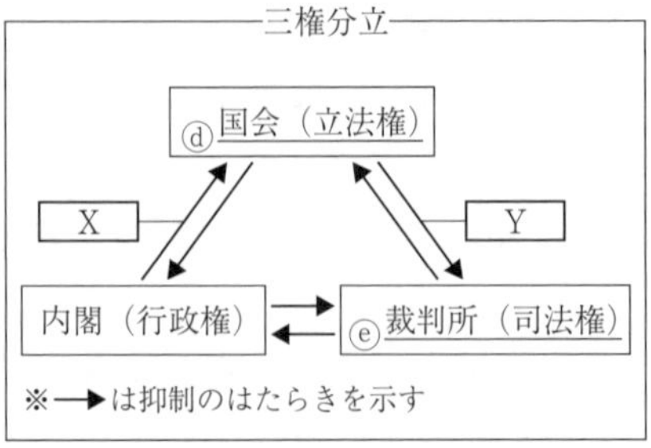

1 ⓐに関して，次は日本国憲法の条文の一部である。[　　　]にあてはまることばを書け。

( )

> 第12条 この憲法が国民に保障する自由及び権利は，国民の不断の努力によつ《っ》て，これを保持しなければならない。又，国民は，これを濫用してはならないのであつ《っ》て，常に[　　　]のためにこれを利用する責任を負ふ《う》。

2 ⓑに関して，身体の自由の内容として最も適当なものはどれか。( )

ア 財産権が不当に侵されることはない。

イ 裁判を受ける権利を奪われることはない。

ウ 通信の秘密を不当に侵されることはない。

エ 自己に不利益な供述を強要されることはない。

3 ⓒに関して，言語，性別，年齢，障がいの有無にかかわらず，あらかじめ利用しやすい施設や製品などをデザインすること，またはそのようなデザインを何というか。( )

4 ⓓに関して，次の文は，国会が衆議院と参議院からなる二院制をとっている目的について述べたものである。文中の[　　　]に適することばを補い，これを完成させよ。

( )

定数や任期，選挙制度が異なる議院を置くことで，[　　　　　]。また，慎重な審議によって一方の議院の行きすぎを防ぐこともできる。

5 [X]，[Y]にあてはまることばの組み合わせとして最も適当なものはどれか。( )

ア X 衆議院の解散 Y 国民審査

イ X 法律の違憲審査 Y 弾劾裁判所の設置

ウ X 衆議院の解散 Y 弾劾裁判所の設置

エ X 法律の違憲審査 Y 国民審査

資料

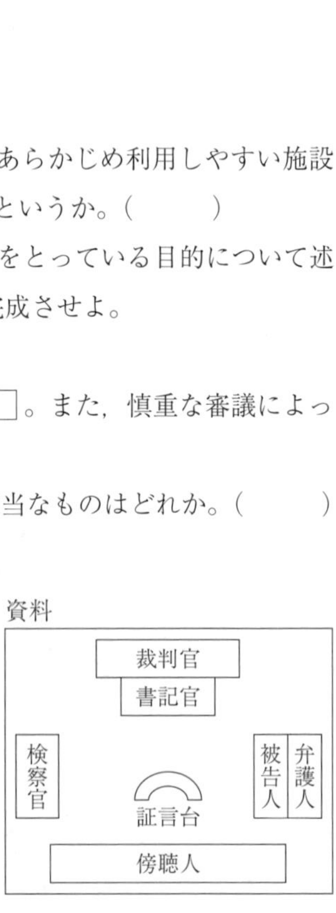

6 ⓔに関して，資料はある地方裁判所の法廷のようすを模式的に示したものである。この法廷で行われる裁判について述べた文として最も適当なものはどれか。( )

ア お金の貸し借りなどの個人と個人の間の争いを解決する。

イ　国民の中から選ばれた裁判員が参加する場合がある。

ウ　和解の成立によって裁判が途中で終わることがある。

エ　被害者が法廷に入り被告人に直接質問することはない。

Ⅱ　次は，ある中学生が公民的分野の学習を振り返って書いたレポートの一部である。1～5の問いに答えよ。

> 私は，少子高齢社会における社会保障のあり方や，ⓐ消費者の保護など，授業で学習したことと私たちの生活とは深い関わりがあると感じました。また，市場経済や財政のしくみについての学習を通して，ⓑ価格の決まり方やⓒ租税の意義などについて理解することができました。
>
> 今日，生産年齢人口の減少，ⓓグローバル化の進展や絶え間ない技術革新などにより，社会は大きく変化しています。そのような中，選挙権年齢が□歳に引き下げられ，さらに令和4年度からは成年年齢も□歳へと引き下げられ，私たちにとって社会は一層身近なものになっています。私は，社会の一員としての自覚をもって行動したいと思います。

1　□に共通してあてはまる数を書け。(　　　)

2　ⓐに関して，業者が商品の重要な項目について事実と異なることを伝えるなどの不当な勧誘を行った場合，消費者はその業者と結んだ契約を取り消すことができる。このことを定めた2001年に施行された法律は何か。(　　　)

3　ⓑに関して，資料1は，自由な競争が行われている市場における，ある商品の需要量と供給量と価格の関係を表したものである。ある商品の価格を資料1で示したP円としたときの状況と，その後の価格の変化について述べた次の文の［X］，［Y］に適することばを補い，これを完成させよ。ただし［X］には，**需要量**，**供給量**ということばを使うこと。

資料1

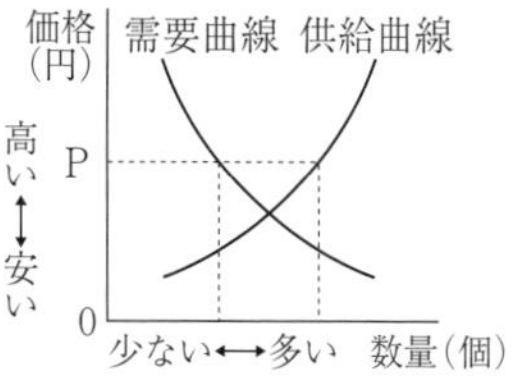

X(　　　　　　　　　　　　　　　　　　)　Y(　　　)

価格がP円のときは，［X］ため，一般に，その後の価格はP円よりも［Y］と考えられる。

4　ⓒに関して，次は，社会科の授業で，あるグループが租税のあり方について話し合った際の意見をまとめたものである。このグループの意見を，資料2中のア～エのいずれかの領域に位置づけるとすると最も適当なものはどれか。

(　　　)

資料2

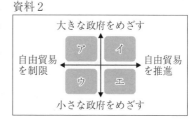

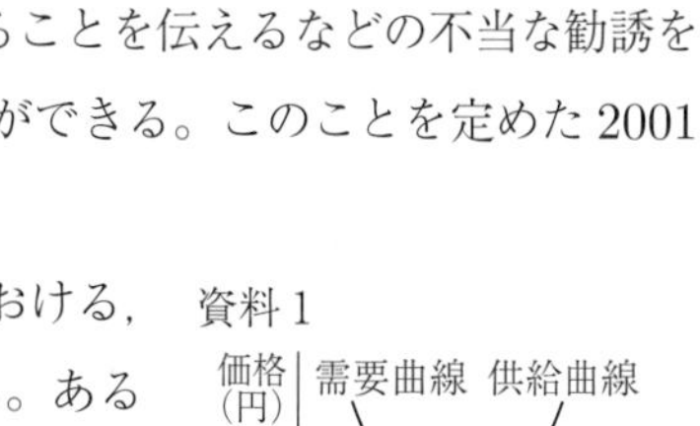

・国内農業を守るために，関税の税率を引き上げる。

・社会保障を充実させるために，消費税の税率を引き上げる。

5　ⓓに関して，輸出や輸入を行う企業の活動は，為替相場（為替レート）の変動の影響を受けやすい。ある企業が1台240万円の自動車をアメリカへ輸出する場合，為替相場が1ドル＝120

円のとき，アメリカでの販売価格は２万ドルとなった。その後，為替相場が１ドル＝100円に変動したときの，この自動車１台のアメリカでの販売価格はいくらになるか答えよ。なお，ここでは，為替相場以外の影響は考えないものとする。(　　　ドル)

Ⅲ　資料１は，持続可能な開発目標（SDGs）の一つを示したものである。この目標に関して，中学生のしのぶさんは，まだ食べられるのに廃棄される食品が大量にあるという問題に関心をもった。そこで，しのぶさんは自宅近くのスーパーマーケットに行き，この問題の解決への取り組みについて調べたり話を聞いたりした。資料２は，その際にしのぶさんが収集した資料である。資料２の取り組みが，この問題の解決につながるのはなぜか，解答欄の書き出しのことばに続けて，**40字以上50字以内**で説明せよ。ただし，書き出しのことばは字数に含めないこととする。

資料１

資料２

季節商品予約制のお知らせ
土用《どよう》の丑《うし》の日のうなぎやクリスマスケーキ，節分の日の恵方巻きなどを予約販売にします。

スーパーマーケットは，

理科

時間　50分　　　　満点　90点

1　次の各問いに答えなさい。答えを選ぶ問いについては記号で答えなさい。

1　虫めがねを使って物体を観察する。次の文中の①，②について，それぞれ正しいものはどれか。
①(　　　)　②(　　　)

虫めがねには凸レンズが使われている。物体が凸レンズとその焦点の間にあるとき，凸レンズを通して見える像は，物体の大きさよりも①（ア　大きく　　イ　小さく）なる。このような像を②（ア　実像　　イ　虚像）という。

2　木や草などを燃やした後の灰を水に入れてかき混ぜた灰汁（あく）には，衣類などのよごれを落とす作用がある。ある灰汁にフェノールフタレイン溶液を加えると赤色になった。このことから，この灰汁のpHの値についてわかることはどれか。(　　　)

ア　7より小さい。　　イ　7である。　　ウ　7より大きい。

3　両生類は魚類から進化したと考えられている。その証拠とされているハイギョの特徴として，最も適当なものはどれか。(　　　)

ア　後ろあしがなく，その部分に痕跡的に骨が残っている。

イ　体表がうろこでおおわれていて，殻のある卵をうむ。

ウ　つめや歯をもち，羽毛が生えている。

エ　肺とえらをもっている。

4　地球の自転に関する次の文中の①，②について，それぞれ正しいものはどれか。
①(　　　)　②(　　　)

地球の自転は，1時間あたり①（ア　約15°　　イ　約20°　　ウ　約30°）で，北極点の真上から見ると，自転の向きは②（ア　時計回り　　イ　反時計回り）である。

5　ひろみさんは，授業でインターネットを使って桜島について調べた。調べてみると，桜島は，大正時代に大きな噴火をしてから100年以上がたっていることがわかった。また，そのときの溶岩は大正溶岩とよばれ①安山岩でできていること，大正溶岩でおおわれたところには，現在では，②土壌が形成されてさまざまな生物が生息していることがわかった。ひろみさんは，この授業を通して自然災害について考え，日頃から災害に備えて準備しておくことの大切さを学んだ。ひろみさんは家に帰り，災害への備えとして用意しているものを確認したところ，水や非常食，③化学かいろ，④懐中電灯やラジオなどがあった。

(1)　下線部①について，安山岩を観察すると，図のように石基の間に比較的大きな鉱物が散らばって見える。このようなつくりの組織を何というか。(　　　)

図

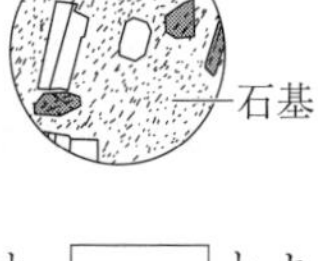

(2)　下線部②について，土壌中には菌類や細菌類などが生息している。次の文中の□にあてはまることばを書け。(　　　)

有機物を最終的に無機物に変えるはたらきをする菌類や細菌類などの微生物は，□とよばれ，生産者，消費者とともに生態系の中で重要な役割をになっている。

(3)　下線部③について，化学かいろは，使用するときに鉄粉が酸化されて温度が上がる。このように，化学変化がおこるときに温度が上がる反応を何というか。(　　　)

(4)　下線部④について，この懐中電灯は，電圧が1.5Vの乾電池を2個直列につなぎ，電球に0.5Aの電流が流れるように回路がつくられている。この懐中電灯内の回路全体の抵抗は何Ωか。

(　　　Ω)

2　次のⅠ，Ⅱの各問いに答えなさい。答えを選ぶ問いについては記号で答えなさい。

Ⅰ　物体の運動を調べるために，図1のような装置を用いて実験1，実験2を行った。ただし，台車と机の間や滑車と糸の間の摩擦，空気の抵抗，糸の質量は考えないものとする。また，糸は伸び縮みしないものとし，台車は滑車と衝突しないものとする。

図1

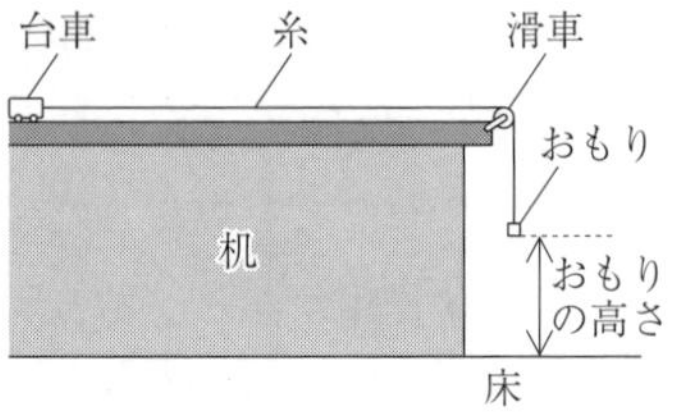

実験1　図1のように，水平な机の上で，台車に質量300gのおもりをつけた糸をつないで滑車にかけ，台車を手で押さえて静止させた後，静かに手をはなした。手をはなしてから，0.1秒ごとにストロボ写真を撮影した。図2は，ストロボ写真に撮影された台車の位置を模式的に表したものである。また，表は，手をはなしてからの時間と，台車が静止していた位置から机の上を動いた距離を，ストロボ写真から求めてまとめたものの一部である。

図2

表

手をはなしてからの時間〔s〕	0	0.1	0.2	0.3	0.4	0.5	0.6	0.7	0.8
台車が静止していた位置から机の上を動いた距離　〔cm〕	0	3.0	12.0	27.0	48.0	72.0	96.0	120.0	144.0

実験2　質量が300gより大きいおもりを用いて，おもりの高さが実験1と同じ高さになるようにして，実験1と同じ操作を行った。

1　実験1で，おもりが静止しているとき，おもりには「重力」と「重力とつり合う力」の二つの力がはたらいている。おもりにはたらく二つの力を，解答欄の方眼に力の矢印でかけ。ただし，重力の作用点は解答欄の図中のとおりとし，重力とつり合う力の作用点は「•」で示すこと。また，質量100gの物体にはたらく重力の大きさを1Nとし，方眼の1目盛りを1Nとする。

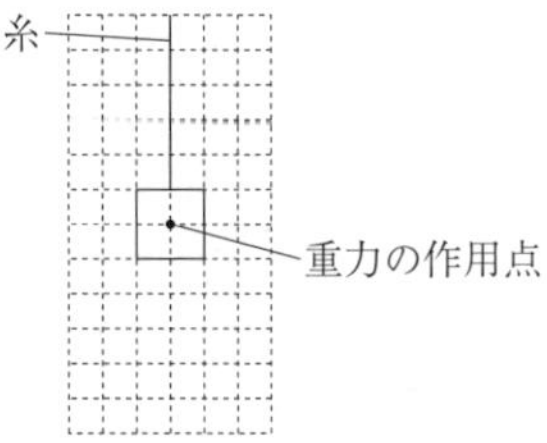

2　実験1で，手をはなしてからの時間が0.2秒から0.3秒までの台車の平均の速さは何cm/sか。(　　　cm/s)

3　実験1に関する次の文中の［ a ］にあてはまる数値を書け。また，［ b ］にあてはまることばを書け。a (　　　)　b (　　　)

実験1で，手をはなしてからの時間が［ a ］秒のときに，おもりは床についた。おもりが床についた後は台車を水平方向に引く力がはたらかなくなり，台車にはたらく力がつり合うため，台車は等速直線運動をする。これは「［ b ］の法則」で説明できる。

4　実験1と実験2において，手をはなしてからの時間と台車の速さの関係を表すグラフとして最も適当なものはどれか。ただし，実験1のグラフは破線（……），実験2のグラフは実線（——）で示している。（　　　）

ア
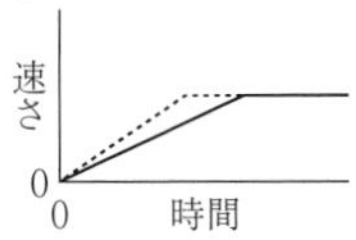

イ
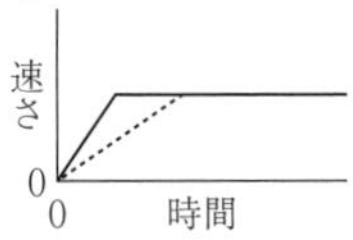

ウ
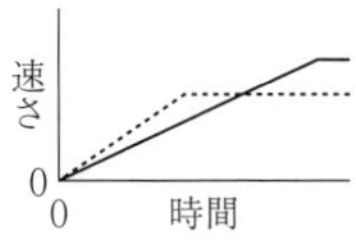

エ
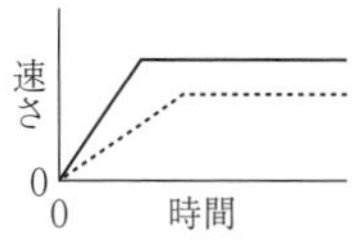

Ⅱ　たかしさんは，家庭のコンセントに＋極，－極の区別がないことに興味をもった。家庭のコンセントに供給されている電流について調べたところ，家庭のコンセントの電流の多くは，電磁誘導を利用して発電所の発電機でつくり出されていることがわかった。そこで電磁誘導について，図のようにオシロスコープ，コイル，糸につないだ棒磁石を用いて実験1，実験2を行った。

図
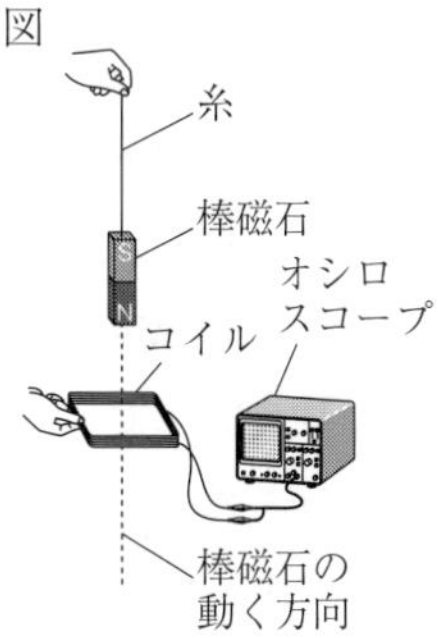

実験1　棒磁石を上下に動かして，手で固定したコイルに近づけたり遠ざけたりすると，誘導電流が生じた。

実験2　棒磁石を下向きに動かして，手で固定したコイルの内部を通過させると，誘導電流が生じた。

1　家庭のコンセントの電流の多くは，流れる向きが周期的に変化している。このように向きが周期的に変化する電流を何というか。（　　　）

2　電磁誘導とはどのような現象か。「コイルの内部」ということばを使って書け。

（　　　　　　　　　　　　　　　　　　　　　　　　　　　　　　　　　　）

3　実験1で，流れる誘導電流の大きさを，より大きくする方法を一つ書け。ただし，図の実験器具は，そのまま使うものとする。

（　　　　　　　　　　　　　　　　　　　　　　　　　　　　　　　　　　）

4　実験2の結果をオシロスコープで確認した。このときの時間とコイルに流れる電流との関係を表す図として最も適当なものはどれか。（　　　）

ア
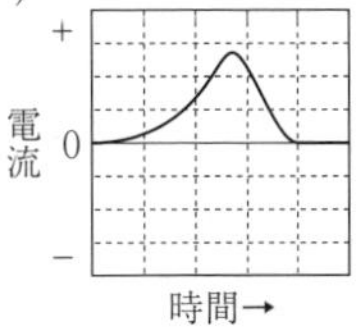

イ
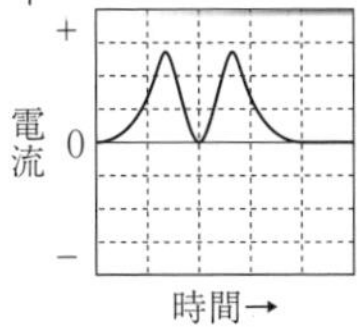

ウ
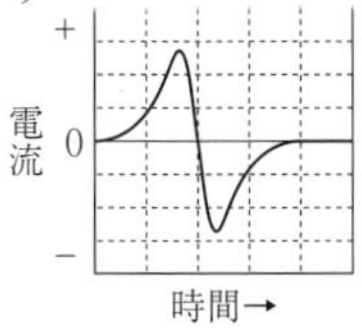

エ
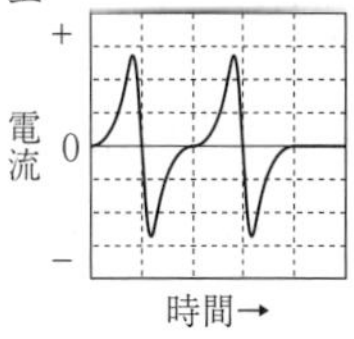

3　次のⅠ，Ⅱの各問いに答えなさい。答えを選ぶ問いについては記号で答えなさい。

Ⅰ　ひろみさんは，授業で血液の流れるようすを見るために，学校で飼育されているメダカを少量の水とともにポリエチレンぶくろに入れ，顕微鏡で尾びれを観察した。また，別の日に，水田で見つけたカエルの卵に興味をもち，カエルの受精と発生について図書館で調べた。

1　図1は，観察した尾びれの模式図である。(1)，(2)の問いに答えよ。

図1

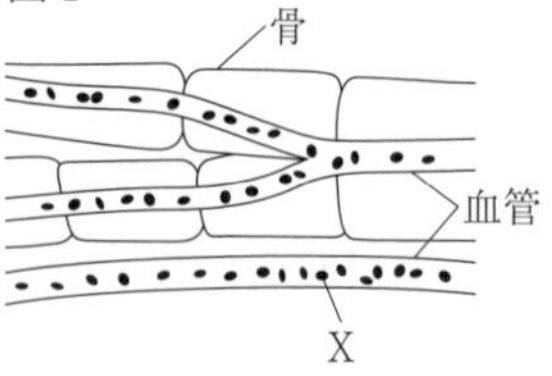

(1)　図1のXは，酸素を全身に運ぶはたらきをしている。Xの名称を書け。(　　　)

(2)　Xは，血管の中にあり，血管の外では確認できなかった。ひろみさんは，このことが，ヒトでも同じであることがわかった。そこで，ヒトでは酸素がどのようにして細胞に届けられるのかを調べて，次のようにまとめた。次の文中の[a]，[b]にあてはまることばを書け。

a (　　　)　b (　　　)

血液の成分である[a]の一部は毛細血管からしみ出て[b]となり，細胞のまわりを満たしている。Xによって運ばれた酸素は[b]をなかだちとして細胞に届けられる。

2　図2は，カエルの受精と発生について模式的に示したものである。(1)，(2)の問いに答えよ。

図2

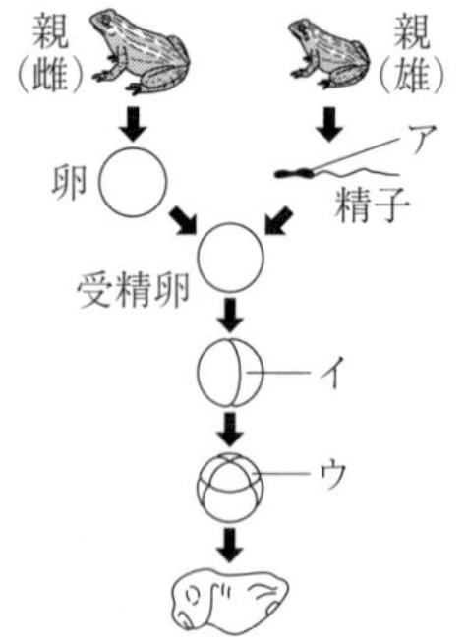

(1)　図2の親のからだをつくる細胞の染色体の数が26本であるとすると，図2のア，イ，ウの各細胞の染色体の数は，それぞれ何本か。

ア(　　　本)　イ(　　　本)　ウ(　　　本)

(2)　図2で，カエルに現れるある形質について，顕性形質（優性形質）の遺伝子をA，潜性形質（劣性形質）の遺伝子をaとする。図2の受精卵の遺伝子の組み合わせをAAとしたとき，親（雌）の遺伝子の組み合わせとして可能性があるものをすべて書け。ただし，Aとaの遺伝子は，遺伝の規則性にもとづいて受けつがれるものとする。(　　　　　)

Ⅱ　たかしさんは，校庭でモンシロチョウとタンポポを見つけた。

1　モンシロチョウは昆虫に分類される。昆虫のからだのつくりについて述べた次の文中の[a]にあてはまることばを書け。また，[b]にあてはまる数を書け。

a (　　　)　b (　　　)

昆虫の成虫のからだは，頭部，[a]，腹部からできており，足は[b]本ある。

2　タンポポの花は，たくさんの小さい花が集まってできている。図1は，タンポポの一つの花のスケッチであり，ア～エは，おしべ，めしべ，がく，花弁のいずれかである。これらのうち，花のつくりとして，外側から2番目にあたるものはどれか。その記号と名称を書け。記号(　　　)　名称(　　　)

図1

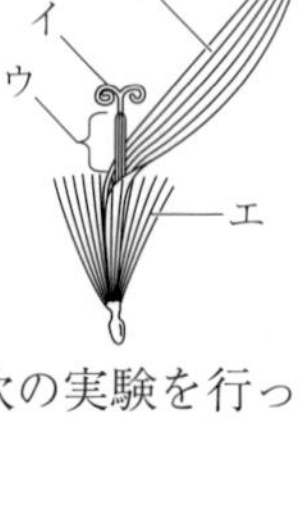

3　植物が行う光合成に興味をもっていたたかしさんは，見つけたタンポポの葉を用いて，光合成によって二酸化炭素が使われるかどうかを調べるために，次の実験を行った。(1)，(2)の問いに答えよ。

実験

図2

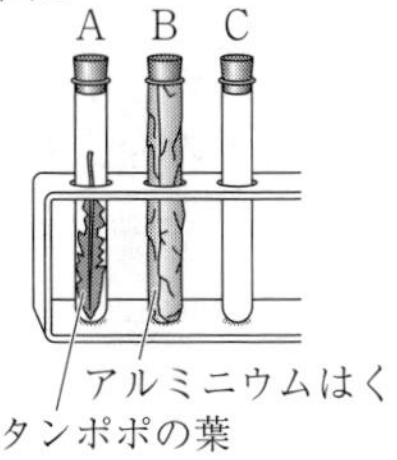

① 3本の試験管A～Cを用意して，AとBそれぞれにタンポポの葉を入れた。

② A～Cそれぞれにストローで息をふきこみ，ゴムせんでふたをした。

③ 図2のように，Bのみアルミニウムはくで包み，中に光が当たらないようにし，A～Cに30分間光を当てた。

④ A～Cに石灰水を少し入れ，ゴムせんをしてよく振ったところ，石灰水が白くにごった試験管とにごらなかった試験管があった。

(1) 実験の④で石灰水が白くにごった試験管の記号をすべて書け。(　　　)

(2) 試験管Cを準備したのはなぜか。解答欄のことばに続けて書け。ただし，解答欄の書き出しのことばの中の（　　）に対照実験となる試験管がA，Bのどちらであるかを示すこと。

試験管（　　　）と比べることで，(　　　　　　　　　　　　　　　　　　　　　)

4　次のⅠ，Ⅱの各問いに答えなさい。答えを選ぶ問いについては記号で答えなさい。

Ⅰ　ある日，たかしさんは地震のゆれを感じた。そのゆれは，はじめは小さくこきざみなゆれだったが，その後，大きなゆれになった。後日，たかしさんはインターネットで調べたところ，この地震の発生した時刻は11時56分52秒であることがわかった。

1　下線部のゆれを伝えた地震の波は，何という波か。(　　　　)

2　表は，たかしさんがこの地震について，ある地点A～Cの観測記録を調べてまとめたものである。(1)～(3)の問いに答えよ。ただし，この地震の震源は比較的浅く，地震の波は均一な地盤を一定の速さで伝わったものとする。

表

地点	震源距離	小さくこきざみなゆれが始まった時刻	大きなゆれが始まった時刻
A	36km	11時56分58秒	11時57分04秒
B	72km	11時57分04秒	11時57分16秒
C	90km	11時57分07秒	11時57分22秒

(1)　表の地点A～Cのうち，震度が最も小さい地点として最も適当なものはどれか。(　　　　)

(2)　「小さくこきざみなゆれ」と「大きなゆれ」を伝えた二つの地震の波について，ゆれが始まった時刻と震源距離との関係を表したグラフをそれぞれかけ。ただし，表から得られる値を「•」で示すこと。

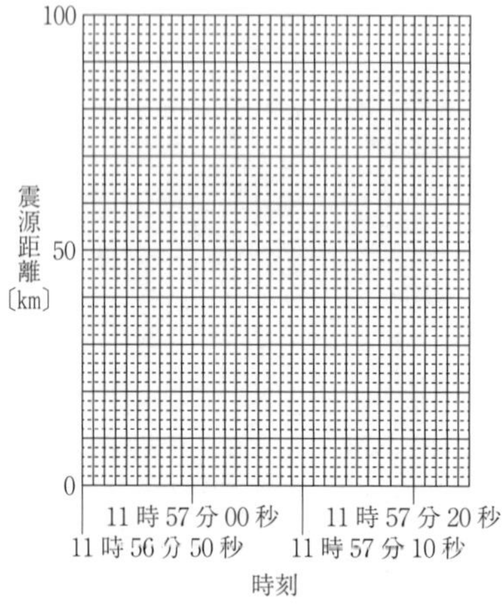

(3)　震源距離126kmの地点における，初期微動継続時間は何秒か。(　　　　秒)

Ⅱ　鹿児島県に住んでいるひろみさんは，授業で学んだ日本の天気の特徴に興味をもち，毎日気づいたことやインターネットでその日の天気図を調べてわかったことについてまとめた。内容については先生に確認してもらった。図は，ひろみさんがまとめたものの一部であり，AとBの天気図は，それぞれの時期の季節の特徴がよく表れている。

図

	A	B
天気図と気づいたことやわかったこと	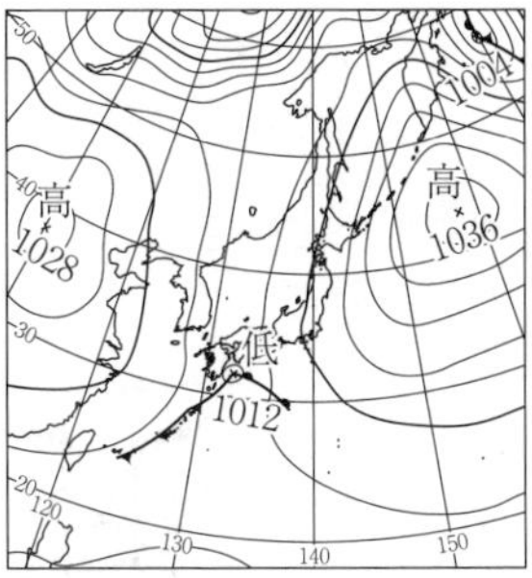 今日は雨が降っていた。最近，3～4日おきに天気がかわり，同じ天気が続かない。数日間の天気図を比べると，今の時期は，東西に並んだ高気圧と低気圧が一定方向に動いていることがわかった。	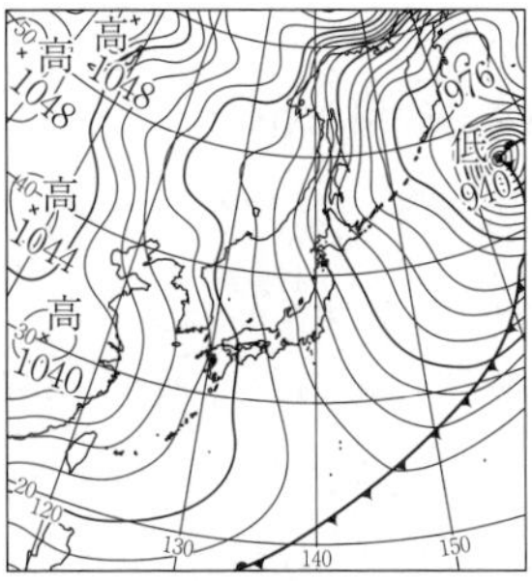 今日はこの時期特有の季節風がふいた。ここ2日間の天気図を見ると，低気圧が急速に発達してこの時期に特徴的な気圧配置になった。日本列島付近に多くの等圧線がせまい間隔で並んでいることがわかった。

（天気図は気象庁の資料により作成）

1　下線部の高気圧を特に何というか。（　　　）

2　下線部について，高気圧や低気圧の動きとして最も適当なものはどれか。（　　　）

ア　北から南へ動く。　イ　南から北へ動く。　ウ　東から西へ動く。

エ　西から東へ動く。

3　日本列島付近で見られる低気圧について，その中心付近の空気が移動する方向を模式的に表したものとして最も適当なものを，次のア～エから選べ。ただし，ア～エの太い矢印は上昇気流または下降気流を，細い矢印は地上付近の風を表している。（　　　）

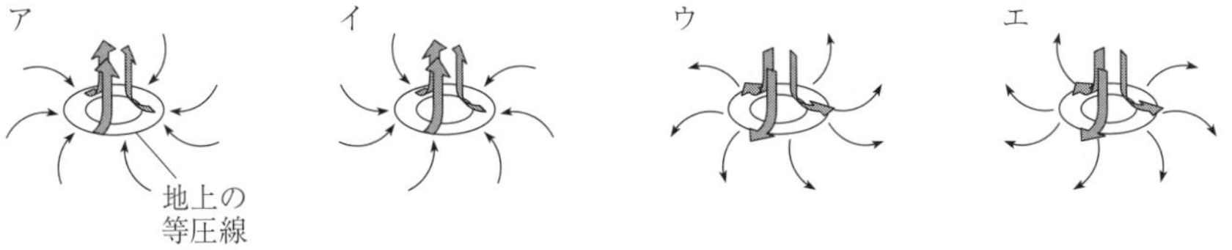

4　Bの天気図には，ある季節の特徴が見られる。この季節には大陸上で，ある気団が発達するために日本に季節風がふく。この気団の性質を書け。

（　　　　　　　　　　　　　　　　　　　　）

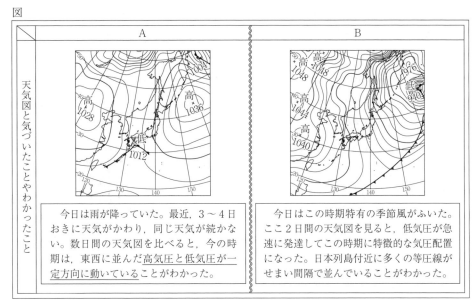

5　次のⅠ，Ⅱの各問いに答えなさい。答えを選ぶ問いについては記号で答えなさい。

Ⅰ　塩化銅水溶液の電気分解について，次の実験を行った。なお，塩化銅の電離は，次のように表すことができる。

$CuCl_2 \rightarrow Cu^{2+} + 2Cl^-$

実験　図1のような装置をつくり，ある濃度の塩化銅水溶液に，2本の炭素棒を電極として一定の電流を流した。その結果，陰極では銅が付着し，陽極では塩素が発生していることが確認された。このときの化学変化は，次の化学反応式で表すことができる。

$CuCl_2 \rightarrow Cu + Cl_2$

図1

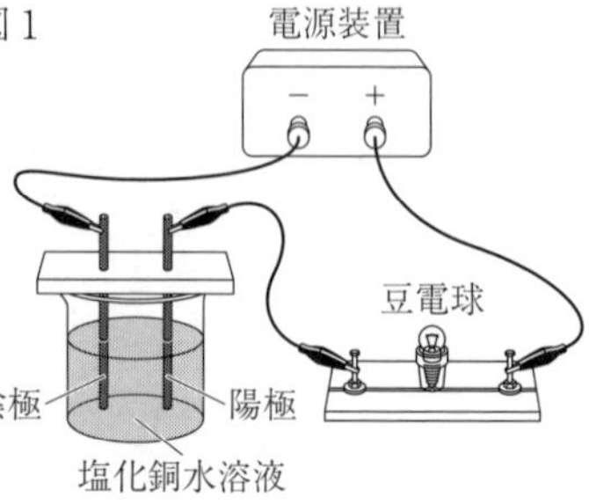

1　塩化銅のように，水にとかしたときに電流が流れる物質を何というか。名称を答えよ。(　　　　)

2　塩素の性質について正しく述べているものはどれか。(　　　　)

ア　無色，無臭である。　　イ　殺菌作用や漂白作用がある。

ウ　気体の中で最も密度が小さい。　　エ　物質を燃やすはたらきがある。

3　実験において，電流を流した時間と水溶液の中の塩化物イオンの数の関係を図2の破線（┈┈┈）で表したとき，電流を流した時間と水溶液の中の銅イオンの数の関係はどのようになるか。図2に実線（――）でかけ。

図2

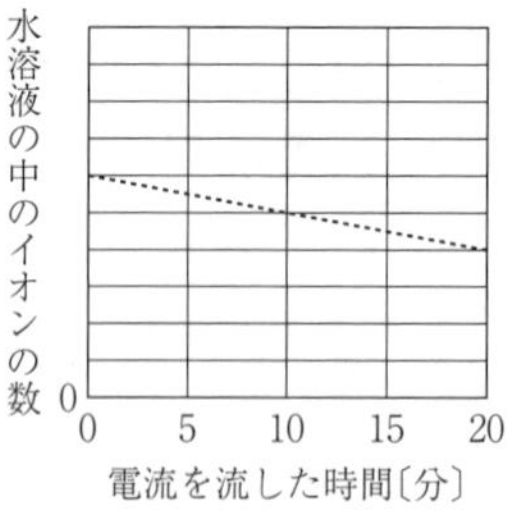

4　実験の塩化銅水溶液を塩酸（塩化水素の水溶液）にかえて電流を流すと，陰極，陽極の両方で気体が発生した。この化学変化を化学反応式で表せ。(　　　　　　　　　　)

Ⅱ　エタノールの性質を調べるために実験1，実験2を行った。

実験1　図1のように，少量のエタノールを入れたポリエチレンぶくろの口を閉じ，熱い湯をかけたところ，ふくろがふくらんだ。

図1

実験2　水 $28.0 cm^3$ とエタノール $7.0 cm^3$ を混ぜ合わせた混合物を蒸留するために，図2のような装置を組み立てた。この装置の枝つきフラスコに温度計を正しく取りつけてから，水とエタノールの混合物を蒸留した。ガラス管から出てくる気体を冷やして液体にし，4分ごとに5本の試験管に集め，順にA，B，C，D，Eとした。

次に，それぞれの試験管の液体の温度を25℃にして，質量と体積をはかった後，集めた液体の一部を脱脂綿にふくませ，火をつけたときのようすを調べた。表は，その結果を示したものである。

図2

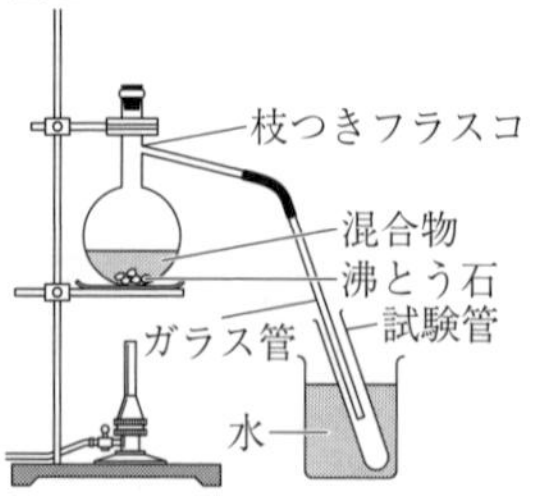

表

試験管	A	B	C	D	E
質量　〔g〕	1.2	2.7	3.3	2.4	2.4
体積　〔cm^3〕	1.5	3.2	3.6	2.4	2.4
火をつけたときのようす	燃えた	燃えた	燃えた	燃えなかった	燃えなかった

1　実験1で，ふくろがふくらんだ理由として，最も適当なものはどれか。(　　　)

ア　エタノール分子の質量が大きくなった。

イ　エタノール分子の大きさが大きくなった。

ウ　エタノール分子どうしの間隔が広くなった。

エ　エタノール分子が別の物質の分子に変化した。

2　実験2の下線部について，枝つきフラスコに温度計を正しく取りつけた図はどれか。

(　　　)

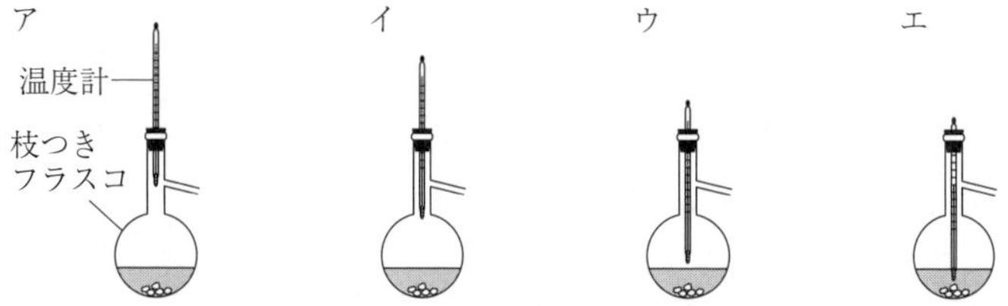

3　実験2で，蒸留する前の水とエタノールの混合物の質量をW〔g〕，水の密度を1.0g/cm^3とするとき，エタノールの密度は何g/cm^3か。Wを用いて答えよ。ただし，混合物の質量は，水の質量とエタノールの質量の合計であり，液体の蒸発はないものとする。(　　　g/cm^3)

4　エタノールは消毒液として用いられるが，燃えやすいため，エタノールの質量パーセント濃度が60％以上になると，危険物として扱われる。図3は，25℃における水とエタノールの混合物にふくまれるエタノールの質量パーセント濃度とその混合物の密度との関係を表したグラフである。試験管A～Eのうち，エタノールの質量パーセント濃度が60％以上のものをすべて選べ。(　　　)

図3

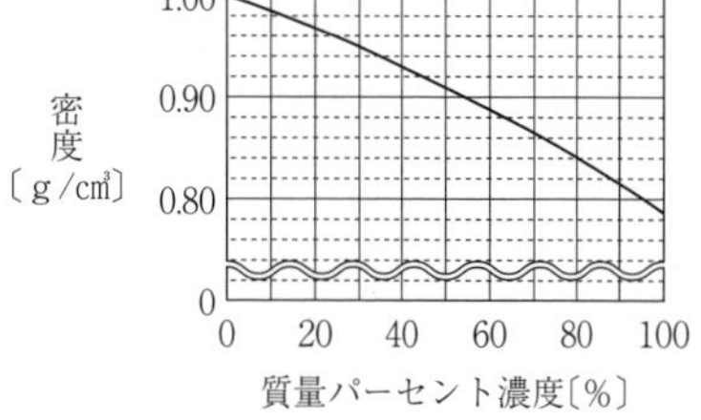

態度に感動している。

5　――線部④とあるが、それはなぜか。五十字以内で説明せよ。

5　令和三年七月、「奄美大島、徳之島、沖縄島北部及び西表島《いりおもてじま》」が世界自然遺産に登録されました。また、薩摩藩が行った集成館事業は平成二十七年に「明治日本の産業革命遺産　製鉄・製鋼、造船、石炭産業」として世界文化遺産に登録されています。このことを受けて、「自然や文化など先人が残してくれたものを引き継ぐために私たちは何をするべきか」をテーマに、国語の授業で話し合いをしました。次は、話し合いで出された三人の意見です。あとの(1)～(6)の条件に従って、作文を書きなさい。

Aさん　鹿児島県は屋久島も世界自然遺産に登録されています。私たちは、先人が残してくれたこれらの遺産を大切に守っていく必要があると思います。

Bさん　屋久島では、世界遺産に登録されたことで、自然・歴史・文化を守るために新たな問題が出てきていると聞いたことがあります。

Cさん　私たちが住む地域には過去から現在へと引き継がれてきたすばらしい自然・歴史・文化がたくさんあります。それらの財産を未来に残していくために、私たちができることを考えていきましょう。

条件

(1)　**C**さんの提案を踏まえて書くこと。

(2)　二段落で構成すること。

(3)　第一段落には、あなたが未来に残したいと思う具体的なものをあげ、それを引き継いでいく際に想定される問題を書くこと。

(4)　第二段落には、第一段落であげた問題を解決するためにあなたが取り組みたいことを具体的に書くこと。

(5)　六行以上八行以下で書くこと。

(6)　原稿用紙の正しい使い方に従って、文字、仮名遣いも正確に書くこと。

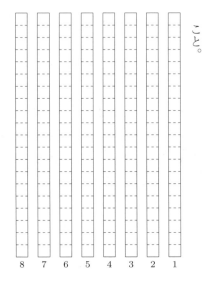

一緒に歩きながら聞いていた。先月練習したのと同じ節回しのはずなのに、篤が叩いていた音とは違った。軽やかで、何の引っかかりもなく聞こえる。

耳元でその音を聞きながら、明日からいよいよ土俵上の戦いが幕を開けるのだと実感した。最後に力強くトトン、と音が鳴り、土俵祭が終わった。

土俵祭の帰り、名古屋城の石垣をバックに赤や緑、橙《だいだい》と色とりどりの力士幟《のぼり》がはためいているのが見えた。その幟に囲まれるようにして、呼出が太鼓を叩くための櫓《やぐら》が組まれている。

去年、篤が初めて呼出として土俵に上がったのも、この名古屋場所だった。研修の期間があったとはいえ、当時は相撲のことは何もわかっていなかった。わかっていなかったけれど、青空に鮮やかな彩《いろど》りを添える幟や、空に向かってそびえる櫓は粋で気高く、美しかった。

そして今、一年が経《た》って同じ景色を見ている。

来年この景色を見るとき、俺はどうなっているのだろう。新しく入ってきた呼出に対して、ちゃんと「兄弟子」らしくいエられるだろうか。できる仕事は増えているだろうか。朝霧部屋からは、関取が誕生しているだろうか。

一年後はまだわからないことだらけだ。

④それでも、もう不安に思わなかった。

（鈴村ふみ「櫓太鼓がきこえる」より）

(注)　土俵築＝土俵づくり。

進さん＝ベテランの呼出で、若手呼出の憧れの的でもある。篤が入門した際の指導役。

土俵祭＝場所中の安全を祈願する儀式。

触れ太鼓＝本場所の前日に、翌日から相撲が始まることを知らせる太鼓。

1　═══線部ア～エの中から、働きと意味が他と異なるものを一つ選び、記号で答えよ。（　　）

2　───線部①における達樹の様子を説明したものとして、最も適当なものを次から選び、記号で答えよ。（　　）

ア　新弟子が入門してくることに納得がいかない様子。

イ　自分の話を疑ってくる篤に不満を抱いている様子。

ウ　自分への礼儀を欠いた篤の口調に怒っている様子。

エ　場所前の準備作業の疲れと空腹で機嫌が悪い様子。

3　次の文は、───線部②における篤の「異変」について説明したものである。［Ⅰ］には、本文中から最も適当な六字の言葉を抜き出して書き、［Ⅱ］には、二十五字以内の言葉を考えて補い、文を完成させよ。

Ⅰ

Ⅱ

［Ⅰ］が入門してくると聞いた篤は、これから先、仕事をしていくうちに［Ⅱ］を感じて、冷静ではいられなくなっている。

4　───線部③について、直之さんの気持ちを説明したものとして、最も適当なものを次から選び、記号で答えよ。（　　）

ア　感謝の言葉に照れくささを感じつつも、篤を励ますことができてうれしく思っている。

イ　自分の元から巣立つことに寂しさを感じつつも、篤が兄弟子になることを喜んでいる。

ウ　仕事の様子に多少の不安を感じつつも、篤に後輩ができることを誇らしく思っている。

エ　思わず本音を話したことに恥ずかしさを感じつつも、篤の素直な十五時前に一日の作業が終わると、直之さんが「喉渇いたし、ちょっとひと休みしてから帰らねえ?」と今度はお茶に誘ってきた。篤もすっかり喉が渇いていたので、誘われるがまま、隣の駅近くにある喫茶店に入った。

ところが注文したアイスコーヒーが運ばれてくるやいなや、「達樹が言ってた話だけど。お前、新弟子が入ってくるのが不安なんだろ」と言い当てアられ、ぎくりとした。

どうやらその話をするつもりで、お茶に誘ったらしい。午後の篤は、何度か手が止まってしまい、たびたび注意を受けていた。ここ数場所は、そのように注意されることはなかったので、直之さんが②異変に気づくのも無理はない。

「……ああ、はい。そうっすね」

またみっともないことをしてしまった、と思ったが仕方なく白状した。その新弟子は、呼び上げや(注)土俵築《どひょうつき》、太鼓なんかも、そのうち自分より上手くこなすかもしれないと不安になり、思考とともに、手も止まっていた。

篤の返事を聞くと、直之さんは小さくため息をついた。

「なんでお前はそんなに自信なさげなんだよ。この一年で、お前は充分変わったよ。だって、ほら」

そう言って直之さんは手を伸ばして、篤の腕を軽く叩《たた》く。上腕には小さな力瘤《ちからこぶ》がついていた。思い返せば一年前の篤の腕は枝のように細くて、ひたすらにまっすぐな線を描いていた。

「その腕だって、土俵築ちゃんとやってきたからじゃん。呼び上げだってたまに調子外すけど、声も太くなってきたし。太鼓も、テンポゆっくりめになるけど必死になって叩いてるって、(注)進《すすむ》さんから聞いたぞ」

「……なんか、褒めイられてる気がしません」

「ああ、ごめんごめん」

直之さんが、仕切り直すようにアイスコーヒーを一口飲んだ。

「お前は怒られることも失敗することもたくさんあったけどさ、一年間、逃げずにやってきただろ。ちゃんと、お前は頑張ってたよ。近くで見てきた俺が言うんだから、間違いない」

そうきっぱりと言われて、思わず直之さんの顔をまじまじと見た。直之さんは一瞬、何だよと渋い顔をしたが、話を続けた。

「まだできないことも多いかもしれないけど、この一年、真面目にやってきただけでも充分偉いじゃん。今みたいに不安になるのも、お前がこの仕事に真剣になってる証拠だよ。たとえ新弟子がめちゃくちゃできる奴《やつ》でもさ、大丈夫。お前なら、これからもちゃんとやっていける」

お前なら、ちゃんとやっていける。

今しがたかけウられた言葉が、耳の奥で響く。

同い年なのに仕事ができて、しかも頼りがいのある直之さんみたいになりたいと、ずっと思ってきた。まだ目標は達成できないかもしれないが、その直之さん本人から認められ、胸がすっと軽くなるのがわかった。

……そっか。こんな俺でも、大丈夫なんだな。

直之さんは急に真顔になって、もう二度とこんなこと言わねえからな、とストローを咥《くわ》え、黙ってアイスコーヒーを吸い上げた。

「あの……ありがとうございます」

それでも篤が深々と頭を下げると、③直之さんは少しだけ笑ってみせた。

名古屋場所前日の(注)土俵祭《どひょうまつり》でも、最後に(注)触れ太鼓の番があった。担《かつ》いでいる太鼓を、兄弟子がトトントントンと打ち鳴らす音を、篤も生徒B「私もそれが不思議でした。亭主の目的はなんだったのかなあ。」

生徒A「……もしかして、地面の下には最初から銭はなかったのではないかな。本当の目的は、かの男に［Ⅲ］ということを身をもってわからせたかったんだよ。」

生徒C「なるほど。そうすることで、かの男に商売をする上での心構えを伝えたかったんだね。」

先　生「いいところに気づきましたね。この亭主がしたことには奥深い意図があったのですね。」

4　次の文章を読んで、あとの1～5の問いに答えなさい。

> 十七歳の篤《あつし》は、大相撲の取組前に力士の名を呼び上げる呼出《よびだし》として朝霧《あさぎり》部屋に入門した。名古屋場所の準備作業の合間に、呼出の兄弟子である直之《なおゆき》や達樹《たつき》と三人で昼食をとろうとしている。

「ここだけの話なんですけど。今度、呼出の新弟子が入るらしいっすよ」

「えっ、マジっすか」

思わず篤は叫んでいた。

何人か兄弟子が振り返ったので、達樹が「ここだけの話なんだから、でかい声出すな」と顔をしかめた。

「だってそれ、本当っすか」

「本当だよ。嘘《うそ》ついてどうすんだよ」①達樹はさらに眉間に皺《しわ》を寄せた。

「光太郎さんが辞めて今、欠員出てるし。さっそく来場所あたり見習いで入ってくるらしいよ」

周囲に聞こえないように、達樹は声をひそめて言う。

直之さんが「へえー。じゃあ、篤ももう兄弟子じゃん」と楽しそうに相づちを打つと、ちょうど料理ができたとの放送があり、揃《そろ》って注文した品を取りに行った。

直之さんがきしめんを、達樹が味噌《みそ》ラーメンをすすっている間、二人は名古屋の行きつけの店の話で盛り上がっていた。しかし篤の頭はずっと、呼出の新弟子が入ってくるということでいっぱいだった。しばらくボーッとしていたのだろう。「お前のうまそうじゃん。ちょっとちょうだい」と達樹に冷やし担々麺《たんたんめん》を食べられ、篤はようやく我に返った。

③　次の文章を読んで、あとの1～4の問いに答えなさい。

ある時、夜更《ふ》けて(注)樋口屋《ひのくちや》の門をたたきて、酢を買ひにくる人あり。中戸を奥へは(戸を隔てて奥へは)幽《かす》かに聞こえける。(注)下男《げなん》目を覚まし、「何程がの」(どれほどですか)といふ。「むつかしながら(注)一文《いちもん》がの」(ごめんどうでしょうが一文分を)といふ。①そら寝入りして、そののち返事もせねば、ぜひなく帰りぬ(しかたなく帰った)。

夜明けて②亭主は、③かの男よび付けて、何の用もなきに「門口《かどぐち》(注)三尺掘れ」といふ。御意《ぎょい》に任せ(お言葉に従って)久三郎、諸肌《もろはだ》ぬぎて、鍬《くは》を取り、堅地《かたち》に気をつくし(堅い地面に苦労して)、身汗水なして、④やうやう掘りける。その深さ三尺といふ時、「銭はあるはづ、いまだ出ぬか」といふ。「小石・貝殻より外に何も見えませぬ」と申す。「それ程にしても銭が一文ない事、よく心得て、かさねては(これからは)一文商《あきなひ》も大事にすべし。」

(「日本永代蔵」より)

(注)　樋口屋＝店の名前、またはその店主。
　　下男＝やとわれて雑用をする男性。
　　一文＝ごくわずかの金銭。
　　三尺＝約九〇センチメートル。

1　――線部④「やうやう」を現代仮名遣いに直して書け。(　　)

2　――線部②「亭主」、③「かの男」とはそれぞれ誰を指すか。その組み合わせとして正しいものを次から選び、記号で答えよ。(　　)

ア　②　下男　　③　樋口屋
イ　②　樋口屋　　③　酢を買ひにくる人
ウ　②　酢を買ひにくる人　　③　樋口屋
エ　②　樋口屋　　③　下男

3　――線部①「そら寝入りして」とあるが、これはどういうことか。最も適当なものを次から選び、記号で答えよ。(　　)

ア　仕事の疲れから眠気に勝てず、うたた寝をしたということ。
イ　商品の提供を待っている間に、うたた寝をしたということ。
ウ　大した利益にならないと思い、寝たふりをしたということ。
エ　無理な注文をしたことを恥じ、寝たふりをしたということ。

4　次は、本文をもとに話し合っている先生と生徒の会話である。［Ⅰ］～［Ⅲ］に適当な言葉を補って会話を完成させよ。ただし、［Ⅰ］には本文中から最も適当な六字の言葉を抜き出して書き、［Ⅱ］・［Ⅲ］にはそれぞれ十五字以内でふさわしい内容を考えて現代語で答えること。

Ⅰ［　　　　　　］
Ⅱ［　　　　　　　　　　　　　　　］
Ⅲ［　　　　　　　　　　　　　　　］

先　生「亭主はかの男を呼びつけて何と命じて、男はどのような行動をしましたか。」
生徒A「はい。亭主は『［Ⅰ］』と命じました。」
生徒B「そして、かの男は鍬を使って、堅い地面に苦労しながら亭主の言いつけに従いました。」
先　生「では、かの男が大変な思いをして作業に臨んでいることは、どのような様子からわかりますか。」
生徒B「はい。かの男が［Ⅱ］様子からわかります。」
生徒C「でも、小石や貝殻しか出てこなかったんですよね。『銭はあるはづ』と言ったのはなぜだろう。」

による分断を縫い合わせようとする試みなのです。あらゆる現代の知の中に対話を組み込み、社会の分断を克服しなければなりません。

自分の人生や生き方と、教育機関で教えるような知識やスキルを結びあわせること、生活と知識を結びつけることは、哲学の役割です。そして、自分がどう生きるのかと問うのが哲学であるとすれば、その問いに答える手段を与えてくれるのが、学校で学べるさまざまな知識です。③哲学の問いがなければ、さまざまな知識は扇の要を失ってしまうでしょう。

その自分の哲学を、対話によって深めていこうとするのが哲学対話なのです。

（河野哲也「問う方法・考える方法　『探究型の学習』のために」より）

(注)　倫理＝道徳や善悪の基準など人間のあり方を研究する学問。「倫理学」の略。

ですが、なぜ哲学対話を探究の最初に実施することを勧めるのでしょうか。＝筆者は本文より前の部分で、探究型の学習方法について述べている。

先ほど述べましたが＝筆者は本文より前の部分で、現代社会における専門性について述べている。

1　本文中の［a］・［b］にあてはまる語の組み合わせとして、最も適当なものを次から選び、記号で答えよ。（　）

ア　a　または　b　一方　　イ　a　すなわち　b　要するに

ウ　a　しかも　b　なお　　エ　a　あるいは　b　たとえば

2　次の文は、――線部①「深く考える」ために必要なことについて説明したものである。［Ⅰ］には最も適当な九字の言葉を、［Ⅱ］には最も適当な十三字の言葉を本文中から抜き出して書け。

Ⅰ［　　　　　　　　　］　Ⅱ［　　　　　　　　　　　　　］

「深く考える」ことは自分の［Ⅰ］を考え直してみることだが、自分の［Ⅰ］に一人だけで気がつくことは難しいので、［Ⅱ］が必要である。

3　――線部②とあるが、本文における「哲学」についての説明として適当なものを次から二つ選び、記号で答えよ。（　）（　）

ア　専門家の立場で、一般的な知識について根底から問い直すこと。

イ　一般の人の立場で、一般的な問題について根本から考えること。

ウ　専門家独自の観点から、一般的な問題を批判的に考え直すこと。

エ　一般的かつ全体的な観点から、専門的な知識を再検討すること。

オ　専門的かつ客観的な観点から、専門的な問題を深く考えること。

4　――線部③とあるが、これはどういうことか。次の「扇の要」の説明を参考にして、「自分がどう生きるのかを問わなければ」に続く形で六十五字以内で説明せよ。

自分がどう生きるのかを問わなければ、［　　　　　　　　　　　　　　　　　　　　］

扇の要…扇の根元にある軸のこと。外れるとばらばらになってしまう。転じて、物事の大事な部分の意。

5　次のア～エは、四人の中学生が、将来の夢を実現するために考えたものである。～～線部「横断的・総合的である」ということの例として最も適当なものを次から選び、記号で答えよ。（　）

ア　プロゴルファーになるために、ゴルフの技術と栄養学を学ぶ。

イ　高校の国語教師になるために、文法と日本の古典文学を学ぶ。

ウ　漫画家になるために、人気漫画の人物と風景の描き方を学ぶ。

エ　世界的なオペラ歌手になるために、発声と曲想の表現を学ぶ。

の他者は、できれば自分と違えば違うほどいいでしょう。ジェンダーにせよ、性格にせよ、家庭や生い立ちにせよ、考え方にせよ、これまでの経歴にせよ、社会の中での立場にせよ、です。

　生徒同士で対話する場合では、年齢はほとんど同じで、社会的立場はまさしく学校の生徒です。その意味で、かなり似た部分の多い他者なのですが、それでもあなたの友人は、あなたには話していない意外なことを考え、普段は見せない意外な側面を持っているものです。

　また、自分がこれまでに出会った人のこと、[a]、ニュース番組や書籍を通じて知った人たちのことを思い出してみましょう。多様な人がいるはずです。異なった人生を歩んでいればいるほど、異なった考え方をするでしょう。異なった考えの人と対話することが、深く考えるきっかけになります。異なった人の意見が貴重であることに気がつけば、異なった人に興味や関心をもてるようになります。哲学対話の特徴は、前提を問い直し、立場や役割を掘り崩していくことにあります。

　(注)ですが、なぜ哲学対話を探究の最初に実施することを勧めるのでしょうか。それは、哲学が「全体性を回復するための知」だからです。少し難しい部分もあるかもしれませんが、お付き合いください。

　②哲学は、科学とは異なる知のあり方をしています。哲学は一般の人が、一般的な問題について考えるための学問です。「人生の意味とは何か」「人類に共通の利益はあるのか」「時間とは何か」「愛とは何か」「正義はどのように定まるのか」「国家はどのようにあるべきか」「法の役割とは何か」「正しい認識にはどうやって到達するのか」「宗教は必要か」などが哲学の典型的な問いです。

　これらの問いは、複数の教科や学問分野の根底に関わるような問題であることはおわかりでしょう。「愛とは何か」を考えることは、個人的な愛についての考えを尋ねているだけではなく、隣人愛は、社会のなかで人々のつながりはどうあるべきか、家族愛は、家族とはどうあるべきかといった、社会におけるみんなの問題となってくるはずです。社会観や家族観は、政策や法律の設定とも関係してくるでしょう。こうして、愛についての考えは、複数の学問分野、複数の社会の領域に関わってきます。横断的・総合的であるのは、哲学的思考の特徴です。ですから、哲学対話はあらゆる学の基礎となると言ってもいいのです。

　しかし哲学のもうひとつの重要な仕事は、それぞれの専門的な知識を、より一般的で全体的な観点から問い直すことです。[b]、遺伝子治療は非常に専門性が高い分野です。しかし遺伝子治療の範囲をどこまで認めていいのか。遺伝子を組み替えて難病にかかりにくくした子どもを作っていいのか。人間の遺伝子に対して、人間はどこまで改変してよいものなのでしょうか。

　こうしたことは、社会のだれにでも関わってくるので、医学の専門家だけに判断を任せてよい問題ではありません。社会に存在している常識や知識や技術を、人間の根本的な価値に照らし合わせてあらためて検討することは重要な哲学の役割です。その意味で、哲学は最も素朴な視点からの学問であると同時に、最も高次の視点から常識や知識を批判的に検討する学問です。

　その際に哲学がとるべき視点は、いかなる専門家からでもない、いかなる職業や役割からでもない、ひとりの人間ないし市民からの視点です。哲学という学問が最も一般的であり、特定の分野に拘束されないという特徴はここから来ています。

　現代社会は、専門性が進み、社会がそれによって分断されていると先(注)ほど述べましたが、哲学は、さまざまな人が集う対話によって、専門化

国語

時間　五〇分
満点　九〇点

1　次の1・2の問いに答えなさい。

1　次の――線部のカタカナは漢字に直し、漢字は仮名に直して書け。

(1)　コナグスリを飲む。（　　　）
(2)　事件を公平にサバく。（　　く）
(3)　金のコウミャクを掘り当てる。（　　　）
(4)　固唾をのんで見守る。（　　　）
(5)　友人の才能に嫉妬する。（　　　）
(6)　受賞の喜びに浸る。（　　る）

2　次の行書で書かれた漢字を楷書で書いたときの総画数を答えよ。

（　　画）

2　次の文章を読んで、あとの1～5の問いに答えなさい。

では哲学対話とは、どのような対話なのでしょうか。「哲学」という名前がついているからといって、(注)倫理の教科書に載っているような昔の思想家や哲学者の考えを知識として知っている必要はありません（もちろん、知っているなら、それはそれで有益ですが）。哲学対話とは、ひとつのテーマや問いについて、対話しながら深く考え、深く考えながら対話する活動です。ここでの「哲学」という言葉は、「根本的に、深く考える」という意味に置き換えられるものです。

（中略）

当然視されていること、常識と思われていること、昔から信じ込まれていること、これらをもう一度掘り起こして、考え直してみることが「①深く考える」ことの意味です。それは自分が立っている足元を見直してみる態度だといえるでしょう。そうして考え直してみた結果、「もとのままでもよい」という結論が出るときもありますし、「部分的に改善していくほうがよい」という結論が出るときもありますし、「大きく変えたほうがよい」「全面的に新しいものにしたほうがよい」という結論が出るときもあるでしょう。

科学の発見も、芸術の新しい表現も、斬新なイベントも、創造的なことはすべて、当然とされていることを一旦疑ってみる態度から生まれてくるのです。そしてこうした態度は、科学や芸術の分野だけではなく、日常生活にも当てはめてみるべきなのです。

しかしながら、自分の思い込みや古い常識に、自分だけで気がつくことはなかなか難しいものです。自分の周りの人たちも一緒に信じてしまっている思い込みならなおさらです。

それに気がつかせてくれるのが、自分とは異なる他者との対話です。そ

2022年度／解答

数　学

1 【解き方】1. (1) 与式 $= 32 - 5 = 27$ (2) 与式 $= \frac{1}{2} + \frac{7}{9} \times \frac{3}{7} = \frac{1}{2} + \frac{1}{3} = \frac{5}{6}$ (3) 与式 $= (\sqrt{6})^2 - (\sqrt{2})^2 = 6 - 2 = 4$ (4) $10 \div 3 = 3$ 余り 1，$99 \div 3 = 33$ だから，$3 \times 4 = 12$ から，$3 \times 33 = 99$ までの，$33 - 4 + 1 = 30$（個） (5) 三角すい ABCD と三角すい AEFG は相似で，相似比は 2：1 だから，体積の比は，$2^3 : 1^3 = 8 : 1$　よって，8 倍。

2. 移項して，$-2b = -3a - 5$　両辺を -2 でわって，$b = \frac{3a+5}{2}$

3. 玉の取り出し方は全部で，$3 \times 4 = 12$（通り）　このうち，$\sqrt{ab}$ が自然数になる場合は，ab が自然数を 2 乗した数になる場合だから，（箱 A，箱 B）＝(2，8)，(4，9)，(6，6) の 3 通り。よって，確率は，$\frac{3}{12} = \frac{1}{4}$

4. 線分 OC をひくと，△OBC は OB ＝ OC の二等辺三角形だから，$\angle BOC = 180° - 65° \times 2 = 50°$　円周角の定理より，$\angle x = \frac{1}{2}\angle BOC = 25°$

5. 1964 年の選手数を約 5000 人，2021 年の選手数を約 11000 人，2021 年の女性の選手数の割合を約 50 ％で考えると，1964 年の女性の選手数は約，$5000 \times 0.13 = 650$（人），2021 年の女性の選手数は約，$11000 \times 0.5 = 5500$（人）　よって，$5500 \div 650 = 8.4\cdots$ より，約 8 倍だから，ウ。

【答】1. (1) 27 (2) $\frac{5}{6}$ (3) 4 (4) 30（個） (5) 8（倍） 2. $b = \frac{3a+5}{2}$ 3. $\frac{1}{4}$ 4. 25° 5. ウ

2 【解き方】1. $a < 0$ だから，$x = -5$ のとき，最小値，$y = a \times (-5)^2 = 25a$ をとり，$x = 0$ のとき，最大値 $y = 0$ をとる。したがって，$25a \leqq y \leqq 0$

2. イは，1 組の対辺が平行で長さが等しいので，平行四辺形になる。また，エは，右図Ⅰで，AD ∥ BC より，$\angle x = \angle B$　$\angle A + \angle x = 180°$ だから，$\angle A + \angle B = 180°$　よって，$\angle C + \angle D = 180°$ になり，$\angle A = \angle C$ より，$\angle B = \angle D$　したがって，2 組の向かい合う角がそれぞれ等しいから，平行四辺形になる。

図Ⅰ

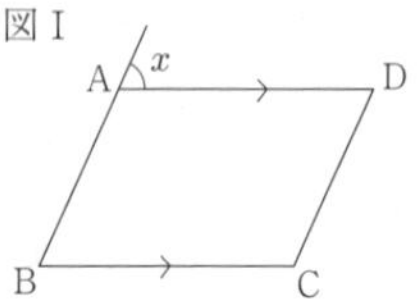

3. 2 点 A，B から等距離にある点は線分 AB の垂直二等分線上の点であり，2 点 B，C から等距離にある点は線分 BC の垂直二等分上の点だから，2 つの垂直二等分線の交点が点 P になる。また，点 Q は直線 PC と，線分 PC を半径とする円との交点のうち，C とは異なる点になる。

図Ⅱ
（例）

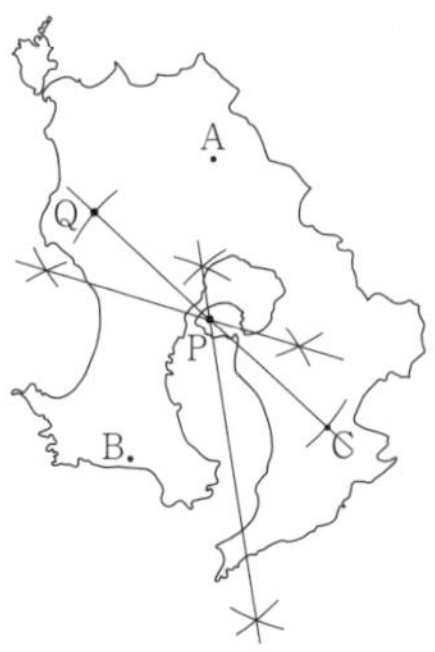

4. (1) 表より，学習時間が 60 分以上の割合は，$(27 + 13) \div 100 = 0.4$ だから，A 市の中学生 1200 人における学習時間が 60 分以上の生徒の人数は約，$1200 \times 0.4 = 480$（人）と推定できる。(2) 人数の関係から，$x + y = 100 - (8 + 27 + 13)$ が成り立つ。整理して，$x + y = 52$……①　また，平均値が 54 分であることから，$10 \times 8 + 30 \times x + 50 \times y + 70 \times 27 + 90 \times 13 = 54 \times 100$ が成り立つ。整理して，$3x + 5y = 226$……②　①× 3 −②より，$-2y = -70$　よって，$y = 35$　①に代入して，$x + 35 = 52$ より，$x = 17$

【答】1. $25a \leqq y \leqq 0$ 2. イ，エ 3.（前図Ⅱ） 4. (1)（約）480（人） (2)（x ＝）17　（y ＝）35

③【解き方】1. $AB = 8 - 2 = 6$ △ABCはABを底辺とすると，高さは，$12 - 4 = 8$だから，$\triangle ABC = \frac{1}{2} \times 6 \times 8 = 24$

2. ⑴ $2a$の値が最も小さくなるのは，直線①が点Aを通るとき。$y = -x + 2a$に，$x = 2$，$y = 4$を代入して，$4 = -2 + 2a$より，$a = 3$　また，$2a$の値が最も大きくなるのは，直線①が点Bを通るとき。$y = -x + 2a$に，$x = 8$，$y = 4$を代入して，$4 = -8 + 2a$より，$a = 6$　よって，aの値の範囲は，$3 \leqq a \leqq 6$　⑵ 直線ACの傾きは，$\frac{12 - 4}{10 - 2} = 1$だから，式を$y = x + b$として，$x = 2$，$y = 4$を代入すると，$4 = 2 + b$より，$b = 2$　よって，$y = x + 2$　これより，点Qの座標は，$y = -x + 2a$……(あ)と$y = x + 2$……(い)を連立方程式として解いたときの解になる。(あ)に(い)を代入して，$x + 2 = -x + 2a$より，$2x = 2a - 2$　よって，$x = a - 1$　これを(い)に代入して，$y = a - 1 + 2 = a + 1$　よって，$Q(a - 1,\ a + 1)$　⑶ 点Pのx座標は，$y = -x + 2a$に$y = 4$を代入して，$4 = -x + 2a$より，$x = 2a - 4$　よって，$AP = 2a - 4 - 2 = 2a - 6$　△APQは底辺をAPとしたときの高さが，$a + 1 - 4 = a - 3$だから，△APQの面積について，$\frac{1}{2} \times (2a - 6) \times (a - 3) = 24 \times \frac{1}{8}$が成り立つ。整理して，$(a - 3)^2 = 3$より，$a - 3 = \pm\sqrt{3}$だから，$a = 3 \pm \sqrt{3}$　$3 \leqq a \leqq 6$だから，$a = 3 + \sqrt{3}$

【答】1. 24　2. ⑴ $3 \leqq a \leqq 6$　⑵ $(a - 1,\ a + 1)$　⑶ $(a =)\ 3 + \sqrt{3}$

④【解き方】1. △EBDは正三角形だから，$\angle EDB = 60°$　△FDCは正三角形だから，$\angle FDC = 60°$　よって，$\angle EDF = 180° - \angle EDB - \angle FDC = 180° - 60° - 60° = 60°$

2. $EB = DB = 12$cm，$FD = DC = 6$cm　EB∥FDだから，$EG : GD = EB : FD = 12 : 6 = 2 : 1$

4. 右図のように，Bから辺ACに垂線BIをひくと，IはACの中点になる。$AC = BC = 12 + 6 = 18$ (cm)だから，$IC = \frac{1}{2} \times 18 = 9$ (cm)　よって，$IF = 9 - 6 = 3$ (cm)　△IBCは30°，60°の直角三角形だから，$BI = \sqrt{3}IC = 9\sqrt{3}$ (cm)　直角三角形IBFにおいて，三平方の定理より，$BF = \sqrt{3^2 + (9\sqrt{3})^2} = \sqrt{252} = 6\sqrt{7}$ (cm)

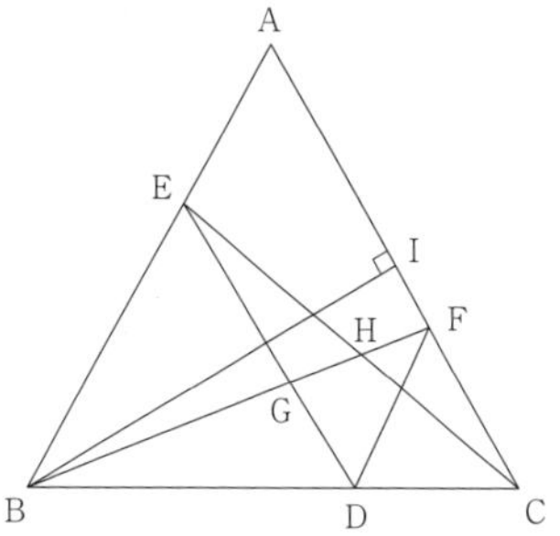

5. △BDGの面積をSとする。$\triangle EBG : \triangle BDG = EG : GD = 2 : 1$だから，$\triangle EBG = 2S$　EB∥FDより，$BG : FG = EB : FD = 2 : 1$　これより，$FG = \frac{1}{2}BG$　また，EG∥FCより，$HG : FH = EG : FC$　$EG = ED \times \frac{2}{2 + 1} = 12 \times \frac{2}{3} = 8$ (cm)だから，$HG : FH = 8 : 6 = 4 : 3$　よって，$HG : FG = 4 : (4 + 3) = 4 : 7$　これより，$HG = \frac{4}{7}FG = \frac{4}{7} \times \frac{1}{2}BG = \frac{2}{7}BG$　よって，$BG : HG = 7 : 2$だから，$\triangle EHG = \frac{2}{7}\triangle EBG = \frac{2}{7} \times 2S = \frac{4}{7}S$　したがって，△BDGの面積は△EHGの面積の，$S \div \frac{4}{7}S = \frac{7}{4}$ (倍)

【答】1. 60°　2. 2 : 1

3. △BDFと△EDCにおいて，△EBDと△FDCは正三角形だから，BD = ED……①　DF = DC……②　∠BDE = 60°，∠FDC = 60°だから，∠BDF = 120°，∠EDC = 120°　したがって，∠BDF = ∠EDC……③　①，②，③より，2組の辺とその間の角がそれぞれ等しいから，△BDF ≡ △EDC

4. $6\sqrt{7}$ (cm)　5. $\frac{7}{4}$ (倍)

5 【解き方】1. 長方形13では，$13 \div 4 = 3$ あまり1より，{白，赤，白，青} の3回の繰り返しと，白の色紙1枚が並べられる。よって，右端の色紙は白色。また，1回の {白，赤，白，青} の横の長さは，$1 + 3 + 1 + 5 = 10$ (cm)より，長方形13の横の長さは，$10 \times 3 + 1 = 31$ (cm)

2. (1) 白の色紙は1枚おきに並べられるから，$2n$ 枚の色紙が並べられるとき，そのうち白の色紙は，$2n \times \frac{1}{2} = n$ (枚)　また，n が偶数のとき，$2n$ は4の倍数になるから，赤の色紙と青の色紙は同じ枚数になり，$(2n - n) \times \frac{1}{2} = \frac{n}{2}$ (枚)ずつである。このとき，横の長さは，$1 \times n + 3 \times \frac{n}{2} + 5 \times \frac{n}{2} = 5n$ (cm)　(2) 長方形 $2n$ の右端の色紙は赤だから，赤の色紙は青の色紙よりも1枚多い。このとき，白の色紙を n 枚，赤の色紙を $\frac{n+1}{2}$ 枚，青の色紙を $\left(\frac{n+1}{2} - 1\right)$ 枚使うから，長方形 $2n$ の横の長さは，$1 \times n + 3 \times \frac{n+1}{2} + 5 \times \left(\frac{n+1}{2} - 1\right) = 5n - 1$ (cm)

【答】1. 白(色)，31 (cm)　2. (1) ア. n　イ. $\frac{n}{2}$　ウ. $\frac{n}{2}$　エ. $5n$　(2) $5n - 1$ (cm)

英　語

1 【解き方】1. ケンジは「父と一緒に野球の試合を見た」と言っている。

2. デイビッドの「いくらですか？」という質問に対して，郵便局員が「190円です」と答えている。

3. 金曜日に映画を見にいこうと誘ったタケルに対して，メアリーがその翌日はどうかと提案し，2人は「土曜日」に映画に行くことになった。

4. 月曜日と火曜日は「雨」，水曜日から金曜日は「お出かけに最適」な天気で，週末は「風が強く」なる。

5. 2日間という「活動日数」，日本語ではなく英語を使うようにという「注意事項」，時間ごとの「今日の日程」が伝えられている。

6. (1) おばあさんを手助けしたのは「若い女の子」。(2) ショウヘイは自分の経験を通して「他人を助けるべきだ」ということを伝えている。

7. 「海や街をきれいにしたい」，「動物たちの世話をしたい」など，取り組みたいボランティア活動を具体的に書く。

【答】1. ア　2. ウ　3. Saturday　4. ウ→イ→ア　5. イ　6. (1)（例）The young girl did.　(2) ウ

7. （例）I want to clean the beach with my friends.

◀全訳▶　1.

アリス：こんにちは，ケンジ。先週末は何か特別なことをしたの？

ケンジ：うん，したよ。スタジアムで父と一緒に野球の試合を見たんだ。

アリス：それはいいわね。面白かった？

ケンジ：うん！　そこで僕の大好きな野球選手を見たんだ。

2.

デイビッド：この手紙をアメリカに送りたいのです。いくらですか？

局員　　　：190円です。

デイビッド：はい，200円です。ありがとう。よい一日を。

局員　　　：ああ，待ってください。10円を忘れていますよ。

デイビッド：ああ，ありがとうございます。

3.

タケル　：僕は今週の金曜日に映画を見る予定なんだ。僕と一緒に来ない？

メアリー：行きたいけれど，金曜日にはすることがたくさんあるの。その翌日はどう？

タケル　：翌日？　それでもいいよ。

4. 来週の天気です。明日，月曜日は雨でしょう。その翌日も大雨が降るため，傘が必要です。水曜日から金曜日までは，お出かけに最適です。お望みなら，それらの日にピクニックに行くことも可能です。週末には，風がとても強くなるでしょう。帽子をかぶる場合は注意しなければなりません。みなさんがよい1週間を過ごせますように。

5. 英語キャンプにようこそ。私たちは2日間ここに宿泊することになっています。他のメンバーと一生懸命に取り組んで，このキャンプを楽しんでください。今日は何をする予定なのか確認しましょう。まず，みなさんはグループ活動をします。それは午後1時20分に始まります。グループでは，お互いをよりよく知るために，みなさんはゲームをします。それから，3時に料理をして楽しみます。みなさんは先生方と一緒にカレーライスを作ります。その後，5時に夕食を食べて，7時に入浴します。10時までに就寝しなければなりません。キャンプ中は，英語を使うよう一生懸命に努力してください。日本語を使ってはいけません。以上です。ありがとうございました。

6. 先週起きたことについてお話ししたいと思います。火曜日に，僕はあるおばあさんに会いました。彼女は大きなバッグを持っていました。それは重そうでした。僕はただ彼女を見ているだけでした。すると若い女の子がそのおばあさんのところへ走っていき，彼女のバッグを運びました。その女の子は僕より年下に見えました。彼女はおばあさんを手助けしたのに，僕はそうしませんでした。「自分はなぜ彼女を助けなかったのだろう？」と僕は考えました。

その翌日，僕は路上で電話を見つけました。僕は誰かがそのことで心配しているだろうと思いました。それで僕はそれを警察署へ持っていきました。1人の男性がそこにいました。彼は僕を見て，「それは私の電話だと思います。見てもいいですか？」と言いました。そして彼は「どうもありがとう」と言いました。彼の幸せそうな顔が僕も幸せにしてくれました。

これが僕の話です。その若い女の子のようになることが大切です。

質問(1) 誰がおばあさんを助けましたか？

質問(2) このスピーチにおいてショウヘイのメッセージはどんなことですか？

7.

カズヤ　：やあ，キャシー。君は今までにアメリカで何かボランティア活動をしたことがある？

キャシー：ええ，もちろん。あなたは高校でボランティア活動をしたいの？

カズヤ　：うん，そうなんだ。

キャシー：何がしたいの？

カズヤ　：(僕は友達と一緒に浜辺をきれいにしたい。)

② **【解き方】** 1. ①「一緒にやらない？」という意味の文。直後にケンタが「もちろん！」と返事をしている場面に入る。②「君はどう？」という意味の文。話題がサムの好きなスポーツからケンタの好きなスポーツに変わる場面に入る。

2. ①「朝起きたあとに食べるもの」→「朝食」。②「より高い場所や最も高い場所に上がっていくこと」→「登る」。③「1年で3番目の月」→「3月」。

3. ①「私はそれらが好きなの」という文にする。②「彼は写真を撮るために何度もそこを訪れたことがある」という文にする。経験は現在完了〈have/has＋過去分詞〉を用いて表す。③「それは250年以上前に建てられた」という文にする。受動態は〈be動詞＋過去分詞〉で表す。buildの過去分詞はbuilt。

4. 価格，特徴，重さ，容量などの点からすすめたい理由を考える。Xを選ぶ理由としては「Yよりも大きく，たくさんのものを入れることができる。雨が降り始めても心配する必要がない」，Yを選ぶ理由としては「Xよりも価格が安い。軽いので持ち運びもしやすい」などが考えられる。

【答】 1. ① エ　② イ　2. ① breakfast　② climb　③ March

3. ① I like them　② He has visited　③ It was built

4. (例) X ／ it is bigger than Y. You can carry a lot of things in the bag. Also, you don't have to worry about the thing in the bag if it starts to rain. (32語)

◀全訳▶　1.

ケンタ：サム，昨年の夏の東京オリンピックは見た？

サム　：うん，たくさんの競技を見たよ。そのうちのいくつかはオリンピックの歴史上，初めて行われたんだよね？　それらの競技にとてもわくわくしたよ。

ケンタ：君はどのスポーツが好きなの？

サム　：僕はサーフィンが好きなんだ。オーストラリアで，僕はよくサーフィンをしに行ったよ。君はどう？

ケンタ：僕の好きなスポーツはテニスだよ。

サム　：ああ，君はテニスが一番好きなんだね。僕もオーストラリアで兄と一緒によくそれをしたよ。そうだ，僕は次の日曜日は暇なんだ。一緒にやらない？

ケンタ：もちろん！　次の日曜日が待ちきれないよ！　そのときに会おう。

サム　：じゃあね。

2.

ユウコ：こんにちは，トム。元気？

トム　：元気だけれど，少し空腹なんだ。今朝は起きるのが遅かったから，朝食を食べることができなかったんだ。

ユウコ：まあ，大変！　次の日曜日の朝は忘れずに何か食べてね。

トム　：わかっているよ，ユウコ。僕たちはもう一度山に登るため，霧島へ行くんだ。前回はいつ行ったのか覚えている？

ユウコ：ええ。私たちは3月にそこへ行ったわ。それは初春のことだった。

3.

ソウタ　：やあ，ルーシー。何の本を読んでいるの？　ああ，歴史の本？

ルーシー：ええ。私はそれらが好きなの。とても面白いわ。

ソウタ　：それなら，たぶんこれも気に入るだろう。これは出水にある古い家の写真だよ。

ルーシー：まあ！　とても美しいわね。あなたがこの写真を撮ったの？

ソウタ　：いや，父が撮ったんだ。彼は写真を撮るために何度もそこを訪れたことがある。それはそこにある最も古い建物らしいよ。

ルーシー：その家はどれくらい古いものなの？

ソウタ　：それは250年以上前に建てられたんだ。

ルーシー：へえ，早くそれを見たいわ。

③【解き方】Ⅰ. 1. 5文目の「9月には8月の2倍の交通事故が起きている」，6文目の「事故は12月に最も多く起きている」という条件に合うものを選ぶ。2. ウサギの絵の標識がある場所で，運転手がしなければいけないことを書く。解答例は「アマミノクロウサギに注意する」。

Ⅱ. 1. 料金表を見る。クラスには40人の生徒がいるので，団体料金が適用される。14～15歳の団体料金は600円。2. クラス全員が見ることになっているのは「イルカの訓練」と「海の動物についてのお話」。水族館を出る午後2時30分までに他の全イベントを見るためには，12時30分から「サメのエサやり」，12時50分から「海の動物に触れよう」，1時30分から「イルカショー」の順に見ればよい。

Ⅲ. スピーチの要点を答える。竹製品の例をあげたあと，最終段落の後半で「私たちのまわりにあるものを使うことによって，私たちはプラスチック製品の利用をやめることができる」とまとめている。プラスチックの利用をやめるべきなのは，スピーチ冒頭にあるように，プラスチック汚染が大きな問題だから。

【答】Ⅰ. 1. ア　2.（例）be careful of Amami rabbits　Ⅱ. 1. イ　2. ② イ　③ ウ　④ ア　Ⅲ. エ

◀全訳▶　Ⅰ. 昨年，奄美大島と徳之島が世界自然遺産になりました。アマミノクロウサギはこれらの島にしか生息しておらず，それらは今，絶滅の危機に瀕しています。最大の理由の一つは自動車事故です。このグラフは，アマミノクロウサギの交通事故が20年間で毎月何件起きているかを示しています。アマミノクロウサギは秋から冬にかけてより活発になるので，9月には8月の2倍の交通事故が起きています。人々が12月に最も多く車の運転をするため，事故はその月に最も多く起きました。この写真を見てください。現地の人々がそれらを保護し始めました。彼らは島のいくつかの場所にこの標識を立てました。それは「ここで運転手は（アマミノクロウサギに注意）しなければならない」ということを意味しています。それらのために何かをすることは，私たち全員にとってとても重要です。

Ⅱ.

サツマ水族館にようこそ

水族館の開館時間：午前 9 時 30 分～午後 6 時（午後 5 時までに入館してください）

料金は？

	1 人	団体（20 人以上）
16 歳以上	1,500 円	1,200 円
6 歳～15 歳	750 円	600 円
5 歳以下	350 円	280 円

時間は？

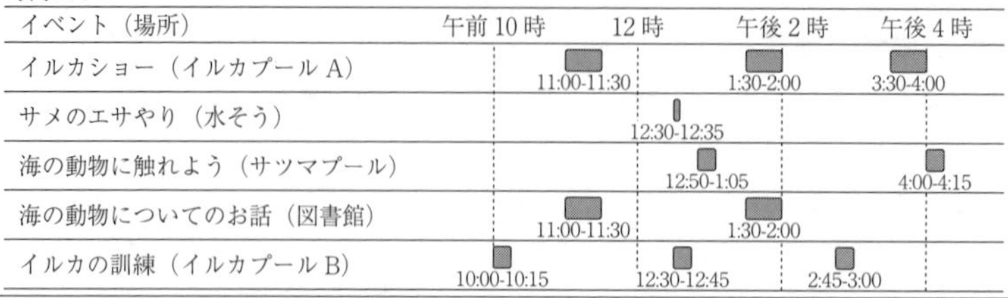

イベント（場所）	午前10時	12時	午後2時	午後4時
イルカショー（イルカプールA）	11:00-11:30		1:30-2:00	3:30-4:00
サメのエサやり（水そう）		12:30-12:35		
海の動物に触れよう（サツマプール）		12:50-1:05		4:00-4:15
海の動物についてのお話（図書館）	11:00-11:30		1:30-2:00	
イルカの訓練（イルカプールB）	10:00-10:15	12:30-12:45	2:45-3:00	

エレン：こんにちは，ミカ！　明日，水族館を訪れるのが楽しみだわ。私は全てのことを確認したいの。まず，入館するのにいくら支払わなければならないの？

ミカ　：私たちのクラスには 40 人の生徒がいて，全員 14 歳か 15 歳だから，みんな 600 円支払わなければならないわ。でも学校がすでに支払っているから，明日は支払う必要がないのよ。

エレン：わかったわ。ありがとう。次に，明日の予定を確認しましょう。私たちは午前 9 時 30 分に水族館前に集合することになっているわ。午前中，私たちのクラスの全員が「イルカの訓練」と「海の動物についてのお話」を見る予定よ。午後は何をするか選ぶことができる。そして午後 2 時 30 分に水族館を出るのね。

ミカ　：その通り。あなたは午後に何がしたいの？

エレン：私はそこで全てのイベントを楽しみたいわ。だから 12 時 30 分に「サメのエサやり」を見ましょう。その後，私たちは「海の動物に触れよう」を楽しみ，それから「イルカショー」を見るのよ。

ミカ　：それは最高の計画ね！　私たちはそこを出るまでに全てのイベントを楽しむことができるわ！

Ⅲ．今日，プラスチック汚染が世界で最も大きな問題の一つとなっており，プラスチック製品を使うことはよくないことだと多くの人が考えています。代わりに，彼らはより多くの紙製品を開発して使い始めています。鹿児島では，私たちのまわりにあるもので作られた新しい種類の紙製品を買うことができます。みなさんは知っていますか？

一例が「竹紙のストロー」です。それらは竹紙でできているため，とても特殊です。それらは紙のストローより丈夫でもあります。今では，鹿児島のいくつかの店でそれらを買うことができます。

ストローを作るためになぜ竹が使われるのでしょう？　いくつかの理由があります。鹿児島にはたくさんの竹が生えており，鹿児島県は日本最大の竹の生産地です。鹿児島の人たちは竹の上手な使い方を知っています。そのため，そこでは多くの種類の竹製品が作られています。竹紙のストローはそのうちの一つなのです。

そのストローは私たちがプラスチック汚染を止める手助けをしてくれるでしょうか？　その答えは「イエス！」です。もしあなたが竹製品を使い始めれば，プラスチック汚染の問題について考える機会を得るでしょう。私たちのまわりにあるものを使うことによって，私たちはプラスチック製品の利用をやめることができます。そうすれば，私たちは社会を住むのによりよい場所にすることができます。あなたが利用することのできるものは他に何かありますか？　そのことについて考えましょう。

4 **【解き方】** 1．第 5 段落を見る。サラは母親にサッカーの試合を見にくるように頼んだが，母親は仕事のため行けなかった。

2．第 4 段落の 1 文目を見る。サラの母親が悲しそうだったのは，お互いに話をする十分な時間がなかったから。

3．第 5 段落の後半～同段落の内容を見る。ホワイトボードに書かれた母親のメッセージを見たとき，サラは自分が母親に言った意地悪な言葉を思い出している。

4．同段落の 4 文目で，ジョンは「彼ら（患者）と話すときに笑顔になれば，彼らは喜んでくれる。君が彼らに親切にすれば，彼らも君に優しくしてくれる」と言っている。

5. 第8段落の最終文にあるサラの言葉より，母親への感謝の言葉を考える。解答例は「私のためにしてくれる全てのことにありがとう。あなたは世界で最高のお母さんです」。

6. ア．第1段落の2文目を見る。サラの家にあるホワイトボードは最初，母親がその日の予定を書くためのものだった。イ．「クラブでサッカーをやり始める前，サラは家で両親がいろいろなことをするのを手伝っていた」。第2段落を見る。正しい。ウ．「病院での職業体験中，最終日の昼食後に，サラはジョンと話をした」。第8段落の1文目を見る。正しい。エ．最後から2つ目の段落を見る。サラがメッセージを書いた次の日の夜，ホワイトボードには母親からのメッセージが書かれていた。オ．最終段落の1文目を見る。今でもサラと母親はホワイトボードにメッセージを書き続けている。

【答】 1. イ　2.（例）They didn't have enough time to talk with each other.　3. エ

4. 笑顔で話せば相手もうれしく感じ，親切にすれば相手も優しくしてくれるということ。(39字)（同意可）

5.（例）Thank you for everything you've done for me. You're the best mother in the world.（15語）

6. イ・ウ

◀全訳▶ サラの家の冷蔵庫には小さなホワイトボードがあります。最初，彼女の母親がその日の予定だけを書くためにそれを買ったのですが，今ではそれはサラにとって特別な意味を持っています。

サラが幼い女の子だったとき，彼女は家でできるだけ両親の手伝いをしました。彼女の両親は看護師として働いていました。サラは両親にはすることがたくさんあるのを知っていました。

中学1年生になったとき，サラは女子サッカークラブでサッカーをし始めました。彼女の生活は大きく変化しました。彼女はとても忙しくなりました。サラと母親はしばしば一緒に買い物に行っていましたが，サラがそのクラブに入ってからはそれができなくなりました。彼女は上手な選手になるためにとても一生懸命サッカーを練習しました。

ある朝，母親が悲しそうな様子で「私たちにはお互いに話をする十分な時間がないわね？」と言いました。他の中学生も同じだろうと思ったので，サラはそれが大きな問題だとは思いませんでした。しかしその後，彼女は母親の悲しそうな顔を何度も思い出しました。

サラは次の月曜日にサッカーの試合をすることになっていました。彼女は母親に「私の初めての試合を見にきてくれる？」と尋ねました。母親は予定を確認して「行けたらいいのだけれど，行けないわ。仕事に行かなければならないの」と言いました。するとサラは「お母さんはいい看護師かもしれない，でもいい母親ではないわ」と言いました。彼女はそれが意地の悪いことだとわかっていましたが，自分自身を止めることができませんでした。

試合当日，彼女はホワイトボードに「頑張ってね。いい試合を！」という母親からのメッセージを見つけました。サラはそれを見たとき，母親に対する自分の言葉を思い出しました。「それはお母さんをとても悲しませた」とサラは思いました。彼女は自分自身のことが好きになれませんでした。

2週間後，サラは3日間病院で職業体験をしました。それはかつて母親が働いていた病院でした。そこの看護師たちは患者を手助けし，笑顔で彼らに話しかけていました。彼女は彼らのようになりたいと思いましたが，患者とうまく意思を伝え合うことができませんでした。

最終日の昼食後，彼女は看護師のジョンと彼女の問題について話しました。彼は母親の友人でした。「患者さんとうまく意思を伝え合うことが，私には難しいのです」とサラは言いました。「簡単だよ。彼らと話すときに笑顔になれば，彼らは喜んでくれる。君が彼らに親切にすれば，彼らも君に優しくしてくれる。君のお母さんを思い出すよ。彼女はいつも周囲の人々のことを考えていたんだ」とジョンが言いました。彼の言葉を聞いたとき，サラは母親の顔を思い出しました。彼女は「お母さんはいつも忙しいけれど，毎日夕食を作り，私を学校に連れていってくれる。お母さんは私のためにたくさんのことをしてくれているんだ」と思いました。

その夜，サラは台所に行ってペンを取りました。彼女はホワイトボードに母親に対する初めてのメッセージを書こうとしていました。最初，何を書けばいいのかわかりませんでしたが，サラは母親のうれしそうな顔を見たいと本当に思いました。そしてもう一度，彼女は書こうと決心しました。

翌朝，サラは母親と会うことができませんでした。「お母さんは早くに家を出なければならなかったんだ。たぶんお母さんはまだ私のメッセージを見ていないわ」と彼女は思いました。

その夜，サラは台所のホワイトボードを見ました。そこにある言葉はサラのものではなく，代わりに彼女は母親の言葉を見つけました。「メッセージをありがとう。それを読んでとてもうれしかった。また書いてね」 サラにはホワイトボードの上に母親の笑顔が見えました。

今，サラと母親はより頻繁にお互いに話をしていますが，彼女たちはホワイトボードにメッセージを書き続けています。それは少し古くなりましたが，サラと母親の間の架け橋として働いています。2人はそれを数年間必要とするかもしれません。サラはいつか，それを使わなくても母親に本当の気持ちを伝えられたらいいなと思っています。

社　会

1【解き方】Ⅰ. 2. ㋒が緯度0度の赤道。

3. オーストラリアの先住民族。イはカナダ北部やアラスカ，ウはニュージーランドの先住民族。エは中南米出身でスペイン語を母語とする人々のこと。

4. 高山気候の地域について述べた文を選択。アは地中海性気候，エは熱帯雨林気候のようす。ウはモンスーンアジアと呼ばれる地域でみられる。

5. Dの地域の北側では春小麦が，南側では冬小麦がよく育てられている。

6. (2) 水力発電を増加させるには，大規模なダムの開発などが必要なため，どの国においても大幅な増加にはつながらず，減少している国もある。

Ⅱ. 1. 滋賀県と奈良県が当てはまる。

2. あ の火山は阿蘇山。

3. Dは福岡県。1901年に官営八幡製鉄所が現在の北九州市で操業を開始した。アはBの長野県，イはAの青森県，エはCの愛知県の産業の特色。

4. (1)「大きくなるまで育てて出荷する」場合が，養殖漁業という。(2) その範囲内の水産物や鉱産資源などを管理する権利が沿岸国に属する水域のこと。

5. 太平洋と瀬戸内海の間にそびえるのは四国山地，日本海と瀬戸内海の間にそびえるのは中国山地。海側から吹く湿った風は，山地にぶつかって上昇し，上空で冷やされ雲となり，雨や雪を降らせる。それにより，水分が少なくなった風が山地の反対側へ乾いた風となって吹き降ろす。そのため，瀬戸内海の周辺地域の降水量は，年間を通して比較的少ない。

Ⅲ. 航空機輸送のコストは高く，一度に運べる量も少ないため，小型・軽量で高価格のものを輸送することで採算をとっている。

【答】Ⅰ. 1. アルプス(山脈)　2. 南緯30度　3. ア　4. イ　5. 小麦　6. (1) (1番目) イギリス　(2番目) ドイツ　(2) 風力発電と太陽光発電の発電量の割合がともに増加している。(同意可)

Ⅱ. 1. 2　2. カルデラ　3. ウ　4. (1) 栽培(漁業)　(2) 排他的経済水域　5. 太平洋や日本海から吹く湿った風が山地によってさえぎられ，乾いた風が吹くから。(同意可)

Ⅲ. (記号) Y　(理由) 航空機で輸送するのに適した，比較的重量が軽い品目がみられるから。(同意可)

2【解き方】Ⅰ. 1. 徳川家光が1635年に出した武家諸法度で制度化した。

2. ⓐが都となり，平安時代が始まった。

4. 例えば刀剣は日本から輸入し，東南アジアや中国に輸出し，一方で陶磁器は中国から輸入し，東南アジアや日本に輸出していた。

5.「尾形光琳」は元禄文化を代表する画家。「燕子花《かきつばた》図屏風」などの作品で知られる。

6 アは18世紀，イは12世紀，ウは8世紀，エは16世紀のできごと。なお，アはラクスマン，イは平清盛，ウは行基，エはマゼランの船隊のこと。

Ⅱ. 1. ① ドイツの憲法を参考に，大日本帝国憲法の草案を作成した人物でもある。② アメリカの大統領フランクリン・ローズベルトは，経済を立て直すため，ニューディール政策を実施した。

2. アは1867年，イは1854年，ウは1873年，エは1889年のできごと。

4. 三国協商側のイギリスは「3C政策」，三国同盟側のドイツは「3B政策」という植民地政策を展開するなどして対立した。

5.「吉野作造」は民本主義をとなえた政治学者。「野口英世」は黄熱病の研究に取り組んだ細菌学者。

6. アは1970年代，イは1946年，ウは1986年，エは1964年のできごと。

Ⅲ. 自己所有の農地で耕作を行う自作農者を増やすことで，農村の民主化を図る目的があった。

【答】Ⅰ. 1. 参勤交代 2. イ 3. 金剛力士像 4. 輸入した品物を他の国や地域へ輸出（同意可） 5. エ 6. ウ→イ→エ→ア

Ⅱ. 1. ① 伊藤博文 ② 世界恐慌 2. ウ 3. 樋口一葉 4. 三国協商 5. ア 6. エ→ア→ウ

Ⅲ. 政府が地主のもつ農地を買い上げ，小作人に安く売りわたしたことで，自作の農家の割合が増えた。（同意可）

3 【解き方】Ⅰ. 2. アは経済活動の自由，イは請求権，ウはプライバシーの権利などに関する内容。

3. 多機能トイレやシャンプーの容器の突起などの例があげられる。

4. 衆議院のほうが任期が短く，解散もあることから，参議院と比べて国民の意向をより強く反映するとされている。一方，参議院は長期的な視野で議論を行うことができるとされていることから「良識の府」とも呼ばれる。

5.「法律の違憲審査」は裁判所から国会に対する抑制のはたらき，「国民審査」は国民から裁判所に対する主権の行使機会となる。

6.「検察官」と「被告人」がいるため，刑事裁判の法廷のようすであることがわかる。アとウは民事裁判の説明。エについては，「被害者参加制度」のもと，一定の犯罪の被害者は刑事裁判に参加して被告人に質問をすることができる。

Ⅱ. 1. それまでは20歳以上だった。

3. 自由競争市場では，価格は需要量と供給量が一致するところで決まる。これを価格の自動調節機能という。価格がP円のときは売れ残りが発生する。

4. 関税率の引き上げは「自由貿易を制限」し，消費税率の引き上げは「大きな政府をめざす」方向につながる政策となる。

5. 1ドル＝120円の時点で，2万ドルを円に換算すると240万円。その製品を今度は1ドル＝100円で販売するので，ドル建てでは2400000 ÷ 100から24000ドルとなる。

Ⅲ. 予約販売が,「まだ食べられるのに廃棄される食品」(これを「食品ロス」という）の量にどのような影響を与えることができるのかを考えるとよい。

【答】Ⅰ. 1. 公共の福祉 2. エ 3. ユニバーサルデザイン 4. 国民のさまざまな意見を政治に反映できる（同意可） 5. ウ 6. イ

Ⅱ. 1. 18 2. 消費者契約法 3. X. 供給量が需要量を上回っている Y. 下がる（それぞれ同意可） 4. ア 5. 2万4千(ドル)

Ⅲ. (スーパーマーケットは,)予約販売にすることによって，事前に販売する商品の数を把握し，廃棄される食品を減らすことができるから。(50字)（同意可）

理　科

1 【解き方】1. 虚像は光の進み方の線を物体側に延長したところにできるので，物体の大きさより大きくなる。

2. フェノールフタレイン溶液は，酸性や中性で無色，アルカリ性で赤色を示す。pH 値が 7 の場合は中性，7 より小さいと酸性，7 より大きいとアルカリ性。

3. アはクジラなど，イはハチュウ類，ウはシソチョウの特徴。

4. 地球は地軸を中心として西から東へ 1 日 1 回転しているので，1 時間あたりでは，$\dfrac{360°}{24\,(\text{時間})} = 15°$

5. (1) 石基は火山岩のつくりの特徴。(4) 乾電池を 2 個直列につなぐと電圧は 2 倍になるので，1.5 (V) × 2 = 3.0 (V)　よって，オームの法則より，$\dfrac{3.0\,(\text{V})}{0.5\,(\text{A})} = 6\,(\Omega)$

【答】1. ① ア　② イ　2. ウ　3. エ　4. ① ア　② イ　5. (1) 斑状組織　(2) 分解者　(3) 発熱反応　(4) 6 (Ω)

2 【解き方】Ⅰ. 1. 質量 100g の物体にはたらく重力の大きさが 1 N より，質量 300g のおもりにはたらく重力の大きさは，$1\,(\text{N}) \times \dfrac{300\,(\text{g})}{100\,(\text{g})} = 3\,(\text{N})$　よって，力の矢印は 3 目盛りとなり，二つの力の矢印の向きは反対で一直線上にある。重力とつり合う力の作用点は糸がおもりをつるしている点。

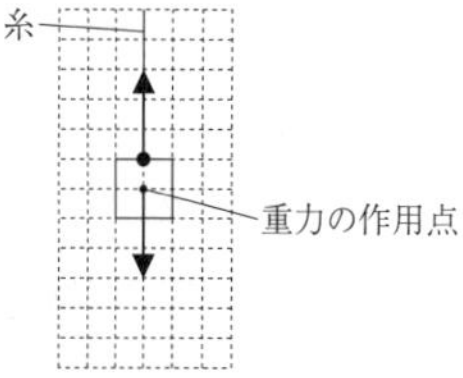

2. 手をはなしてから 0.2 秒から 0.3 秒の 0.1 秒間に動いた距離は，27.0 (cm) − 12.0 (cm) = 15.0 (cm)　よって，$\dfrac{15.0\,(\text{cm})}{0.1\,(\text{s})} = 150\,(\text{cm/s})$

3. 手をはなしてから 0.1 秒間に動いた距離は，0.3 秒から 0.4 秒では，48.0 (cm) − 27.0 (cm) = 21.0 (cm)　0.4 秒から 0.5 秒では，72.0 (cm) − 48.0 (cm) = 24.0 (cm)　0.5 秒から 0.6 秒では，96.0 (cm) − 72.0 (cm) = 24.0 (cm)　以降も同様にして 24.0cm と求められる。よって，手をはなしてからの時間が 0.4 秒以降は，動いた距離が 24.0cm となり，等速直線運動をする。

4. 台車はおもりにはたらく重力によって引かれるので，実験 2 の台車の方が大きな力で引かれて速さは大きくなる。実験 1 と実験 2 で，台車が机の上を動いた距離は同じなので，実験 2 のおもりの方が早く床につく。台車の速さは，おもりに引かれている間は時間に比例して大きくなり，おもりが床につくと一定になる。

Ⅱ. 3. 誘導電流を大きくするには，①棒磁石を磁力が大きいものに変える，②磁界の変化を大きくする（磁石を速く動かす），③コイルの巻き数が多いものにする。このうち，条件に適するものは②。

4. 棒磁石の N 極が近づくと，コイルの上端に N 極をつくるような電流がコイルに流れる。棒磁石がコイルの中央に達したとき，流れる電流は 0 になる。さらに落下を続けると，棒磁石の S 極が遠ざかっていくために，コイルの下端に N 極をつくるような電流がコイルに流れる。

【答】Ⅰ. 1.（前図）2. 150 (cm/s)　3. a. 0.4　b. 慣性　4. エ

Ⅱ. 1. 交流

2. コイルの内部の磁界が変化すると，その変化にともない電圧が生じてコイルに電流が流れる現象。(同意可)

3. 棒磁石をより速く動かす。(同意可)　4. ウ

3 【解き方】Ⅰ. 1. (2) 血液の液体成分は血しょう。組織液は細胞に酸素や養分を運び，二酸化炭素などの不要な物質を毛細血管に取りこむ。

2. (1) 卵や精子をつくるときには減数分裂が起こり，それぞれの染色体数が体細胞の染色体数の半分になる。受精卵の染色体数は半数と半数が合わさって体細胞の染色体数と同じになる。受精卵は 1 個の細胞であり，1 回目の分裂（イ）で 2 個の細胞になる。分裂後の各細胞の染色体数は体細胞の染色体数と同じ。(2) 受精卵の遺伝子が AA になるためには，両方の親の遺伝子に A が含まれることが必要。

Ⅱ．2．花のつくりは外側から，がく（エ），花弁（ア），おしべ（ウ），めしべ（イ）の順。

3．(1) 試験管A～Cには，息をふきこんだので二酸化炭素が存在する。Aではタンポポが光合成と呼吸を行い，光合成が呼吸より盛んになれば，二酸化炭素が消費される。Bではタンポポが呼吸だけを行い，二酸化炭素を放出するのでさらに二酸化炭素の濃度が増す。Cではタンポポは関与せず，二酸化炭素の出入りはない。(2) タンポポのはたらきかどうかを知るには，他の条件は同じにしてタンポポのあるものとないものを比べる。試験管BとCの違いはタンポポの有無と光の有無の二つになり，対照実験にはならない。

【答】 Ⅰ．1．(1) 赤血球　(2) a．血しょう　b．組織液

2．(1) ア．13（本）　イ．26（本）　ウ．26（本）　(2) AA・Aa

Ⅱ．1．a．胸部　b．6　2．（記号）ア　（名称）花弁

3．(1) B・C　(2)（試験管）A（と比べることで，）光が当たってもタンポポの葉がなければ，二酸化炭素は減少しないことを確かめるため。（同意可）

④ **【解き方】** Ⅰ．2．(1) 震度はその地点でのゆれの大きさを表すので，震源から離れるほど小さくなる。(2)「小さくこきざみなゆれ」と「大きなゆれ」は同時に起こっているので，震源距離0kmで二つのグラフは交わる。(3) 右のグラフで，二つのグラフにはさまれた時間が初期微動継続時間で，震源距離に比例する。表より，地点Aの初期微動継続時間は，11時57分04秒－11時56分58秒＝6秒　よって，震源距離126km地点の初期微動継続時間は，$6\,(\mathrm{s}) \times \dfrac{126\,(\mathrm{km})}{36\,(\mathrm{km})} = 21\,(\mathrm{s})$

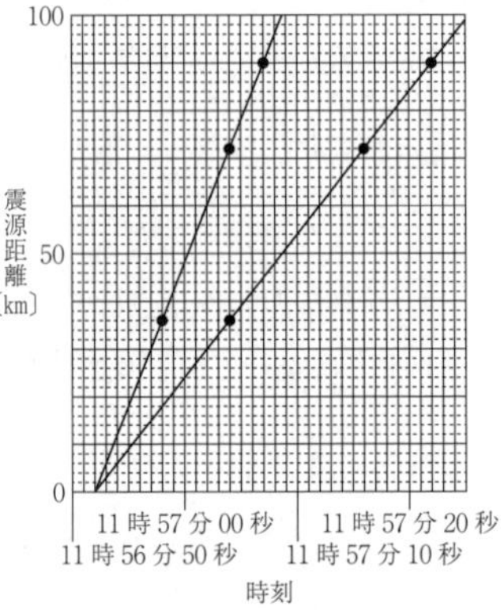

Ⅱ．2．日本上空を西から東の方向にふく偏西風にのって移動する。

3．周囲より気圧の低いところが低気圧。低気圧の中心部へ風が反時計回りにふきこみ上昇気流が生じる。

4．冬にはシベリア気団が大陸に発達し，西高東低型の気圧配置になる。北の気団は寒冷，南の気団は温暖。海洋性の気団は多湿で，大陸性の気団は乾燥している。

【答】 Ⅰ．1．P波　2．(1) C　(2)（前図）　(3) 21（秒）

Ⅱ．1．移動性高気圧　2．エ　3．イ　4．冷たく乾燥している。（同意可）

⑤ **【解き方】** Ⅰ．2．ア．酸素，水素，二酸化炭素などの性質。ウ．水素の性質。エ．酸素の性質。

3．塩化銅の電離の式より，塩化物イオンの数は銅イオンの数の2倍。塩素分子になるには塩化物イオンが2個必要なので，塩化物イオンの減少の割合は銅イオンの2倍になる。図2より，塩化物イオンの数が20分間で2目盛り分減少しているので，水溶液の中の銅イオンの数は，電流を流した時間が0分のときには塩化物イオンの数の $\dfrac{1}{2}$，そこから20分間で1目盛り分減少するような実線をかく。

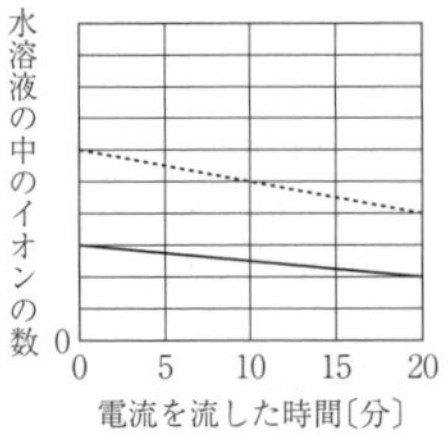

4．塩酸中の塩化水素の電離は，$HCl \rightarrow H^+ + Cl^-$　H^+は陰極に引かれて，陰極から電子をもらって原子になる。Cl^-は陽極に引かれて，陽極に電子をわたして原子になる。原子はそれぞれ2個結合して分子になり，気体となって発生する。

Ⅱ．1．エタノールが液体から気体に状態変化し，分子の運動が激しくなり空間を自由に飛びまわっている。

2．沸騰して出てくる気体が試験管に入っていくときの温度を測定する。

3．水28.0cm^{3}の質量は，$28.0\,(\mathrm{cm^3}) \times 1.0\,(\mathrm{g/cm^3}) = 28.0\,(\mathrm{g})$　混合物中のエタノールの質量は，(W－28.0) g。よって，この質量をエタノールの体積7.0cm^{3}で割ればよい。

4．試験管Aの液体の密度は，$\dfrac{1.2\,(\mathrm{g})}{1.5\,(\mathrm{cm^3})} = 0.8\,(\mathrm{g/cm^3})$　試験管Bの液体の密度は，$\dfrac{2.7\,(\mathrm{g})}{3.2\,(\mathrm{cm^3})} \fallingdotseq 0.84\,(\mathrm{g/cm^3})$

試験管Cの液体の密度は，$\frac{3.3\,(\mathrm{g})}{3.6\,(\mathrm{cm^3})} \fallingdotseq 0.92\,(\mathrm{g/cm^3})$　試験管D，Eの液体の密度は，$\frac{2.4\,(\mathrm{g})}{2.4\,(\mathrm{cm^3})} = 1.0$ $(\mathrm{g/cm^3})$　図3のグラフより，密度0.8g/cm^{3}のとき，質量パーセント濃度は約95％，密度0.84g/cm^{3}のとき，質量パーセント濃度は約80％，密度0.92g/cm^{3}のとき，質量パーセント濃度は約45％，密度1.0g/cm^{3}のとき，質量パーセント濃度は0％。このうち，質量パーセント濃度が60％以上のものを選ぶ。

【答】 Ⅰ. 1. 電解質　2. イ　3. (前図)　4. $2HCl \rightarrow H_2 + Cl_2$

Ⅱ. 1. ウ　2. ア　3. $\frac{W-28}{7}\,(\mathrm{g/cm^3})$　4. A・B

国　語

[1]【答】1. ⑴ 粉薬　⑵ 裁(く)　⑶ 鉱脈　⑷ かたず　⑸ しっと　⑹ ひた(る)　2. 十四(画)

[2]【解き方】1. a.「自分がこれまでに出会った人」「ニュース番組や書籍を通じて知った人たち」と，思い出してみてほしい人を並べている。b.「専門的な知識を，より一般的で全体的な観点から問い直す」ことの一例として，「遺伝子治療」を挙げている。

2.「深く考える」とは，「当然視されていること，常識と思われていること，昔から信じ込まれていること」を考え直してみることだと述べている。これをふまえて「しかしながら…自分だけで気がつくことはなかなか難しい」と指摘し，「それに気がつかせてくれるのが…他者との対話です」と説明している。

3. 直後で，哲学とは「一般の人が，一般的な問題について考えるための学問」であると解説している。また，あとで「哲学のもうひとつの重要な仕事」を，「専門的な知識を，より一般的で全体的な観点から問い直すこと」だと述べている。

4. 哲学の役割が「自分の人生や生き方と…知識やスキルを結びあわせること」「生活と知識を結びつけること」であることをふまえて，「自分がどう生きるのか」という哲学の問いがない状況を考える。

5.「横断的・総合的である」とは，「複数の学問分野，複数の社会の領域に関わって」いることをおさえる。

【答】1. エ　2. Ⅰ. 思い込みや古い常識　Ⅱ. 自分とは異なる他者との対話　3. イ・エ

4. (自分がどう生きるのかを問わなければ，)学校で学べるさまざまな知識どうしをうまく結びつけることができず，学んだ知識を自分の人生や生き方に役立てることもできないということ。(65字)(同意可)

5. ア

[3]【解き方】1.「au」は「ô」と発音するので，「やう」は「よう」にする。

2. ②は，門口を掘るよう命じた人物。③は，亭主に呼びつけられ，門口を掘るよう言われた人物。

3. 下男は門をたたく音には返事をしたが，買いに来た酢の量が「一文」と聞いたあとは返事をせず，客もしかたなく帰ったことをおさえる。

4. Ⅰ. 亭主が「かの男よび付け」て言ったことに注目。Ⅱ.「御意に任せ」て掘り始めた「かの男」の様子を，「諸肌ぬぎて，鍬を取り…身汗水なして，やうやう掘りける」と描写している。Ⅲ. 大変な思いをして穴を掘った「かの男」に，亭主が「それ程にしても銭が一文ない事」を心得て，「かさねては一文商も大事にすべし」と言っていることから考える。

【答】1. ようよう　2. エ　3. ウ

4. Ⅰ. 門口三尺掘れ　Ⅱ. 諸肌を脱いで汗水を流している(14字)(同意可)　Ⅲ. 一文稼ぐことがどれほど大変か(14字)(同意可)

◀口語訳▶　ある時，夜が更けて樋口屋の門をたたいて，酢を買いにくる人がいた。戸を隔てて奥へはかすかに聞こえてきた。下男が目を覚まし，「どれほどですか」と言う。「ごめんどうでしょうが一文分を」と言う。(下男は)寝たふりをして，そのあと返事もしないので，(客は)しかたなく帰った。

夜が明けて亭主が，その男を呼びつけて，何の用もないのに「玄関口を三尺掘れ」と言う。お言葉に従って久三郎は，諸肌を脱いで，鍬を手に取り，堅い地面に苦労して，身体に汗水をたらして，やっとのことで掘った。その深さが三尺になったとき，「銭があるはずだ，まだ出ないか」と(亭主は)言う。「小石・貝殻のほかには何も見えません」と(下男が)申す。「それほどまでしても銭が一文もないことを，よく心得て，これからは一文の商売も大事にしなさい」(と亭主は言った。)

[4]【解き方】1. エは，「いることができる」と言い換えられるので可能。ア～ウは受身。

2. 篤の「だってそれ，本当っすか」という言葉に，「嘘ついてどうすんだよ」と言い返していることに着目する。

3. Ⅰ.「入門してくると聞いた」と続くので，篤が聞いた「達樹が言ってた話」をおさえる。Ⅱ. 直之さんが自分の「異変」に気づいていたと知った篤は，「その新弟子は…自分より上手くこなすかもしれない」と不安になって，思考も手も止まっていたと白状している。

4. 篤を励ましていた直之さんが，急に真顔になって「もう二度とこんなこと言わねえからな」と言ったことや，篤が頭を下げたことで「少しだけ笑ってみせた」ことから考える。

5. 直之さんに「お前なら，ちゃんとやっていける」と言われたことで，篤は「胸がすっと軽く」なり，「こんな俺でも，大丈夫なんだな」と思ったことに着目する。また，篤にとって直之さんは，仕事ができて頼りがいのある「目標」であったことをおさえる。

【答】 1. エ　2. イ

3. Ⅰ. 呼出の新弟子　Ⅱ. 新弟子の方が上手になるかもしれないという不安（22字）（同意可）　4. ア

5. 篤は，ずっと目標としてきた直之さんから，この一年の努力や成長を認められたことで自信が芽生えたから。（49字）（同意可）

5 **【答】**（例）

私は鹿児島県の郷土芸能の一つである棒踊りを未来に残したい。過疎化や少子化で地域の人口が減りつつあるため，今後，伝統行事の開催と継承が難しくなることが想定される。

棒踊りの継承のために，地域の人が若者向けの教室を開催している。まずそれに参加して，踊りを習得したい。そして，私自身が棒踊りとその楽しさを教え伝える役目を担いたい。（8行）

~MEMO~

鹿児島県公立高等学校

2021年度
入学試験問題

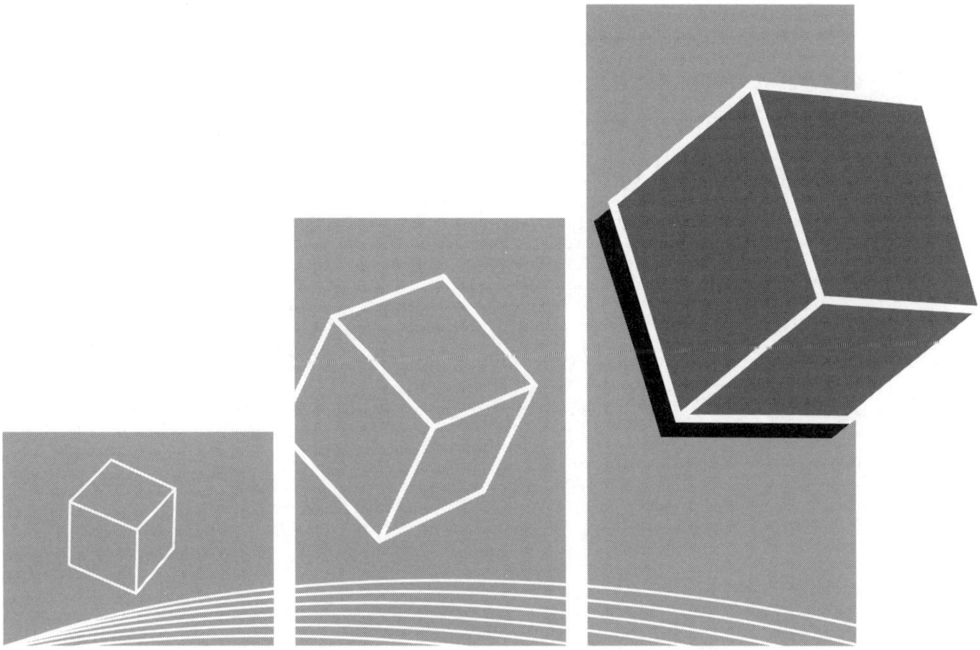

数学

時間　50分　　　　満点　90点

1　次の1～5の問いに答えなさい。

1　次の(1)～(5)の問いに答えよ。

(1)　$5 \times 4 + 7$ を計算せよ。(　　　)

(2)　$\frac{2}{3} - \frac{3}{5} \div \frac{9}{2}$ を計算せよ。(　　　)

(3)　$\sqrt{6} \times \sqrt{8} - \frac{9}{\sqrt{3}}$ を計算せよ。(　　　)

(4)　4 km を 20 分で走る速さは時速何 km か。(時速　　　km)

(5)　正四面体の辺の数は何本か。(　　　本)

2　x についての方程式 $7x - 3a = 4x + 2a$ の解が $x = 5$ であるとき，a の値を求めよ。

(　　　)

3　右の図は，3つの長方形と2つの合同な直角三角形でできた立体である。この立体の体積は何 cm^3 か。(　　　cm^3)

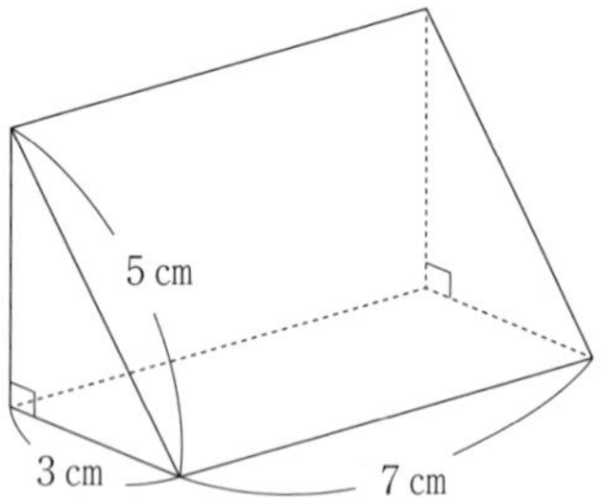

4　28にできるだけ小さい自然数 n をかけて，その積がある自然数の2乗になるようにしたい。このとき，n の値を求めよ。(　　　)

5　下の表は，平成27年から令和元年までのそれぞれの桜島降灰量を示したものである。次の□にあてはまるものを下のア～エの中から1つ選び，記号で答えよ。(　　　)

令和元年の桜島降灰量は，□の桜島降灰量に比べて約47％多い。

年	平成27年	平成28年	平成29年	平成30年	令和元年
桜島降灰量(g/m^2)	3333	403	813	2074	1193

(鹿児島県「桜島降灰量観測結果」から作成)

ア　平成27年　　イ　平成28年　　ウ　平成29年　　エ　平成30年

2　次の1〜5の問いに答えなさい。

1　右の図において，4点A，B，C，Dは円Oの周上にあり，線分ACは円Oの直径である。$\angle x$の大きさは何度か。(　　　)

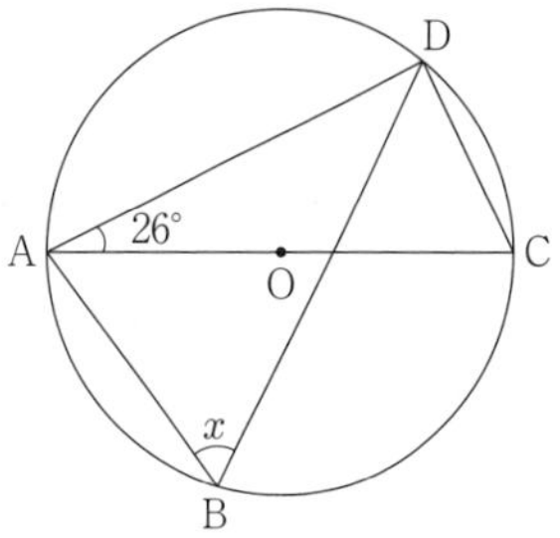

2　大小2つのさいころを同時に投げるとき，出た目の数の和が10以下となる確率を求めよ。

(　　　)

3　$(x+3)^2-2(x+3)-24$を因数分解せよ。(　　　)

4　右の図において，正三角形ABCの辺と正三角形DEFの辺の交点をG，H，I，J，K，Lとするとき，△AGL∽△BIHであることを証明せよ。

(　　　　　　　　　　)

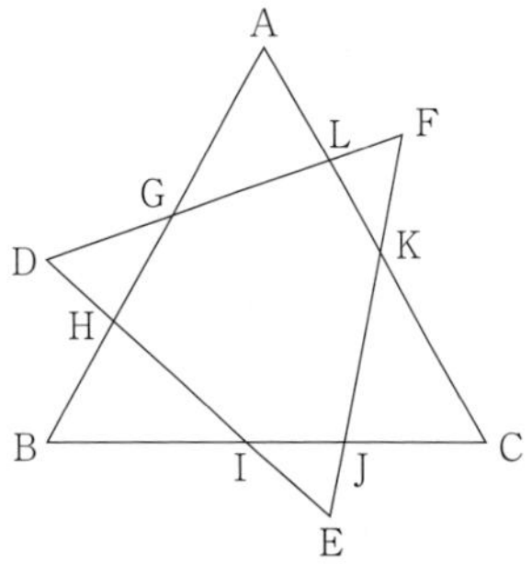

5　ペットボトルが5本入る1枚3円のMサイズのレジ袋と，ペットボトルが8本入る1枚5円のLサイズのレジ袋がある。ペットボトルが合わせてちょうど70本入るようにMサイズとLサイズのレジ袋を購入したところ，レジ袋の代金の合計は43円であった。このとき，購入したMサイズとLサイズのレジ袋はそれぞれ何枚か。ただし，Mサイズのレジ袋の枚数をx枚，Lサイズのレジ袋の枚数をy枚として，その方程式と計算過程も書くこと。なお，購入したレジ袋はすべて使用し，Mサイズのレジ袋には5本ずつ，Lサイズのレジ袋には8本ずつペットボトルを入れるものとし，消費税は考えないものとする。

(式と計算)(　　　　　　　　　　)

答　Mサイズのレジ袋(　　　枚)　Lサイズのレジ袋(　　　枚)

3　Aグループ20人とBグループ20人の合計40人について，ある期間に図書室から借りた本の冊数を調べた。このとき，借りた本の冊数が20冊以上40冊未満である16人それぞれの借りた本の冊数は以下のとおりであった。また，下の表は40人の借りた本の冊数を度数分布表に整理したものである。次の1～3の問いに答えなさい。

> 借りた本の冊数が20冊以上40冊未満である16人それぞれの借りた本の冊数
>
> 21，22，24，27，28，28，31，32，
> 32，34，35，35，36，36，37，38（冊）

表

階級(冊) 以上～未満	度数(人)
0 ～ 10	3
10 ～ 20	5
20 ～ 30	a
30 ～ 40	10
40 ～ 50	b
50 ～ 60	7
計	40

1　a ，b にあてはまる数を入れて表を完成させよ。
　a（　　　）　b（　　　）

2　40人の借りた本の冊数の中央値を求めよ。（　　　冊）

3　図は，Aグループ20人の借りた本の冊数について，度数折れ線をかいたものである。このとき，次の(1)，(2)の問いに答えよ。

(1)　Aグループ20人について，40冊以上50冊未満の階級の相対度数を求めよ。（　　　）

(2)　借りた本の冊数について，AグループとBグループを比較したとき，必ずいえることを下のア～エの中からすべて選び，記号で答えよ。（　　　）

ア　0冊以上30冊未満の人数は，AグループよりもBグループの方が多い。

イ　Aグループの中央値は，Bグループの中央値よりも大きい。

ウ　表や図から読み取れる最頻値を考えると，AグループよりもBグループの方が大きい。

エ　AグループとBグループの度数の差が最も大きい階級は，30冊以上40冊未満の階級である。

図

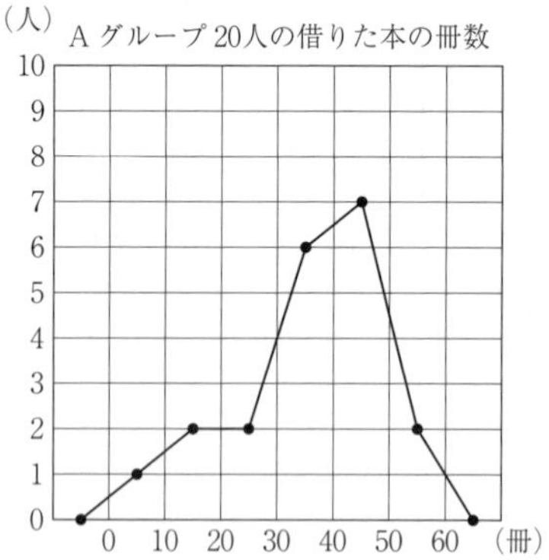

Aグループ20人の借りた本の冊数

4　以下の会話文は授業の一場面である。次の1～3の問いに答えなさい。

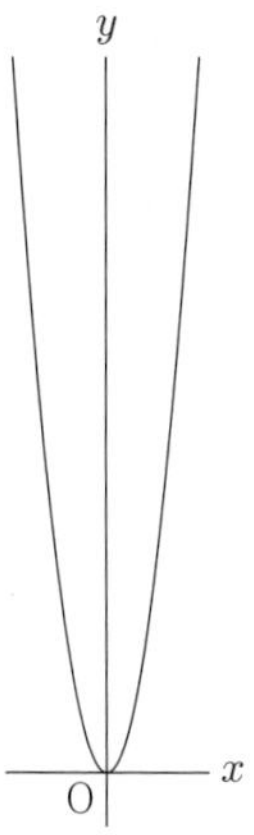

先　生：今日は放物線上の3点を頂点とした三角形について学びましょう。その前にまずは練習問題です。右の図の関数 $y = 2x^2$ のグラフ上に点Aがあり，点Aの x 座標が3のとき，y 座標を求めてみましょう。

ゆうき：y 座標は［ア］です。

先　生：そうですね。それでは，今日の課題です。

【課題】

> 関数 $y = 2x^2$ のグラフ上に次のように3点A，B，Cをとるとき，△ABCの面積を求めよう。
> ・点Bの x 座標は点Aの x 座標より1だけ大きい。
> ・点Cの x 座標は点Bの x 座標より1だけ大きい。

たとえば，点Aの x 座標が1のとき，点Bの x 座標は2，点Cの x 座標は3ですね。

ゆうき：それでは私は点Aの x 座標が－1のときを考えてみよう。このときの点Cの座標は［イ］だから…よしっ，面積がでた。

しのぶ：私は，直線ABが x 軸と平行になるときを考えてみるね。このときの点Cの座標は［ウ］だから…面積がでたよ。

先　生：お互いの答えを確認してみましょう。

ゆうき：あれ，面積が同じだ。

しのぶ：点Aの x 座標がどのような値でも同じ面積になるのかな。

ゆうき：でも三角形の形は違うよ。たまたま同じ面積になったんじゃないの。

先　生：それでは，同じ面積になるか，まずは点Aの x 座標が正のときについて考えてみましょう。点Aの x 座標を t とおいて，△ABCの面積を求めてみてください。

1　［ア］にあてはまる数を書け。(　　　)

2　［イ］，［ウ］にあてはまる座標をそれぞれ書け。イ(　　　)　ウ(　　　)

3　会話文中の下線部について，次の(1)，(2)の問いに答えよ。

(1)　点Cの y 座標を t を用いて表せ。(　　　)

(2)　△ABCの面積を求めよ。ただし，求め方や計算過程も書くこと。

また，点Aの x 座標が正のとき，△ABCの面積は点Aの x 座標がどのような値でも同じ面積になるか，求めた面積から判断し，解答欄の「同じ面積になる」，「同じ面積にならない」のどちらかを◯で囲め。

(求め方や計算)(　　　　　　　　　　　　　　　　　　　　　　　　)

答(　　　)　(同じ面積になる・同じ面積にならない)

5　右の図1は，「麻《あさ》の葉《は》」と呼ばれる模様の一部分であり，鹿児島県の伝統的工芸品である薩摩切子《さつまきりこ》にも使われている。また，図形ABCDEFは正六角形であり，図形①〜⑥は合同な二等辺三角形である。次の1〜3の問いに答えなさい。

図1

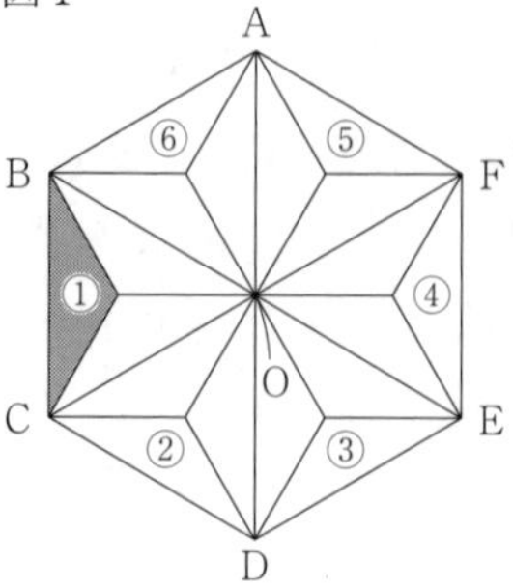

薩摩切子《さつまきりこ》

1　図形①を，点Oを回転の中心として180°だけ回転移動（点対称移動）し，さらに直線CFを対称の軸として対称移動したとき，重なる図形を②〜⑥の中から，1つ選べ。(　　　)

2　図2の線分ADを対角線とする正六角形ABCDEFを定規とコンパスを用いて作図せよ。ただし，作図に用いた線は残しておくこと。

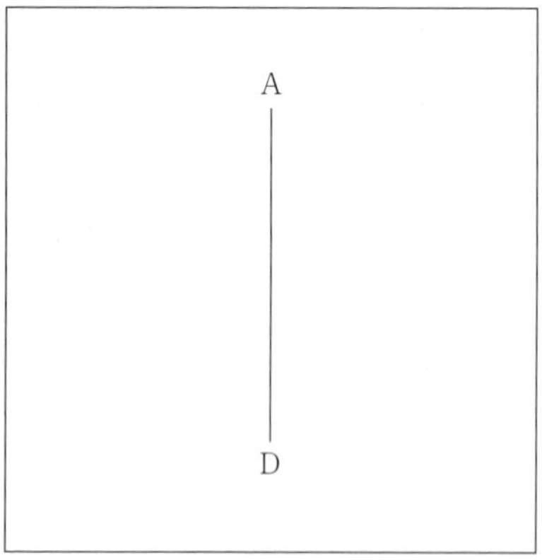

図2

3　図3は，1辺の長さが4 cmの正六角形ABCDEFである。点Pは点Aを出発し，毎秒1 cmの速さで対角線AD上を点Dまで移動する。点Pを通り対角線ADに垂直な直線をℓとする。直線ℓと折れ線ABCDとの交点をM，直線ℓと折れ線AFEDとの交点をNとする。このとき，次の(1)〜(3)の問いに答えよ。

図3

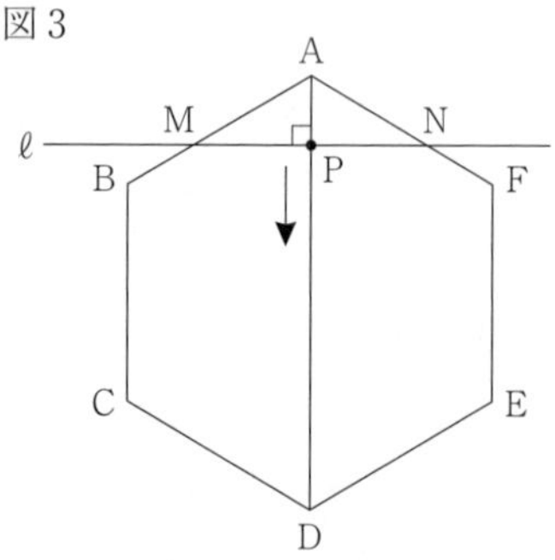

(1)　点Pが移動し始めてから1秒後の線分PMの長さは何cmか。(　　　cm)

(2)　点Pが移動し始めてから5秒後の△AMNの面積は何cm^2か。(　　　cm^2)

(3)　点Mが辺CD上にあるとき，△AMNの面積が$8\sqrt{3}\,\mathrm{cm}^2$となるのは点Pが移動し始めてから何秒後か。ただし，点Pが移動し始めてからt秒後のこととして，tについての方程式と計算過程も書くこと。

(式と計算)(　　　　　　　　　　　　　　　　　　　　)

答(　　　秒後)

英語

時間　50分　　　　満点　90点

(編集部注)　放送問題の放送原稿は英語の末尾に掲載しています。
音声の再生についてはもくじをご覧ください。

1　聞き取りテスト　放送の指示に従って，次の1〜7の問いに答えなさい。英語は1から4は1回だけ放送します。5以降は2回ずつ放送します。メモをとってもかまいません。

1　これから，Justin と Keiko との対話を放送します。Keiko が将来なりたいものとして最も適当なものを下のア〜エの中から一つ選び，その記号を書きなさい。(　　　)

2　これから，Yumi と Alex との対話を放送します。二人が乗るバスが出発する時刻として最も適当なものを下のア〜エの中から一つ選び，その記号を書きなさい。(　　　)

ア　9:13　　イ　9:14　　ウ　9:30　　エ　9:40

3　これから，Saki と John との対話を放送します。二人は，友達の Lucy と一緒に図書館で勉強する予定の日について話しています。下はその対話の後に，Saki が Lucy と話した内容です。対話を聞いて，(　　) に適切な英語1語を書きなさい。(　　　)

Saki:　Hi, Lucy. John wants to go to the library on (　　). Can you come on that day?

Lucy:　Sure!

4　これから，Hiroko が授業で行った発表を放送します。Hiroko は下の3枚の絵を見せながら発表しました。話の展開に従ってア〜ウを並べかえ，その記号を書きなさい。(　　→　　→　　)

5　これから，授業中の先生の指示を放送します。下のア〜エの中から，先生の指示にないものとして最も適当なものを一つ選び，その記号を書きなさい。(　　　)

ア　発表の主題　　イ　発表の長さ　　ウ　発表する日　　エ　発表で使うもの

6　これから，Kazuki が宇宙センター (space center) で働く父親について授業で行ったスピーチを放送します。スピーチの後に，その内容について英語で二つの質問をします。(1)は質問に対する答えとして最も適当なものを下のア〜エの中から一つ選び，その記号を書きなさい。(2)は英文が質問に対する答えとなるように，[　　　] に入る適切な英語を書きなさい。

(1)(　　　)　(2) He has learned it is important to (　　　　　　　　　　　　　　　　).

(1) ア For five years. イ For eight years. ウ For ten years.
エ For eleven years.

(2) He has learned it is important to [ ].

7 これから，Olivia と Akira との対話を放送します。その中で，Olivia が Akira に質問をしています。Akira に代わってあなたの答えを英文で書きなさい。2 文以上になってもかまいません。書く時間は 1 分間です。

( )

2　次の1〜4の問いに答えなさい。

1　次は，Akikoと留学生のKevinとの対話である。下の①，②の表現が入る最も適当な場所を対話文中の〈 ア 〉〜〈 エ 〉の中からそれぞれ一つ選び，その記号を書け。

Akiko:　Kevin, we're going to have Hiroshi's birthday party next Sunday.〈　ア　〉

Kevin:　Yes, I'd love to.〈　イ　〉

Akiko:　Great. We're going to make a birthday card for him at school tomorrow. We will put our pictures on the card.〈　ウ　〉

Kevin:　Sounds nice. Should I bring my picture?

Akiko:　Yes, please.

Kevin:　All right.〈　エ　〉

Akiko:　No, thank you. Let's write messages for him. See you then.

Kevin:　See you.

①　Anything else?（　　　）　　②　Will you join us?（　　　）

2　次は，あるバスツアー（bus tour）の案内の一部と，それを見ているRikaと留学生のEmilyとの対話である。二人の対話がツアーの内容と合うように，（ ① ），（ ② ），（ ③ ）にはそれぞれ英語1語を，［ ④ ］には3語以上の英語を書け。

①（　　　）②（　　　）③（　　　）

④ But（　　　　　　　　　　　　　　　　　　　　）at Minato Station by eight forty.

みどり町　わくわく無料バスツアー

1　日時　4月9日(土)　9時〜17時

2　行程

9:00	みなと駅を出発	
9:30	ひばり城	— 人気ガイドによる特別講座 〜城の歴史にせまる〜 — 絶景！　天守閣から満開の桜を眺める
12:00	かみや商店街	— 話題の「かみや☆まち歩き」 （買い物・昼食含む）　※費用は各自負担
14:30	ながはまビーチ	— 好きな活動を一つ楽しもう （自由選択：魚釣り，バレーボール，サイクリング）
17:00	みなと駅に到着	

※ 当日は，**出発の20分前までにみなと駅に集合してください。**担当者がお待ちしています。

Rika:　Emily, next Saturday is the first holiday since you came to our town, Midori-machi.

Emily:　Yes. I want to go to many places in this town.

Rika:　Please look at this. We can visit some places in our town together.

Emily:　Oh, that's good. Rika, please tell me more about this tour.

Rika:　OK. First, we will go to Hibari Castle. We can learn its（ ① ）. We can also see a lot of cherry blossoms! Then, we will go to Kamiya Shopping Street. We can（ ② ）around and enjoy shopping and lunch.

Emily:　Sounds interesting. What will we do after that?

Rika:　We will go to Nagahama Beach. We will（ ③ ）one activity from fishing, playing volleyball, or riding a bike.

Emily: Wow, I can't wait. Oh, what time will the tour start?

Rika: At nine. But [④] at Minato Station by eight forty.

Emily: OK. I'll go with you. It will be fun.

3　次は，ALTのEmma先生と中学生のYujiとの対話である。対話が成り立つように，[　　] に4語の英語を書け。

(　　　　　　　　　　　　　　　　　　　　) do you have in a week?

Emma: Yuji, you speak English very well. [　　] do you have in a week?

Yuji: We have four English classes. I enjoy studying English at school!

4　中学生のRikuのクラスはオーストラリアの中学生のSimonとビデオ通話（video meeting）をすることになった。しかし，Simonがメールで提案してきた日は都合がつかなかったので，Rikuは次の内容を伝える返信メールを書くことにした。

①　提案してきた11月15日は文化祭（the school festival）のため都合がつかない。

②　代わりに11月22日にビデオ通話をしたい。

Rikuになったつもりで，次の《返信メール》の [　　] に，上の①，②の内容を伝える20語程度の英語を書け。2文以上になってもかまわない。なお，下の [　　] の指示に従うこと。

《返信メール》

> Dear Simon,
>
> Thank you for sending me an email, but can you change the day of the video meeting?
> [　　　　] Please write to me soon.
>
> Your friend,
> Riku

※　一つの下線に1語書くこと。

※　短縮形（I'mやdon'tなど）は1語として数え，符号（,や？など）は語数に含めない。

（例1）　No,　I'm　not.【3語】　（例2）　It's　March　30　today.【4語】

＿＿　＿＿　＿＿　＿＿　＿＿　＿＿　＿＿　＿＿　＿＿　＿＿　＿＿　＿＿

＿＿　＿＿　＿＿　＿＿　＿＿　＿＿　＿＿　＿＿　＿＿　＿＿　＿＿　＿＿

20

③　次のⅠ～Ⅲの問いに答えなさい。

Ⅰ　次は，イギリスに留学しているTaroが見ているテレビ番組表の一部である。これをもとに，1，2の問いの答えとして最も適当なものを，それぞれ下のア～エの中から一つ選び，その記号を書け。

11:30	Green Park A baby elephant learns to walk with her mother.
12:30	Visiting Towns A famous tennis player visits a small town.
14:00	Music！ Music！ Music！ Popular singers sing many songs.
15:00	Try It！ Ricky decides to make a new soccer team.
16:30	Find Answers Which team wins the game？
18:00	News London The news, sports, and weather from London.

1　Taro wants to learn about animals. Which program will he watch?（　　　）

ア　Green Park　　イ　Visiting Towns　　ウ　Try It!　　エ　Find Answers

2　Taro wants to watch a program about the news of the soccer games. What time will the program begin?（　　　）

ア　11:30　　イ　12:30　　ウ　14:00　　エ　18:00

Ⅱ　中学生のTakeshiが書いた次の英文を読み，あとの問いに答えよ。

My mother is an English teacher at a high school. Her friend, Mr. Jones, was going to leave Japan soon. So she planned a party for him at our house the next month. She said to me, "Will you join the party?"

I couldn't say yes right away because I knew I couldn't speak English well. I thought talking with people in English was difficult for me. So I practiced with my mother at home. She said, "You must say 'Pardon?' or 'Would you say that again, please?' when you don't understand questions. It is important to say something when you don't understand." I sometimes said "Pardon?" when I couldn't understand my mother's questions. She also showed me how to ask questions.

Finally, the day came! On the morning of the party, I was nervous because I didn't think my English was better. Mr. Jones came and the party began at two in the afternoon.

He asked me many questions. I said "Pardon?" when I couldn't understand his question. He asked me the question again very slowly, so finally I understood. Then, I asked him some questions. He answered! I was happy to talk with him. My mother looked happy, too. I felt [　　　] was not difficult. Now I like English very much.

1　次の⑴，⑵の質問に対する答えを本文の内容に合うように英文で書け。

⑴　Why did Takeshi's mother plan a party for Mr. Jones?

(　　　　　　　　　　　　　　　　　　　　　　　　　　　　　　　)

⑵　How did Takeshi feel on the morning of the party?

(　　　　　　　　　　　　　　　　　　　　　　　　　　　　　　　)

2　□に入る最も適当な英語を本文中から５語で抜き出して英文を完成させよ。

(　　　　　　　　　　)

Ⅲ　次の英文は，中学生のKoharuが，鹿児島中央駅のJR利用者数と鹿児島県内のバス利用者数について英語の授業で行った発表である。これをもとに，Koharuが使用したグラフを下のア〜エの中から二つ選び，発表した順に記号で書け。１番目(　　　)　２番目(　　　)

Good morning, everyone. Do you like trains and buses? I love them. Now I'm going to talk about the number of people who used them from 2009 to 2014. Please look at this *graph. Many people used JR trains at Kagoshima Chuo Station. We can find the biggest change from 2010 to 2011. In 2011, about fifteen million people used trains. The Kyushu Shinkansen started running from Kagoshima Chuo Station to Hakata Station that year. So I think many people began to use the Shinkansen. Now, I'm going to talk about buses. Please look at the next graph. Many people used buses, but the number of bus *users went down almost every year. I think many people used cars. Thank you for listening.

注　graph　グラフ　　users　利用者

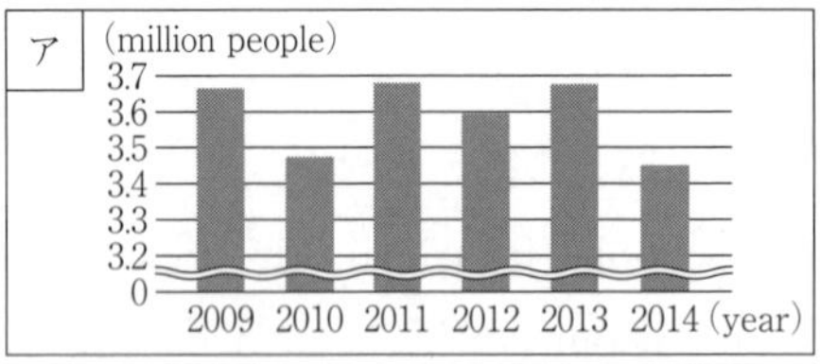

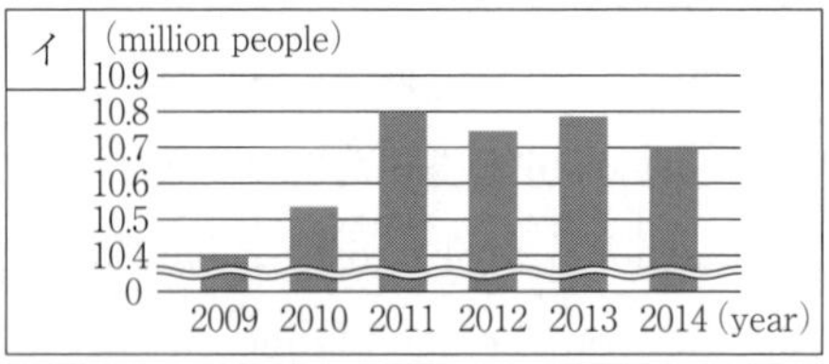

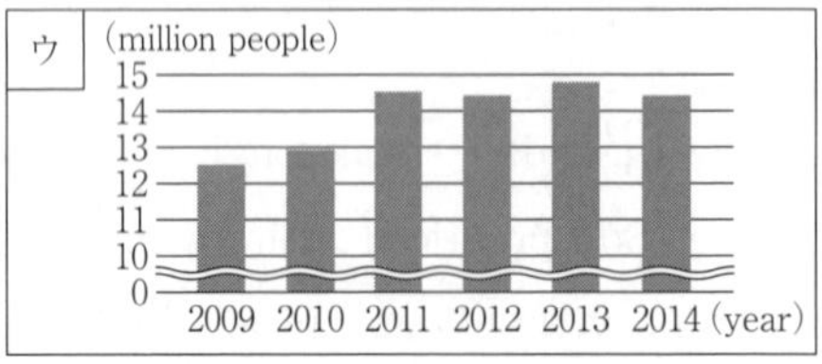

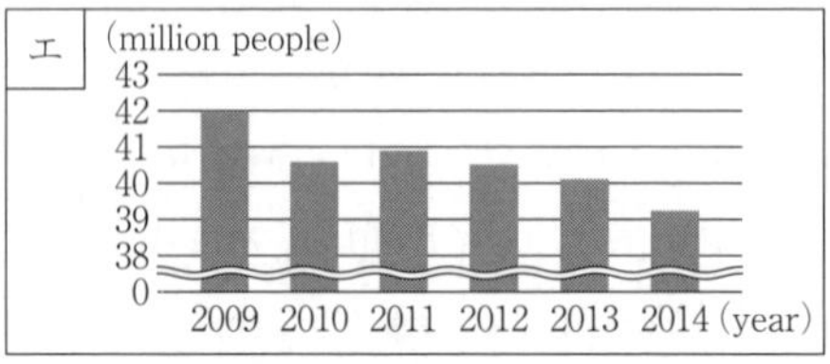

(鹿児島市「鹿児島市公共交通ビジョン改定版」から作成)　※　グラフのタイトルは省略

4 次の英文を読み，1～7の問いに答えなさい。

Amy was a junior high school student who lived in a small town in Australia. She came from the USA last month because her father started working in Australia. She was not happy because she had no friends at her new school, but soon ［ ① ］. It was a *wild bird — a *rainbow lorikeet. He had beautiful colors on his body — blue, yellow, green, and orange. He often came to the *balcony. One weekend, she put some pieces of bread on the balcony for him. He came and ate them. Amy was happy.

The next Monday at school, Amy found some of the same kind of bird in the trees. When she was looking at them, one of her classmates came and spoke to her. "Those birds are beautiful. Are you interested in birds? Hi, my name is Ken. Nice to meet you." "Hi, I'm Amy. I found one in my garden, too. I named him Little Peter. I love him very much," said Amy. "Oh, do you? You can see the birds around here all year. They eat *nectar and pollen from blossoms. I know what plants they like, so I *grow them in my garden. Rainbow lorikeets are very friendly." "I see," said Amy. She was excited to learn a lot about the birds.

Amy and Ken often talked about animals at school. They became good friends. Amy wanted Ken to know that she and Little Peter were good friends, too. So, one afternoon, she said to Ken, "Little Peter loves me. He rides on my hand." "Oh, he isn't afraid of you." "No, he isn't. Little Peter is cute, and I give him bread every day." Ken was surprised and said, "Bread? It's not good to give bread to wild birds." Amy didn't understand why Ken said so. She said, "But Little Peter likes the bread I give him." He said, "Listen. You should not give food to wild birds." "What do you mean?" she said. Ken continued, "Well, there are two reasons. First, if people give food to wild birds, they will stop looking for food. Second, some food we eat is not good for them." Amy said, "But Little Peter is my friend. He eats bread from my hand." "If you want to be a true friend of wild birds, you should grow plants they like. That is the only way!" Ken got angry and left the classroom. Amy was *shocked.

That night, Amy went to the balcony. She thought, "Ken was angry. Little Peter may get sick if I keep giving him bread. I may lose both friends, Ken and Little Peter." She became (②).

The next morning at school, Amy saw Ken. She thought, "Ken knows a lot about wild animals. He *must be right." She went to Ken and said *with all her courage, "I'm sorry, Ken. I was wrong. I will never give food to Little Peter again." Ken smiled and said, "That's OK. You just didn't know." Amy said, "Rainbow lorikeets are not our pets. Now I know we should only ［ ③ ］. Then we can make good friends with them." "That's right. Here you are." Ken gave her a book about wild animals. "I read this book every day, but it's yours now. If you read this book, you can learn how to become friends with wild animals." "Thank you, Ken," Amy smiled.

注 wild 野生の　rainbow lorikeet ゴシキセイガイインコ（羽が美しいインコ）

balcony　バルコニー，ベランダ　　nectar and pollen from blossoms　花のミツと花粉
grow　～を育てる　　shocked　ショックを受けて　　must　～に違いない
with all her courage　勇気をふりしぼって

1　次のア～ウの絵は，本文のある場面を表している。話の展開に従って並べかえ，その記号を書け。(　　→　　→　　)

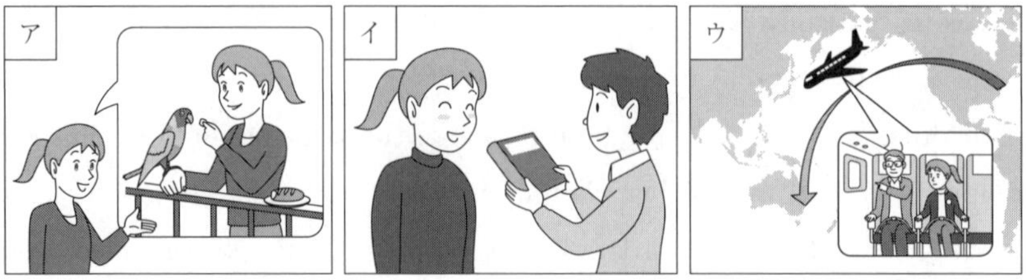

2　[①] に入る最も適当なものを下のア～エの中から一つ選び，その記号を書け。(　　)
ア　she found one in a garden tree　　イ　she saw a cute bird at a pet shop
ウ　she made friends with some girls　　エ　she was very glad to meet Ken

3　Ken はなぜ野鳥に食べ物を与えてはいけないと考えているのか，その理由を日本語で二つ書け。
(　　　　　　　　　　　　　　　　　　　　)
(　　　　　　　　　　　　　　　　　　　　)

4　(②) に入る最も適当なものを下のア～エの中から一つ選び，その記号を書け。(　　)
ア　angry　　イ　brave　　ウ　happy　　エ　worried

5　[③] に入る最も適当な英語を本文中から 4 語で抜き出して英文を完成させよ。
(　　　　　　　　)

6　本文の内容に合っているものを，下のア～オの中から二つ選び，その記号を書け。
(　　)(　　)

ア　Amy came to Australia because she loved wild animals.
イ　Amy wanted Ken to know that Little Peter was her friend.
ウ　Rainbow lorikeets sometimes travel abroad to find their food.
エ　Ken thought that people could make friends with wild animals.
オ　Little Peter left Amy's garden, and Amy lost her friend, Ken.

7　次は，本文の最後の場面から数日後の Amy と Ken との対話である。Amy に代わって，[　　] に 15 語程度の英語を書け。2 文以上になってもかまわない。なお，あとの [　　] の指示に従うこと。

Amy:　I read the book you gave me. Thank you.
Ken:　You're welcome. Was it interesting?
Amy:　Yes. There are a lot of things we can do for wild animals in our lives.
Ken:　Oh, you've got new ideas. Can you give me an example?
Amy:　[　　　　]
Ken:　That's a good idea, Amy! We should make the world a better place for wild animals.

In high school, I want to study many things about protecting animals.

Amy:　Me, too!

※　一つの下線に１語書くこと。
※　短縮形（I'm や don't など）は１語として数え，符号（，や？など）は語数に含めない。
（例）　No,　I'm　not.　【3 語】

______ ______ ______ ______ ______ ______ ______ ______ ______ ______ ______ ______

______ ______ ______ ______ ______ ______
15

〈放送原稿〉

〈チャイム〉

これから，2021 年度鹿児島県公立高等学校入学試験英語の聞き取りテストを行います。問題用紙を開けなさい。

英語は1番から4番は1回だけ放送します。5番以降は2回ずつ放送します。メモをとってもかまいません。（約 3 秒間休止）

では，1 番の問題を始めます。まず，問題の指示を読みなさい。（約 13 秒間休止）

それでは放送します。

Justin: Keiko, what do you want to be in the future?

Keiko: I want to be a doctor in the future.

Justin: That's a nice dream!

Keiko: Thank you. I want to work at a hospital to help sick people.（約 10 秒間休止）

次に，2 番の問題です。まず，問題の指示を読みなさい。（約 13 秒間休止）

それでは放送します。

Yumi: Alex, hurry up! Our bus will leave soon.

Alex: What time will the bus leave the station?

Yumi: It will leave at 9:40.

Alex: OK. Let's go!（約 10 秒間休止）

次に，3 番の問題です。まず，問題の指示を読みなさい。（約 20 秒間休止）

それでは放送します。

Saki: John, we will study at the library with Lucy on Monday.

John: I'm sorry, Saki. I'll be busy on that day. I want to go on Tuesday.

Saki: OK. You want to go on Tuesday, right? I will ask Lucy about it later.

John: Thank you, Saki.（約 15 秒間休止）

次に，4 番の問題です。まず，問題の指示を読みなさい。（約 15 秒間休止）

それでは放送します。

Hello, everyone. Please look at this picture. These are rice balls my grandfather and grandmother made. They are rice farmers. This summer, I went to their house. A small machine was flying over the rice field. Then, I remembered a lesson at school. The teacher said, "There are fewer farmers, so more machines will help farmers in the future." I think a lot of machines will work around us. We have to learn how to live with machines.（約 10 秒間休止）

次に，5 番の問題です。まず，問題の指示を読みなさい。（約 13 秒間休止）

それでは放送します。

You learned about problems of the Earth this week. Now I want you to make a speech. First, give your speech next Friday. Second, make a speech about something you can do for the Earth. Third, please use some pictures with your speech. Do you have any questions?

（約 3 秒おいて，繰り返す。）（約 10 秒間休止）

次に，6番の問題です。まず，問題の指示を読みなさい。(約20秒間休止)

それでは放送します。

I want to talk about my father. He works at a space center. He started working there eight years ago. He works with a lot of people. Some people can speak English very well. Other people know a lot about science. Everyone helps each other when there is a problem.

One day, a woman at the space center had a problem with her computer. My father was able to help her because he knew a lot about computers. She was very glad.

From my father's story, I have learned it is important to help each other. Thank you.

Question (1)：How long has Kazuki's father worked at the space center?（約7秒間休止）

Question (2)：Kazuki has learned an important thing. What has he learned?（約7秒間休止）

では，2回目の放送をします。(最初から質問(2)までを繰り返す。)（約15秒間休止）

次に，7番の問題です。まず，問題の指示を読みなさい。(約15秒間休止)

それでは放送します。

Olivia: During the winter vacation, I started reading English books.

Akira: Oh, really? I also started doing something new.

Olivia: What did you do, Akira?

Akira: (　　　　　　).

(3秒おいて，繰り返す。)（約1分間休止）

〈チャイム〉

これで，聞き取りテストを終わります。次の問題に進みなさい。

社会

時間　50分　　　　満点　90点

1　次のⅠ～Ⅲの問いに答えなさい。答えを選ぶ問いについては一つ選び，その記号を書きなさい。

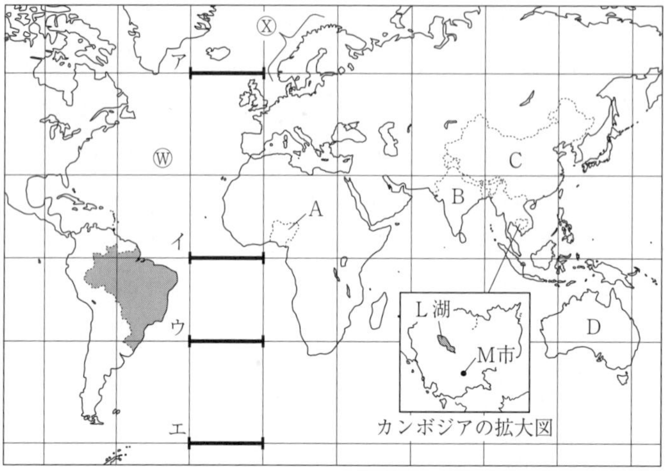

Ⅰ　次の緯線と経線が直角に交わるようにかかれた略地図を見て，1～6の問いに答えよ。

1　略地図中のⓌは三大洋の一つである。Ⓦの名称を**漢字**で書け。(　　　)

2　略地図中に同じ長さの⊢⊣で示したア～エのうち，地球上での実際の距離が最も長いものはどれか。(　　　)

3　略地図中のⓍでは，氷河によってけずられた谷に海水が入りこんでできた奥行きの長い湾がみられる。この地形を何というか。(　　　)

4　略地図中のカンボジアの拡大図に関して，資料1の10月10日のL湖の面積が，4月13日に比べて大きくなっている理由を，資料2を参考にして書け。ただし，L湖がある地域の気候に影響を与える風の名称を明らかにすること。(　　　　　　　　　　　　　　　)

資料1　L湖の日付別の面積

4月13日	10月10日
約3,300㎢	約11,600㎢

(JAXA資料から作成)

資料2　M市の月別降水量

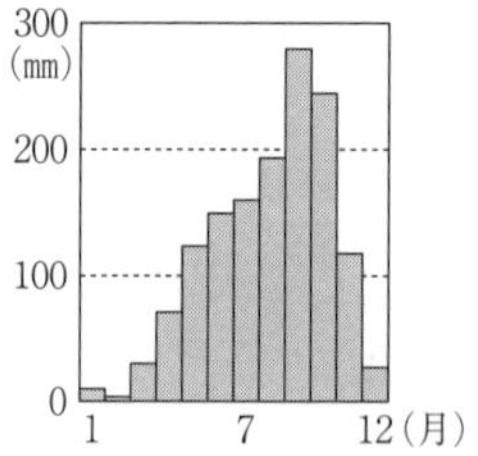

(理科年表から作成)

5　略地図中のA～D国の産業について述べた次のア～エの文のうち，C国について述べた文として，最も適当なものはどれか。(　　　)

ア　ボーキサイトや石炭などの資源が豊富で，北西部に大規模な露天掘りの鉄山がみられる。

イ　英語を話せる技術者が多く，南部のバンガロールなどでは情報技術産業が成長している。

ウ　南部の沿岸地域で原油の産出が多く，国の貿易輸出総額の7割近くを原油が占めている。

エ　税金などの面で優遇される経済特区を沿岸部に設け，外国企業を積極的に誘致している。

6　資料3は，ある中学生のグループが略地図中の▒▒で示された国について調べたレポートの一部である。資料3の［Y］，［Z］に適することばを補い，これを完成させよ。ただし，［Z］には**吸収**ということばを使うこと。

Y（　　　）

Z（　　　　　　　　　　　　　　　　　　　　　　　　　　　　　　）

資料3

写真は，この国のガソリンスタンドのようすです。ガソリンとエタノールのどちらも燃料として使える車が普及しているそうです。この国でのエタノール生産の主な原料は［Y］です。このような植物を原料としてつくられる燃料をバイオエタノールといいます。これはバイオ燃料の一種です。

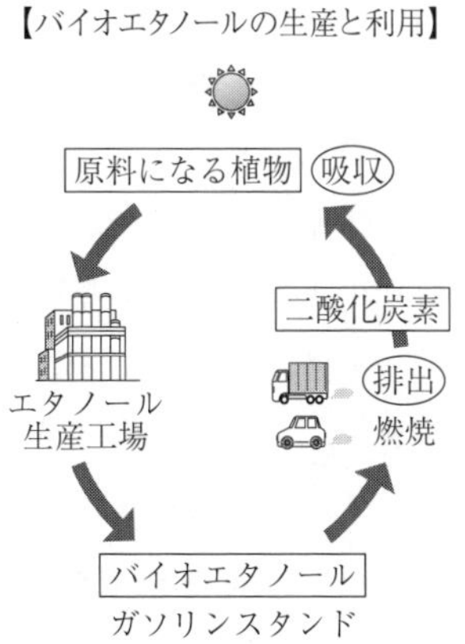

【バイオ燃料の良い点】

①　化石燃料と違い，枯渇の心配がなく再生可能である。

②　右の図のようにバイオ燃料は，燃やしても，［Z］と考えられており，地球温暖化対策になる燃料として注目されている。

【バイオ燃料の課題点】

①　栽培面積の拡大により，環境を破壊してしまう恐れがある。

②　過度に増産すると，食糧用の農作物の供給が減って食糧用の農作物の価格が高騰する恐れがある。

Ⅱ　右の略地図を見て，1～5の問いに答えよ。

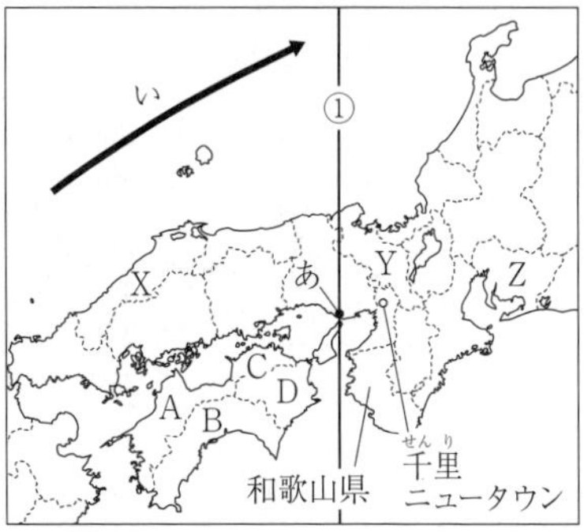

1　略地図中の経線①は日本標準時子午線（東経135度）である。この標準時子午線が通る兵庫県の都市あの名称を**漢字**で書け。（　　　市）

2　略地図中の矢印いで示した海流名を**漢字**で書け。

（　　　）

3　資料1は，略地図中の和歌山県で生産が盛んなある果実の都道府県別の生産割合を示したものである。この果実の名称を答えよ。

また，資料1の中にある［　　］にあてはまる県は略地図中のA～Dのうちどれか。（　　　）（　　）

資料1

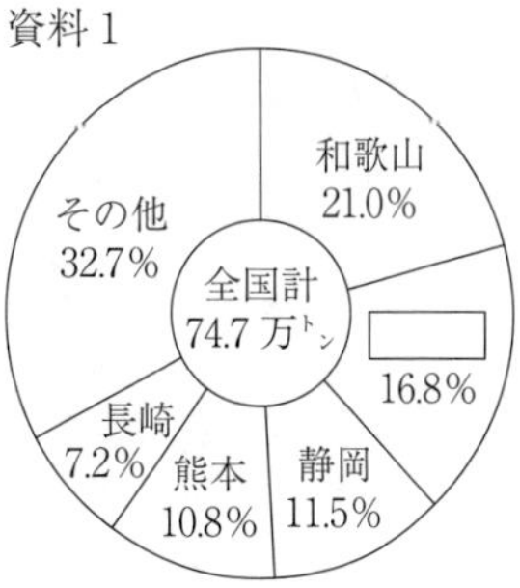

統計年次は2019年
（農林水産省資料から作成）

4　資料2は，略地図中のX～Zの府県の15歳以上の就業者数に占めるいくつかの業種の就業者割合を示したものである。Zにあてはまるものはア～ウのうちどれか。(　　　)

資料2

	農林水産業	製造業	宿泊・飲食サービス業
ア	2.1 %	25.3 %	5.4 %
イ	2.1 %	15.9 %	6.6 %
ウ	7.8 %	13.3 %	5.3 %

統計年次は2015年

(総務省統計局資料から作成)

5　略地図中の千里ニュータウンは，主に1960年代に建設され，同じような若い年代の人たちが入居した。資料3，資料4を見た先生と生徒の会話の[　　　]に適することばを，資料3，資料4を参考にして書け。

(　　　　　　　　　　　　　　　　　　　　　　　　　　　　　　　　)

先生：千里ニュータウンは，ある時期に全国を上回るスピードで高齢化率が上昇しています。どのような原因が考えられますか。

生徒：千里ニュータウンができたころに入居した人たちがほぼ同時期に65歳以上になったことと，[　　　　　]ことが原因だと思います。

先生：千里ニュータウンの高齢化率を計算するときの65歳以上の人口だけでなく，千里ニュータウンの人口全体について，それぞれ考えたのですね。最近は，さまざまな取り組みが行われ，高齢化率の上昇は緩やかになり，人口も増え始めています。

資料3　千里ニュータウンと全国の高齢化率の推移および千里ニュータウンの人口の推移

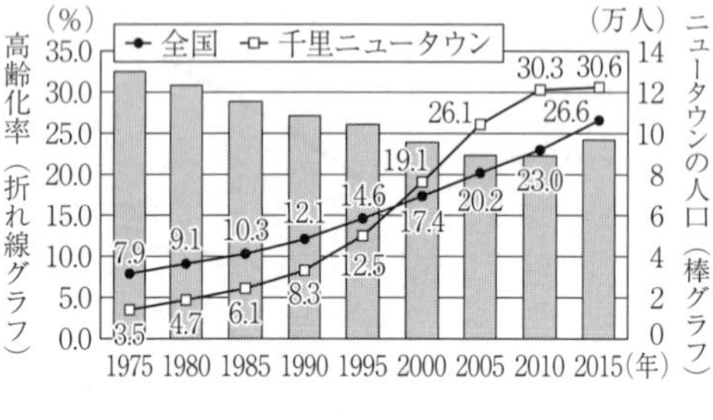

資料4　千里ニュータウンの年齢層別の人口構成の推移

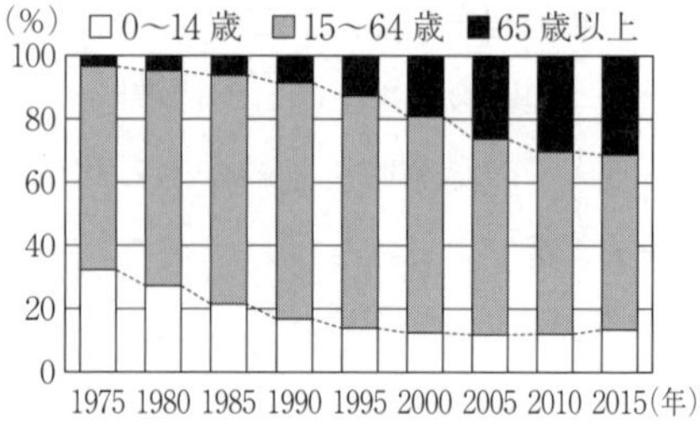

(資料3，4は吹田市資料および豊中市資料などから作成)

Ⅲ　社会科の授業で先生から「福岡市の七つの区について，各区の人口密度を計算し，その結果を地図に表してみよう。」という課題が出された。ある生徒は，図1に示された七つの区のうち，五つの区について表のように人口密度を計算し，その結果を図2のように表した。残りの南区，早良区について，図1と表をもとに図2中の凡例に従って図2の地図を完成させよ。

図1　福岡市の区

表

区名	人口(人)	面積(km²)	人口密度(人／km²)
東　区	306,015	69.4	4,409.4
博多区	228,441	31.6	7,229.1
中央区	192,688	15.4	12,512.2
南　区	255,797	31.0	
城南区	130,995	16.0	8,187.2
早良区	217,877	95.9	
西　区	206,868	84.2	2,456.9

統計年次は2015年

(福岡市資料から作成)

図2　生徒が途中まで作成したもの

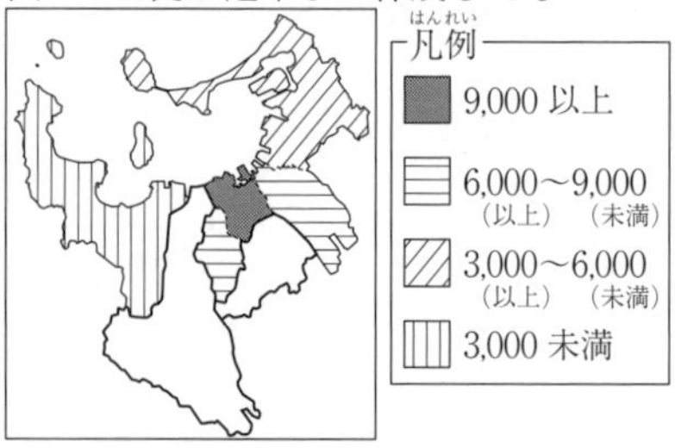

2　次のⅠ～Ⅲの問いに答えなさい。答えを選ぶ問いについては一つ選び，その記号を書きなさい。

Ⅰ　次の略年表を見て，1～7の問いに答えよ。

世紀	主なできごと
5	ⓐ大和政権（ヤマト王権）の大王が中国の南朝にたびたび使いを送る
7	中大兄皇子や中臣鎌足らが大化の改新とよばれる政治改革を始める ――A
11	白河天皇が位をゆずって上皇となったのちも政治を行う □ を始める
14	京都の室町に御所を建てたⓑ足利義満が南北朝を統一する――――B
16	大阪城を築いて本拠地としたⓒ豊臣秀吉が全国を統一する――――C
18	天明のききんがおこって，ⓓ百姓一揆や打ちこわしが急増した

1　□ にあてはまる最も適当なことばを**漢字**で書け。（　　　）

2　ⓐに関して，大和政権（ヤマト王権）の勢力が広がるにつれて，各地の豪族も資料1のような形の古墳などをつくるようになった。資料1のような形の古墳を何というか。（　　　）

資料1

（地理院地図から作成）

3　AとBの間の時期におこった次のア～エのできごとを年代の古い順に並べよ。（　→　→　→　）

ア　征夷大将軍になった坂上田村麻呂は，蝦夷《えみし》の主な拠点を攻め，東北地方への支配を広げた。

イ　聖武天皇は仏教の力で国家を守ろうと，国ごとに国分寺と国分尼寺，都に東大寺を建てた。

ウ　武士の活躍をえがいた軍記物の「平家物語」が，琵琶法師によって語り伝えられ始めた。

エ　壬申の乱に勝って即位した天武天皇は，天皇を中心とする国家づくりを進めた。

4　ⓑに関して，室町幕府の政治について述べた文として，最も適当なものはどれか。（　　　）

ア　将軍のもとで老中や若年寄，各種の奉行などが職務を分担した。

イ　執権が御家人たちをまとめ，幕府を運営していくようになった。

ウ　管領とよばれる将軍の補佐役には，有力な守護が任命された。

エ　太政官が政策を決定し，その下の八つの省が実務を担当した。

5　ⓒに関して，豊臣秀吉に仕え，わび茶の作法を完成させたのはだれか。（　　　）

6　BとCの間の時期におこった世界のできごととして，最も適当なものはどれか。（　　　）

ア　ルターが宗教改革を始めた。　　イ　アメリカ独立戦争がおこった。

ウ　ムハンマドがイスラム教をおこした。　　エ　高麗が朝鮮半島を統一した。

7　ⓓに関して，次の文の □ に適することばを補い，これを完成させよ。

（　　　　　　　　　　　　　　　）

資料2は，江戸時代の百姓一揆の参加者が署名した，からかさ連判状である。参加者が円形に名前を記したのは，□ ためであったといわれている。

資料2

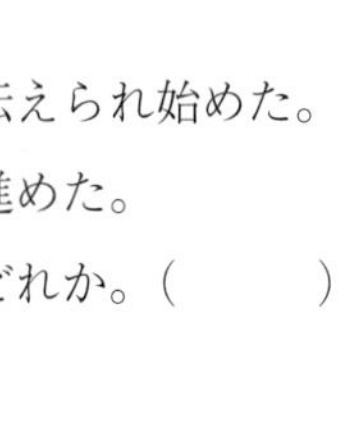

Ⅱ　次は，ある中学生が「日本の近現代」についてまとめたものの一部である。1～6の問いに答えよ。

長州藩はⓐ江戸幕府の外交政策に反対する尊王攘夷運動の中心となっていた。しかし，1864年にⓑイギリスをはじめとする四国連合艦隊からの攻撃を受け，敗北した長州藩は，列強に対抗できる強い統一国家をつくるため，幕府をたおそうと考えるようになった。

ⓒ明治時代に政府は欧米諸国に対抗するため，富国強兵の政策を進めた。1880年代からは軽工業を中心に産業革命の時代をむかえた。重化学工業では，日清戦争後に北九州に建設された官営の［①］で1901年に鉄鋼の生産が始まった。

日本は1951年に48か国と［②］平和条約を結び，翌年に独立を回復した。その後もⓓさまざまな国と外交関係を築いた。経済は，1950年代半ばまでに戦前の水準をほぼ回復し，その後，ⓔ高度経済成長が1970年代初めにかけて続いた。

1　［①］，［②］にあてはまる最も適当なことばを書け。①(　　　)　②(　　　)

2　ⓐに関して，日本とアメリカとの間で下田，函館の2港を開港することなどを取り決めた条約を**漢字**で書け。(　　　)

3　ⓑに関して，資料は，イギリスが関係したある戦争のようすをあらわしている。この戦争の原因についてまとめた次の文の［　　］に適することばを補い，これを完成させよ。

資料

(　　　　　　　　　　　　　　　　　　　　)

イギリスは，清から大量の茶を輸入していたが，自国の綿製品は清で売れず，清との貿易は赤字であった。その解消のためにイギリスは，インドで［　　　　］。それに対して，清が取りしまりを強化したため，イギリスは戦争をおこした。

4　ⓒに関して，この時代におこった日本のできごとを次のア～エから三つ選び，年代の古い順に並べよ。(　　→　　→　　)

ア　第1回帝国議会を開いた。

イ　財政安定のために地租改正を実施した。

ウ　ロシアとの間でポーツマス条約を結んだ。

エ　中国に対して二十一か条の要求を出した。

5　ⓓに関して，日本とある国との外交関係について述べた次の文の［X］，［Y］にあてはまることばの組み合わせとして，最も適当なものはどれか。(　　　)

1956年，鳩山一郎内閣によって［X］が調印され，国交が回復した。しかし，この国との［Y］をめぐる問題は未解決のままである。

ア　X　日ソ共同宣言　　Y　北方領土　　イ　X　日ソ共同宣言　　Y　小笠原諸島

ウ　X　日中共同声明　　Y　北方領土　　エ　X　日中共同声明　　Y　小笠原諸島

6　ⓔに関して，この時期におこった世界のできごととして，最も適当なものはどれか。

（　　　）

ア　国際社会の平和と安全を維持するため，国際連合が発足した。

イ　アメリカが介入したことにより，ベトナム戦争が激化した。

ウ　ベルリンを東西に分断していたベルリンの壁が取りこわされた。

エ　イラクのクウェート侵攻をきっかけに，湾岸戦争がおこった。

Ⅲ　資料は，1914 年度から 1935 年度にかけての日本の軍事費の推移を示したものである。A の時期に軍事費が減少している理由として考えられることを，当時の国際情勢をふまえて書け。ただし，**第一次世界大戦**，**ワシントン会議**ということばを使うこと。

（　　　　　　　　　　　　　　　　　　　　）

資料

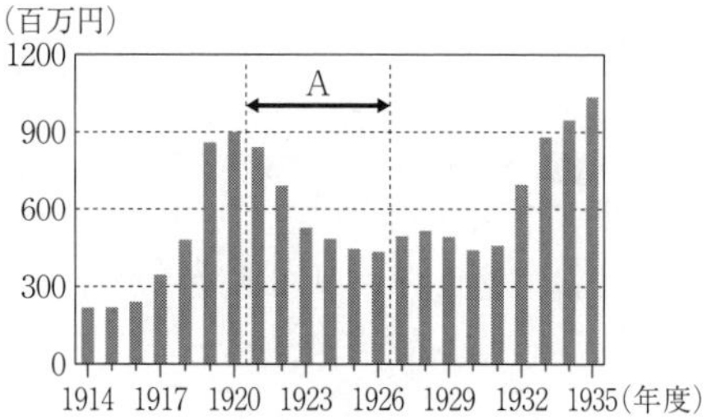

（数字でみる日本の 100 年から作成）

3　次のⅠ～Ⅲの問いに答えなさい。答えを選ぶ問いについては一つ選び，その記号を書きなさい。

Ⅰ　次は，ある中学生が社会科の授業で「日本国憲法の三つの基本原理」について学習した際の振り返りシートの一部である。1～5の問いに答えよ。

■　学習を通してわかったこと

国民主権	基本的人権の尊重	平和主義
ⓐ日本国憲法では，主権者は私たち国民であり，国民が政治のあり方を決める力をもっていることが示されています。	私たちが自由に人間らしく生きていくことができるように，平等権，自由権，社会権などのⓑ基本的人権が侵すことのできない永久の権利として保障されています。	ⓒ第二次世界大戦での経験をふまえ，日本国憲法は，戦争を放棄して世界の恒久平和のために努力するという平和主義をかかげています。

■　学習を終えての感想

先日，ⓓ県知事選挙が行われました。私も18歳になったらⓔ選挙で投票することができます。主権者の一人として政治や社会のことに関心をもち，お互いの人権が尊重され，平和な社会が実現できるように行動していこうと思いました。

1　ⓐに関して，次は日本国憲法の一部である。［　　］にあてはまる最も適当なことばを，資料1を参考にして書け。（　　　）

第98条　この憲法は，国の［　　］であつ《(っ)》て，その条規に反する法律，命令，詔勅《しょうちょく》及び国務に関するその他の行為の全部又は一部は，その効力を有しない。

資料1　法の構成

憲法を頂点として，すべての法が位置づけられている。

2　ⓑに関して，次のア～ウは，人権保障のあゆみの中で重要なことがらについて説明したものである。ア～ウを年代の古い順に並べよ。（　→　→　）

ア　「人間に値する生存」の保障などの社会権を取り入れたワイマール憲法が制定された。

イ　人権を保障するために各国が守るべき基準を明らかにした世界人権宣言が採択された。

ウ　人は生まれながらに自由で平等な権利をもつことをうたったフランス人権宣言が出された。

3　ⓒに関して，日本は，核兵器による被爆国として，非核三原則をかかげている。その三原則を，解答欄の書き出しのことばに続けて書け。（核兵器を　　　　　　）

4　ⓓに関して，知事の選出方法は，内閣総理大臣の選出方法とは異なっている。知事と内閣総理大臣の選出方法の違いについて，解答欄の書き出しのことばに続けて書け。

（内閣総理大臣は　　　　　　　　　　　　）

5　ⓔに関して，資料2は，先生が，授業で示したある仮想の議会における選挙について黒板にまとめたものである。資料2から読み取れることとして，最も適当なものはあとのア～エのう

ちどれか。(　　　)

資料 2

ある仮想の議会における選挙

議員定数は 5 人であり，小選挙区制によって選出するものとします。

三つの政党が選挙区Ⅰ～Ⅴにそれぞれ 1 人の候補者を立て，ほかに候補者はいなかったものとします。

投票率は有権者数に対する投票者数の割合です。ただし，各選挙区の投票者数は得票数の合計と等しいものとします。

選挙の結果

選挙区	有権者数	各候補者の得票数		
		○○党	△△党	□□党
Ⅰ 区	1000 人	320 票	200 票	120 票
Ⅱ 区	800 人	200 票	220 票	100 票
Ⅲ 区	500 人	170 票	50 票	30 票
Ⅳ 区	750 人	150 票	180 票	40 票
Ⅴ 区	950 人	360 票	150 票	110 票
合 計	4000 人	1200 票	800 票	400 票

ア　過半数の議席を獲得する政党はない。

イ　選挙区間の一票の格差は最大 2 倍である。

ウ　すべての政党が議席を獲得できる。

エ　すべての選挙区をあわせた投票率は 70 ％である。

Ⅱ　次は，ある中学生の会話の一部である。1～5 の問いに答えよ。

図

Aさん：この図をおぼえている？「キャッシュレス・ポイント還元事業」ってあったよね。このあいだの授業で先生が，「これをきっかけにⓐ現金をあまり使わなくなって，この前もマスクを電子マネーで買ったよ。」という話をしてくれたね。

Bさん：マスクを買うのが大変だった時期もあったね。マスク不足を補うために，マスクのⓑ製造に新たに参加した企業も複数あったね。ⓒ景気がこれからどうなっていくのか分からないけれど，企業を支援するさまざまな対策が必要になるかもね。

Aさん：そういえば，災害支援のボランティアに参加した企業が新聞で紹介されていたよ。ⓓ企業の社会的責任の一つとして，地域に貢献しているんだね。

Bさん：地域にある企業が，ⓔ雇用を増やすことで地域に貢献することもできるね。

1　ⓐに関して，資料は日本で流通している貨幣（通貨）の割合を表しており，現金以外にも通貨があることがわかる。資料中の［　　　］にあてはまる通貨名として，最も適当なことばを書け。(　　　)

資料　日本の通貨の構成比率

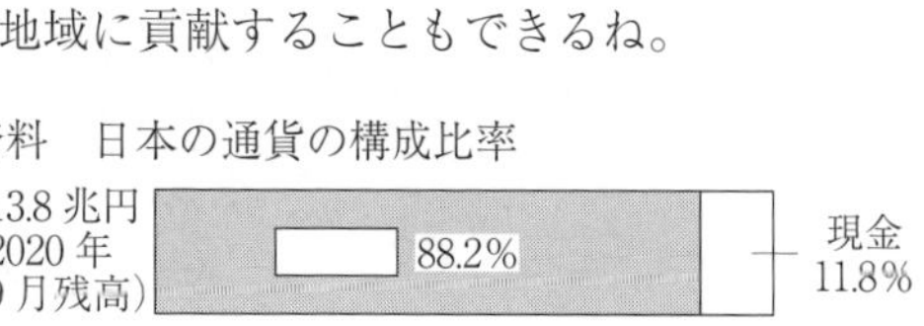

(日本銀行資料から作成)

2　ⓑに関して，消費者の保護・救済のため，商品の欠陥などで消費者が被害を受けたとき損害賠償の責任を製造する企業に負わせることを定めた法律を何というか。(　　　)

3　ⓒに関して，政府は次のような財政政策を行うことで，景気を安定させることができる。文中の［　X　］，［　Y　］にあてはまることばの組み合わせとして，最も適当なものはどれか。

(　　　)

政府は不景気（不況）の時に財政政策として公共投資を［ X ］させ企業の仕事を増やし，［ Y ］を実施して企業や家計の消費活動を刺激する。

ア　X　減少　　Y　増税　　イ　X　減少　　Y　減税　　ウ　X　増加　　Y　増税
エ　X　増加　　Y　減税

4　ⓓに関して，「企業の社会的責任（CSR）」に基づく企業の活動について述べた文として，最も適当なものはどれか。（　　　）

ア　持続可能な社会を実現するため，環境によい商品の開発に積極的に取り組む。
イ　企業の規模をより大きくするため，株主への配当金をなるべく少なくなるように抑える。
ウ　消費者保護のために，生産者同士で生産量や価格を事前に取り決めておく。
エ　社会に不安を与えないよう，会社の状況や経営に関する情報をなるべく公開しない。

5　もしもの時に備え，社会に安心・安全を提供するしくみをセーフティネット（安全網）という。ⓔに関するセーフティネット（安全網）として，国や地方公共団体が行っている取り組みを一つあげて説明せよ。ただし，解答欄の書き出しのことばに続けて書け。

（失業した労働者に対して　　　　　　　　　　　　　　　　　　　　　　　　　　　　）

Ⅲ　トラブルを調整し，互いに納得できる解決策をつくっていく際には，効率や公正の面から検討することが大切である。

あるスーパーマーケットでは，図1のように，客がレジに自由に並んでいたが，客からの「出入口に近いレジだけがいつも混んでいる。」，「混んでいないレジに並んだが，前の客の会計に時間がかかり，あとから他のレジに並んだ客のほうが早く会計を済ませていた。改善してほしい。」といった要望が多かった。そのため，図2のように客が一列に整列したうえで順次空いたレジへ進む方法に変更した結果，客からも好評であった。どのような点が好評だったと考えられるか，**効率**，**公正**ということばを使い，**40字以上50字以内**で書け。

図1　　　　　　　　　　図2

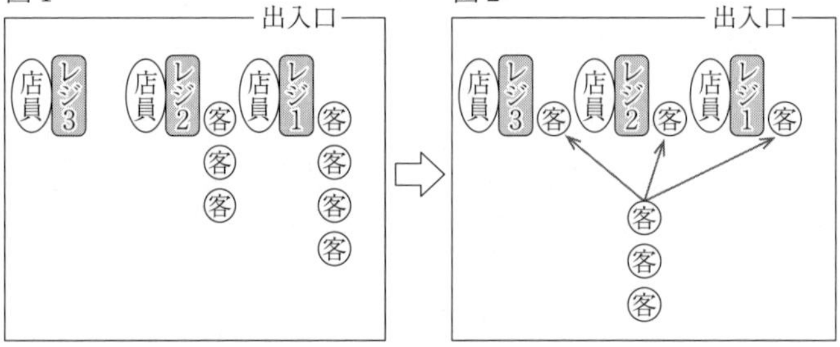

理科

時間　50分　　　　満点　90点

1　次の各問いに答えなさい。答えを選ぶ問いについては記号で答えなさい。

1　がけに，れき，砂，泥や火山から噴出した火山灰などが積み重なってできた，しまのような層が見られることがある。このように層が重なったものを何というか。(　　　)

2　動物と植物の細胞のつくりに共通するものを二つ選べ。(　　　)

ア　葉緑体　　イ　核　　ウ　細胞膜　　エ　細胞壁

3　次の文中の[a]～[c]にあてはまることばを書け。

a (　　　)　b (　　　)　c (　　　)

原子は，原子核と[a]からできている。原子核は，＋の電気をもつ[b]と電気をもたない[c]からできている。

4　次の文中の[　　]にあてはまることばを書け。(　　　)

光が，水やガラスから空気中へ進むとき，入射角を大きくしていくと，屈折した光が境界面に近づいていく。入射角が一定以上大きくなると境界面を通りぬける光はなくなる。この現象を[　　]という。通信ケーブルなどで使われている光ファイバーは，この現象を利用している。

5　安山岩や花こう岩などのように，マグマが冷え固まってできた岩石を何というか。(　　　)

6　水 100g に食塩 2.0g をとかした水溶液を A，水 98g に食塩 2.0g をとかした水溶液を B，水 200g に食塩 3.0g をとかした水溶液を C とする。質量パーセント濃度が最も低い水溶液は A～C のどれか。(　　　)

7　次の文中の①，②について，それぞれ正しいものはどれか。①(　　　)　②(　　　)

被子植物では，受精卵は①(ア　減数　　イ　体細胞) 分裂をくりかえして，植物のからだのつくりをそなえた②(ア　胚　　イ　卵細胞) になる。このように，受精卵から個体としてのからだのつくりが完成していく過程を発生という。

8　図は，かたくて長い棒を，てことして利用するときの模式図である。てこの支点が棒の左はしから 40cm となるよう三角台を調整し，棒の左はしに糸で重さ 300N の物体をつるした。棒の右はしに下向きの力を加えて，ゆっくりと 40cm 押し下げると，物体は 20cm 持ち上がった。このとき，棒の右はしに加えた力の大きさは何 N か。また，支点から棒の右はしまでの距離は何 cm か。ただし，棒と糸の重さは考えないものとする。力の大きさ(　　　N)　距離(　　　cm)

図

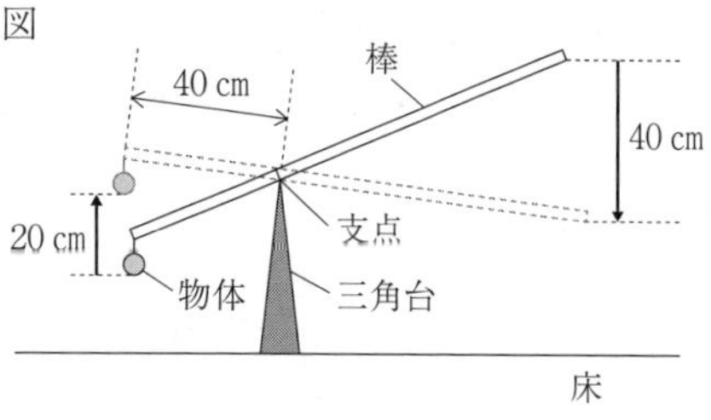

② 次のⅠ，Ⅱの各問いに答えなさい。答えを選ぶ問いについては記号で答えなさい。

Ⅰ　図1のような装置を組み，酸化銅の還元についての実験を行った。

図1

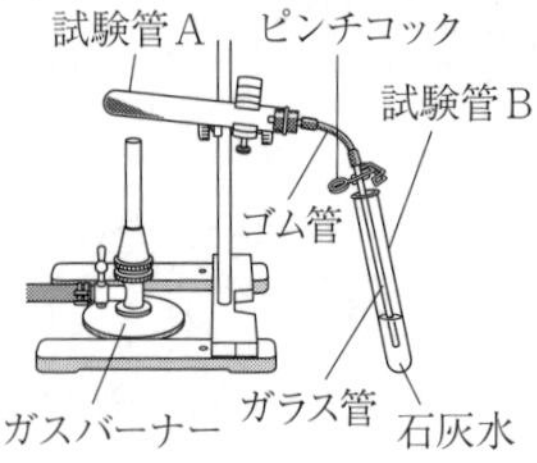

実験

① 酸化銅4.00gに炭素粉末0.10gを加えてよく混ぜ合わせた。

② 酸化銅と炭素粉末の混合物を試験管Aの中にすべて入れて加熱したところ，ガラス管の先から盛んに気体が出て，試験管Bの中の石灰水が白くにごった。

③ ガラス管の先から気体が出なくなるまで十分に加熱した後，ガラス管を石灰水の中から取り出し，ガスバーナーの火を消した。すぐにピンチコックでゴム管をとめ，試験管Aが冷えてから，試験管Aの中にある加熱した後の物質の質量を測定した。

④ 酸化銅は4.00gのまま，炭素粉末の質量を0.20g，0.30g，0.40g，0.50gと変えてよく混ぜ合わせた混合物をそれぞれつくり，②と③の操作を繰り返した。

　また，炭素粉末を加えず，酸化銅4.00gのみを試験管Aの中にすべて入れて加熱したところ，ガラス管の先から少量の気体が出たが，石灰水に変化はみられなかった。そして，③の操作を行った。

図2

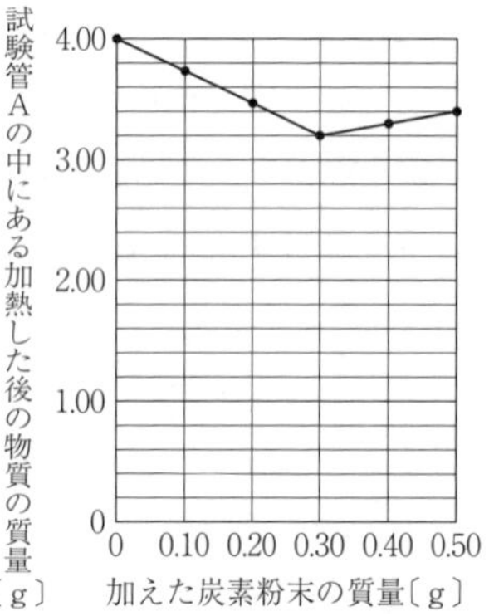

　図2は，加えた炭素粉末の質量を横軸，試験管Aの中にある加熱した後の物質の質量を縦軸とし，実験の結果をグラフに表したものである。なお，加えた炭素粉末の質量が0.30g，0.40g，0.50gのときの試験管Aの中にある加熱した後の物質の質量は，それぞれ3.20g，3.30g，3.40gであった。

　ただし，試験管Aの中にある気体の質量は無視できるものとし，試験管Aの中では，酸化銅と炭素粉末の反応以外は起こらないものとする。

1　実験の②で石灰水を白くにごらせた気体の名称を書け。

（　　　）

2　図3が試験管Aの中で起こった化学変化を表した図になるように，X，Y，Zにあてはまる物質をモデルで表し，図3を完成せよ。ただし，銅原子を◎，炭素原子を●，酸素原子を○とする。

図3

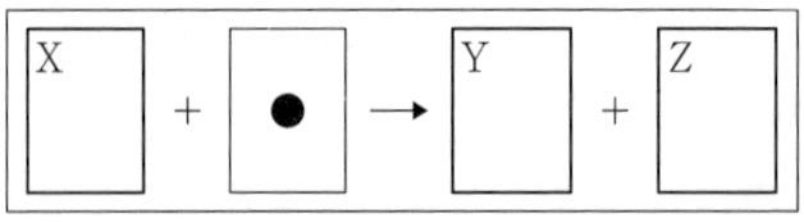

3　実験の③で下線部の操作を行うのはなぜか。「銅」ということばを使って書け。

（　　　　　　　　　　　　　　　　　　　　）

4　酸化銅の質量を6.00g，炭素粉末の質量を0.75gに変えて同様の実験を行った。試験管Aの中にある加熱した後の物質の質量は何gか。また，試験管Aの中にある加熱した後の物質は何か。すべての物質の名称を書け。ただし，固体の物質の名称のみ答えること。

質量（　　　g）　物質（　　　）

Ⅱ　ある濃度のうすい塩酸とある濃度のうすい水酸化ナトリウム水溶液を混ぜ合わせたときに，どのような変化が起こるか調べるために，次の実験を行った。

実験　うすい塩酸を10.0cm^{3}はかりとり，ビーカーに入れ，緑色のBTB溶液を数滴加えた。次に，図のようにこまごめピペットでうすい水酸化ナトリウム水溶液を3.0cm^{3}ずつ加えてよくかき混ぜ，ビーカー内の溶液の色の変化を調べた。

図

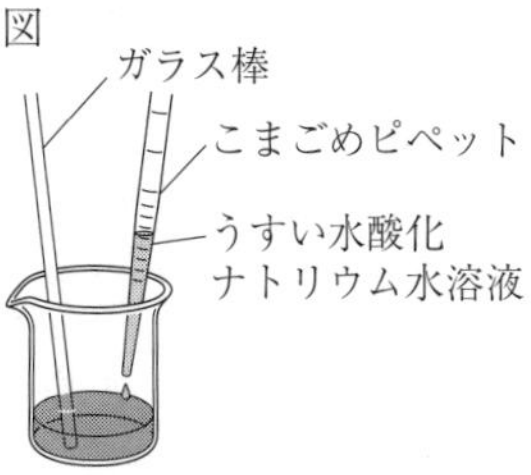

表は，実験の結果をまとめたものである。

表

加えたうすい水酸化ナトリウム水溶液の体積の合計〔cm^3〕	0	3.0	6.0	9.0	12.0	15.0	18.0	21.0
ビーカー内の溶液の色	黄色	黄色	黄色	黄色	緑色	青色	青色	青色

1　塩酸の性質について正しく述べているものはどれか。(　　　)

ア　電気を通さない。　　イ　無色のフェノールフタレイン溶液を赤色に変える。

ウ　赤色リトマス紙を青色に変える。　　エ　マグネシウムと反応して水素を発生する。

2　実験で，ビーカー内の溶液の色の変化は，うすい塩酸の中の陽イオンが，加えたうすい水酸化ナトリウム水溶液の中の陰イオンと結びつく反応と関係する。この反応を化学式とイオン式を用いて表せ。(　　　　　　　　　)

3　実験で使ったものと同じ濃度のうすい塩酸10.0cm^{3}とうすい水酸化ナトリウム水溶液12.0cm^{3}をよく混ぜ合わせた溶液をスライドガラスに少量とり，水を蒸発させるとスライドガラスに結晶が残った。この結晶の化学式を書け。なお，この溶液をpHメーターで調べると，pHの値は7.0であった。(　　　)

4　次の文は，実験におけるビーカー内の溶液の中に存在している陽イオンの数について述べたものである。次の文中の［ a ］，［ b ］にあてはまる最も適当なことばとして，「ふえる」，「減る」，「変わらない」のいずれかを書け。a (　　　)　b (　　　)

ビーカー内の溶液に存在している陽イオンの数は，うすい塩酸10.0cm^{3}のみのときと比べて，加えたうすい水酸化ナトリウム水溶液の体積の合計が6.0cm^{3}のときは［ a ］が，加えたうすい水酸化ナトリウム水溶液の体積の合計が18.0cm^{3}のときは［ b ］。

3　次のⅠ，Ⅱの各問いに答えなさい。答えを選ぶ問いについては記号で答えなさい。

Ⅰ　図はゼニゴケ，スギナ，マツ，ツユクサ，エンドウの5種類の植物を，種子をつくらない，種子をつくるという特徴をもとに分類したものである。

図

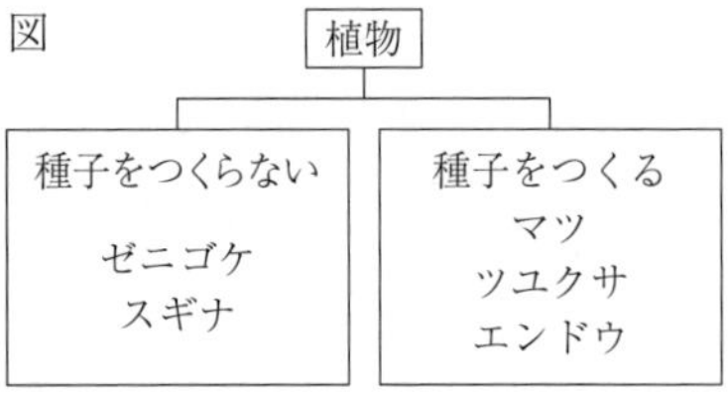

1　種子をつくらないゼニゴケやスギナは，何によってふえるか。(　　　)

2　マツには，ツユクサやエンドウとは異なる特徴がみられる。それはどのような特徴か，「子房」と「胚珠」ということばを使って書け。

(　　　　　　　　　　　　　　　　　　　　　　　　　　　　　　　　　　　　　　)

3　ツユクサの根は，ひげ根からなり，エンドウの根は，主根と側根からなるなど，ツユクサとエンドウには異なる特徴がみられる。ツユクサの特徴を述べた次の文中の①，②について，それぞれ正しいものはどれか。①(　　　)　②(　　　)

ツユクサの子葉は①(ア　1枚　　イ　2枚) で，葉脈は②(ア　網目状　　イ　平行) に通る。

4　エンドウのある形質の対立遺伝子の優性遺伝子をA，劣性遺伝子をaとする。Aaという遺伝子の組み合わせをもっているいくつかの個体が，自家受粉によってあわせて800個の種子（子にあたる個体）をつくったとすると，そのうちで遺伝子の組み合わせがaaの種子はおよそ何個あると考えられるか。最も適当なものを次のア～エから選べ。ただし，Aとaの遺伝子は，遺伝の規則性にもとづいて受けつがれるものとする。(　　　)

ア　200個　　イ　400個　　ウ　600個　　エ　800個

Ⅱ　次は，たかしさんとひろみさんと先生の会話である。

たかしさん：激しい運動をしたとき，呼吸の回数がふえるのはどうしてかな。

ひろみさん：運動をするのに，酸素がたくさん必要だからって聞くよ。

先　　　生：それでは，運動するのに，なぜ酸素が必要かわかりますか。

ひろみさん：細胞による呼吸といって，ひとつひとつの細胞では，酸素を使って□からです。

先　　　生：そのとおりですね。だから，酸素が必要なのですね。また，私たちが運動するためには食事も大切ですよね。たとえば，タンパク質について知っていることはありますか。

たかしさん：①タンパク質は，分解されてアミノ酸になり，②小腸で吸収されることを学びました。

1　会話文中の□にあてはまる内容を「養分」ということばを使って書け。

(　　　　　　　　　　　　　　　　　　　　　　　　　　　　　　　　　　　　　　)

2　下線部①について，(1)，(2)の問いに答えよ。

(1)　タンパク質を分解する消化酵素をすべて選べ。(　　　)

ア　アミラーゼ　　イ　リパーゼ　　ウ　トリプシン　　エ　ペプシン

(2)　次の文中の[a]，[c]にあてはまる器官の名称をそれぞれ書け。また，[b]にあてはまる物質の名称を書け。a(　　　)　b(　　　)　c(　　　)

ヒトの細胞でタンパク質などが分解されてできる物質を使って生命活動が行われると有害なアンモニアができる。このアンモニアは血液によって[a]に運ばれて無害な物質である［ b ］に変えられ，［ b ］は［ c ］で血液からとり除かれる。

3　下線部②の小腸の内側のかべにはたくさんのひだがあり，その表面に柔毛があることで，効率よく養分を吸収することができる。その理由を書け。

(　　　　　　　　　　　　　　　　　　　　　　　　　　　　　　　　　　)

4　次のⅠ，Ⅱの各問いに答えなさい。答えを選ぶ問いについては記号で答えなさい。

Ⅰ　鹿児島県に住むたかしさんは，ある日，日の出の1時間前に，東の空に見える月と金星を自宅付近で観察した。図1は，そのときの月の位置と形，金星の位置を模式的に表したものである。

図1

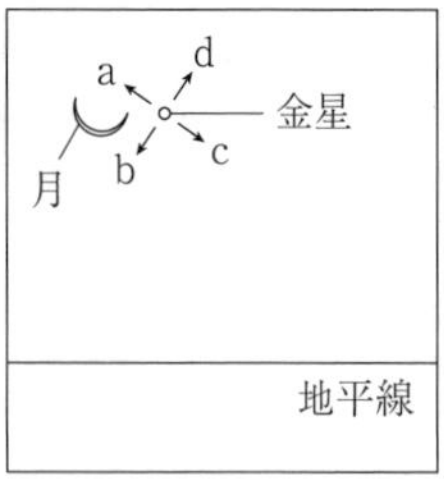

1　月のように，惑星のまわりを公転する天体を何というか。(　　　)

2　この日から3日後の月はどれか。最も適当なものを選べ。(　　　)

ア　満月　　イ　上弦の月　　ウ　下弦の月　　エ　新月

3　図1の金星は，30分後，図1のa～dのどの向きに動くか。最も適当なものを選べ。(　　　)

4　図2は，地球の北極側から見た，太陽，金星，地球の位置関係を模式的に表したものである。ただし，金星は軌道のみを表している。また，図3は，この日，たかしさんが天体望遠鏡で観察した金星の像である。この日から2か月後の日の出の1時間前に，たかしさんが同じ場所で金星を天体望遠鏡で観察したときに見える金星の像として最も適当なものをア～エから選べ。ただし，図3とア～エの像は，すべて同じ倍率で見たものであり，肉眼で見る場合とは上下左右が逆になっている。また，金星の公転の周期は0.62年とする。(　　　)

図2

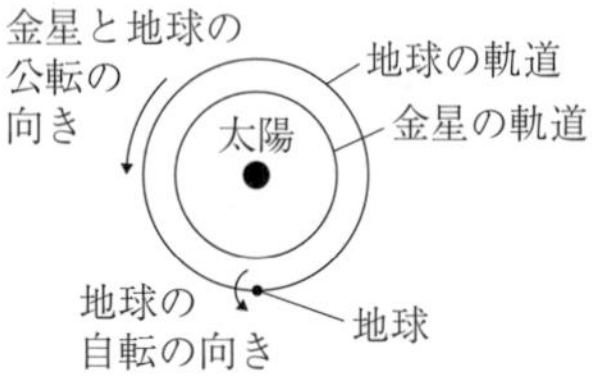

図3

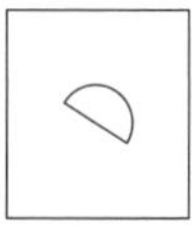

ア　　イ　　ウ　　エ

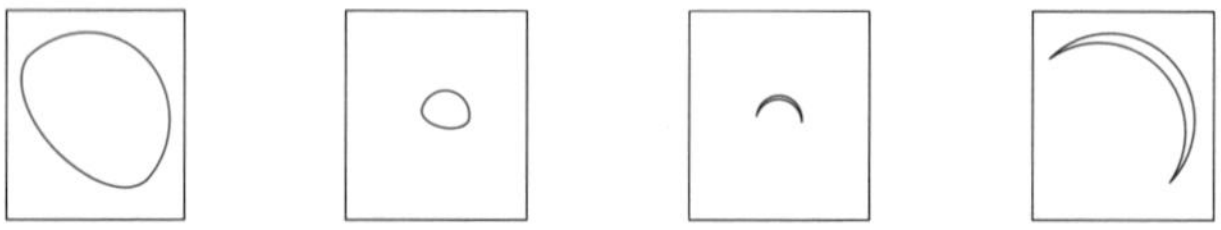

Ⅱ　大気中で起こるさまざまな現象を，気象という。

1　ある日，校庭で図1のように厚紙でおおった温度計を用いて空気の温度をはかった。温度計を厚紙でおおった理由を，「温度計」ということばを使って書け。

(　　　　　　　　　　　　　　　　　　　　　　　　　　　　　　)

図1

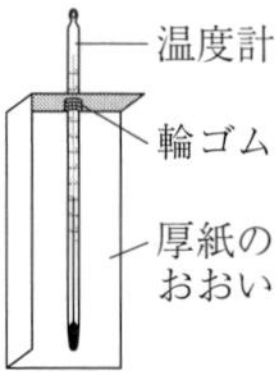

2　ある日，棒の先に軽いひもをつけ，風向を観測したところ，ひもは南西の方位にたなびいた。また，風が顔にあたるのを感じたことと，木の葉の動きから，このときの風力は2と判断した。さらに，空を見上げると，空全体の約4割を雲がおおっていた。表は天気と雲量の関係をまとめたものである。これらの風向，風力，天気の気象情報を天気図記号でかけ。

表

天気	快晴	晴れ	くもり
雲量	0～1	2～8	9～10

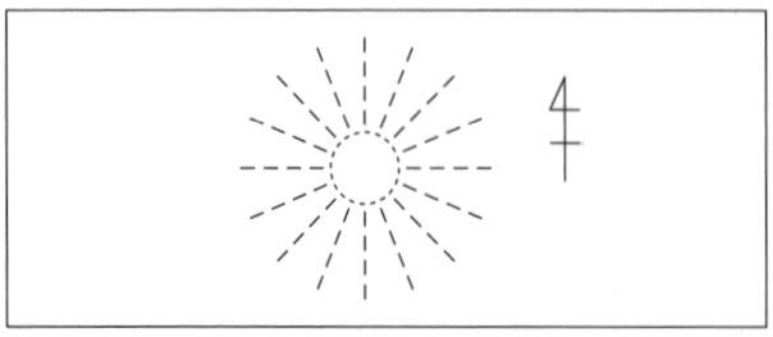

3　雲のでき方について述べた次の文中の [a]，[b] にあてはまることばを書け。

a (　　　)　b (　　　)

水蒸気をふくむ空気のかたまりが上昇すると，周囲の気圧が低いために空気のかたまりが [a] して気温が [b] がる。やがて，空気の温度が露点に達すると空気にふくみきれなくなった水蒸気は水滴となり，雲ができる。

4　図2は，前線Xと前線Yをともなう温帯低気圧が西から東に移動し，ある地点Aを前線X，前線Yの順に通過する前後のようすを表した模式図である。前線Yの通過にともなって降る雨は，前線Xの通過にともなって降る雨に比べて，降り方にどのような特徴があるか。雨の強さと雨が降る時間の長さに着目して書け。

(　　　　　　　　　　　　　　　　　　　　　　　　　　　　　　)

図2

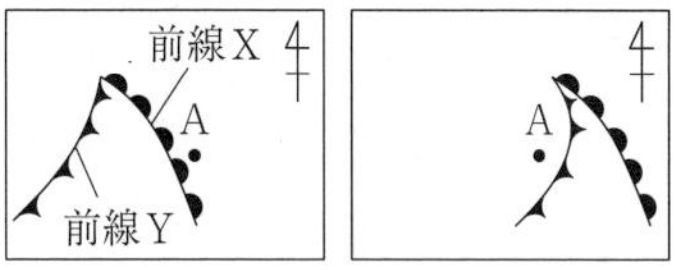

前線X，前線Yが通過する前　　前線X，前線Yが通過した後

5　次のⅠ，Ⅱの各問いに答えなさい。答えを選ぶ問いについては記号で答えなさい。

Ⅰ　物体にはたらく浮力に関する実験1と実験2を行った。ただし，質量100gの物体にはたらく重力の大きさを1.0Nとし，糸の重さや体積は考えないものとする。

実験1

①　図1に示す質量300gの直方体を用意した。

②　直方体の面Xとばねばかりを糸でつないだ。

③　図2のように，直方体の下面が水面と平行になるように水の中へ静かにしずめ，水面から直方体の下面までの深さとばねばかりの値を測定した。

④　②の面Xを面Yに変え，③の操作をした。

図1

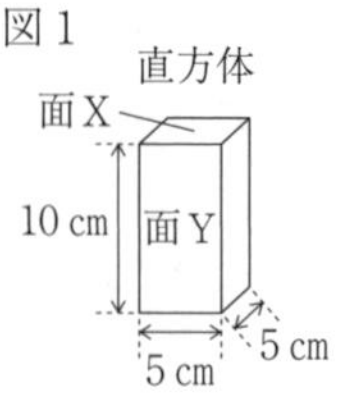

図2

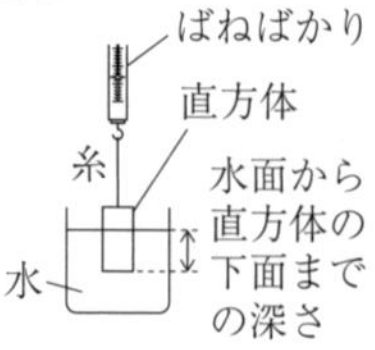

表は，実験1の結果をまとめたものである。ただし，表の空欄には，結果を示していない。

表

水面から直方体の下面までの深さ〔cm〕		0	2	4	6	8	10	12
ばねばかりの値〔N〕	面X	3.0	2.5	2.0	1.5	1.0	0.5	0.5
	面Y	3.0	2.0				0.5	0.5

1　直方体の密度は何g/cm^{3}か。(　　　　g/cm^3)

2　直方体の面Xに糸をつないでしずめ，水面から直方体の下面までの深さが8cmのとき，直方体にはたらく浮力の大きさは何Nか。(　　　　N)

3　直方体の面Yに糸をつないでしずめたときの，水面から直方体の下面までの深さと直方体にはたらく浮力の大きさの関係を表したグラフをかけ。ただし，水面から直方体の下面までの深さが0cm，2cm，4cm，6cm，8cm，10cm，12cmのときの値を「•」で記入すること。

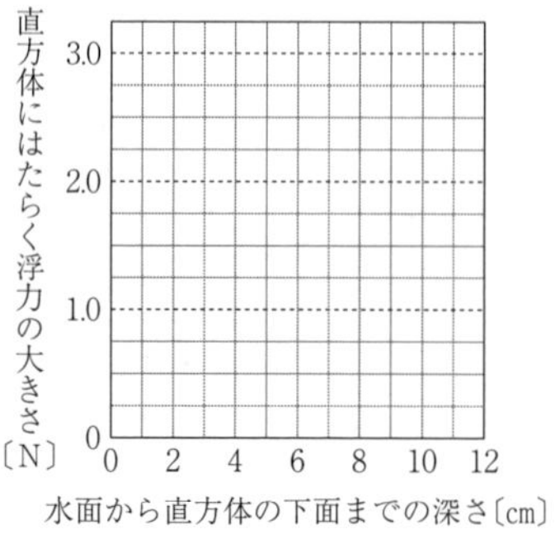

実験2　図3のように，実験1で用いた直方体の面Xを糸でつなぎ，直方体の下面が水面と平行になるように水の中へ静かにしずめ，水面から直方体の下面までの深さが14cmの位置で静止させる。この状態で静かに糸を切った。

図3

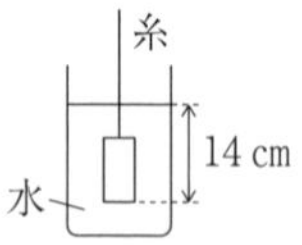

4　糸を切った後，直方体はどうなるか。次のア～ウから選び，その理由を，糸を切った後の直方体にはたらく力に着目して書け。

記号(　　　)

理由(　　　　　　　　　　　　　　　　　　　　　　　　　　　　　　　　　)

ア　浮き上がる。　　イ　静止の状態を続ける。　　ウ　しずんでいく。

Ⅱ　ひろみさんは，図1のような実験装置を用いて，2種類の抵抗器A，Bのそれぞれについて，加える電圧を変えて電流の変化を調べる実験を行った。図1のXとYは，電流計か電圧計のどちらかであり，Pはその端子である。図2は，この実験の結果をグラフに表したものである。ただし，

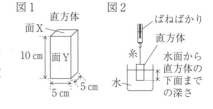

抵抗器以外の抵抗は考えないものとする。

図1

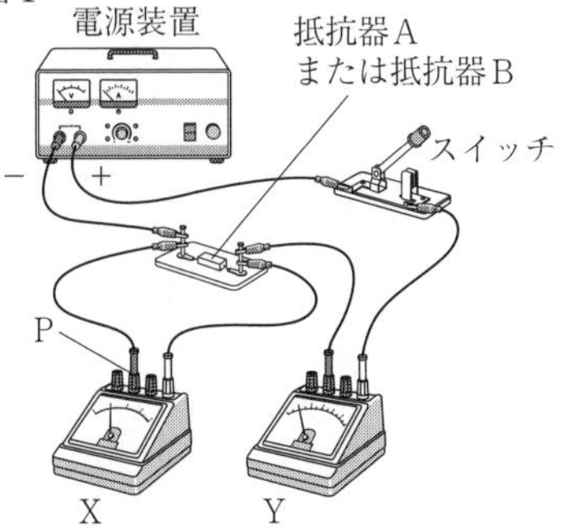

図2

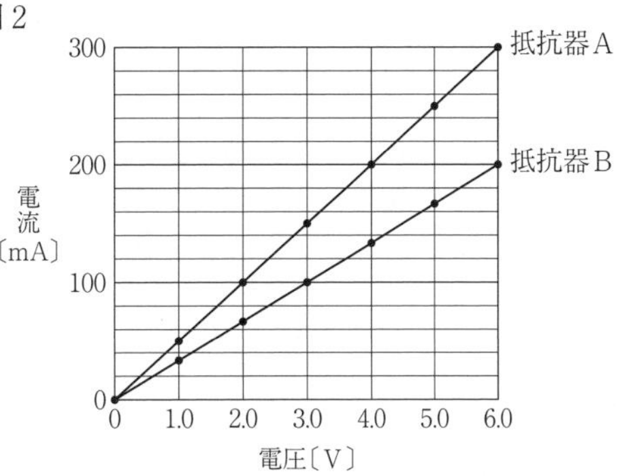

1　図1のPは，次のア～エのどの端子か。(　　　)

ア　電流計の＋端子　　イ　電流計の－端子　　ウ　電圧計の＋端子　　エ　電圧計の－端子

2　次の文は，実験の結果についてひろみさんがまとめた考察である。文中の下線部で示される関係を表す法則を何というか。(　　　)

抵抗器A，Bのグラフが原点を通る直線であるため，数学で学んだ比例のグラフであることがわかった。このことから，抵抗器を流れる電流の大きさは，抵抗器の両端に加えた電圧の大きさに比例すると考えられる。

3　次に，ひろみさんは，図3の回路図のように抵抗器A，Bを用いて回路をつくった。このとき，抵抗器Aに流れる電流の大きさを電流計の500mAの－端子を使って測定すると，針のふれが，図4のようになった。抵抗器Bに加わる電圧は何Vか。また，回路全体の電力は何Wか。電圧(　　　V)　電力(　　　W)

図3

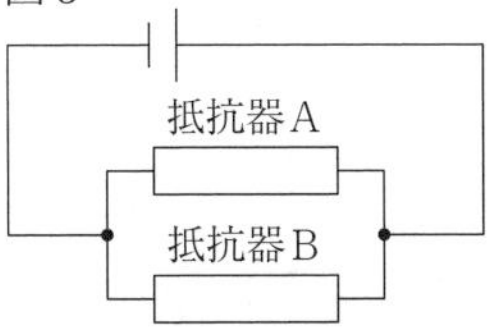

図4

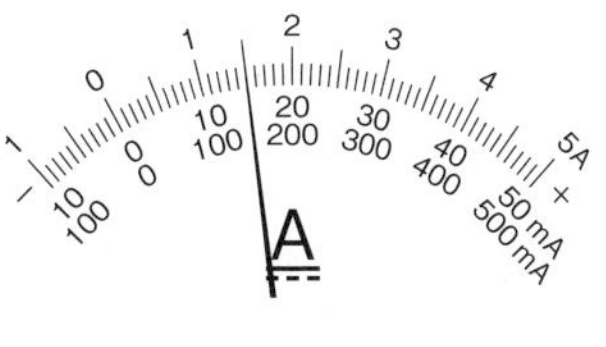

4　ひろみさんが並列回路の例として延長コード（テーブルタップ）について調べたところ，図5のように，延長コードを使って一つのコンセントでいくつかの電気器具を使用するタコ足配線は，危険な場合があることがわかった。次の文は，その理由についてひろみさんがまとめたレポートの一部である。次の文中の □ にあてはまる内容を，「電流」と「発熱量」ということばを使って書け。

図5

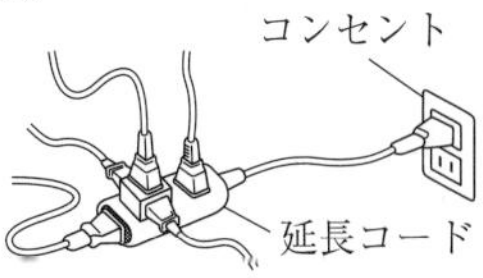

(　　　　　　　　　　　　　　　　　　　　　　　　　　　　　　　　　　　　)

タコ足配線は，いくつかの電気器具が並列につながっている。タコ足配線で消費電力の大きいいくつかの電気器具を同時に使うと，コンセントにつながる延長コードの導線に □ ため，危険である。

8　7　6　5　4　3　2　1

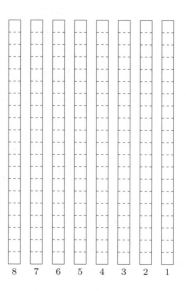

5　太郎さんは、国語の宿題で語句の意味調べをした。その際、太郎さんの辞書に書かれた語釈（語句の説明）に、特徴的なものがあることに気がついた。あとの会話は、その時の太郎さんと、太郎さんの母親との会話である。これを読んで、太郎さんの辞書に書かれた語釈の特徴である〰〰線部X・Yのどちらか一つを選択し、次の(1)～(5)の条件に従って、あなたの考えを書きなさい。

条件

(1)　二段落で構成すること。

(2)　第一段落には、選択した特徴の良いと思われる点を書くこと。

(3)　第二段落には、選択した特徴によって生じる問題点を書くこと。

(4)　六行以上八行以下で書くこと。

(5)　原稿用紙の正しい使い方に従って、文字、仮名遣いも正確に書くこと。

太郎「辞書を使っていたら、おもしろいことに気づいたよ。」

母親「どんなことに気づいたの。」

太郎「ある食べ物についての説明の中に、『おいしい』って感想が書いてあったんだ。」

母親「へえ。辞書を作った人のX主観的な感想が書かれているのね。たしかにおもしろいわね。」

太郎「他にも、【草】の説明に『笑うこと・笑えること』という意味や、【盛る】の説明に『話を盛る』という用例が書いてあったよ。」

母親「その【盛る】は『おおげさにする』という意味で使われているのね。太郎の使っている辞書には、もともとの意味や用例だけでなく、Y現代的な意味や用例も書かれているということね。」

選択した特徴（　　）

ています」

文化祭廃止が知らされたとき、生徒たちは納得していない様子だった。けど、それはサボれなくなるからってだけじゃない、と思う。国広くん(注)や、やよいちゃんの言葉にもそれは表れている。

『やりたいかと言われるとビミョーなイベントだよな』

『私も、最初はしょうがないかぁって思ったんだけど。なんかもやもやするっていうか……ヘンじゃない？　って思って』

生徒たちは今までの文化祭を『やりたくない、めんどうくさい』と思いつつ『取り上げられるのはヘンだ』と思っていた。けれどそれは『やりたくないのに、やりたい』ということになる。その『やりたい』の先を考える手伝いをしたい、と私たちは話し合った。加奈は続ける。

「だから過去の失敗も含めて、生徒全員に考えてもらいたいんです。今まで卒業していった、伝統を繋いでくれていた先輩たちのためにも」

それから、先生は長いことだまった。何を考えているのかは分からなかった。⑤とても長い時間だった。汗が背中を伝う。

先生は一人一人の顔を見たあと、ふう、と息を吐いた。そして、「考えるだけ、考えてみましょう。近いうちにほかの先生がたとお話しします」と言った。

（望月雪絵「魔女と花火と１００万円」より）

(注)　おじさん＝成田くんの父親。
国広くんや、やよいちゃん＝杏の同級生。

1　――線部①における加奈の様子を説明したものとして、最も適当なものを次から選び、記号で答えよ。（　　）

ア　先生の言動に対して、慌てて言葉を取りつくろおうとする様子。

イ　先生の言動に対して、あせりつつ真意を質問しようとする様子。

ウ　先生の言動に対して、反抗してさらに文句を言おうとする様子。

エ　先生の言動に対して、あきらめずに交渉し続けようとする様子。

2　次の文は、――線部②における「私の気持ち」を説明したものである。Ⅰには、本文中から最も適当な五字の言葉を抜き出して書き、Ⅱには、十五字以内の言葉を考えて補い、文を完成させよ。

Ⅰ　　　　Ⅱ　　　　

笹村先生がⅠを返したのは、自分たちに現状を理解させ、Ⅱきっかけを与えるためだったのだということに気づき、感謝する気持ち。

3　――線部③について、加奈の様子を説明したものとして、最も適当なものを次から選び、記号で答えよ。（　　）

ア　杏の言葉に落ち着きを取り戻して何事にも動揺しない様子。

イ　杏に助けられたことが恥ずかしくて責任を感じている様子。

ウ　先生との話を先に進められたことに安心して得意げな様子。

エ　先生の言葉に不安を感じて周りが見えなくなっている様子。

4　――線部④について、加奈たちがそのように考える理由を説明したものとして、最も適当なものを次から選び、記号で答えよ。（　　）

ア　文化祭の廃止は賛成だが、生徒たちに相談せずに決定されたのはおかしいと感じているように見えたから。

イ　文化祭の廃止は納得できないが、勉強時間が今までより減るのはおかしいと感じているように見えたから。

ウ　文化祭の実施は面倒だが、文化祭を一方的に取り上げられるのはおかしいと感じているように見えたから。

エ　文化祭の実施は無意味であるが、予算がないから中止にするのはおかしいと感じているように見えたから。

5　――線部⑤のときの杏の気持ちについて六十字以内で説明せよ。

ていたけれど……やる気を出さないでだらだらと資料を作ったり、つまらないって言うのに改善案を出さなかったり……そういうところが先生がたを失望させたんだと感じました。すみませんでした」

そこでみんな、「すみませんでした」を繰り返し、頭を下げる。視界の隅で偲与華《しょか》が成田くんの頭を押さえつけているのが見えた。成田くんはされるがままだったが、ぼそっと「すみませんでした」と言った。

先生はいくぶんか驚いたようで、いったん口を開いたが、すぐに閉じて何か考えこんでいるみたいだった。やがて静かに答える。「そうね、大筋は確かにそうよ」

全員が顔を上げ、先生を見る。

「でも、勘違いしないでほしいから言うけれど、私や小田原先生の『予算』って言葉は優しさからの嘘《うそ》じゃないわ。文化祭をやるにはそれに見合う予算が必要なの。つまり、あなたたちの文化祭の価値はゼロ円。それだけ」

加奈が口を閉ざした。予想以上にきつい言葉にひるんでしまったのだろう。生徒会室を緊張感が支配する。

でも……なんだか、あのときと似ている。

(注)おじさんが成田くんの部屋に来たときと同じ雰囲気だ。あのときおじさんは私たちに厳しいことを言いながらもアドバイスをくれたし、応援してくれた。おじさんが厳しいことを言ったのは、私たちをいじめたいからじゃない。きっと私たちに現状を理解させ、その先をしっかり考えさせるためだったんだと思う。そして笹村先生は、以前成田くんの説得をちゃんと聞いてくれた人だ。

なら、これは、あのときと同じだ。

説得は加奈に任せるはずだったけれど……思わず言葉が口からついて出た。

「本当のことを言ってくれて、ありがとうございます」

ほかのメンバーがぎょっとした目で私を見たが、②私の気持ちは本当だった。笹村先生は、私たちが対等に話すとっかかりを用意してくれたんだ。先生は値踏みをするように私たちを見た。その目が、『ここでだまるくらいなら受けつけないけど、この先説得できるならしてみなさい』と、そう語っているように見えた。加奈も同じことを感じたんだろう。彼女ははっとしたように、先生を見上げた。

「ご指摘、本当にありがとうございます。生徒はやる気をなくしていたんだと思います。私自身、こんな文化祭あってもなくても同じだ、と思ったこともあります。こんなのなんでやらせるんだ、って。でも、そうじゃないんですよね。大事なのは私たちの向上心と、自主性」

加奈は息を吸った。声がいつもの調子に戻りつつある。

「笹村先生。私たち、もう一度チャンスが欲しいんです。意義のある文化祭を作り、また次の世代に繋《つな》げていきたいって思うんです」

「でも、そう思っているのは今ここにいるあなたたちだけでしょう？」

③加奈は、もう負けない。

「ほかの生徒たちの意思はまだ確認していません。まず先生がたの許可をいただいたうえで、全生徒に文化祭のことを考えてもらう機会を作りたいと思っています」

「今まで不まじめだった人が、急にやる気になるかしら？」

「分かりません。でも五月に文化祭廃止が発表されたとき、④みんな不満そうでした。『勉強しなくていい時間を奪うな』って怒ってる人もいたけれど、でも、根本は違うことへの怒りだったと思います。私は、そこに『自分たちの文化祭なのにどうして』って気持ちがあったんだと信じ生徒B　「それに対して、和尚の話に出てくる『ある俗』と『子』は、『　Ⅰ　』と評価されているね。」

生徒C　「『僧二人』と『ある俗』たちが対比されていると考えることができそうだね。」

生徒A　「なるほど。そう考えると、冒頭の『僧二人、布施を争ひて』というのは、二人の僧が布施を　Ⅱ　と思って争ったということか。」

生徒B　「でも、二人は『割愛出家の沙門』のはずだよね。」

生徒C　「そうだね。それを踏まえて考えると、僧たちが　Ⅲ　点を和尚は戒めたのだね。仏道修行をする人としてあるまじき態度だから、寺の決まりに従って追放されたのだろうね。」

4　次の文章を読んで、あとの1～5の問いに答えなさい。

> 中学二年生の私（杏《あん》）は、生徒会の加奈や成田くん、偲与華《しょか》たちと文化祭（ながね祭）の廃止の撤回を求めて、笹村《ささむら》先生と話すことになった。

「笹村先生に、そして先生がたに聞いてほしいお話があります」

加奈が背筋を伸ばして言った。「文化祭のことです。私たち、どうしても来年からの廃止に納得がいかないんです」

先生は冷ややかな視線を私たちに向けた。「ああ、またその話。最近聞かなくなったと思ったら」先生はちらっと成田くんを見る。彼は無表情だ。

「いいわ、続けて」

「はいっ」加奈がこぶしを握る。緊張しているみたいだ。

「ええと……文化祭は、ながね祭は……十一年前生徒が立ち上げたイベントです。わが校の伝統です。それなのに、先生がたに一方的に奪われるのは、おかしいと感じました」

先生はしばらく反応をしなかった。加奈がだまりこんだのを見て、首をかしげる。

「それだけ？」

「い、いいえ！」加奈は①食い下がる。そして視線で私たちに目配せをした。本題が来る。私はどきどきしながら加奈の言葉を待つ。

「でも、私たち考えたんです。どうして文化祭が廃止になったのか。どうして先生がたは何も相談してくれなかったのか。それは私たち生徒に原因があると思いました、笹村先生や小田原先生は『予算の問題』と言っ

3　次の文章を読んで、あとの1～4の問いに答えなさい。

唐《もろこし》の(注)育王山の僧二人、(注)布施《ふせ》を争ひてかまびすしかりければ(騒いでいたので)、アその寺の長老、(注)大覚連《だいかくれん》和《を》尚《しやう》、この僧を恥《はぢ》しめていはく(この僧二人を戒めて)、「イある俗、他人の銀《しろがね》を百両預かりて置きたりけるに、ウかの主死して後、エその子に是《これ》を与ふ。子、是を取らず。『親、既に与へずして、①そこに寄せたり。それの物なるべし』といふ。かの俗、『我はただ預かりたるばかりなり。譲り得たるにはあらず。親の物は子の物とこそなるべけれ(子の物になるべきだ)』とて、また返しつ。②互ひに争ひて取らず、果てには官の庁(公の役所)にて判断を③こふに、『共に賢人なり』と。『いふ所当たれり。すべからく寺に寄せて、亡者の(注)菩提《ぼだい》を助けよ』と判ず。この事、まのあたり見聞きし事なり(この話は、私が直接見聞きしたことである)。(注)世俗塵労《せぞくぢんらう》の俗士、なほ利養(利益)を貪《むさぼ》らず。(注)割愛《かつあい》出家の沙門《しやもん》の、世財を争はん」とて、法に任せて寺を追ひ出《いだ》してけり(寺の決まりに従って追放した)。

(「沙石集」より)

(注)　育王山＝中国浙江省《せっこうしょう》にある山。
布施＝仏や僧に施す金銭や品物。
大覚連和尚＝「大覚」は悟りを得た人の意。「連」は名前。
菩提＝死んだ後極楽浄土《ごくらくじょうど》(一切の苦悩がなく平和安楽な世界)に生まれかわること。
世俗塵労の俗士＝僧にならず、俗世間で生活する人。
割愛出家の沙門＝欲望や執着を断ち切って僧になり、仏道修行をする人。

1　――線部③「こふ」を現代仮名遣いに直して書け。(　　)

2　――線部①「そこ」とは誰のことを表すか。＝＝線部ア～エの中から一つ選び、記号で答えよ。(　　)

ア　その寺の長老　　イ　ある俗　　ウ　かの主　　エ　その子

3　――線部②「互ひに争ひて取らず」とあるが、その理由を説明したものとして、最も適当なものを次から選び、記号で答えよ。(　　)

ア　親の銀を少し譲ろうという子の親切を、銀を預かった者が拒否したため、子もすべての銀の所有権を放棄しようとしたから。
イ　子も銀を預かった者も、親の遺志が確認できないため、銀の所有権が自分にあると考え、裁判で決着をつけようとしたから。
ウ　親が預けたという行為の受け止め方が、子と銀を預かった者との間で異なるため、お互いに銀は相手のものだと考えたから。
エ　遺産を独占するのは人の道に外れる行為であるため、子も銀を預かった者も、親の銀を相手と平等に分け合いたかったから。

4　次は、本文をもとに話し合っている先生と生徒の会話である。[Ⅰ]～[Ⅲ]に適当な言葉を補って会話を完成させよ。ただし、[Ⅰ]には本文中から最も適当な二字の言葉を抜き出して書き、[Ⅱ]・[Ⅲ]にはそれぞれ十字以内でふさわしい内容を考えて現代語で答えること。

Ⅰ [　　]　Ⅱ [　　　　　　　　　　]　Ⅲ [　　　　　　　　　　]

先　生　「この話では、最終的に二人の僧が寺から追放されてしまいます。なぜ追放されたのか、考えてみましょう。」
生徒A　「大覚連和尚が二人を戒めたとあるから、何か良くない行いをしたということだよね。」

言われる私たち人類は、敗者の中の敗者として進化を遂げてきたのです。

（稲垣栄洋「はずれ者が進化をつくる　生き物をめぐる個性の秘密」より）

(注)　滑空＝発動機を使わず、風の力、高度差、上昇気流などによって空を飛ぶこと。

フロンティア＝開拓地。

1　――線部①「の」と文法的に同じ用法のものを次の中から選び、記号で答えよ。（　）

ア　私の書いた作文はこれだ。　イ　この絵は美しい。

ウ　あれは僕の制服だ。　エ　その鉛筆は妹のだ。

2　本文中の a ・ b にあてはまる語の組み合わせとして、最も適当なものを次から選び、記号で答えよ。（　）

ア　a　やはり　b　あたかも

イ　a　もちろん　b　けっして

ウ　a　たとえば　b　ちょうど

エ　a　つまり　b　ほとんど

3　次の文は、――線部②について説明したものである。 I には本文中から最も適当な六字の言葉を抜き出して書き、 II には二十字以内の言葉を考えて答えること。

進化の歴史の中で、各々の生物たちが戦って、 I を見つけるたびに変わり続けた結果行き着いた、 II 自分だけの場所。

I

II

4　――線部③とあるが、それはなぜか。六十五字以内で説明せよ。

5　次のア～エは、生物の進化について四人の中学生が考えたものである。文章全体を通して述べられた筆者の考えに最も近いものを選び、記号で答えよ。（　）

ア　昆虫Aは、黄色い花や白い花に集まりやすいという性質をもっていましたが、主に生息している場所の白い花が全て枯れてしまったため、黄色い花だけに集まるようになりました。

イ　魚Bは、生まれつき寒さに強いという性質を生かし、気候変動によって水温の低くなった川にすみ続けたところ、他の魚たちがいなくなって食物を独占できたので、巨大化しました。

ウ　鳥Cは、自分を襲う動物が存在しない島にすんでいたために飛んで逃げる必要がない上、海に潜る力をもっていたことで食物を地上でとらなくてよかったので、飛ばなくなりました。

エ　植物Dは、草丈が低いため、日光を遮る植物がいない場所で生きようとしたところ、そこは生物が多く行き交う場所だったので、踏まれても耐えられる葉や茎をもつようになりました。

は、多くのことにチャレンジするためでもあるのです。

　苦手なところで勝負する必要はありません。嫌なら逃げてもいいのです。しかし、③無限の可能性のある若い皆さんは、簡単に苦手だと判断しないほうが良いかもしれません。

　リスは、木をすばやく駆け上がります。しかし、リスの仲間のモモンガは、リスに比べると木登りが上手とは言えません。ゆっくりゆっくりと上がっていきます。しかし、モモンガは、木の上から見事に滑空(注)することができます。木に登ることをあきらめてしまっては、空を飛べることに気がつかなかったかもしれません。

　人間でも同じです。小学校では、算数は計算問題が主です。しかし、中学や高校で習う数学は、難しいパズルを解くような面白さもあります。大学に行って数学を勉強すると、抽象的だったり、この世に存在しえないような世界を、数字で表現し始めます。もはや哲学のようです。計算問題が面倒くさいというだけで、「苦手」と決めつけてしまうと、数学の本当の面白さに出会うことはないかもしれません。勉強は得意なことを探すことでもあります。苦手なことを無理してやる必要はありません。最後は、得意なところで勝負すればいいのです。しかし、得意なことを探すためには、すぐに苦手と決めて捨ててしまわないことが大切なのです。

　勝者は戦い方を変えません。その戦い方で勝ったのですから、戦い方を変えないほうが良いのです。負けたほうは、戦い方を考えます。そして、工夫に工夫を重ねます。負けることは、「考えること」です。そして、「変わること」につながるのです。負け続けるということは、変わり続けることでもあります。生物の進化を見ても、そうです。劇的な変化は、常に敗者によってもたらされてきました。

　古代の海では、魚類の間で激しい生存競争が繰り広げられたとき、戦いに敗れた敗者たちは、他の魚たちのいない川という環境に逃げ延びました。　a　、他の魚たちが川にいなかったのには理由があります。海水で進化をした魚たちにとって、塩分濃度の低い川は棲《す》めるような環境ではなかったのです。しかし、敗者たちはその逆境を乗り越えて、川に暮らす淡水魚へと進化をしました。

　しかし、川に暮らす魚が増えてくると、そこでも激しい生存競争が行われます。戦いに敗れた敗者たちは、水たまりのような浅瀬へと追いやられていきました。そして、敗者たちは進化をします。ついに陸上へと進出し、両生類へと進化をするのです。懸命に体重を支え、力強く手足を動かし陸地に上がっていく想像図は、未知のフロンティア(注)を目指す闘志にみなぎっています。しかし最初に上陸を果たした両生類は、　b　勇気あるヒーローではありません。追い立てられ、傷つき、負け続け、それでも「ナンバー1になれるオンリー1のポジション」を探した末にたどりついた場所なのです。

　やがて恐竜が繁栄する時代になったとき、小さく弱い生き物は、恐竜の目を逃れて、暗い夜を主な行動時間にしていました。と同時に、恐竜から逃れるために、聴覚や嗅覚などの感覚器官と、それを司《つかさど》る脳を発達させて、敏速な運動能力を手に入れました。そして、子孫を守るために卵ではなく赤ちゃんを産んで育児するようになりました。それが、現在、地球上に繁栄している哺乳類となるのです。

　人類の祖先は、森を追い出され草原に棲むことになったサルの仲間でした。恐ろしい肉食獣におびえながら、人類は二足歩行をするようになり、命を守るために知恵を発達させ、道具を作ったのです。

　生命の歴史を振り返ってみれば、進化を作りだしてきた者は、常に追いやられ、迫害された弱者であり、敗者でした。そして進化の頂点に立つと

国語

時間　五〇分
満点　九〇点

1 次の1・2の問いに答えなさい。

1　次の——線部のカタカナは漢字に直し、漢字は仮名に直して書け。

(1) 米をチョゾウする。（　　）
(2) 畑をタガヤす。（　　す）
(3) 絵をガクに入れる。（　　）
(4) 縁側で茶を飲む。（　　）
(5) オリンピックを招致する。（　　）
(6) 包丁を研ぐ。（　　ぐ）

2　次の行書で書かれた漢字を楷書で書いたときの総画数を答えよ。
（　　画）

2 次の文章を読んで、あとの1～5の問いに答えなさい。

古代中国の思想家・孫子という人は「戦わずして勝つ」と言いました。孫子だけでなく、歴史上①の偉人たちは「できるだけ戦わない」という戦略にたどりついているのです。偉人たちは、どうやってこの境地にたどりついたのでしょうか。おそらく彼らはいっぱい戦ったのです。そして、いっぱい負けたのです。勝者と敗者がいたとき、敗者はつらい思いをします。どうして負けてしまったのだろうと考えます。どうやったら勝てるのだろうと考えます。彼らは傷つき、苦しんだのです。そして、ナンバー1になれるオンリー1のポジションを見つけたのです。そんなふうに「戦わない戦略」にたどりついたのです。

生物も、「戦わない戦略」を基本戦略としています。自然界では、激しい生存競争が繰り広げられます。生物の進化の中で、生物たちは戦い続けました。そして、各々《おのおの》の生物たちは、進化の歴史の中で②ナンバー1になれるオンリー1のポジションを見出《みいだ》しました。そして、「できるだけ戦わない」という境地と地位にたどりついたのです。

ナンバー1になれるオンリー1のポジションを見つけるためには、若い皆さんは戦ってもいいのです。そして、負けてもいいのです。たくさんのチャレンジをしていけば、たくさんの勝てない場所が見つかります。こうしてナンバー1になれない場所を見つけていくことが、最後にはナンバー1になれる場所を絞り込んでいくことになるのです。ナンバー1になれるオンリー1のポジションを見つけるために、負けるということです。

学校では、たくさんの科目を学びます。得意な科目も、苦手な科目もあることでしょう。得意な科目の中に苦手な単元があるかもしれませんし、苦手科目だからと言ってすべてが苦手なわけではなく、中には得意な単元が見つかるかもしれません。学校でさまざまなことを勉強するの

2021年度／解答

数学

1 【解き方】1. (1) 与式$=20+7=27$　(2) 与式$=\frac{2}{3}-\frac{3}{5}\times\frac{2}{9}=\frac{2}{3}-\frac{2}{15}=\frac{10}{15}-\frac{2}{15}=\frac{8}{15}$　(3) 与式$=\sqrt{6}\times2\sqrt{2}-\frac{9\times\sqrt{3}}{\sqrt{3}\times\sqrt{3}}=4\sqrt{3}-3\sqrt{3}=\sqrt{3}$　(4) $20\div60=\frac{1}{3}$(時間)なので，時速，$4\div\frac{1}{3}=12$(km)　(5) 正三角形が4面あり，(3×4)本とすると同じ辺を2回ずつ数えるから，$(3\times4)\div2=6$(本)

2. $x=5$を代入して，$7\times5-3a=4\times5+2a$より，$-5a=-15$なので，$a=3$

3. 直角三角形の高さは，三平方の定理より，$\sqrt{5^2-3^2}=4$(cm)なので，体積は，$\left(\frac{1}{2}\times3\times4\right)\times7=42$ (cm^3)

4. $28=2^2\times7$なので，$n=7$

5. ある年の降灰量をxとすると，$x\times\left(1+\frac{47}{100}\right)=1193$より，$\frac{147}{100}x=1193$なので，$x=811.5\cdots$　よって，ウ。

【答】1. (1) 27　(2) $\frac{8}{15}$　(3) $\sqrt{3}$　(4) (時速) 12 (km)　(5) 6 (本)　2. 3　3. 42 (cm^3)　4. 7　5. ウ

2 【解き方】1. ACが直径より，$\angle\mathrm{ADC}=90^\circ$なので，$\angle\mathrm{ACD}=180^\circ-90^\circ-26^\circ=64^\circ$　等しい弧に対する円周角より，$\angle x=\angle\mathrm{ACD}=64^\circ$

2. 全体の場合の数は，$6\times6=36$(通り)で，出た目の数の和が10より大きくなるのは，(大，小)$=(5,\ 6)$，$(6,\ 5)$，$(6,\ 6)$の3通り。よって，求める確率は，$\frac{36-3}{36}=\frac{11}{12}$

3. $x+3=\mathrm{A}$とおくと，与式$=\mathrm{A}^2-2\mathrm{A}-24=(\mathrm{A}-6)(\mathrm{A}+4)=(x+3-6)(x+3+4)=(x-3)(x+7)$

5. ペットボトルの本数より，$5x+8y=70$……①　レジ袋の代金より，$3x+5y=43$……②　②×5−①×3より，$y=5$　①に代入して，$5x+8\times5=70$より，$5x=30$なので，$x=6$

【答】1. 64°　2. $\frac{11}{12}$　3. $(x-3)(x+7)$

4. △AGLと△BIHにおいて，△ABCは正三角形だから，$\angle\mathrm{LAG}=\angle\mathrm{HBI}=60^\circ$……①　$\angle\mathrm{ALG}+\angle\mathrm{AGL}=120^\circ$……②　△DEFは正三角形で，$\angle\mathrm{GDH}=60^\circ$だから，$\angle\mathrm{DGH}+\angle\mathrm{DHG}=120^\circ$……③　対頂角は等しいから，$\angle\mathrm{AGL}=\angle\mathrm{DGH}$……④　②，③，④より，$\angle\mathrm{ALG}=\angle\mathrm{DHG}$……⑤　また，対頂角は等しいから，$\angle\mathrm{DHG}=\angle\mathrm{BHI}$……⑥　⑤，⑥より，$\angle\mathrm{ALG}=\angle\mathrm{BHI}$……⑦　①，⑦より，2組の角がそれぞれ等しいから，$\triangle\mathrm{AGL}\backsim\triangle\mathrm{BIH}$

5. (Mサイズのレジ袋) 6 (枚)　(Lサイズのレジ袋) 5 (枚)

3 【解き方】1. 20冊以上30冊未満は，21，22，24，27，28，28だから，$\mathrm{a}=6$　よって，$\mathrm{b}=40-(3+5+6+10+7)=9$

2. 中央値は，小さい方から20番目と21番目の平均。30冊未満が，$3+5+6=14$(人)で，30冊以上が，31，32，32，34，35，35，36，…と続くから，20番目は35冊，21番目は36冊。よって，中央値は，$(35+36)\div2=35.5$(冊)

3. (1) 40冊以上50冊未満は7人なので，$\frac{7}{20}=0.35$　(2) 0冊以上30冊未満は，Aグループが1人なので，B

グループは，3 － 1 ＝ 2（人）　Aグループと Bグループの中央値は，それぞれ小さい方から 10 番目と 11 番目の平均なので，Aグループは，1 ＋ 2 ＋ 2 ＝ 5（人），5 ＋ 6 ＝ 11（人）より，30 冊以上 40 冊未満の階級。Bグループの度数は，小さい階級から順に，3 － 1 ＝ 2，5 － 2 ＝ 3，6 － 2 ＝ 4，10 － 6 ＝ 4，9 － 7 ＝ 2，7 － 2 ＝ 5 なので，2 ＋ 3 ＋ 4 ＝ 9（人），9 ＋ 4 ＝ 13（人）より，30 冊以上 40 冊未満の階級。よって，どちらが大きいか区別できない。最頻値は，Aグループが 7 人の 40 冊以上 50 冊未満の階級であり，Bグループが 5 人の 50 冊以上 60 冊未満の階級。Aグループと Bグループの度数の差が最も大きいのは，Aグループが 7 人，Bグループが 2 人で，差が，7 － 2 ＝ 5（人）の 40 冊以上 50 冊未満の階級。よって，求める答えは，アとウ。

【答】 1. a. 6　b. 9　2. 35.5（冊）　3. (1) 0.35　(2) ア，ウ

4 **【解き方】** 1. $y = 2 \times 3^2 = 18$

2. イ. x 座標は，$x = -1 + 1 + 1 = 1$ だから，y 座標は，$y = 2 \times 1^2 = 2$　よって，C (1, 2)　ウ. 点 A と点 B は，y 軸について対称で，AB ＝ 1 になるので，点 B の x 座標は，$1 \div 2 = \frac{1}{2}$　よって，点 C の x 座標は，$\frac{1}{2} + 1 = \frac{3}{2}$ で，y 座標は，$2 \times \left(\frac{3}{2}\right)^2 = \frac{9}{2}$　したがって，C$\left(\frac{3}{2}, \frac{9}{2}\right)$

3. (1) 点 A の x 座標を t とすると，点 C の x 座標は $t + 2$ なので，y 座標は，$y = 2(t + 2)^2$　(2) A $(t, 2t^2)$ で，点 B の x 座標は $t + 1$ なので，B $(t + 1, 2(t + 1)^2)$，C $(t + 2, 2(t + 2)^2)$　右図のように，L $(t, 0)$，M $(t + 1, 0)$，N $(t + 2, 0)$ とおくと，台形 ALNC の面積は，$\frac{1}{2} \times \{2t^2 + 2(t + 2)^2\} \times 2 = 2t^2 + 2(t + 2)^2$……①　台形 ALMB の面積は，$\frac{1}{2} \times \{2t^2 + 2(t + 1)^2\} \times 1 = t^2 + (t + 1)^2$……②　台形 BMNC の面積は，$\frac{1}{2} \times \{2(t + 1)^2 + 2(t + 2)^2\} \times 1 = (t + 1)^2 + (t + 2)^2$……③　△ABC の面積は，①－(②＋③) より，$2t^2 + 2(t + 2)^2 - \{t^2 + (t + 1)^2 + (t + 1)^2 + (t + 2)^2\} = 2t^2 + 2(t + 2)^2 - t^2 - 2(t + 1)^2 - (t + 2)^2 = t^2 - 2(t + 1)^2 + (t + 2)^2 = t^2 - 2t^2 - 4t - 2 + t^2 + 4t + 4 = 2$　よって，同じ面積になる。

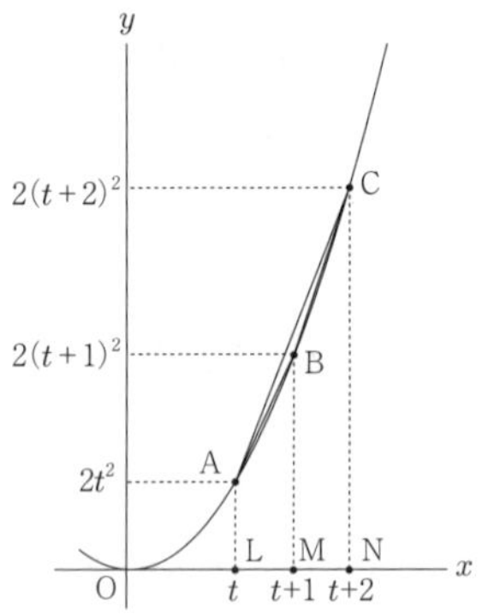

【答】 1. 18　2. イ. (1, 2)　ウ. $\left(\frac{3}{2}, \frac{9}{2}\right)$　3. (1) $2(t + 2)^2$　(2) 2，同じ面積になる

5 **【解き方】** 1. 図形①を点 O を回転の中心として 180° だけ回転移動させると，④となる。これを直線 CF を対称の軸として対称移動させるので，求める答えは⑤。

2. 線分 AD の垂直二等分線を作図して，AD の中点をとり，その点を中心とした直径 AD の円を作図する。さらに，点 A と点 D をそれぞれ中心として，半径が等しい円を作図して，それらの交点と点 A，点 D を結ぶと，正六角形 ABCDEF ができる。

3. (1) AP ＝ 1 × 1 ＝ 1 (cm) で，△AMP は 30°，60° の直角三角形だから，PM ＝ $\sqrt{3}$AP ＝ $\sqrt{3}$ (cm)　(2) AP ＝ 1 × 5 ＝ 5 (cm) より，次図イのようになる。BF と AD の交点を Q とすると，△ABQ は 30°，60° の直角三角形だから，BQ ＝ $\frac{\sqrt{3}}{2}$AB ＝ $2\sqrt{3}$ (cm) で，BF ＝ 2BQ ＝ $4\sqrt{3}$ (cm)　よって，MN ＝ BQ ＝ $4\sqrt{3}$ (cm) なので，△AMN ＝ $\frac{1}{2} \times$ MN × AP ＝ $\frac{1}{2} \times 4\sqrt{3} \times 5 = 10\sqrt{3}$ (cm²)　(3) 次図ウのようになる。AP ＝ t cm，AD ＝ 4 × 2 ＝ 8 (cm) だから，MN ＝ 2MP ＝ 2 × $\sqrt{3}$DP ＝ $2\sqrt{3}(8 - t)$ (cm)　△AMN の面積が $8\sqrt{3}$ cm² なので，$\frac{1}{2} \times 2\sqrt{3}(8 - t) \times t = 8\sqrt{3}$ が成り立つ。整理して，$t^2 - 8t +$

8 = 0　解の公式より，$t = \dfrac{-(-8) \pm \sqrt{(-8)^2 - 4 \times 1 \times 8}}{2 \times 1} = \dfrac{8 \pm 4\sqrt{2}}{2} = 4 \pm 2\sqrt{2}$　ここで，図イで，$\mathrm{AQ} = \dfrac{1}{2}\mathrm{AB} = 2$ (cm)，BC = 4 cm だから，M が C と重なるのは P が，2 + 4 = 6 (cm)進んだとき，つまり 6 秒後。よって，点 M が CD 上にあるのは $6 \leqq t \leqq 8$ のときだから，$t = 4 + 2\sqrt{2}$

図ア
(例)

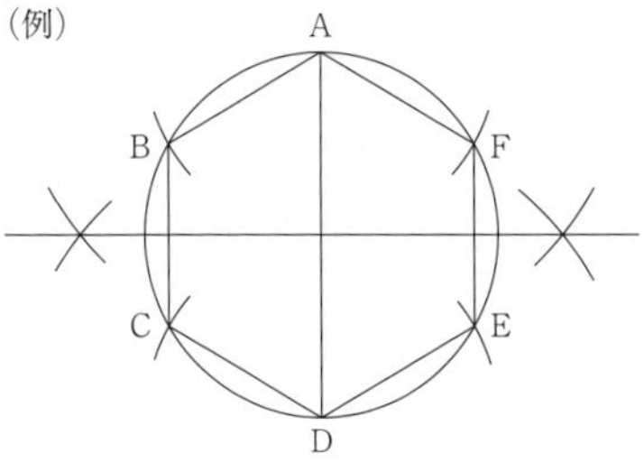

図イ

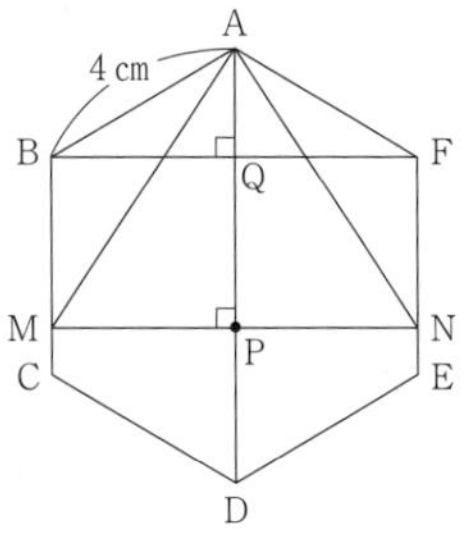

図ウ

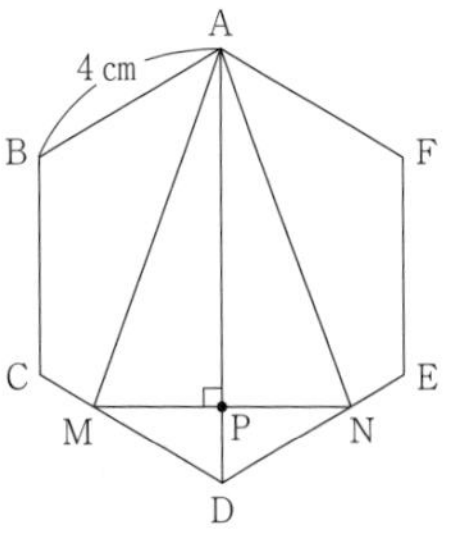

【答】 1. ⑤　2. (前図ア)　3. (1) $\sqrt{3}$ (cm)　(2) $10\sqrt{3}$ (cm^2)　(3) $4 + 2\sqrt{2}$ (秒後)

英　語

1 【解き方】1.「あなたは将来，何になりたいですか？」という質問に対して，「私は将来，医者になりたい」と答えている。

2.「バスは何時に駅を出発するの？」という質問に対して，「9時40分に出発する予定」と答えている。

3. ジョンは月曜日が忙しいため，火曜日に図書館に行きたいと言っている。「火曜日」= Tuesday。

4. 最初に祖父母が作ったおにぎりの写真を見せ，次に農業従事者が減少していることに関する先生の言葉，最後に機械と一緒に生活する未来のことについて話している。

5. 先生は「スピーチをする日」，「地球のために何ができるのかというスピーチの主題」，「スピーチには写真を使うこと」という三点について説明している。

6. ⑴ カズキの父親は8年間宇宙センターで働いている。⑵ 父親の話から，カズキはお互いに助け合うことが大切であることを学んだ。

7.「何か新しいことを始めた」というアキラに対して，オリビアが「何をしたのですか？」と聞いている。「家族のために料理をし始めた」，「ピアノの演奏をし始めた」などの文が考えられる。

【答】1. ウ　2. エ　3. Tuesday　4. ウ→イ→ア　5. イ　6. ⑴ イ　⑵ help each other

7.（例）I started cooking for my family.

◀全訳▶ 1.

ジャスティン：ケイコ，あなたは将来，何になりたいですか？

ケイコ　　　：私は将来，医者になりたいと思っています。

ジャスティン：それは素晴らしい夢ですね！

ケイコ　　　：ありがとう。私は病気の人々を助けるために病院で働きたいです。

2.

ユミ　　　：アレックス，急いで！　私たちのバスがもうすぐ出発するわ。

アレックス：バスは何時に駅を出発するの？

ユミ　　　：9時40分に出発する予定よ。

アレックス：わかった。行こう！

3.

サキ　：ジョン，私たちは月曜日にルーシーと一緒に図書館で勉強する予定よ。

ジョン：ごめん，サキ。その日，僕は忙しいんだ。僕は火曜日に行きたい。

サキ　：わかったわ。あなたは火曜日に行きたいのね？　あとでそのことについてルーシーに聞いてみるわ。

ジョン：ありがとう，サキ。

4. こんにちは，みなさん。この写真を見てください。これらは私の祖父と祖母が作ったおにぎりです。彼らは稲作農業者です。今年の夏，私は彼らの家に行きました。小さな機械が田んぼの上を飛んでいました。そのとき，私は学校の授業を思い出しました。先生は「農業従事者がより少なくなっているため，将来，より多くの機械が農業従事者を助けるでしょう」と言っていました。私は多くの機械が私たちの周囲で働くことになるだろうと思います。私たちは機械と一緒に生活する方法を学ばなければなりません。

5. あなたたちは今週，地球の問題について学びました。さて，私はあなたたちにスピーチをしてもらいたいと思っています。一つ目に，次の金曜日にスピーチをしてください。二つ目に，あなたたちが地球のためにできることについてスピーチをしてください。三つ目に，スピーチには何枚かの写真を使ってください。何か質問はありますか？

6. 私は父について話したいと思います。彼は宇宙センターで働いています。彼は8年前にそこで働き始めました。彼は多くの人々と一緒に働いています。とても上手に英語を話せる人がいます。科学について多くのことを知っている人もいます。問題が起こると，みんながお互いに助け合います。

ある日，宇宙センターのある女性がコンピュータに問題を抱えていました。父はコンピュータについて多くのことを知っていたので，彼女を助けることができました。彼女はとても喜びました。

父の話から，私はお互いに助け合うことが大切であることを学びました。ありがとうございました。

質問(1)：カズキの父親は宇宙センターでどれくらい働いていますか？

質問(2)：カズキは大切なことを学びました。彼は何を学んだのですか？

7.

オリビア：冬休み中，私は英語の本を読み始めました。

アキラ　：へえ，本当ですか？　僕も何か新しいことを始めました。

オリビア：あなたは何をしたのですか，アキラ？

アキラ　：(僕は家族のために料理をし始めました。)

2 **【解き方】** 1. ①「他に何か？」という意味の文。「自分の写真を持って来ましょうか？」―「はい，お願いします」という会話の直後に入る。②「参加しませんか？」という意味の文。「私たちは次の日曜日に，ヒロシの誕生日パーティーをする予定です」というせりふの直後に入る。

2. ① ツアー案内の「ひばり城」の欄を見る。ひばり城では城の「歴史」を学ぶことができる。「歴史」= history。② ツアー案内の「かみや商店街」の欄を見る。かみや商店街では「まち歩き」をすることができる。「歩く」= walk。③ ながはまビーチでは，魚釣り，バレーボール，サイクリングから，一つ活動を「選んで」楽しむ。「～を選ぶ」= choose。④ 当日は，出発の 20 分前までにみなと駅に集合しなければならない。「私たちは 8 時 40 分までにみなと駅に到着しなければならない」と考える。「～しなければならない」= have to ～。「～に到着する」= arrive at ～。

3. ユウジの「私たちは英語の授業が 4 回あります」という返答から，「あなたたちは英語の授業が週に何回ありますか？」という疑問文が入ることがわかる。数を尋ねる疑問詞は how many。

4.「11 月 15 日は文化祭があるため，私たちのクラスにとって都合がよくありません。11 月 22 日はどうですか？」などの文を英語にする。「～にとって都合がよくない」= not good for ～。「文化祭があるため」= because we have the school festival。「～はどうですか？」= How about ～?。

【答】 1. ① エ　② ア　2. ① history　② walk　③ choose　④ (例) we have to arrive

3. (例) How many English classes

4. (例) November 15 is not good for our class because we have the school festival on that day. How about November 22? (21 語)

◀全訳▶ 1.

アキコ：ケビン，私たちは次の日曜日に，ヒロシの誕生日パーティーをする予定です。参加しませんか？

ケビン：はい，喜んで。

アキコ：よかった。私たちは明日，学校で彼のための誕生日カードを作る予定です。そのカードに私たちの写真を貼るつもりです。

ケビン：いいですね。自分の写真を持って来ましょうか？

アキコ：はい，お願いします。

ケビン：わかりました。他に何か？

アキコ：いいえ，結構です。彼のためにメッセージを書きましょう。それではまた。

ケビン：ではまた。

2.

リカ　　：エミリー，次の土曜日は，あなたが私たちの町であるみどり町に来てから初めての休日です。

エミリー：はい。私はこの町の多くの場所に行きたいです。

リカ　　：これを見てください。私たちは一緒に町の中にあるいくつかの場所を訪れることができます。

エミリー：まあ，それはいいですね。リカ，このツアーについてもっと私に教えてください。

リカ　　：わかりました。まず，私たちはひばり城へ行きます。私たちはその歴史を学ぶことができます。たくさんの桜の花を見ることもできます！　次に，私たちはかみや商店街へ行きます。私たちは歩き回ったり，買い物や昼食を楽しんだりすることができます。

エミリー：面白そうですね。そのあとは何をするのですか？

リカ　　：ながはまビーチへ行きます。私たちは魚釣り，バレーボール，サイクリングから一つ活動を選びます。

エミリー：うわあ，待ちきれません。ああ，ツアーは何時に始まるのですか？

リカ　　：9時です。でも私たちは8時40分までにみなと駅に到着しなければなりません。

エミリー：わかりました。あなたと一緒に行くことにします。楽しくなるでしょうね。

3 **【解き方】** Ⅰ. 1. 動物が登場する番組は11:30からの「グリーン・パーク」。2. スポーツニュースを見ることができる番組は18:00からの「ニュース・ロンドン」。

Ⅱ. 1. (1) 第1段落の2文目を見る。タケシの母親がジョーンズ先生のためにパーティーを計画したのは，ジョーンズ先生がもうすぐ日本を離れる予定だったから。(2) 第3段落の2文目を見る。パーティーの日の朝，タケシは緊張していた。2. ジョーンズ先生と英語で話すことができて，タケシは「英語で人々と話すこと」が難しいことではないと感じた。第2段落2文目を見る。「英語で人々と話すこと」= talking with people in English。

Ⅲ. (1番目)「2011年，約1500万人が電車を利用しました」ということから，ウのグラフであることがわかる。(2番目)「バス利用者数はほぼ毎年減少しました」ということから，エのグラフであることがわかる。

【答】 Ⅰ. 1. ア　2. エ

Ⅱ. 1. (例) (1) Because he was going to leave Japan soon.　(2) He felt nervous.　2. talking with people in English

Ⅲ. (1番目) ウ　(2番目) エ

◀全訳▶　Ⅰ.

11:30	グリーン・パーク 赤ちゃんゾウがお母さんと一緒に歩き方を学びます。
12:30	町並み訪問 有名なテニス選手が小さな町を訪れます。
14:00	音楽！　音楽！　音楽！ 人気歌手が多くの歌を歌います。
15:00	やってみよう！ リッキーが新しいサッカーチームを作ろうと決心します。
16:30	答えを見つけよう どのチームがゲームに勝つでしょう？
18:00	ニュース・ロンドン ロンドンのニュース，スポーツ，天気。

Ⅱ. 私の母は高校の英語教師です。彼女の友人であるジョーンズ先生がもうすぐ日本を去る予定でした。そこで彼女は次の月に私たちの家で彼のためのパーティーをしようと計画しました。彼女は私に「パーティーに参加してくれる？」と言いました。

上手に英語を話すことができないことがわかっていたので，私はすぐに「はい」と返事をすることができませんでした。英語で人々と話すことは私にとって難しいと思ったのです。そのため私は家で母と一緒に練習しました。彼女は「質問が理解できないときには，『何と言ったのですか？』とか『もう一度言ってもらえませんか？』と言わなければならないの。わからないときには何か言うことが大切よ」と言いました。母の質問が理解できないとき，私は時々「何と言ったの？」と言いました。彼女は質問の仕方も私に教えてくれました。

とうとう，その日がやって来ました！　パーティーの日の朝，自分の英語が上達しているとは思わなかったため，私は緊張していました。ジョーンズ先生がやって来て，午後2時にパーティーが始まりました。

彼は私に多くの質問をしました。彼の質問が理解できないとき，私は「何と言ったのですか？」と言いました。彼はもう一度とてもゆっくり質問してくれたため，私はやっと理解できました。それから，私は彼にいくつか質問をしました。彼は答えてくれました！　私は彼と話ができてうれしく思いました。母もうれしそうでした。私は英語で人々と話すことは難しいことではないと感じました。今では私は英語が大好きです。

Ⅲ. おはようございます，みなさん。あなたたちは電車やバスが好きですか？　私はそれらが大好きです。今から，2009年から2014年までにそれらを利用した人の数についてお話しします。このグラフを見てください。多くの人が鹿児島中央駅でJRの電車を利用しました。2010年から2011年に最大の変化を見ることができます。2011年，約1500万人が電車を利用しました。その年に九州新幹線が鹿児島中央駅から博多駅まで走り始めたのです。そのため多くの人が新幹線を利用し始めたのだと思います。さて，バスについてお話しします。次のグラフを見てください。多くの人がバスを利用していましたが，バス利用者数はほぼ毎年減少しました。私は多くの人が車を利用したのだと思います。聞いていただいてありがとうございました。

4 **【解き方】** 1.「エイミーがアメリカからオーストラリアに転居した（第1段落)」→「エイミーがゴシキセイガイインコにえさを与えていることをケンに話した（第3段落)」→「ケンがエイミーに野生動物に関する本をくれた（最終段落)」の順。

2. 同じ段落の後半に，野生の鳥がしばしばバルコニーにやって来て，エイミーの与えたパンくずを食べたことが書かれていることから考える。エイミーは新しい学校に友達が一人もいなかったが，「庭の木にいる友達を見つけた」。

3. 第3段落の後半にあるケンの言葉を見る。野生の鳥にえさを与えるべきではない理由として，ケンは if people give food to wild birds, they will stop looking for food と some food we eat is not good for them という二つの理由を挙げている。

4. ケンとリトルピーターの両方の友達を失ってしまうかもしれないと思い，エイミーは心配になった。「心配になる」= become worried。

5. 第3段落の最後から4文目にあるケンの「野生の鳥の本当の友達になりたければ，彼らの好む植物を育てるべきだ」という言葉から考える。エイミーは「今では彼らの好む植物を育てることだけするべきだということがわかった」と言った。

6. ア. 第1段落の2文目を見る。エイミーがオーストラリアに来たのは父親がオーストラリアで働き始めたため。イ.「エイミーはケンに，リトルピーターが彼女の友達であることを知ってほしかった」。第3段落の3文目を見る。正しい。ウ. ゴシキセイガイインコが海外まで旅をするという記述はない。エ.「ケンは人々が野生動物と友達になれると思っていた」。最終段落の最後から2文目にあるケンの言葉を見る。正しい。オ. 最終段落を見る。エイミーはケンに謝り，二人は仲直りした。

7.「野生動物のためにできること」の例を挙げる。「新聞をリサイクルすることによって，木々を伐採することを止め，野生動物の住みかを保護することができる」ことなどを英語で表現する。

【答】 1. ウ→ア→イ　2. ア

3. 野鳥にえさを与えると，食べ物を探さなくなるから。・人間が食べる物の中には，野鳥にはよくないものもあるから。(それぞれ同意可)

4. エ　5. grow plants they like　6. イ・エ

7. (例) We can recycle newspapers. If we stop cutting trees, we can protect the homes of wild animals. (17語)

◀全訳▶　エイミーはオーストラリアの小さな町に住む中学生でした。父親がオーストラリアで働き始めたため，彼女は先月アメリカからやって来ました。新しい学校には友達が一人もいなかったので彼女は楽しくなかったのですが，すぐに庭の木にいる友達を見つけました。それは野生の鳥――ゴシキセイガイインコでした。彼の身体は美しい色――青色，黄色，緑色，そしてオレンジ色をしていました。彼はしばしばバルコニーに来ました。ある週末，彼女は彼のために，バルコニーにパンくずを置きました。彼がやって来てそれらを食べました。エイミーは幸せでした。

次の月曜日に学校で，エイミーは木々にいる同じ種類の鳥を何羽か見つけました。彼女が彼らを見ていると，クラスメートの一人がやって来て彼女に話しかけました。「あれらの鳥はきれいだね。君は鳥に興味があるの？こんにちは，僕の名前はケン。初めまして」「こんにちは，私はエイミーよ。私の庭でも一羽見つけたの。私は彼をリトルピーターと名づけたのよ。私は彼のことが大好きなの」とエイミーは言いました。「ああ，そうなの？　この辺りでは１年中その鳥を見ることができるよ。彼らは花のミツと花粉を食べるんだよ。僕は彼らが何の植物を好むのか知っているので，僕の庭でそれらを育てているんだ。ゴシキセイガイインコはとても人なつっこいよ」「そうなのね」とエイミーが言いました。彼女はその鳥について多くのことを知ってわくわくしました。

エイミーとケンは学校でしばしば動物の話をしました。彼らは仲のよい友達になりました。エイミーはケンに，彼女とリトルピーターも仲よしなのだということを知ってほしいと思いました。そこで，ある日の午後，彼女はケンに「リトルピーターは私のことが大好きなの。彼は私の手の上に乗るのよ」と言いました。「へえ，彼は君のことを怖がらないんだね」「そう，怖がらないのよ。リトルピーターはかわいくて，私は彼に毎日パンを与えているの」 ケンは驚いて「パン？　野生の鳥にパンを与えるのはよくないよ」と言いました。エイミーはなぜケンがそう言ったのか理解できませんでした。彼女は「でもリトルピーターは私が与えるパンが好きなのよ」と言いました。彼は「聞いて。君は野生の鳥にえさを与えるべきではないんだよ」と言いました。「どういう意味？」と彼女が言いました。ケンは「あのね，二つの理由があるんだ。一つ目に，人々が野生の鳥にえさを与えると，彼らは食べ物を探すのをやめてしまうだろう。二つ目に，僕たちが食べている食べ物の中には，彼らによくないものもあるんだ」と続けて言いました。エイミーは「でもリトルピーターは私の友達よ。彼は私の手からパンを食べるわ」と言いました。「もし野生の鳥の本当の友達になりたければ，彼らの好む植物を育てるべきだ。それが唯一の方法なんだよ！」 ケンは怒って教室から出ていきました。エイミーはショックを受けました。

その夜，エイミーはバルコニーに行きました。彼女は「ケンは怒っていた。もし私がパンを与え続けると，リトルピーターは病気になってしまうかもしれない。私はケンとリトルピーターの両方の友達を失うかもしれない」と思いました。彼女は心配になりました。

翌朝学校で，エイミーはケンを見かけました。彼女は「ケンは野生動物のことをたくさん知っている。彼は正しいに違いない」と思いました。彼女はケンのところに行き，勇気をふりしぼって「ごめんなさい，ケン。私が間違っていた。もう二度とリトルピーターにはえさを与えないわ」と言いました。ケンはほほ笑んで「いいよ。君は知らなかっただけだから」と言いました。エイミーは「ゴシキセイガイインコは私たちのペットではないわ。今では彼らの好む植物を育てることだけすべきだということがわかったわ。そうすれば私たちは彼らと仲のよい友達になることができる」と言いました。「その通り。はい，どうぞ」 ケンは彼女に野生動物に関する本を渡しました。「僕は毎日この本を読んでいる，でもそれはもう君のものだ。この本を読めば，野生動物と友達になる方法を学ぶことができるよ」「ありがとう，ケン」とエイミーはほほ笑みました。

社　会

1 【解き方】Ⅰ．2. メルカトル図法上で実際の距離が最も長い緯線は赤道。高緯度になるほど実際の距離は短い。

3. ノルウェー以外にもチリやデンマークなどでも見られる海岸地形。

4. アジアの気候に大きな影響を与えるモンスーン（季節風）は，冬は大陸から海洋に向かって，夏は海洋から大陸に向かって吹く。

5. C国は中国。工業が発展した沿岸部の都市と農業が中心の内陸部の都市との経済格差が拡大している。A国はナイジェリアで説明はウ。B国はインドで説明はイ。D国はオーストラリアで説明はア。

6. Y. ブラジルではおもにサトウキビ，アメリカ合衆国ではおもにトウモロコシがバイオ燃料として利用されている。Z. サトウキビは成長過程で光合成により二酸化炭素を吸収しているため，バイオ燃料を使用しても大気中の二酸化炭素総量は増加しない（相殺される）と考えられている。

Ⅱ．2. 暖流の対馬海流は，冬に日本海側の地域に大雪を降らせる原因ともなっている。

3. みかんは温暖な地域での栽培が適している。愛媛県では宇和海周辺の段々畑などで栽培されている。

4. Zの愛知県は中京工業地帯の中心県であり，製造品出荷額は全都道府県中で1位。製造業の割合が最も高いアと判断できる。

5. 資料3と資料4からは，千里ニュータウンの高齢化率の上昇が全国と比べても急速であったこと，2010年以降には落ち着いたことがわかる。新しい世代の住民を迎えるために，古くなった住宅の建て替えや改修を行い，街の再生を図った効果が出ているといえる。

Ⅲ．人口密度は(人口)÷(面積)で求められる。南区の人口密度は約8251.5人/km^2，早良区の人口密度は約2271.9人/km^{2}となる。

【答】Ⅰ．1. 大西洋　2. イ　3. フィヨルド　4. 季節風(または，モンスーン)の影響を受けて，降水量が多くなるから。(同意可)　5. エ

6. Y. サトウキビ　Z. 原料になる植物が大気中の二酸化炭素を吸収しているため，大気中の二酸化炭素は増えない（同意可）

Ⅱ．1. 明石(市)　2. 対馬海流　3. みかん，A　4. ア　5. 64歳以下の世代の人達を中心として，千里ニュータウンの人口が減っている（同意可）

Ⅲ．(右図)

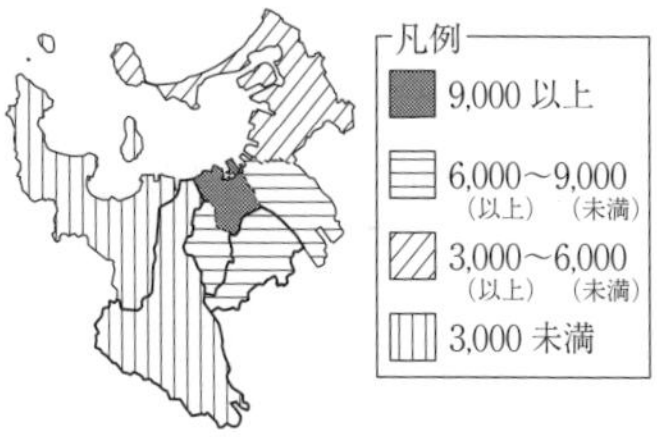

2 【解き方】Ⅰ．1. 天皇が位を譲った後も権力を握るようになったことで，藤原氏は急速に力を失った。

2. 円墳と方墳を合わせたかぎ穴のような形をしている。

3. アは平安時代，イは奈良時代，ウは鎌倉時代，エは飛鳥時代のできごと。

4. アは江戸幕府，イは鎌倉幕府の説明。エは主に奈良・平安時代の律令制度の説明。

6. アは16世紀前期，イは18世紀，ウは7世紀，エは10世紀のできごと。

7. 円形になるように放射状に署名して首謀《しゅぼう》者を隠したり，署名した人達が平等に団結する意思を強調したりするために用いられた。

Ⅱ．1. ① 北九州工業地帯の発展の礎《いしずえ》となった。2015年には「明治日本の産業革命遺産」として世界文化遺産に登録された。② 第二次世界大戦（太平洋戦争）の講和条約。

2. 1854年にペリーと結ばれ，日本が鎖国政策をやめて開国へ踏み出すきっかけとなった。

3. 清（中国）ではアヘン中毒者も出たため，1840年にアヘン戦争へと突入した。

4. エは大正時代のできごと（1915年）なので除く。アは1890年，イは1873年，ウは1905年のできごと。

5. X. 日ソ共同宣言の調印後，日本の国際連合への加盟が実現した。

6. 日本の高度経済成長期は1955年頃から1973年にかけて。ベトナム戦争は1965年から本格的になり，1975年まで行われた。アは1945年，ウは1989年，エは1990年～1991年のできごと。

Ⅲ. ワシントン会議は1921年から1922年にかけて開かれ，アメリカ・イギリス・フランス・日本などの9か国が参加し，海軍の軍縮と太平洋・中国問題について協議が行われた。

【答】 Ⅰ. 1. 院政　2. 前方後円墳　3. エ→イ→ア→ウ　4. ウ　5. 千利休　6. ア　7. 一揆の中心人物がわからないようにする（同意可）

Ⅱ. 1. ① 八幡製鉄所　② サンフランシスコ　2. 日米和親条約　3. アヘンを生産して，清に輸出した（同意可）　4. イ→ア→ウ　5. ア　6. イ

Ⅲ. 第一次世界大戦の反省から，国際協調が重視され，ワシントン会議などで世界的に軍縮の縮小を進める動きが強まったため。(同意可)

③ **【解き方】** Ⅰ. 2. アは1919年，イは1948年，ウは1789年のできごと。

3. 日本政府による核兵器に対する基本姿勢。ただし，日本国憲法には明記されていない。

4. 内閣総理大臣の選出には，間接民主制の考え方が採り入れられている。

5. 選挙区で最も有権者数が多いⅠ区は1000人，最も有権者数が少ないⅢ区は500人なので，一票の格差は2倍となる。ア. ○○党が3議席を獲得する。ウ. □□党は議席を獲得することができない。エ. 4000人の有権者に対して合計票数は2400なので，60％となる。

Ⅱ. 1. 預金通貨とは，銀行などに預けられているお金のこと。

2.「欠陥」とは，製造物が通常有すべき安全性を欠いていることとされている。

4. 企業は利益を追求するだけではなく，社会の一員としての社会貢献活動も求められており，環境問題などに取り組む企業も増えている。

5.「社会保険や公的扶助などの社会保障制度を整備して生活を保障する。」などの解答も可。

Ⅲ. 図2を「フォーク並び」と呼び，銀行ATM（現金自動預払機）や，公衆トイレなどでも採り入れられている。

【答】 Ⅰ. 1. 最高法規　2. ウ→ア→イ　3.（核兵器を)持たず，つくらず，持ちこませず　4.（内閣総理大臣は)国会議員のなかから国会によって指名されるのに対して，知事は住民から直接選挙によって選出される。(同意可)　5. イ

Ⅱ. 1. 預金　2. 製造物責任法(または，PL法)　3. エ　4. ア　5.（例）（失業した労働者に対して)技能を身につけ，再就職ができるように職業訓練の機会を提供する。

Ⅲ. 空いているレジがないため無駄がなく効率がよく，また，並んだ順番に会計が済むため公正である。(45字)（同意可）

理　科

1 【解き方】2. ア・エは植物の細胞だけにあるつくり。

6. 溶質である食塩に対して，溶媒である水の割合が大きいほど，質量パーセント濃度は低くなる。食塩 2.0g に対する水の量は，A が 100g，B が 98g，C が，$200\,(\mathrm{g}) \times \dfrac{2.0\,(\mathrm{g})}{3.0\,(\mathrm{g})} \fallingdotseq 133\,(\mathrm{g})$

7. 減数分裂では生殖細胞がつくられる。卵細胞は受精卵になる前の細胞。

8. 300N の物体を，20cm = 0.2m 持ち上げる仕事の大きさは，$300\,(\mathrm{N}) \times 0.2\,(\mathrm{m}) = 60\,(\mathrm{J})$　仕事の原理より，棒の右はしで行った仕事も 60J となる。40cm = 0.4m より，棒の右はしに加えた力の大きさは，$\dfrac{60\,(\mathrm{J})}{0.4\,(\mathrm{m})} = 150\,(\mathrm{N})$　支点から棒の左はしまでの距離と右はしまでの距離の比は，棒の左はしと右はしが上下に動いた距離の比と等しいので，支点から棒の右はしまでの距離は，$40\,(\mathrm{cm}) \times \dfrac{40\,(\mathrm{cm})}{20\,(\mathrm{cm})} = 80\,(\mathrm{cm})$

【答】1. 地層　2. イ・ウ　3. a. 電子　b. 陽子　c. 中性子　4. 全反射　5. 火成岩　6. C
7. ① イ　② ア　8. (力の大きさ) 150 (N)　(距離) 80 (cm)

2 【解き方】I．1・2. 試験管 A の中で起こった化学変化の化学反応式は，$2CuO + C \rightarrow 2Cu + CO_2$　よって，2 個の酸化銅と 1 個の炭素原子から，2 個の銅原子と 1 個の二酸化炭素ができる。

(例)

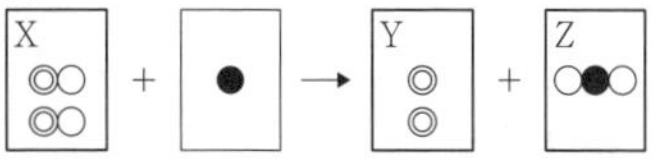

4. 図 2 より，加えた炭素粉末の質量が 0.30g のとき，酸化銅 4.00g が過不足なく反応し，試験管 A の中に 3.20g の銅が残る。したがって，酸化銅 6.00g と過不足なく反応する炭素粉末の質量は，$0.30\,(\mathrm{g}) \times \dfrac{6.00\,(\mathrm{g})}{4.00\,(\mathrm{g})} = 0.45\,(\mathrm{g})$　試験管 A の中に残る銅の質量は，$3.20\,(\mathrm{g}) \times \dfrac{6.00\,(\mathrm{g})}{4.00\,(\mathrm{g})} = 4.80\,(\mathrm{g})$　酸化銅と反応せずに試験管 A の中に残った炭素粉末の質量は，$0.75\,(\mathrm{g}) - 0.45\,(\mathrm{g}) = 0.30\,(\mathrm{g})$　よって，試験管 A の中にある加熱した後の物質は炭素と銅で，その質量は，$0.30\,(\mathrm{g}) + 4.80\,(\mathrm{g}) = 5.10\,(\mathrm{g})$

II．1. 塩酸は電気を通す。また，酸性なのでフェノールフタレイン溶液は変化せず，青色リトマス紙を赤色に変える。

2. うすい塩酸の中の陽イオンは水素イオン，うすい水酸化ナトリウム水溶液の中の陰イオンは水酸化物イオン。中和によって結びつくと水となる。

3. うすい塩酸とうすい水酸化ナトリウム水溶液の反応は，$HCl + NaOH \rightarrow NaCl + H_2O$　よって，スライドガラスに残った結晶は塩化ナトリウム。

4. 表より，加えたうすい水酸化ナトリウム水溶液の体積の合計が $12.0\mathrm{cm}^3$ のとき，ビーカー内の溶液は中性となる。塩化水素の電離のようすは，$HCl \rightarrow H^+ + Cl^-$　水酸化ナトリウムの電離のようすは，$NaOH \rightarrow Na^+ + OH^-$　うすい水酸化ナトリウム水溶液を $12.0\mathrm{cm}^3$ 加えるまでは，水素イオンが減少する数とナトリウムイオンが増加する数が等しいので，ビーカー内の溶液に存在している陽イオンの数は変わらない。うすい水酸化ナトリウム水溶液を $12.0\mathrm{cm}^3$ 以上加えると，水素イオンはなくなり，ナトリウムイオンがふえるので，ビーカー内の溶液に存在する陽イオンの数はふえる。

【答】I．1. 二酸化炭素　2. (前図)　3. 試験管 A に空気が入り，銅が酸化されるのを防ぐため。(同意可)
4. (質量) 5.10 (g)　(物質) 炭素・銅
II．1. エ　2. $H^+ + OH^- \rightarrow H_2O$　3. NaCl　4. a. 変わらない　b. ふえる

3 **【解き方】** Ⅰ．3．ツユクサは単子葉類。

4．Aaという遺伝子の組み合わせをもっている個体からできた子の種子の遺伝子の組み合わせは，AA：Aa：aa ＝ 1：2：1となる。よって，800個の種子のうち，遺伝子の組み合わせがaaとなるものは，$800\,(個) \times \dfrac{1}{1+2+1} = 200\,(個)$

Ⅱ．2．(1) アはデンプン，イは脂肪を分解する消化酵素。

【答】 Ⅰ．1．胞子　2．子房がなく，胚珠がむきだしになっている。(同意可)　3．① ア　② イ　4．ア

Ⅱ．1．養分からエネルギーがとり出されている (同意可)　2．(1) ウ・エ　(2) a．肝臓　b．尿素　c．じん臓

3．表面積が大きくなっているから。(同意可)

4 **【解き方】** Ⅰ．2．図1より，月の左側が少しだけ光っているので，観察した月は新月の少し前の月。

3．金星は東の空にあるので，このあと南へ上っていくように動く。

4．図3より，天体望遠鏡で観察した金星の右半分が光っているので，肉眼で見たときは左半分が光っている。図2より，地球から見て，金星の位置は太陽より右側にあり，太陽・地球・金星で結んでできる三角形が金星の部分で直角となる。金星の公転の周期は0.62年で，地球の公転の周期より短く，だんだん地球から遠くなるので，観察できる金星の大きさは小さくなり，太陽の光を反射する面が多くなる。

Ⅱ．2．ひもは南西の方位にたなびいたので，風は北東から南西にふいており，風向は北東。表より，空全体の約4割を雲がおおっていたので，天気は晴れ。

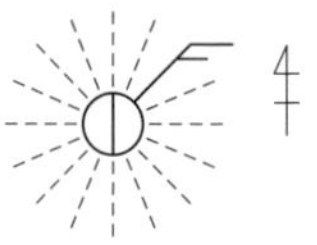

【答】 Ⅰ．1．衛星　2．エ　3．d　4．イ

Ⅱ．1．温度計に日光が直接あたらないようにするため。(同意可)　2．(右図)

3．a．膨張　b．下　4．強い雨が，短時間に降る。(同意可)

5 **【解き方】** Ⅰ．1．図1より，直方体の体積は，$5\,(\mathrm{cm}) \times 5\,(\mathrm{cm}) \times 10\,(\mathrm{cm}) = 250\,(\mathrm{cm}^3)$　よって，直方体の密度は，$\dfrac{300\,(\mathrm{g})}{250\,(\mathrm{cm}^3)} = 1.2\,(\mathrm{g/cm}^3)$

2．質量300gの直方体にはたらく重力の大きさは，$1.0\,(\mathrm{N}) \times \dfrac{300\,(\mathrm{g})}{100\,(\mathrm{g})} = 3.0\,(\mathrm{N})$　表より，直方体の面Xに糸をつないでしずめ，水面から直方体の下面までの深さが8cmのとき，ばねばかりの値は1.0Nなので，直方体にはたらく浮力の大きさは，$3.0\,(\mathrm{N}) - 1.0\,(\mathrm{N}) = 2.0\,(\mathrm{N})$

3．表より，直方体の面Xに糸をつないでしずめ，水面から直方体の下面までの深さが10cmのとき，ばねばかりの値は0.5N。したがって，直方体がすべて水にしずんでいるとき，直方体にはたらく浮力の大きさは，$3.0\,(\mathrm{N}) - 0.5\,(\mathrm{N}) = 2.5\,(\mathrm{N})$　直方体の面Yに糸をつないでしずめ，水面から直方体の下面までの深さが0cmのとき，直方体は水の上にあるので，直方体にはたらく浮力の大きさは0N。水面から直方体の下面までの深さが2cmのとき，直方体にはたらく浮力の大きさは，$3.0\,(\mathrm{N}) - 2.0\,(\mathrm{N}) = 1.0\,(\mathrm{N})$　よって，水面から直方体の下面までの深さが2cm深くなると，直方体にはたらく浮力の大きさは1.0N大きくなる。水面から直方体の下面までの深さが4cmのとき，直方体にはたらく浮力の大きさは，$1.0\,(\mathrm{N}) \times \dfrac{4\,(\mathrm{cm})}{2\,(\mathrm{cm})} = 2.0\,(\mathrm{N})$　水面から直方体の下面までの深さが6cmのとき，直方体にはたらく浮力の大きさは，$1.0\,(\mathrm{N}) \times \dfrac{6\,(\mathrm{cm})}{2\,(\mathrm{cm})} = 3.0\,(\mathrm{N})$となるが，直方体にはたらく浮力の大きさは2.5Nより大きくならないので，水面から直方体の下面までの深さが6cm，8cm，10cm，12cmのとき，直方体にはたらく浮力の大きさは2.5N。

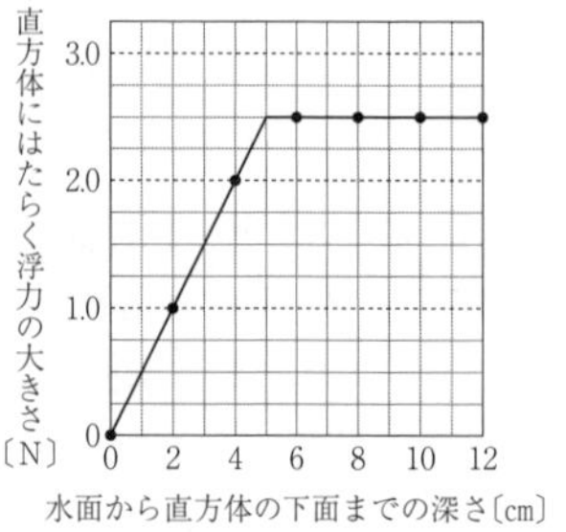

Ⅱ. 1. 図1より，Xは回路に並列につないでいるので電圧計。また，Pは電源装置の−極につながっているので−端子。

3. 図4より，抵抗器Aに流れる電流は，150mA = 0.15A　図2より，抵抗器Aに150mAの電流が流れるのは，加わる電圧が3.0Vのとき。図3より，抵抗器Aと抵抗器Bは並列につながっているので，抵抗器Bに加わる電圧も3.0V。図2より，抵抗器Bに3.0Vの電圧が加わると，100mA = 0.1Aの電流が流れる。電源装置に流れる電流は，0.15 (A) + 0.1 (A) = 0.25 (A)　電源装置の電圧は3.0Vなので，回路全体の電力は，0.25 (A) × 3.0 (V) = 0.75 (W)

【答】 Ⅰ. 1. 1.2 (g/cm^3)　2. 2.0 (N)　3. (前図)

4. (記号) ウ　(理由) 直方体にはたらく重力が浮力より大きいため。(同意可)

Ⅱ. 1. エ　2. オームの法則　3. (電圧) 3.0 (V)　(電力) 0.75 (W)

4. 大きな電流が流れ，発熱量が大きくなる (同意可)

国　語

1 【答】1. (1) 貯蔵　(2) 耕(す)　(3) 額　(4) えんがわ　(5) しょうち　(6) と(ぐ)　2. 十(画)

2 【解き方】1. 体言を修飾している助詞。アは，「が」に言いかえられる主格の助詞。イは，連体詞「この」の一部。エは，「～のもの」という体言の代用を表す助詞。

2. aでは，「戦いに敗れた敗者たちは，他の魚たちのいない川という環境に逃げ延びました」ということについて，「他の魚たちが川にいなかったのには理由があります」とことわりを入れている。bでは，両生類が「勇気あるヒーローではありません」という否定にかかる語が入る。

3. 生物たちが進化の歴史の中で，「『できるだけ戦わない』という境地と地位にたどりついた」ことをおさえる。さらに，「負けてもいいのです…場所が見つかります」「こうして…最後にはナンバー1になれる場所を絞り込んでいくことになるのです」とくわしく述べている。

4.「リス」と「モモンガ」の例をふまえて，「計算問題が面倒くさいというだけで…数学の本当の面白さに出会うことはないかもしれません」「得意なことを探すためには，すぐに苦手と決めて捨ててしまわないことが大切なのです」と述べている。

5. 生物が「ナンバー1になれるオンリー1のポジション」を見つけてきたと述べていることから考える。恐竜が繁栄する時代に，「暗い夜を主な行動時間」にして「敏速な運動能力」を手に入れた「小さく弱い生き物」のように，戦わなくてもいい場所で生きるための進化を遂げているものを選ぶ。

【答】1. ウ　2. イ　3. Ⅰ. 勝てない場所　Ⅱ. できるだけ競争しなくても生きられる（17字）（同意可）

4. すぐに苦手だと決めてチャレンジをやめてしまうと，得意なことや本当の面白さに気づかず，自分の可能性を広げられなくなってしまうから。(64字)（同意可）

5. エ

3 【解き方】1. 語頭以外の「は・ひ・ふ・へ・ほ」は「わ・い・う・え・お」にする。

2.「他人の銀を百両」預かっていた「ある俗」が与えてきたものを「子」は受け取らず，その人に対して「そこに寄せたり」と言っている。

3.「子」の言い分は「親，既に与へずして，そこに寄せたり。それの物なるべし」というもので，「ある俗」の言い分は「我はただ預かりたるばかりなり…親の物は子の物とこそなるべけれ」というものである点に着目する。

4. Ⅰ.「ある俗」と「子」に対して，「官の庁」が「共に賢人なり」と言っている。Ⅱ. 生徒Cが「『僧二人』と『ある俗』たちが対比されている」と言っているので，「ある俗」と「子」がお互いに「銀百両」を相手のものだと譲りあっていた点に着目し，その逆を考える。Ⅲ.「仏道修行をする人としてあるまじき態度だから」と続いていることに注目。「和尚」が，「世俗塵労の俗士，なほ利養を貪らず」と前置きして「僧二人」の態度を厳しく批判していることから考える。

【答】1. こう　2. イ　3. ウ

4. Ⅰ. 賢人　Ⅱ. 自分のものにしよう（同意可）　Ⅲ. 利益に執着している（同意可）

◀口語訳▶　中国の育王山にいた二人の僧が，布施をめぐって争い騒いでいたので，その寺の長老である，大覚連和尚が，この僧二人を戒めて言ったことには，「ある俗人が，他人の銀を百両預かって置いていたところ，その（銀の）持ち主が亡くなった後で，その（持ち主の）子にこれを与えようとした。その子は，これを受け取らなかった。(子は)『親は，もはや（私に）与えることなく，あなたのところへ預けていたのだ。（なので銀は）あなたの物だ』と言う。その俗人は，『私はただ預かっただけのことだ。譲られて得たのではない。親の物は子の物になるべきだ』と言って，また（銀を子に）返そうとした。互いに言い争って受け取らないので，ついには公の役所に判断を仰いだところ，『どちらも賢人である』ということだった。『言い分は（どちらも）当たっている。(なので銀は）すべて寺に渡して，（元の銀の持ち主である）亡くなった者の菩提の助けとせよ』と判断した。この話は，私が直接見聞きしたことである。俗世間で生活する人でさえ利益を貪らないのだ。仏道修行をする者が，俗世間の財産を争っていてよいものか」と，寺の決まりに従って（僧二人を）追放した。

4 **【解き方】** 1. 先生の「それだけ？」という言葉に対し，加奈は「い，いいえ！」「でも，私たち考えたんです」と先生への説得を続けている。

2. Ⅰ.「私の気持ち」は，直前の「本当のことを言ってくれて，ありがとうございます」を指す。「本当のこと」とは，先生の言った「あなたたちの文化祭の価値はゼロ円」であることをおさえる。Ⅱ. 先生の言葉を聞いて，「笹村先生は，私たちが対等に話すとっかかりを用意してくれたんだ」と「私」は感じている。

3.「私」が先生に「本当のことを言ってくれて，ありがとうございます」と返した時，加奈は「加奈も同じことを感じたんだろう…はっとしたように，先生を見上げた」という反応をみせている。そこからは「声がいつもの調子に戻りつつある」とあるように，先生にたじろがずに意見を述べている。

4. 文化祭廃止が発表された時のみんなについて「『自分たちの文化祭なのにどうして』って気持ちがあった」と推測している。さらに国広くんや，やよいちゃんの言葉を思い浮かべて，「生徒たちは…『取り上げられるのはヘンだ』と思っていた」と考えている。

5.「汗が背中を伝う」という表現や，直前の「それから，先生は長いことだまった。何を考えているのかは分からなかった」に注目。杏や加奈は，文化祭に対する気持ちや考えてきたことを先生に伝えたものの，先生が「とても長い時間」無言だったことから考える。

【答】 1. エ　2. Ⅰ. きつい言葉　Ⅱ. 対等な立場で先生を説得する（13字）（同意可）　3. ア　4. ウ

5. 自分たちの意見を精一杯伝えたが，先生からなかなか返事が返ってこないため，説得がうまくいったかわからず不安な気持ち。(57字)（同意可）

5 **【答】**（例）（選択した特徴）X

主観的な感想が書かれていると，他の辞書との差別化になり，使う人も読み物として楽しめるという点が良い特徴だと思う。

しかし，意味を知る上でそれが邪魔になるという問題点が生じることもある。調べたことに先入観を持ったり，おいしいと書かれた食べ物をおいしくないと感じたときに，辞書を信用しなくなったりするかもしれない。(8行)

~MEMO~

鹿児島県公立高等学校

2020年度

入学試験問題

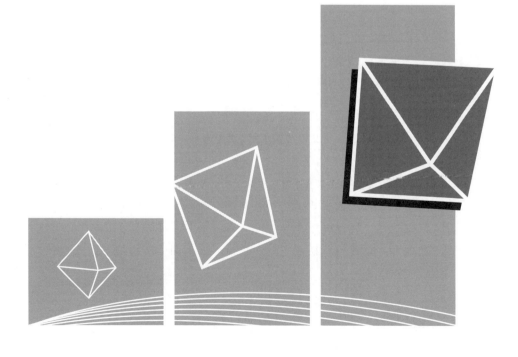

数学

時間　50分　　　満点　90点

1　次の1～5の問いに答えなさい。

1　次の(1)～(5)の問いに答えよ。

(1)　$8 \div 4 + 6$ を計算せよ。(　　　)

(2)　$\dfrac{1}{2} + \dfrac{9}{10} \times \dfrac{5}{3}$ を計算せよ。(　　　)

(3)　$2\sqrt{3} + \sqrt{27} - \dfrac{3}{\sqrt{3}}$ を計算せよ。(　　　)

(4)　3つの数 a, b, c について，$ab < 0$, $abc > 0$ のとき，a, b, c の符号の組み合わせとして，最も適当なものを右のア～エの中から1つ選び，記号で答えよ。(　　　)

	a	b	c
ア	＋	＋	−
イ	＋	−	＋
ウ	−	−	＋
エ	−	＋	−

(5)　下の図のような三角柱がある。この三角柱の投影図として，最も適当なものを下のア～エの中から1つ選び，記号で答えよ。(　　　)

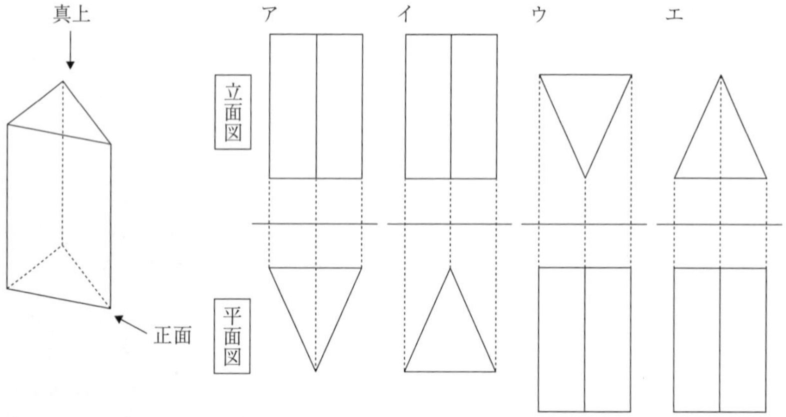

2　y は x に反比例し，$x = 2$ のとき $y = -3$ である。このとき，y を x の式で表せ。

y =(　　　)

3　$\sqrt{7}$ より大きく，$\sqrt{31}$ より小さい整数をすべて書け。(　　　　)

4　次のように，1から6までの数字がくり返し並んでいる。左から100番目の数字は何か。

(　　　)

1, 2, 3, 4, 5, 6, 1, 2, 3, 4, 5, 6, 1, 2, 3, 4, 5, 6, …

5　国土地理院のまとめた「日本の山岳標高一覧（1003山)」に掲載されている鹿児島県の標高1000m以上の山〈山頂〉は8つある。8つの中で最も高いものは屋久島にある宮之浦岳であり，その標高は1936mである。右の表は，残り7つの山〈山頂〉の標高を示したものである。標高を1.5倍したときに，宮之浦岳の標高を上回るものはどれか，右のア～キの中からあてはまるものをすべて選び，記号で答えよ。(　　　)

	山名〈山頂名〉	標高(m)
ア	紫尾山	1067
イ	霧島山〈韓国岳〉	1700
ウ	霧島山〈新燃岳〉	1421
エ	御岳	1117
オ	高隈山〈大《おお》篦《の》柄《がら》岳《だけ》〉	1236
カ	高隈山〈御岳〉	1182
キ	永田岳	1886

(国土地理院「日本の山岳標高一覧(1003山)」から作成)

2　次の1～5の問いに答えなさい。

1　右の図のように，AB = ACである二等辺三角形ABCと，頂点A，Cをそれぞれ通る2本の平行な直線ℓ，mがある。このとき，$\angle x$の大きさは何度か。(　　　度)

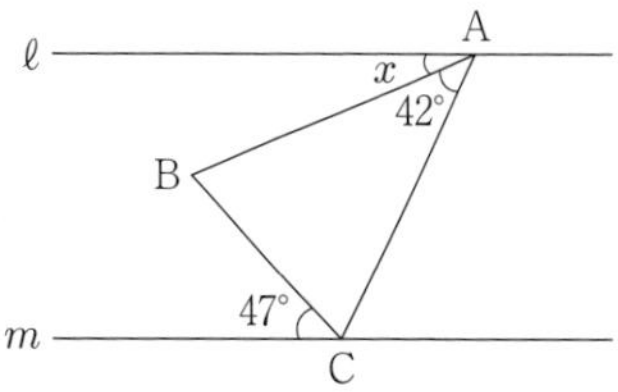

2　硬貨とくじを用いて，次のルールでポイントがもらえるゲームを行う。

> ①　硬貨を2枚投げて，表が出た枚数を数える。
> ②　当たりが1本，はずれが1本入っているくじがあり，その中から1本ひく。
> ③　②で当たりをひいた場合は，(①の表が出た枚数) × 200ポイント，はずれをひいた場合は，(①の表が出た枚数) × 100ポイントがもらえる。

たとえば，硬貨は表が2枚出て，くじは当たりをひいた場合は400ポイントもらえる。
このゲームを1回行うとき，ちょうど200ポイントもらえる確率を求めよ。(　　　)

3　次の比例式で，xの値を求めよ。x =(　　　)

$x : (4x - 1) = 1 : x$

4　右の図のように，3点A，B，Cがある。この3点A，B，Cを通る円周上において，点Bを含まない$\overset{\frown}{AC}$上に∠ABD = ∠CBDとなる点Dを，定規とコンパスを用いて作図せよ。ただし，点Dの位置を示す文字Dを書き入れ，作図に用いた線も残しておくこと。

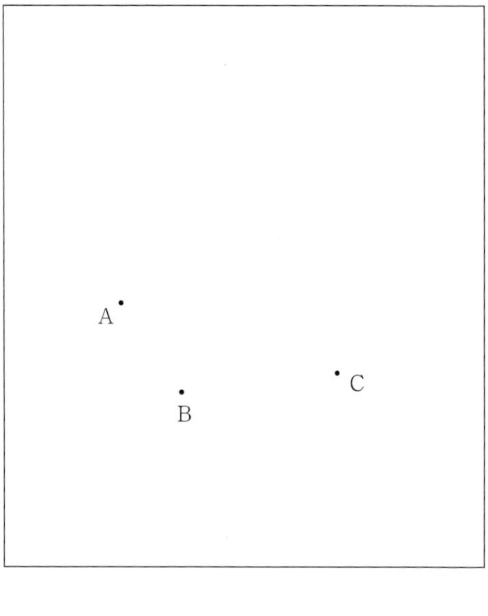

5　A さんと B さんの持っている鉛筆の本数を合わせると 50 本である。A さんの持っている鉛筆の本数の半分と，B さんの持っている鉛筆の本数の $\frac{1}{3}$ を合わせると 23 本になった。A さんと B さんが最初に持っていた鉛筆はそれぞれ何本か。ただし，A さんと B さんが最初に持っていた鉛筆の本数をそれぞれ x 本，y 本として，その方程式と計算過程も書くこと。

(式と計算)(　　　　　　　　　　　　　　　　　　　　　　　　　　　　　　　　)

答　A さんが最初に持っていた鉛筆(　　　　本)　B さんが最初に持っていた鉛筆(　　　　本)

③　A〜D の各組で同じ 100 点満点のテストを行ったところ，各組の成績は右の表のような結果となった。ただし，A 組の点数の平均値は汚れて読み取れなくなっている。また，このテストでは満点の生徒はいなかった。なお，表の数値はすべて正確な値であり，四捨五入などはされていない。次の 1〜3 の問いに答えなさい。

表

組	人数	平均値	中央値
A	30	[redacted]	59.0
B	20	54.0	49.0
C	30	65.0	62.5
D	20	60.0	61.5

1　B 組と C 組を合わせた 50 人の点数の平均値を求めよ。(　　　　点)

2　下の図は，各組の点数について階級の幅を 10 点にしてヒストグラムに表したものである。たとえば，A 組のヒストグラムでは 50 点以上 60 点未満の生徒は 5 人いたことを表している。B〜D の各組のヒストグラムは，それぞれ①〜③の中のどれか 1 つとなった。次の(1)，(2)の問いに答えよ。

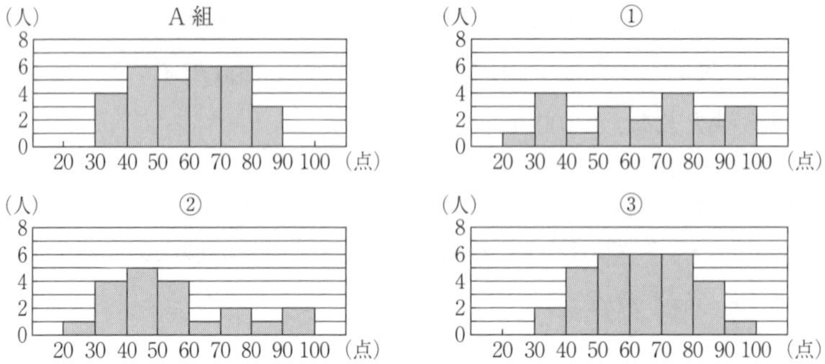

(1)　C 組のヒストグラムは ア ，D 組のヒストグラムは イ である。 ア ， イ にあてはまるものを，①〜③の中から 1 つずつ選べ。ア(　　　)　イ(　　　)

(2)　A 組のヒストグラムから，A 組の点数の平均値を求めよ。ただし，小数第 2 位を四捨五入して答えること。(　　　　点)

3　B 組の生徒のテストの点数を高い方から並べると，10 番目と 11 番目の点数の差は 4 点であった。B 組には欠席していた生徒が 1 人いたので，この生徒に後日同じテストを行ったところ，テストの点数は 76 点であった。この生徒を含めた B 組の 21 人のテストの点数の中央値を求めよ。

(　　　　点)

4　次の会話文は「課題学習」におけるグループ活動の一場面である。ひろしさんとよしこさんのグループは，写真の観覧車を題材に数学の問題をつくろうと考えた。以下の会話文を読んで，次の1～3の問いに答えなさい。

写真

ひろし：この観覧車は直径60m，ゴンドラの数は36台で，1周するのにちょうど15分かかるんだって。この観覧車を題材に，円に関する問題がつくれそうな気がするけど。

よしこ：まず，観覧車を円と考え，ゴンドラを円周上の点としてみよう。また，観覧車の軸を中心Oとすると，36個の点が円周上に等間隔に配置されている図1のように表されるね。ここで隣り合う2つのゴンドラを，2点X，Yとすると…。

図1

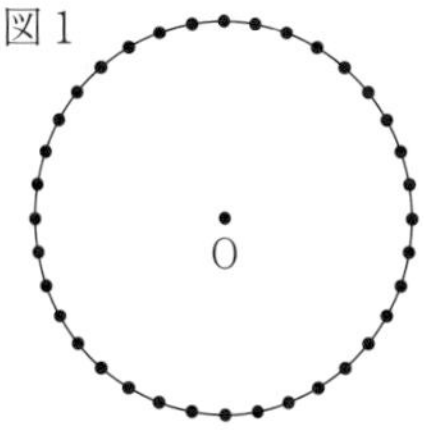

ひろし：まず，角の大きさが求められそうだね。∠XOYの大きさはいくらかな。

よしこ：図をかいて，計算してみるね。……わかった。∠XOYの大きさは［ア］度だね。

ひろし：いいね。じゃあ点Oを対称の中心として，点Yと点対称となるように点Zをとるときを考えてみよう。このとき∠XZYの大きさはいくらかな。

よしこ：実際に図をかいて角の大きさを測ってみたら，さっきの∠XOYの半分になったよ。そういえば，1つの弧に対する円周角は，その弧に対する中心角の半分であるって習ったよね。

ひろし：つまり，式で表すと$\angle XZY = \frac{1}{2}\angle XOY$となるんだね。

よしこ：面白いね。では次はどこか2つのゴンドラの距離を求めてみようよ。いま，最高地点にあるものをゴンドラ①，5分後に最高地点にあるものをゴンドラ②とする。この2つのゴンドラの距離を求めよ，なんてどうかな。さっきの図1だとどうなるかな。

ひろし：2点間の距離だね。1周15分だから。……できた。2点間の距離は［イ］mだ。

先　生：ひろしさんとよしこさんのグループはどんな問題を考えましたか。なるほど，観覧車を円と考え，角の大きさや距離を求める問題ですね。答えも合っていますね。次はどんな問題を考えてみますか。

よしこ：はい。面積を求める問題を考えてみます。点Oを対称の中心として，ゴンドラ②と点対称の位置にあるゴンドラをゴンドラ③とするとき，ゴンドラ①，②，③で三角形ができるから…。

ひろし：せっかくだから観覧車の回転する特徴も問題に取り入れたいな。でもゴンドラが移動するとごちゃごちゃしそうだし。先生，こんなときはどうしたらいいんですか。

先　生：図形の回転ですか。たとえば，ある瞬間のゴンドラ①の位置を点Pとし，t分後のゴンドラ①の位置を点P′とするなど，文字でおいてみてはどうですか。もちろん，観覧車は一定の速さで，一定の方向に回転していますね。

ひろし：わかりました。ゴンドラ②，③も同様に考えて，問題をつくってみます。

1　［ア］，［イ］に適当な数を入れ，会話文を完成させよ。ア(　　　)　イ(　　　)

2　会話文中の下線部について，次の問いに答えよ。

図2

図2は，線分BCを直径とする円Oの周上に点Aをとったものである。

図2において，$\angle ACB = \dfrac{1}{2} \angle AOB$ が成り立つことを証明せよ。

$$\left[\right]$$

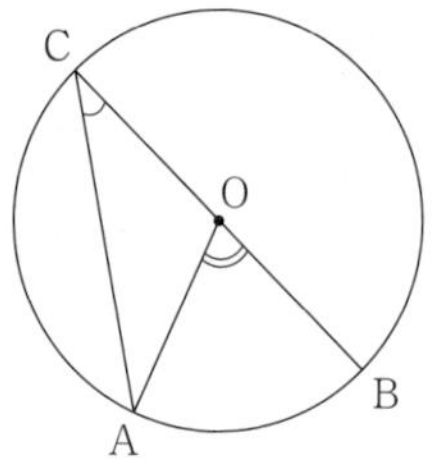

3　会話文中に出てきたゴンドラ①，②，③について，ひろしさんとよしこさんは次の問題をつくった。

> ある瞬間のゴンドラ①，②，③の位置をそれぞれ点P，Q，Rとする。観覧車が回転し，ある瞬間から t 分後のゴンドラ①，②，③の位置をそれぞれ点P′，Q′，R′とする。線分QRとP′R′が初めて平行になるとき，3点P，O，P′を結んでできる三角形の $\angle POP'$ の大きさと t の値をそれぞれ求めよ。また，そのときの△PP′Qの面積を求めよ。

この問題について，次の(1)，(2)の問いに答えよ。

(1)　3点P，O，P′を結んでできる三角形の $\angle POP'$ の大きさと t の値をそれぞれ求めよ。
　　　（　　　　度）　$t =$（　　　　）

(2)　△PP′Qの面積は何 m^2 か。（　　　　m^2）

5　右の図は，2つの関数 $y = \dfrac{1}{2}x^2$ ……①と $y = -x^2$ ……②のグラフである。点Pは x 軸上を動き，点Pの x 座標を t とする。ただし，$t > 0$ とする。図のように，点Pを通り x 軸に垂直な直線が関数①のグラフと交わる点をQ，関数②のグラフと交わる点をRとする。また，点Oは原点である。次の1～3の問いに答えなさい。

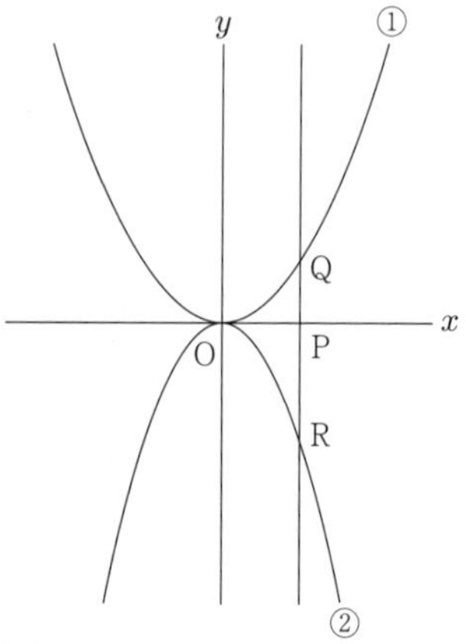

1　$t = 2$ のとき，点Qの座標を求めよ。Q（　　，　　）

2　$QR = \dfrac{27}{8}$ になるとき，t の値を求めよ。$t =$（　　　　）

3　点Rを通り，x 軸に平行な直線が関数②のグラフと交わる点のうち，Rでない点をSとする。△OSRが直角二等辺三角形となるとき，次の(1)，(2)の問いに答えよ。

(1)　点Rの座標を求めよ。R（　　，　　）

(2)　直線ORと関数①のグラフの交点のうち，Oでない点をTとする。△QTRを直線TRを軸として1回転させてできる立体の体積を求めよ。ただし，円周率は π とし，求め方や計算過程も書くこと。

　　　求め方や計算（　　　　　　　　　　　　　　　　　　　　　　　　　　　　）
　　　答（　　　　）

英語

時間 50分　　満点 90点

（編集部注） 放送問題の放送原稿は英語の末尾に掲載しています。
音声の再生についてはもくじをご覧ください。

1 聞き取りテスト 英語は1と2は1回だけ放送します。3以降は2回ずつ放送します。メモをとってもかまいません。

1 これから，Taro と Mary との対話を放送します。二人の明日の予定を表す絵として最も適当なものを下のア～エの中から一つ選び，その記号を書きなさい。（　　）

ア

イ

ウ
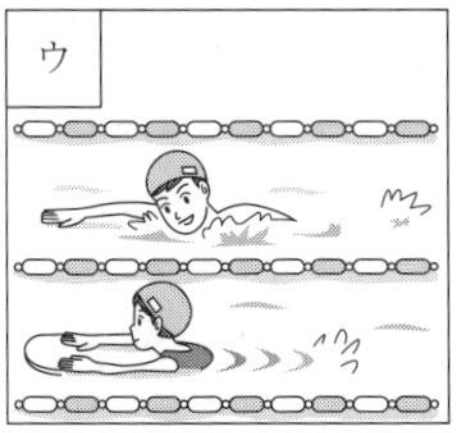
エ

2 これから，George と Tomoko との対話を放送します。二人が対話をしている場面として最も適当なものを下のア～エの中から一つ選び，その記号を書きなさい。（　　）

ア George が Tomoko と山に登っている場面。
イ George が Tomoko と写真を撮っている場面。
ウ George が Tomoko に絵を見せている場面。
エ George が Tomoko に土産を渡している場面。

3 これから，Emi が英語の授業で行った発表を放送します。Emi は家の手伝いについてクラスメートを対象に調べたことを3枚の絵や資料を見せながら発表しました。Emi は下のア～ウをどのような順番で見せたでしょうか。正しい順番になるように絵や資料を並べかえ，その記号を書きなさい。（　　→　　→　　）

ア
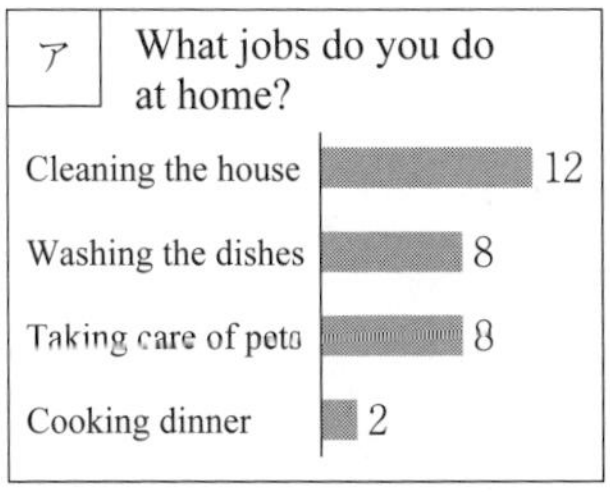

イ

ウ
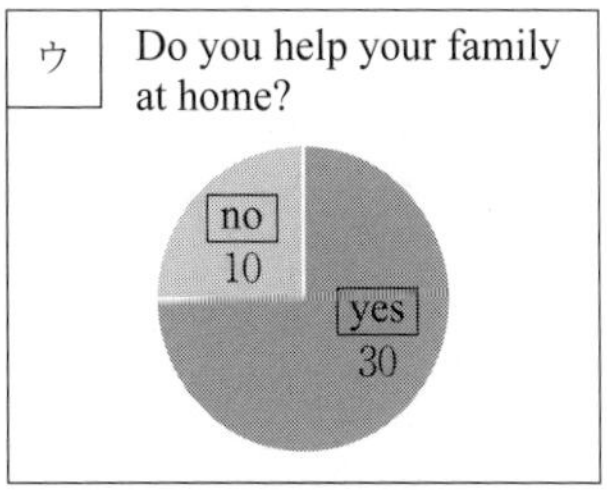

4 これから，Peter と Aki との対話を放送します。下の英文は，その対話をした日の夜，Aki が Peter に送ったメール文です。対話を聞いて，①，②にそれぞれ英語1語を書きなさい。
①(　　　) ②(　　　)

> Hi, Peter. I enjoyed the concert today. I am happy because I can (①) how to play the violin from you. I will see you at your house on (②).

5 これから，Shotaが英語の授業で行ったスピーチを放送します。スピーチの後に，その内容について英語で三つの質問をします。(1)，(2)はその質問に対する答えとして最も適当なものを下のア～エの中からそれぞれ一つ選び，その記号を書きなさい。(3)は英文が質問に対する答えとなるように，□に入る適切な英語を書きなさい。

(1)(　　　)　(2)(　　　)　(3) He began to (　　　　　　　　　　　　　　　　　　).

(1) ア To a famous library.　イ To a history museum.　ウ To good restaurants.
エ To some temples.

(2) ア They made *sushi*.　イ They talked about Kyoto.
ウ They found interesting books.　エ They bought some presents.

(3) He began to □.

6 これから，NaomiとSamとの対話を放送します。その中で，NaomiがSamに質問をしています。Samに代わってあなたの答えを英文で書きなさい。2文以上になってもかまいません。書く時間は1分間です。

(　　　　　　　　　　　　　　　　　　　　　　　　　　　　　　)

2 次の1～4の問いに答えなさい。

1 次は，Ayaと姉Kaoriのクラスメートであるランダとの電話での対話である。下の①，②の英文が入る最も適当な場所を対話文中の〈 ア 〉～〈 エ 〉の中からそれぞれ一つ選び，その記号を書け。

Linda: Hello. This is Linda. May I speak to Kaori?

Aya: I am sorry.〈 ア 〉

Linda: What time will she come back?〈 イ 〉

Aya: Well, I don't know. Do you want her to call you later?

Linda: No, that's OK.〈 ウ 〉

Aya: Sure.

Linda: We were going to meet at six this evening, but I want to change the time. 〈 エ 〉 Could you tell her to come at seven?

Aya: I see. I will tell her.

① But can I leave her a message?（　　） ② She isn't home now.（　　）

2 次は，Hikariと留学生のBobとの対話である。駅のお知らせ（announcement）を参考にして，（ ① ），（ ② ），（ ④ ）にはそれぞれ英語1語を，［ ③ ］には4語以上の英語を書け。

①（　　） ②（　　） ③ Then,（　　　　　　　　）. ④（　　）

Hikari: Hi, Bob. You look worried. What's the matter?

Bob: Hi, Hikari. There are many people here today. What is happening? This may be an announcement about the train for Hanayama, but I can't read Japanese. Can you tell me what it says?

Hikari: OK. The train has（ ① ）because of the heavy rain.

Bob: Really? When will the train run again?

Hikari: The announcement doesn't say, so I don't know how（ ② ）you should wait for the next train.

Bob: Oh, no! I have to go to Hanayama today.

Hikari: Then, ［ ③ ］. It leaves from bus stop No.5. Now it is 12:10, so you have（ ④ ）minutes before the next bus leaves.

Bob: Thank you for helping me, Hikari.

Hikari: You're welcome.

（お知らせ）
花山行きの電車について

大雨のため，運転を見合わせております。運転再開の見通しは立っておりません。
ご迷惑をおかけいたしますが，お急ぎの方はバスをご利用下さい。
なお，花山行きのバスは**12**時から**30**分ごとに**5**番乗り場から出ています。

3 次の絵において，①，②の順で対話が成り立つように，①の吹き出しの［　　］に3語以上の英語を書け。

（　　　　　　　　　　　　　　　　　）?

4　下の絵は，英語の授業中のある場面を表している。場面に合うように，Haruto になったつもりで，次の□に 20 語以上のまとまりのある英文を書け。2 文以上になってもかまわない。ただし，同じ表現を繰り返さないこと。また，符号（，や？など）は語数に含めない。

（　　　　　　　　　　　　　　　　　　　　　　　　　　　　　　　）

3 次のⅠ～Ⅲの問いに答えなさい。

Ⅰ 次は，ALT の Andrew 先生と Tomoki との対話である。対話文中の [①] ～ [③] に入る最も適当なものを下のア～エの中からそれぞれ一つ選び，その記号を書け。

①(　　　) ②(　　　) ③(　　　)

Andrew: What did you do during your winter vacation?

Tomoki: I studied a lot for the tests in March. [①]

Andrew: Me? I went to Koshikishima. It is famous for its traditional event, "**Toshidon* in Koshikishima". Have you ever heard about it?

Tomoki: Yes, but I don't know a lot about it. [②]

Andrew: My friend in Koshikishima told me about it. It *was registered on *UNESCO's Intangible Cultural Heritage List. Every December 31, "*Toshidon*" goes to people's houses to *wish for children's healthy growth. [③]

Tomoki: Yes. I want to be a social studies teacher in the future, so I would like to know about events like that.

Andrew: Please read books about such events after your tests.

Tomoki: Yes, I will.

注 *Toshidon* in Koshikishima 甑島のトシドン（行事名または来訪神の名）
be registered on ～ ～に登録される
UNESCO's Intangible Cultural Heritage List ユネスコ無形文化遺産リスト
wish for children's healthy growth 子どもの健全な成長を願う

ア Do you remember the event? イ Are you interested in this event?

ウ How did you know about it? エ How about you?

Ⅱ 高校生の Riko が書いた次の英文を読み，あとの問いに答えよ。

This summer, I joined *the Inter-High School Competition as one of the volunteers. This was my first experience as a volunteer. We danced and sang some songs in Kagoshima *dialect at the *opening ceremony.

The volunteers came from different high schools, so we practiced together only on Saturdays and Sundays. At first, we were too nervous to speak to each other. A month before the opening ceremony, our teacher said, "Each of you is working hard, but as a team, you should *communicate with each other." After we practiced that day, all the volunteers stayed and talked about our problems for the first time. Then we decided to have a meeting after every practice. By sharing our ideas, our *performance got better.

At the opening ceremony, we did our best and many people who saw our performance *gave us a big hand. That made me very happy. Our teacher said, "You did a great job! Your performance was wonderful!"

From that experience, I learned an important thing. [　　　] is important when we work together. If we do so, we can make something better. This experience will be useful in my life.

注　the Inter-High School Competition　全国高等学校総合体育大会　　dialect　方言
opening ceremony　開会式　　communicate with ～　～とコミュニケーションをとる
performance　演技　　gave us a big hand　盛大な拍手をした

1　次の(1)，(2)の質問に対する答えを本文の内容に合うように英文で書け。

(1)　The volunteers practiced together only on weekends. Why?

(　　　　　　　　　　　　　　　　　　　　　　　　　　　　　　)

(2)　How did Riko feel after the performance at the opening ceremony?

(　　　　　　　　　　　　　　　　　　　　　　　　　　　　　　)

2　[　　　] の中に入る最も適当な英語を本文中から3語で抜き出して英文を完成させよ。ただし，文頭にくる語は，最初の文字を大文字にすること。(　　　　　　)

Ⅲ　Ken と Ann はハンバーガー店に来て，メニューを見ながら何を注文するのか話している。1，2について，メニューをもとに，二人がそれぞれ注文するものとして最も適当なものを下のア～エの中からそれぞれ一つ選び，その記号を書け。なお，表示は税込価格とする。

1 (　　　)　2 (　　　)

MENU

Hamburgers	
hamburger (100% beef)	$3.00
cheeseburger (100% beef / cheese)	$3.50
fish burger (fish / onion)	$4.00
chicken burger (chicken / onion)	$4.50
big burger (100% beef×2)	$5.50
rice burger (teriyaki chicken / onion)	$5.70
special burger (100% beef×2 / egg / cheese)	$6.50

Side Menu	
French fries (M) / (L)	$2.60 / $3.20
green salad	$3.60
hot chicken salad	$4.80
ice cream	$2.30
apple pie	$2.60

Drinks	
orange juice	$2.25
apple juice	$2.25
coffee	$1.50
tea	$1.50

(例)　$2.50＝2ドル50セント（1ドル＝100セント）

1　Ken said, “I want to eat chicken and something cold.”

ア　A hamburger and an apple juice　　イ　A special burger and a green salad

ウ　A rice burger and an ice cream　　エ　A chicken burger and a French fries (M)

2　Ann said, “I want something to eat and drink, but I don’t want to eat beef. I only have $6.50.”

ア　A big burger and an orange juice　　イ　A chicken burger and an apple juice

ウ　A cheeseburger and a coffee　　エ　A fish burger and a tea

4 次の英文を読み，1～7の問いに答えなさい。

Mike started playing soccer when he was six years old. He enjoyed playing soccer with his friends. When he entered junior high school, he became one of the best players on his team. He felt very happy when he and his team members *performed well and won their games. In the third year, he practiced hard for the last tournament. However, one day in April, while he was riding his bike to soccer practice, he *fell and *broke his right leg. He couldn't move. So he was carried to a hospital. The doctor said to Mike, "You can't use your right leg for a few months." He was very *disappointed to hear that.

Three months later, his leg got better and he started practicing soccer again with his team. However, Mike couldn't play soccer as well as his team members. ① He felt very sad about this, and began to lose his *motivation to play soccer. He sometimes didn't go to practice. Then one day, the *coach said to him, "Mike, you can't join the last tournament as a player." He was very *shocked and didn't go to practice from that day.

A week later, his father said to Mike, "Today I'm going to watch a soccer game played by little children in the park. I want to *cheer for my friend's son. [②]?" At first Mike said, "I don't want to go," but he finally agreed because his father asked him again and again.

They went to the park to watch the game. Some children were very good players and the game was very exciting. About five minutes before the end of the game, one boy joined the game. Mike soon found something different about the boy. He couldn't run quickly and sometimes fell. Mike's father said to Mike, "That boy is my friend's son, John. He was born with a problem with his right leg. He can't even walk well." Mike was very surprised and said, "Why did he choose to play soccer? I think there are many other things he can do more easily." His father answered, "Look at him. He is running after the ball the hardest of all his team members. I think that [③]."

After the game, Mike spoke to John. Mike said, "Hello, John. I am Mike. Do you like playing soccer?" John answered, "Yes, I do. I can't run quickly, but I can play with a ball. I love soccer. I'm very happy when I play soccer with my friends." Mike was shocked to hear his words and ④ asked himself, "What am I doing?"

That day became a big day for Mike. He remembered that he was happy nine years ago. He started playing soccer at that time. He really enjoyed soccer when he was little. He thought this was very important and began to practice soccer with his team members again. He knew that he would not play in the last tournament, but he enjoyed running and playing with his friends.

At the tournament, he did his best to help and cheer for his team members. It was fun to be with his team members. After the last game in junior high school, he felt *fulfilled. He decided to play soccer in high school.

注 performed well 活躍した fell 転んだ broke 折った disappointed 失望した
motivation やる気 coach コーチ shocked ショックを受けた
cheer for ～ ～を応援する fulfilled 充実した

1 次のア～ウの絵は，本文のある場面を表している。話の展開に従って並べかえ，その記号を書け。（ → → ）

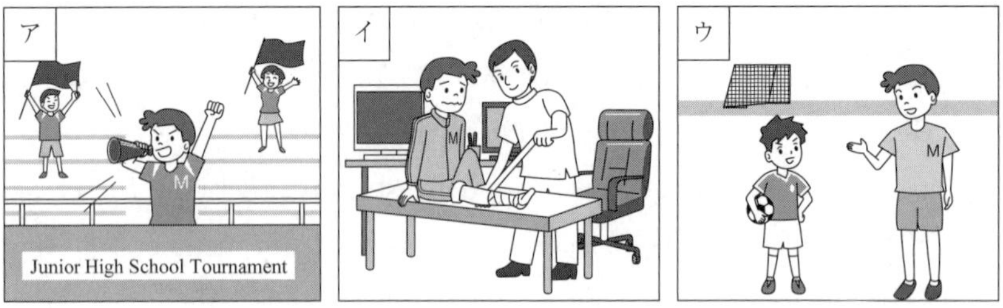

2 下線部①において，Mike は具体的にどのようなことに対して悲しいと感じたのか，30 字程度の日本語で書け。

3 ② に，本文の内容に合うように 5 語以上の英語を書け。
（ ）?

4 ③ に入る最も適当なものを下のア～エの中から一つ選び，その記号を書け。（ ）

ア he runs faster than the other members　イ he is going to stop playing soccer
ウ soccer is something special to him　エ playing soccer is boring for him

5 下線部④における Mike の気持ちとして最も適当なものを一つ選び，その記号を書け。
（ ）

ア 誇らしい気持ち　イ ほっとした気持ち　ウ うらやましい気持ち
エ 情けない気持ち

6 本文の内容に合っているものを，下のア～オの中から二つ選び，その記号を書け。
（ ）（ ）

ア Mike fell when he was going to soccer practice by bike, and he was carried to a hospital.
イ Mike was very shocked to hear that he couldn't play soccer in the last tournament.
ウ Mike was excited when his father told him about a soccer game played by little children.
エ Mike was surprised because John spoke to his team members before the end of the game.
オ Mike remembered his younger days and wanted to practice soccer again, but he couldn't.

7 次は，中学校での最後の試合が終わった後の Mike と Mike の父親との対話である。Mike に代わって ＿＿ に 10 語以上の英文を書け。2 文以上になってもかまわない。また，符号（，や？など）は語数には含めない。
（ ）

Father: How was the tournament?

Mike: I couldn't play, but I felt fulfilled. Dad, we watched a soccer game played by little children. Do you remember it? That day was a big day for me.

Father: What do you mean?

Mike: Before I broke my leg, I played soccer just to perform well and win games. [ ]

Father: You learned an important thing from him, right?

Mike: Yes. John is my little teacher.

〈放送原稿〉

〈チャイム〉

これから，2020年度鹿児島県公立高等学校入学試験英語の聞き取りテストを行います。問題用紙を開けなさい。

英語は1番と2番は1回だけ放送します。3番以降は2回ずつ放送します。メモをとってもかまいません。（約3秒間休止）

では，1番を始めます。まず，問題の指示を読みなさい。（約13秒間休止）

それでは放送します。

Taro:　Mary, I want you to help me with my homework tomorrow.

Mary:　Sure. Let's study together in the library.

Taro:　Great! Shall we meet in front of the library at ten o'clock?

Mary:　OK. See you tomorrow.（約10秒間休止）

次に，2番の問題です。まず，問題の指示を読みなさい。（約13秒間休止）

それでは放送します。

George:　Hi, Tomoko. Look at this picture!

Tomoko:　Wow, it's Sakurajima! It's very beautiful.

George:　I drew it.

Tomoko:　Oh, did you?

George:　Yes. I like Sakurajima, so I often draw it. This is my best picture, I think.

Tomoko:　You did a good job!（約10秒間休止）

次に，3番の問題です。まず，問題の指示を読みなさい。（約25秒間休止）

それでは放送します。

Today I'm talking about jobs we do at home. I asked two questions. The first question was "Do you help your family at home?" Thirty of us answered "yes" and ten of us said "no." Then I asked, "What jobs do you do at home?" Cleaning the house is the most popular. Washing the dishes is as popular as taking care of pets. Two classmates cook dinner. I sometimes walk my dog. Look at this picture! This is my dog, Jack. Now I know many of us help our families and I'll try to take care of Jack more.

（約3秒おいて，繰り返す。）（約7秒間休止）

次に，4番の問題です。まず，問題の指示を読みなさい。（約15秒間休止）

それでは放送します。

Peter:　Thank you for coming to our concert today, Aki. How was it?

Aki:　Wonderful! Everyone was great. You especially played the violin very well. I really enjoyed the concert.

Peter:　I'm glad to hear that.

Aki:　I want to play the violin, too. Can you teach me how to play it?

Peter:　Sure. I'm free every Thursday. Please come to my house and we can practice together.

Aki: That's nice! Can I visit you next Thursday?

Peter: Of course.

（約 10 秒おいて，繰り返す。）（約 15 秒間休止）

次に，5 番の問題です。まず，問題の指示を読みなさい。（約 20 秒間休止）

それでは放送します。

I went to Kyoto with my family last summer. We visited some famous temples like Kinkakuji. When we were walking around Kyoto, I saw many foreign people. They were talking with some Japanese volunteers. The volunteers were telling the foreign people about Kyoto in English. The foreign people looked very happy. I'm sure that they learned a lot about Kyoto.

After I came back to Kagoshima, I began to study English harder. I think Kagoshima also has a lot of places to visit. I want to tell people from foreign countries about these places in English.

Question (1) : Where did Shota go in Kyoto?（約 7 秒間休止）

Question (2) : What did the Japanese volunteers do for foreign people?（約 7 秒間休止）

Question (3) : What did Shota begin after he came back from Kyoto?（約 7 秒間休止）

では，2 回目の放送をします。 （最初から質問(3)までを繰り返す。）（約 15 秒間休止）

次に，6 番の問題です。まず，問題の指示を読みなさい。（約 15 秒間休止）

それでは放送します。

Naomi: Our classmate Miyuki will leave Kagoshima and live in Fukuoka from next month. We have to say goodbye to her soon.

Sam: Really? I didn't know that. I'm very sad.

Naomi: Me, too. Well, let's do something for Miyuki. What can we do?

Sam: (　　　　　)

（約 3 秒おいて，繰り返す。）（約 1 分間休止）

〈チャイム〉

これで，聞き取りテストを終わります。次の問題に進みなさい。

社会

時間　50分　　　　満点　90点

1　次のⅠ～Ⅲの問いに答えなさい。答えを選ぶ問いについては一つ選び，その記号を書きなさい。

Ⅰ　次の略地図を見て，1～6の問いに答えよ。

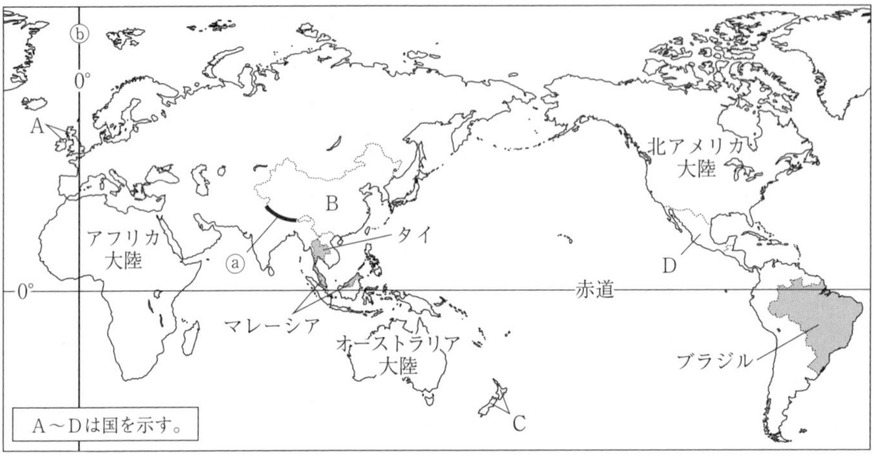

1　略地図中のⓐは，標高8000mをこえる山々が連なる山脈である。この山脈の名称を答えよ。
（　　　山脈）

2　略地図中のⓑは，経度の基準となる経線である。これを何というか。**漢字5字**で書け。
（　　）

3　略地図中のA～D国について述べた文として最も適当なものはどれか。（　　）

ア　A国では，季節風の影響で降水量が多く，茶の栽培が盛んである。

イ　B国では，西部の乾燥地域を中心に米の二期作が盛んである。

ウ　C国では，先住民のマオリの文化を尊重する取り組みが行われている。

エ　D国では，主な言語としてフランス語を使用する人々の数が最も多い。

4　略地図中のブラジルのアマゾン川流域で行われてきた次の文のような農業を何というか。
（　　）

森林や草原を焼きはらい，その灰を肥料にして作物を栽培する農業。数年すると土地がやせて，作物が育たなくなるため，別の場所に移動して，これをくり返す。

5　資料1は，略地図中のアフリカ大陸，オーストラリア大陸，北アメリカ大陸について，それぞれの大陸における気候帯の分布割合を示したものである。アフリカ大陸にあてはまるものはア～ウのどれか。（　　）

資料1

気候帯＼大陸	ア	イ	ウ
熱帯	16.9%	38.6%	5.2%
乾燥帯	57.2%	46.7%	14.4%
温帯	25.9%	14.7%	13.5%
冷帯（亜寒帯）	—	—	43.4%
寒帯	—	—	23.5%

（地理統計要覧2019年版から作成）

6　略地図中のタイやマレーシアについて，(1)，(2)の問いに答えよ。

(1)　日本やアメリカの企業は，タイやマレーシアなど，東南アジアの国々へ進出している。その理由を資料2を参考に書け。ただし，**生産**ということばを使うこと。

(　　　　　　　　　　　　　　　　　　　　　　　　　　　　　　　　　　　　　)

(2) 外国企業の進出もあり，タイやマレーシアでは資料3に見られるような変化があった。タイやマレーシアの輸出品目と輸出総額の変化の特徴について，資料3をもとに答えよ。

(　　　　　　　　　　　　　　　　　　　　　　　　　　　　　　　　　　　　　)

資料2　各国の主要都市における製造業従事者の月額平均賃金

	月額平均賃金
日本	2339 ドル
アメリカ	3144 ドル
タイ	338 ドル
マレーシア	321 ドル

統計年次は2017年
（日本貿易振興機構資料から作成）

資料3　タイとマレーシアの輸出品目と輸出総額

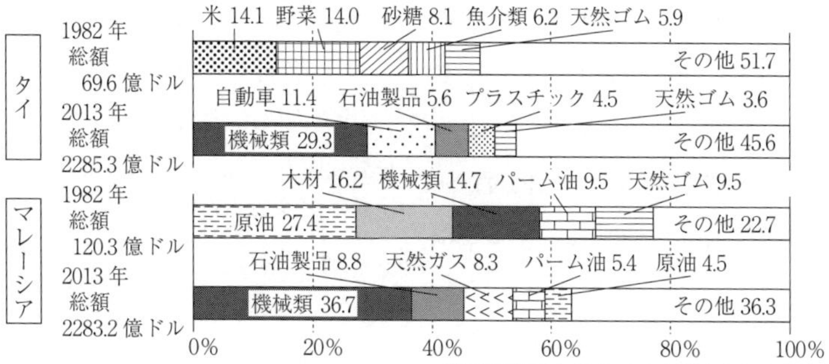

（世界国勢図会2015／16年版などから作成）

Ⅱ　右の略地図を見て，1～6の問いに答えよ。

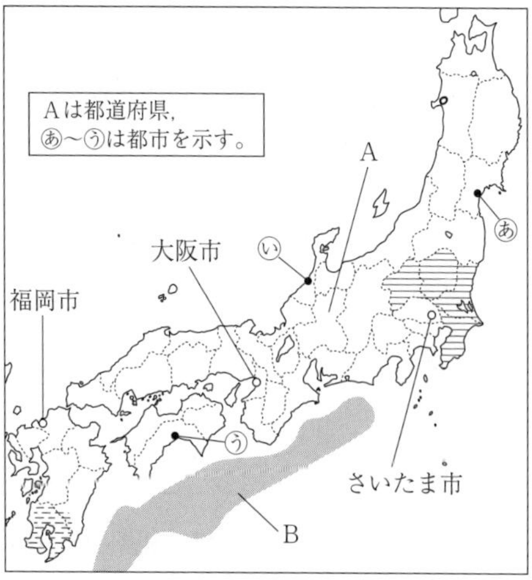

1　略地図中の▭で示した九州南部には火山からの噴出物が積もってできた台地が広がっている。このような台地を何というか。(　　　)

2　略地図中のAには，北部に世界遺産に登録されている合掌造りで有名な白川郷がある。この都道府県名を書け。(　　　)

3　次のX～Zは，略地図中のあ～うのいずれかの都市の月別平均気温と月別降水量を示したものである。Xが示す都市はあ～うのうちどれか。

(　　　)

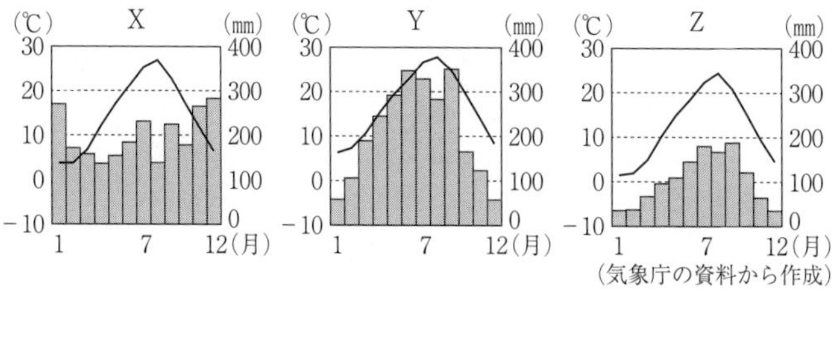

（気象庁の資料から作成）

4　略地図中の▤は，2017年の乳用牛の飼育頭数上位8位までの都道府県のうち，関東地方にある4県を示している。この4県に関して述べた次の文の［　　］に適することばを補い，これを完成させよ。ただし，**時間**ということばを使うこと。

(　　　　　　　　　　　　　　　　　　　　　　　　　　　　　　　　　　　)

この4県には，生産した生乳を，［　　　　］ことができるという，共通する特色がある。

5　略地図中のBは，メタンハイドレートが海底に存在する可能性があるとされている海域の一部を示している。メタンハイドレートは，天然ガスの主成分であるメタンガスを含んだ氷状の物質で，日本の排他的経済水域内に多く埋蔵されると推定され，実用化が期待されている。その理由を資料1を参考にして書け。

資料1　主な国のエネルギー自給率(%)

日本	アメリカ	中国	オーストラリア
8.3	88.4	79.8	301.0

統計年次は2016年

(世界国勢図会2019／20から作成)

(　　　　　　　　　　　　　　　　　　　　　　　　　　　　　　　　　　　)

6　資料2は略地図中のさいたま市，大阪市，福岡市の昼夜間人口比率を示したものである。さいたま市に該当するものをア，イから選び，そのように判断した理由を書け。ただし，理由には**通勤**や**通学**ということばを使うこと。

資料2

都市名	大阪市	ア	イ
昼夜間人口比率(%)	131.7	110.8	93.0

※昼夜間人口比率＝昼間人口／夜間(常住)人口×100
統計年次は2015年

(総務省統計局資料から作成)

(　　　　　　　　　　　　　　　　　　　　　　　　　　　　　　　　　　　)

Ⅲ　次は，中学生のAさんが資料を参考に自宅周辺の防災についてまとめたレポートである。Aさんのレポートを完成させよ。ただし，［X］には，←で示した経路(あ)か経路(い)のいずれかを選択し，解答らんのあてはまる方を◯で囲み，［Y］にはAさんがそのように判断した理由として考えられることを資料から読み取って書け。

X(経路(あ)　　経路(い))

Y(　　　　　　　　　　　　　　　　　　　　　　　　)

資料

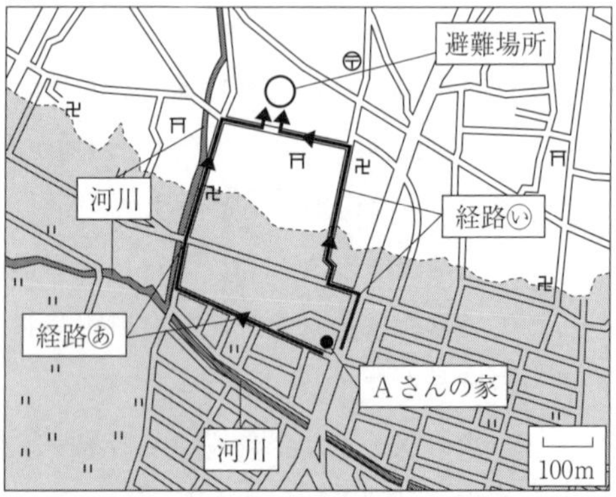

(国土地理院の資料などから作成)

Aさんのレポート

> この資料の中には，洪水のときに浸水する可能性がある地域が示されており，これによると，私の家も浸水予想地域に含まれています。大雨などにより洪水のおそれがあり避難場所に避難しなければならなくなったときの経路としては，この資料で考えると［X］を選ぶべきです。それは，［　Y　］からです。

※Aさんの家から経路(あ)，経路(い)を通って避難する際には，障害物や交通遮断などはないものとして考えること。

※資料中の┈┈┈線は，浸水予想地域の境界線を示す。

2　次のⅠ～Ⅲの問いに答えなさい。答えを選ぶ問いについては一つ選び，その記号を書きなさい。

Ⅰ　次は，ある中学生が大宰府にゆかりのある人物についてまとめたA～Dのカードと，生徒と先生の会話である。1～6の問いに答えよ。

A　最澄	B　ⓐ鑑真	C　菅原道真	D　足利尊氏
比叡山で修行し大宰府を経由して中国に渡り，仏教を学ぶ。帰国後，天台宗を広める。	日本で仏教を広めるために，中国から来日。鹿児島に到着し，奈良にいたる途中で大宰府を訪れる。	朝廷内の要職につき，ⓑ遣唐使の停止を提言。権力争いに敗れ，大宰府に追いやられる。	建武の新政で後醍醐天皇と対立し，九州へ。大宰府で軍を立て直し，京都で新政権を樹立する。

生徒：古代日本の軍事・外交の要《かなめ》となった大宰府に興味をもったので，大宰府にゆかりのある人物について調べてみました。

先生：大宰府といえば，元号「令和」に関係があります。「令和」の出典は，奈良時代末に大伴家持らが天皇・貴族や農民などの和歌を広く集めてまとめたとされる『　　』の中の，梅花の歌の序文です。この梅花の歌がよまれたところは，大宰府だったといわれています。ところで，足利尊氏も大宰府にゆかりがあることをよく調べましたね。

生徒：博物館で開催されたⓒ室町時代の将軍に関する特別展を見に行き，そこで知りました。

先生：そうでしたか。大宰府は，古代の終わりとともに軍事・外交の要としての歴史的役割を終えることになりましたが，その後，ⓓ江戸時代に福岡藩が行った調査などをきっかけとして，注目されるようになったのですよ。

※表記については，大宰府で統一。

1　会話文中の　　　にあてはまる最も適当なことばを書け。(　　　)

2　ⓐが来日した8世紀の日本と中国の関わりについて述べた文として最も適当なものはどれか。(　　)

ア　執権北条時宗のとき，文永の役・弘安の役と二度にわたり元軍の襲来をうけた。

イ　唐の都長安にならった平城京が，律令国家の新しい都としてつくられた。

ウ　明の求めに応じて倭寇の取り締まりが強化され，勘合貿易が始まった。

エ　邪馬台国の女王卑弥呼は魏に使者を送り，魏の皇帝から倭王の称号を与えられた。

3　ⓑに関して，遣唐使などがもたらした唐風の文化を基礎としながら，日本の風土や生活にあった国風文化が摂関政治のころに発達した。この文化に最も関係の深いものはどれか。(　　)

ア

イ

ウ

エ

4　ⓒの後半の戦国時代のころ，ポルトガル人やスペイン人は，アジアへの新航路を開拓し，日本にも来航するようになった。ポルトガル人やスペイン人が新航路を開拓した理由を，**イスラム商人**，**価格**，**直接**ということばを使って書け。

(　　　　　　　　　　　　　　　　　　　　　　　　　　　　　　　　　　)

5　ⓓに関して，幕府の政治について述べた次の文の X ， Y にあてはまることばの組み合わせとして最も適当なものはどれか。(　　　)

幕府の政治は，はじめは X によって大名の築城や結婚などに規制を設けて大名を統制する，力でおさえつける政治が行われていた。その後，5代将軍徳川 Y は，儒学のなかでも身分秩序を大切にする朱子学などの学問を重視する政治への転換を行った。

ア　X　御成敗式目　　Y　綱吉　　イ　X　御成敗式目　　Y　吉宗

ウ　X　武家諸法度　　Y　綱吉　　エ　X　武家諸法度　　Y　吉宗

6　A〜Dのカードを，年代の古い順に並べよ。(　　)→(　　)→(　　)→(　　)

Ⅱ　次の略年表を見て，1〜6の問いに答えよ。

年	主なできごと	
1867	ⓐ大政奉還が行われる	↑
1877	鹿児島の士族らが ① 戦争をおこす	A
1894	ⓑ日清戦争がおこる	↓
1914	ⓒ第一次世界大戦がおこる	
1972	② が日本に復帰する	↑
1990	東西ドイツが統一される	↓B

資料1

1　表の ① ， ② にあてはまる最も適当なことばを書け。ただし， ① は**漢字**で書くこと。①(　　　)　②(　　　)

2　資料1は，ⓐに関するものである。ⓐに対して，武力による倒幕をめざす勢力が天皇中心の政治にもどすために宣言したものは何か。(　　　)

3　Aの時期の日本のできごとを，次のア〜エから三つ選び，年代の古い順に並べよ。

(　　)→(　　)→(　　)

ア　政府を退いていた板垣退助らが民撰議院設立建白書を政府に提出した。

イ　満25歳以上のすべての男子に選挙権を与える普通選挙法が成立した。

ウ　新しい政治の方針を内外に示す形で五箇条の御誓文が発布された。

エ　天皇から国民に与えるという形で大日本帝国憲法が発布された。

4　ⓑの直前に行われた条約改正について述べた次の文の X ， Y にあてはまることばの組み合わせとして最も適当なものはどれか。(　　　)

条約改正に消極的だった X は，日本が近代国家のしくみを整えたことを背景にして，日本との改正交渉に応じるようになった。政府は， Y 外相のときに， X と条約を結び，領事裁判権（治外法権）の撤廃に成功した。

ア　X　イギリス　　Y　小村寿太郎　　イ　X　イギリス　　Y　陸奥宗光

ウ　X　ロシア　　Y　小村寿太郎　　エ　X　ロシア　　Y　陸奥宗光

5　ⓒに関して，大戦中の日本は好景気であったが，人々の生活は苦しくなった。その理由を資料２から読み取れることをもとにして書け。ただし，**労働者**ということばを使うこと。

(　　　　　　　　　　　　　　　　　　　　　　　　　　　)

資料２　物価と賃金の推移

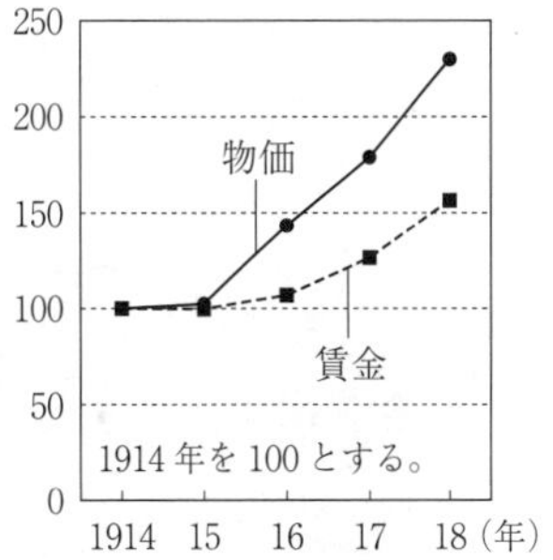

(大正政治史から作成)

6　Ｂの時期の世界のできごとについて述べた文として，最も適当なものはどれか。(　　　)

ア　アジア・アフリカ会議がインドネシアのバンドンで開かれた。

イ　ヨーロッパ共同体加盟の12か国により，ヨーロッパ連合が発足した。

ウ　中国で共産党の毛沢東を主席とする中華人民共和国が成立した。

エ　アメリカとソ連の首脳がマルタで会談を行い，冷戦の終結を宣言した。

Ⅲ　次の文は，ある中学生がアメリカでおこった恐慌のようすと，その後に実施された政策についてまとめたものである。資料１，資料２をもとにして，次の文の□に適することばを**25字以上35字以内**で補い，これを完成させよ。ただし，**公共事業**ということばを使うこと。

1929年10月，ニューヨークの株式市場で株価が大暴落し，アメリカの景気は急速に悪化した。多くの企業や銀行が倒産し，失業者があふれ，恐慌は世界中に広がった。恐慌への対策として，ルーズベルト大統領は景気の回復を図るために，ニューディールという政策をかかげ□。

資料１　アメリカの失業率の推移

年	失業率
1929年	3.2%
1933年	24.9%
1937年	14.3%

(マクミラン新編世界歴史統計から作成)

資料２　ニューディールによって建設中のダム

3　次のⅠ～Ⅲの問いに答えなさい。答えを選ぶ問いについては一つ選び，その記号を書きなさい。

Ⅰ　次は，ある中学生が「さまざまな議場」について調べたことをまとめたレポートの一部である。1～6の問いに答えよ。

これは，衆議院の本会議が開かれるところです。正面中央に議長席と演壇があり，その左右にⓐ内閣総理大臣や国務大臣の席があります。ⓑ衆議院及び参議院は，それぞれ，ⓒ主権者である国民を代表する選挙で選ばれた議員で組織されます。

ⓒ鹿児島県議会

これは，鹿児島県議会の本会議場です。国会が衆議院と参議院で構成されているのに対して，地方公共団体の議会は一院制が採用されています。ここで地方公共団体独自のきまりである□を定めたり，予算を議決したりします。

これは，ⓓ国際連合の主要機関である総会のようすです。総会はすべての加盟国で構成されています。年1回定期的に開かれ，ⓔ世界のさまざまな問題について討議します。総会では，主権平等の原則に従って，すべての加盟国が平等に1票の議決権をもっています。

1　レポート中の□にあてはまる最も適当なことばを書け。(　　　)

2　ⓐに関して，内閣の仕事や権限として最も適当なものはどれか。(　　　)

ア　憲法改正の発議　　イ　予算の議決　　ウ　条約の締結　　エ　弾劾裁判所の設置

3　ⓑに関して，法律案などについて両議院の議決が一致しない場合には，憲法上一定の要件のもとに衆議院の議決を優先させることが認められているが，その理由として考えられることを資料1を参考にして書け。ただし，**国民**ということばを使うこと。

(　　　　　　　　　　　　　　　　　　　　　　　　　　　　　　　)

資料1　衆議院と参議院の比較（2019年参議院議員通常選挙時点）

	衆議院	参議院
議員定数	465人	248人
任期	4年 ただし解散のときは任期中でも資格を失う	6年 3年ごとに半数が改選される
解散	あり	なし

4　ⓒに関して，国民が主権者として正しい判断を行うために必要であるとして主張されるようになった新しい人権として最も適当なものはどれか。(　　　)

ア　社会権　　イ　参政権　　ウ　プライバシーの権利　　エ　知る権利

5　ⓓについて，資料2の X にあてはまる，国と国との争いを法に基づいて解決するなどの役割を担う機関の名称を書け。(　　　)

資料2　国際連合の主要機関

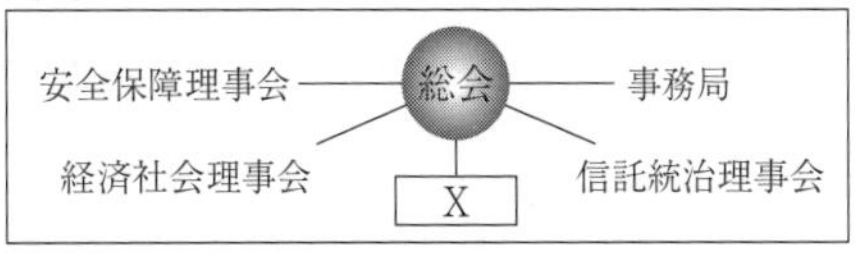

6　ⓔの一つに地球温暖化問題があげられる。2015年に採択されたパリ協定では，発展途上国を含むすべての参加国が温室効果ガスの削減目標を定め，地球温暖化を抑える対策をすすめることで合意した。しかし，合意するまでには，排出削減をめぐり先進国と発展途上国の間で意見の対立もあり長い時間がかかった。資料3のような意見に対して，発展途上国は，どのような意見を述べていたと考えられるか。資料4をもとにして書け。(　　　　　　　　　　　　　　　　　　　　　　　　　　　　　　　　)

資料3　温室効果ガスの排出削減をめぐる先進国の主な意見

地球温暖化は人類共通の課題である。発展途上国の中にも急速な工業化で温室効果ガスを多く排出している国もあり，すべての国が排出削減を行うべきである。

資料4　二酸化炭素の累積排出量(1850～2005年)の割合

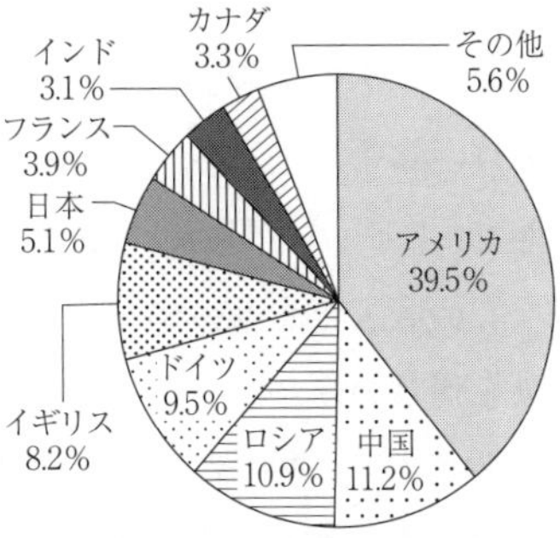

(独立行政法人国際協力機構の資料から作成)

Ⅱ　次は，ある中学校の社会の授業で，生徒たちが班ごとに調べてみたいことについて話し合ったことをまとめたものである。1～5の問いに答えよ。

1班	ⓐ国家間の経済協力には，どのようなものがあるのだろうか。
2班	ⓑ日本の社会保障制度には，どのようなものがあるのだろうか。
3班	ⓒ日本の経済成長率は，近年，どのように推移してきたのだろうか。
4班	ⓓ企業は，どのように資金を調達しているのだろうか。
5班	ⓔ税金には，どのようなしくみがあるのだろうか。

1　ⓐに関して，1989年に設立された，日本，アメリカ，オーストラリアなど，アジア太平洋の国と地域で話し合いを行う経済協力の枠組みを何というか。略称をアルファベットで書け。

(　　　)

2　ⓑについて述べた文として最も適当なものはどれか。(　　　)

ア　社会保険は，生活保護法にもとづいて，生活費や教育費を支給するしくみである。

イ　社会福祉は，高齢者や障がいのある人などに，生活の保障や支援サービスを行うしくみである。

ウ　公衆衛生は，保険料を納めた人が，病気や高齢になったときに給付を受けるしくみである。

エ　公的扶助は，環境衛生の改善や感染病の予防などにより，生活の基盤を整えるしくみである。

3　ⓒに関して，次の文の［ X ］，［ Y ］にあてはまることばの組み合わせとして最も適当なものはどれか。(　　　)

資料1は，日本の経済成長率の推移を示している。資料1を見ると，2016年度の経済成長率は，2015年度の経済成長率よりも［ X ］していることがわかる。また，資料1からは2016年度の国内総生産は，2015年度の国内総生産よりも［ Y ］していることが読み取れる。

資料1　日本の経済成長率(実質)の推移

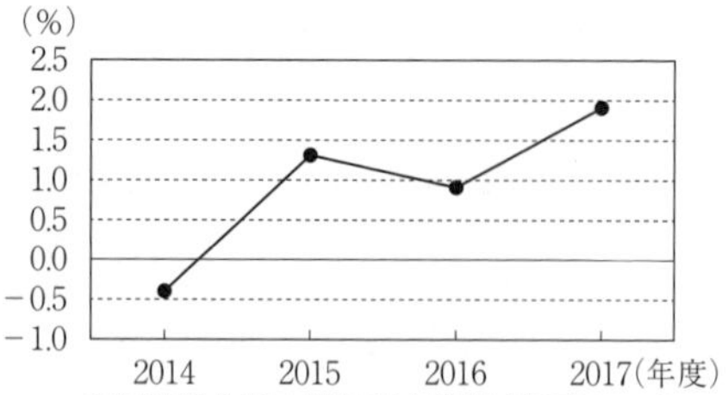

※国内総生産の増加率を経済成長率という。
(平成29年度国民経済計算年報から作成)

ア　X　低下　　Y　減少　　イ　X　上昇　　Y　減少

ウ　X　低下　　Y　増加　　エ　X　上昇　　Y　増加

4　ⓓに関して，企業が資金を調達する方法には，直接金融と間接金融がある。このうち直接金融について述べた次の文の［　　］に適することばを補い，これを完成させよ。(　　　　)

直接金融は，企業が［　　］するなどして，家計などから直接資金を調達する方法である。

5　ⓔに関して，(1)，(2)の問いに答えよ。

(1)　税金などの収入をもとに国や地方公共団体が行う経済活動を何というか。(　　　)

(2)　資料2のように，所得が多いほど高い税率を適用する課税の方法を何というか。(　　　)

資料2　所得税の税率

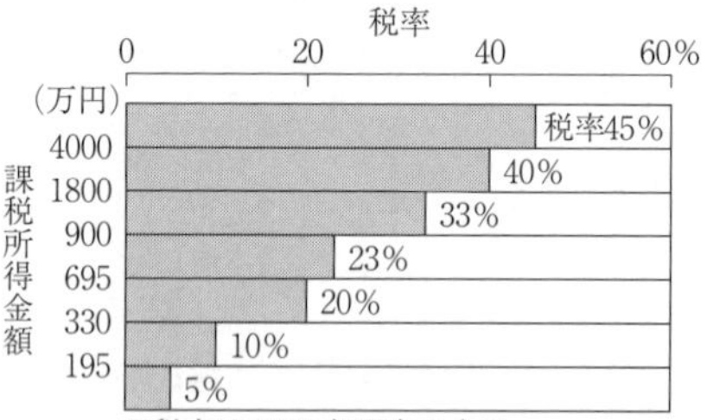

※税率は2019年現在のもの
(財務省資料から作成)

Ⅲ　次は，ある中学生が，「消費生活と経済のしくみ」の学習の際に作成したレポートの一部である。［ X ］には消費者行政を一元化するために2009年に設置された国の行政機関の名称を書け。また，［ Y ］には資料1，資料2を参考にして，適することばを**30字以上40字以内**で補い，これを完成させよ。ただし，**消費者**という言葉を使うこと。

X(　　　)

Y

私は，「消費者トラブルにあったとき，どう行動したらよいか」ということを［ X ］のWebサイトで調べました。資料1，資料2はそこにあった資料の一部です。これらの資料を見て，消費者トラブルにあったときに消費生活センターなどに相談することが大切だと思いました。そのように行動することで，［ Y ］社会の実現につながるからです。これからは社会に与える影響を自覚した責任ある行動をしていきたいと思います。

資料1

あなたの行動が社会を変える！

消費者が主役の「消費者市民社会」では，消費者の行動で社会を変えることが求められている。「消費者市民社会」の一員として，自分自身の行動を考えてみよう。

資料2

消費者トラブルの発生		消費者のとった行動		その結果
製品やサービスで事故にあった 契約トラブルにあった	➡	行動しない あきらめる	➡	不正な取引，製品等の事故が続く

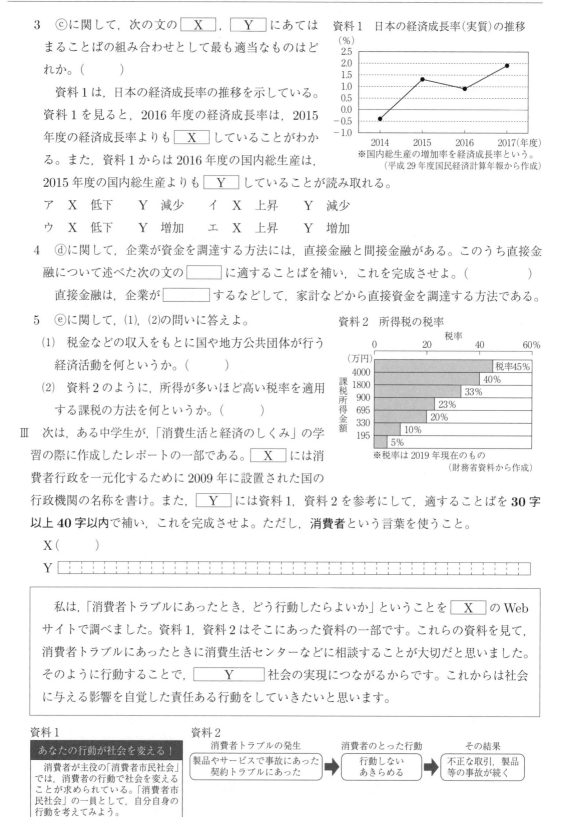

理科

時間　50分　　　満点　90点

1　次の各問いに答えなさい。答えを選ぶ問いについては記号で答えなさい。

1　生態系の中で，分解者の役割をになっているカビやキノコなどのなかまは何類か。(　　　類)

2　日本列島付近の天気は，中緯度帯の上空をふく風の影響を受けるため，西から東へ変わることが多い。この中緯度帯の上空をふく風を何というか。(　　　)

3　次のセキツイ動物のうち，変温動物をすべて選べ。(　　　)

ア　ワニ　　イ　ニワトリ　　ウ　コウモリ　　エ　サケ　　オ　イモリ

4　次の文中の①，②について，それぞれ正しいものはどれか。①(　　　)　②(　　　)

ある無色透明の水溶液Xに緑色のBTB溶液を加えると，水溶液の色は黄色になった。このことから，水溶液Xは①(ア　酸性　　イ　中性　　ウ　アルカリ性)であることがわかる。このとき，水溶液XのpHの値は②(ア　7より大きい　　イ　7である　　ウ　7より小さい)。

5　表は，物質ア～エのそれぞれの融点と沸点である。50℃のとき，液体の状態にある物質をすべて選べ。(　　　)

表

物質	融点〔℃〕	沸点〔℃〕
ア	－218	－183
イ	－115	78
ウ	－39	357
エ	63	360

6　電気について，(1)，(2)の問いに答えよ。

(1)　家庭のコンセントに供給されている電流のように，電流の向きが周期的に変化する電流を何というか。(　　　)

(2)　豆電球1個と乾電池1個の回路と，豆電球1個と乾電池2個の回路をつくり，豆電球を点灯させた。次の文中の①，②について，それぞれ正しいものはどれか。ただし，豆電球は同じものであり，乾電池1個の電圧の大きさはすべて同じものとする。

①(　　　)　②(　　　)

乾電池1個を用いて回路をつくった場合と比べて，乾電池2個を①(ア　直列　　イ　並列)につないで回路をつくった場合は，豆電球の明るさは変わらず，点灯する時間は，②(ア　長くなる　　イ　変わらない　　ウ　短くなる)。

7　図のア～エは，台風の進路を模式的に示したものである。ある台風が近づいた前後の種子島での観測記録を調べたところ，風向きは東寄りから南寄り，その後西寄りへと変化したことがわかった。また，南寄りの風のときに特に強い風がふいていたこともわかった。この台風の進路として最も適当なものはア～エのどれか。(　　　)

図

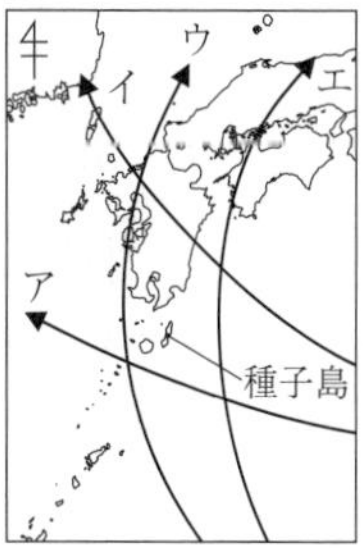

2　次のⅠ，Ⅱの各問いに答えなさい。答えを選ぶ問いについては記号で答えなさい。

Ⅰ　図1は，ある川の西側と東側の両岸で観察された地層の重なり方を模式的に表したものである。この地層からは，浅い海にすむホタテガイの化石や，海水と淡水の混ざる河口にすむシジミの化石が見つかっている。なお，ここで見られる地層はすべて水平であり，地層の上下の逆転や地層の曲がりは見られず，両岸に見られる凝灰岩は同じものである。また，川底の地層のようすはわかっていない。

図1

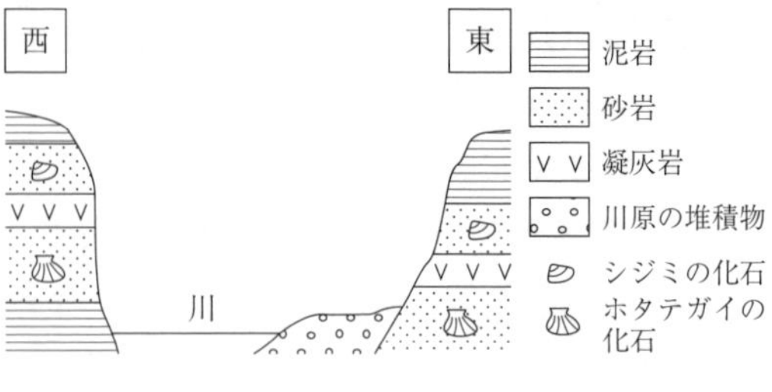

1　下線部の「地層の曲がり」を何というか。(　　　　)

2　図2は，図1の地層が観察された地域の川の流れを模式的に表したものであり，観察された場所はP，Qのどちらかである。観察された場所はP，Qのどちらか。そのように考えた理由もふくめて答えよ。

(　　　　　　　　　　　　　　　　　　　　　　　　　　　　　　　　)

図2

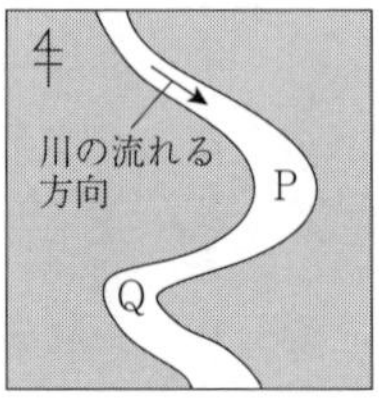

3　この地層を観察してわかったア～エの過去のできごとを，古い方から順に並べよ。(　　→　　→　　→　　)

ア　海水と淡水の混ざる河口で地層が堆積した。　　イ　浅い海で地層が堆積した。

ウ　火山が噴火して火山灰が堆積した。　　エ　断層ができて地層がずれた。

Ⅱ　夏至の日に，透明半球を用いて太陽の1日の動きを調べた。図は，サインペンの先のかげが透明半球の中心Oにくるようにして，1時間ごとの太陽の位置を透明半球に記録し，印をつけた点をなめらかな線で結んで，太陽の軌跡をかいたものである。また，図のア～エは，中心Oから見た東，西，南，北のいずれかの方位である。なお，太陽の1日の動きを調べた地点は北緯31.6°であり，地球は公転面に対して垂直な方向から地軸を23.4°傾けたまま公転している。

図

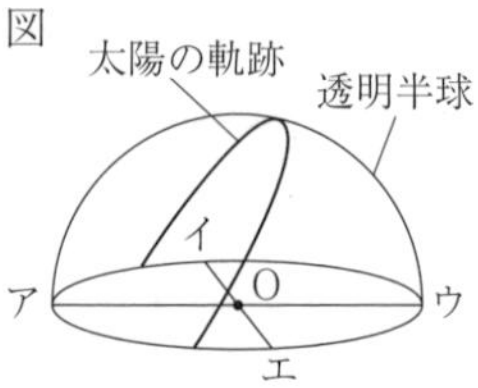

1　東の方位は，図のア～エのどれか。(　　　　)

2　地球の自転による太陽の1日の見かけの動きを何というか。(　　　　)

3　太陽の南中高度について，(1)，(2)の問いに答えよ。

(1)　南中高度にあたるのはどこか。解答欄の図に作図し，「南中高度」と書いて示せ。ただし，解答欄の図は，この透明半球をエの方向から見たものであり，点線は太陽の軌跡である。

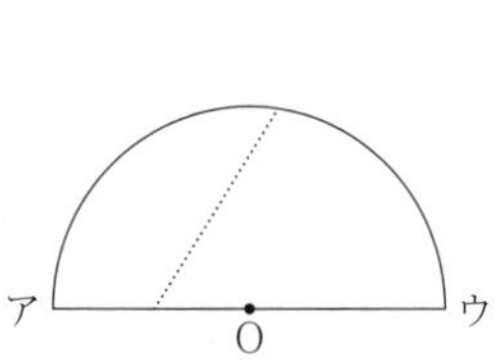

(2)　この日の南中高度を求め，単位をつけて書け。(　　　　)

3　次のⅠ，Ⅱの各問いに答えなさい。答えを選ぶ問いについては記号で答えなさい。

Ⅰ　4種類の物質A～Dは，硝酸カリウム，ミョウバン，塩化ナトリウム，ホウ酸のいずれかである。ひろみさんとたかしさんは，一定量の水にとける物質の質量は，物質の種類と水の温度によって決まっていることを知り，A～Dがそれぞれどの物質であるかを調べるために，次の実験を行った。

図1は，水の温度と100gの水にとける物質の質量との関係を表したものである。

図1

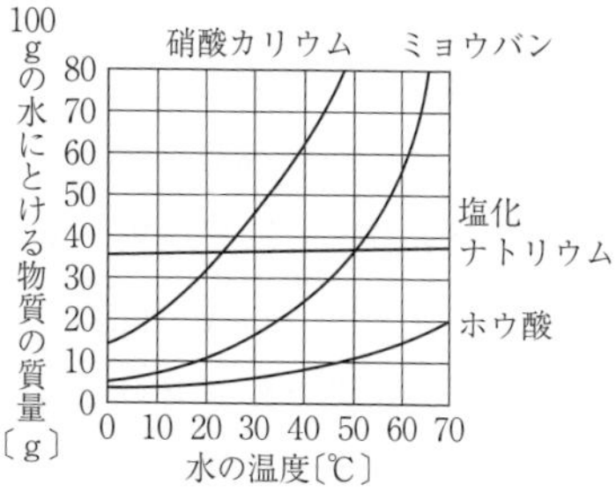

実験　4本の試験管を準備し，それぞれに30℃の水10gを入れた。次に，これらの試験管にA～Dをそれぞれ別々に3.0gずつ入れ，30℃に保ったままよくふり混ぜると，AとCはすべてとけたが，BとDは図2のようにとけ残った。とけ残ったBとDの質量は，DがBより大きかった。

図2

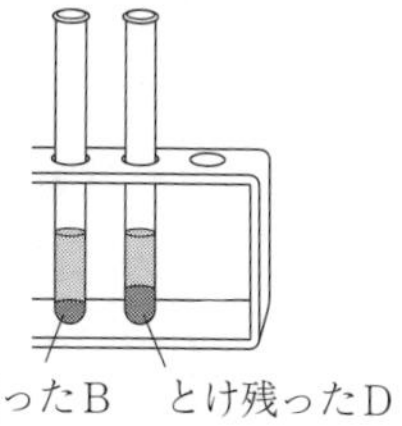

次は，実験の後の，2人と先生の会話である。

先　　　生：A～Dがそれぞれどの物質なのか見分けることができましたか。

ひろみさん：AとCは見分けることができませんでしたが，Bは［ a ］，Dは［ b ］だとわかりました。

先　　　生：そうですね。では，AとCはどのようにしたら見分けることができますか。

たかしさん：水溶液を冷やしていけば，見分けることができると思います。

先　　　生：では，AとCについて，確認してみましょう。

1　実験で，30℃に保ったままよくふり混ぜた後の塩化ナトリウムのようすを模式的に表しているものとして最も適当なものはどれか。ただし，陽イオンは「●」，陰イオンは「○」とする。
(　　　)

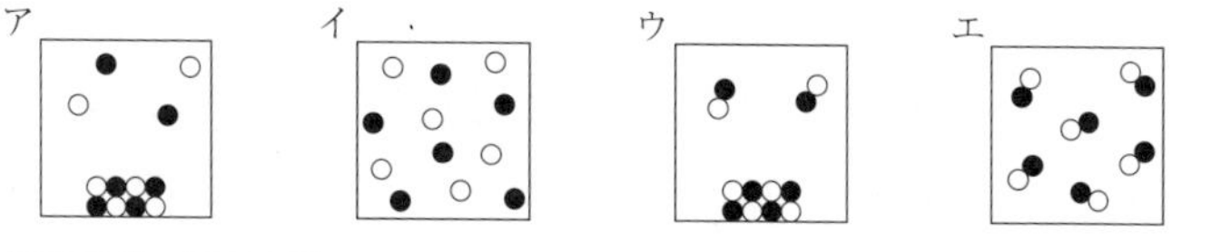

2　会話文中の［ a ］，［ b ］にあてはまる物質の名称をそれぞれ書け。

a (　　　　)　b (　　　　)

3　2人は，AとCを見分けるために，実験でつくったA，Cの水溶液が入った試験管を氷水が入ったビーカーにつけ，水溶液の温度を下げた。しばらくすると，Cが入った試験管では結晶が出てきたが，Aが入った試験管では結晶が出てこなかった。このことから，AとCを見分けることができた。Cの水溶液の温度を下げると結晶が出てきた理由を，解答欄の書き出しのことばに続けて書け。ただし，「溶解度」ということばを使うこと。

(Cは，水溶液の温度を下げると，　　　　　　　　　　　　　　　　　　　)

4　2人は，実験でとけ残ったDを30℃ですべてとかすため，30℃の水を少なくともあと何g

加えればよいかを，30℃の水 10g にＤがＳ〔g〕までとけるものとし，次のように考えた。２人の考え方をもとに，加える水の質量を，Ｓを用いて表せ。（　　　g）

（２人の考え方）

水にとけるＤの質量は水の質量に比例することから，3.0g のＤがすべてとけるために必要な水の質量はＳを用いて表すことができる。水は，はじめに 10g 入れてあるので，この分を引けば，加える水の質量を求めることができる。

Ⅱ　電気分解装置を用いて，実験１と実験２を行った。

実験１　電気分解装置の中にうすい水酸化ナトリウム水溶液を入れて満たし，電源装置とつないで，水の電気分解を行った。しばらくすると，図１のように陰極側の上部に気体Ａが，陽極側の上部に気体Ｂがそれぞれ集まった。

図１

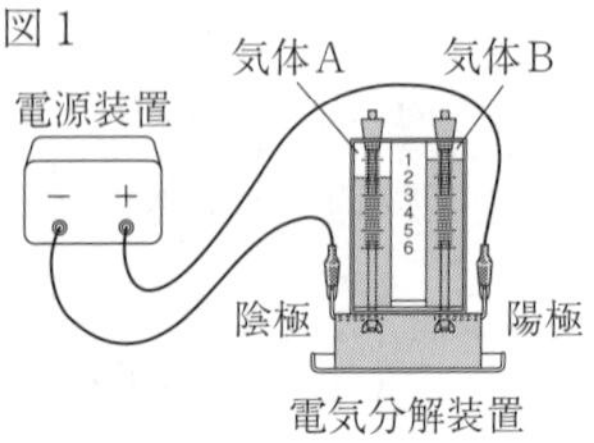

実験２　実験１の後，電源装置を外して，図２のように電気分解装置の上部の電極に電子オルゴールをつなぐと，電子オルゴールが鳴った。

図２

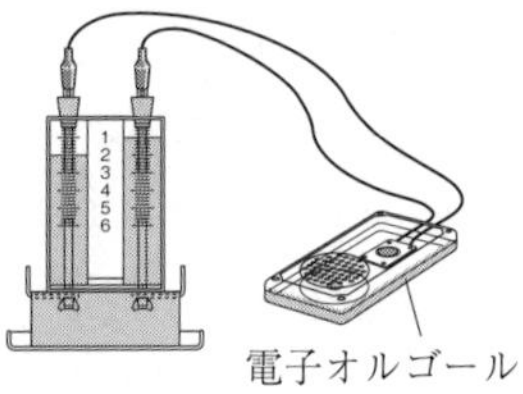

1　実験１では，純粋な水ではなく，うすい水酸化ナトリウム水溶液を用いた。これは水酸化ナトリウムが電離することで，電流を流しやすくするためである。水酸化ナトリウムが電離するようすを，化学式とイオン式を用いて表せ。（　　　　　　　　　）

2　気体Ａと同じ気体はどれか。（　　　）

ア　酸化銅を炭素の粉末と混ぜ合わせて加熱したときに発生する気体

イ　酸化銀を加熱したときに発生する気体

ウ　炭素棒を用いてうすい塩酸を電気分解したとき，陽極で発生する気体

エ　亜鉛板と銅板をうすい塩酸に入れて電池をつくったとき，＋極で発生する気体

3　実験２で電子オルゴールが鳴ったことから，この装置が電池のはたらきをしていることがわかった。

(1)　この装置は，水の電気分解とは逆の化学変化を利用して，電気エネルギーを直接とり出している。このようなしくみで，電気エネルギーをとり出す電池を何電池というか。

（　　　電池）

(2)　気体Ａの分子が４個，気体Ｂの分子が６個あったとする。この電池の化学変化を分子のモデルで考えるとき，気体Ａ，気体Ｂのどちらかが反応しないで残る。反応しないで残る気体の化学式と，反応しないで残る気体の分子の個数をそれぞれ答えよ。

化学式（　　　）　分子の個数（　　　個）

④　次のⅠ，Ⅱの各問いに答えなさい。答えを選ぶ問いについては記号で答えなさい。

Ⅰ　植物の根が成長するときのようすを調べる実験を行った。まず，タマネギの種子を発芽させ，伸びた根を先端から約1cm切りとった。図1は，切りとった根を模式的に表したものである。次に，一つ一つの細胞をはなれやすくする処理を行い，図1のA～Cの部分をそれぞれ切りとり，別々のスライドガラスにのせた。その後，核と染色体を見やすくするために染色してプレパラートをつくり，顕微鏡で観察した。図2は，A～Cを同じ倍率で観察したスケッチであり，Aでのみひも状の染色体が見られ，体細胞分裂をしている細胞が観察された。

図1

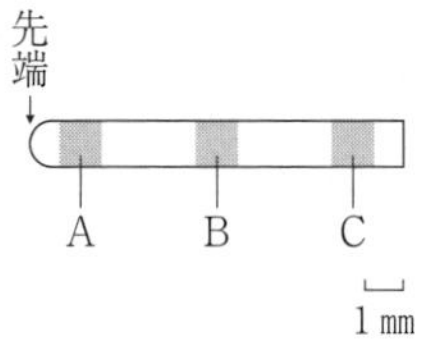

図2

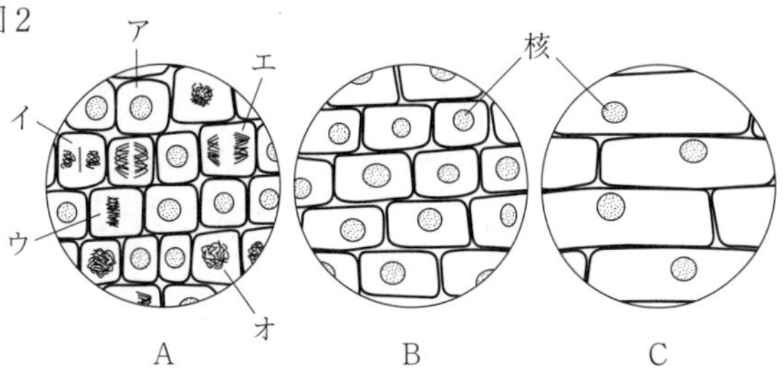

1　核と染色体を見やすくするために使う染色液として適当なものは何か。名称を書け。

(　　　)

2　図2のAのア～オの細胞を，アを最初として体細胞分裂の順に並べよ。

(ア →　　→　　→　　→　　)

3　根はどのようなしくみで成長するか。図1，図2から考えられることを書け。

(　　　)

4　体細胞分裂を繰り返しても，分裂後の一つの細胞の中にある染色体の数は変わらない。その理由を，体細胞分裂前の細胞で染色体に起こることに着目して書け。

(　　　)

Ⅱ　たかしさんとひろみさんは，ヒトのだ液のはたらきについて調べるため，次の手順1～5で実験を行った。表は，実験の結果をまとめたものである。

手順1　デンプン溶液10cm^{3}を入れた2本の試験管を用意し，1本には水でうすめただ液2cm^{3}を入れ，試験管Aとする。もう1本には水2cm^{3}を入れ，試験管Bとする。

手順2　ビーカーに入れた約40℃の湯で試験管A，試験管Bをあたためる。

手順3　試験管Aの溶液の半分を別の試験管にとり，試験管Cとする。また，試験管Bの溶液の半分を別の試験管にとり，試験管Dとする。

手順4　試験管Aと試験管Bにそれぞれヨウ素液を入れ，結果を記録する。

手順5　試験管Cと試験管Dにそれぞれベネジクト液と沸とう石を入れて加熱し，結果を記録する。

表

試験管	結果
A	変化しなかった。
B	青紫色に変化した。
C	赤褐色の沈殿が生じた。
D	変化しなかった。

1　試験管Aと試験管Bの実験のように，一つの条件以外を同じにして行う実験を何というか。

(　　　)

2　手順２で，試験管をあたためる湯の温度を約40℃としたのはなぜか。

(　　　　　　　　　　　　　　　　　　　　　　　　　　　　)

3　表の結果をもとに，(1)，(2)の問いに答えよ。

(1)　試験管Ａと試験管Ｂの結果から，考えられることを書け。

(　　　　　　　　　　　　　　　　　　　　　　　　　　　　)

(2)　試験管Ｃと試験管Ｄの結果から，考えられることを書け。

(　　　　　　　　　　　　　　　　　　　　　　　　　　　　)

4　図は，実験の後に，たかしさんがだ液にふくまれる消化酵素の性質について本で調べたときのメモの一部である。これについて，次の２人の会話の内容が正しくなるように，□にあてはまるものとして最も適当なものを，図の①～③から選べ。(　　　)

図

①　水がないときは，はたらかない。

②　中性の溶液中で最もよくはたらく。

③　体外でもはたらく。

たかしさん：だ液にふくまれる消化酵素には，①～③の性質があることがわかったよ。

ひろみさん：それなら，その性質を確かめてみようよ。

たかしさん：あっ，でも，□の性質は，今回の実験で確認できているね。

5　次のⅠ，Ⅱの各問いに答えなさい。答えを選ぶ問いについては記号で答えなさい。

Ⅰ　ひろみさんは，登校前，洗面台の鏡を使って身なりを整えている。なお，洗面台の鏡は床に対して垂直である。

1　ひろみさんは，鏡による光の反射の実験を思い出した。その実験では，図1のように，光源装置から出た光が鏡の点Oで反射するようすが観察された。このときの入射角はいくらか。(　　　°)

図1

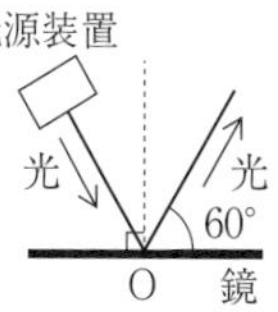

2　ひろみさんが図2のように洗面台の鏡の前に立ったとき，ひろみさんから見て，鏡にうつる自分の姿として最も適当なものはどれか。(　　　)

図2

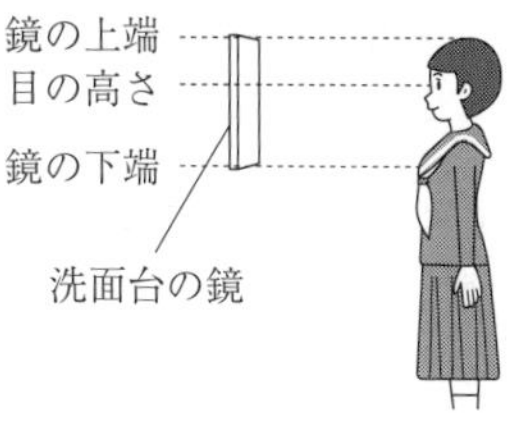

ア

イ

ウ

エ

3　ひろみさんは，図3のように，手鏡を用いて，正面にある洗面台の鏡に自分の後頭部をうつしている。図4は，このときのようすをひろみさんの目の位置をP，後頭部に位置する点をQとし，上から見て模式的に表したものである。Qからの光が手鏡，洗面台の鏡で反射して進み，Pに届くまでの光の道筋を図4に実線（――）でかけ。なお，作図に用いる補助線は破線（------）でかき，消さずに残すこと。

図3

図4

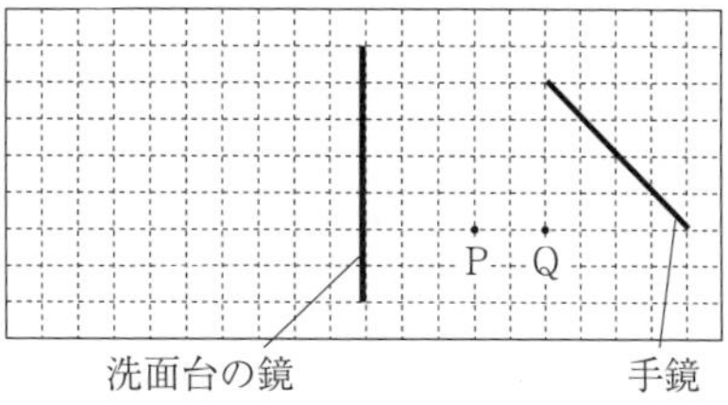

Ⅱ　図1のように，水平な台の上にレールをスタンドで固定し，質量20gと40gの小球を高さ5cm，10cm，15cm，20cmの位置からそれぞれ静かに離し，木片に衝突させ，木片の移動距離を調べる実験を行った。表は，その結果をまとめたものである。ただし，小球は点Xをなめらかに通過した後，点Xから木片に衝突するまでレール上を水平に移動するものとし，小球とレールとの間の摩擦や空気の抵抗は考えないものとする。また，小球のもつエネルギーは木片に衝突後，すべて木片を動かす仕事に使われるものとする。

図1

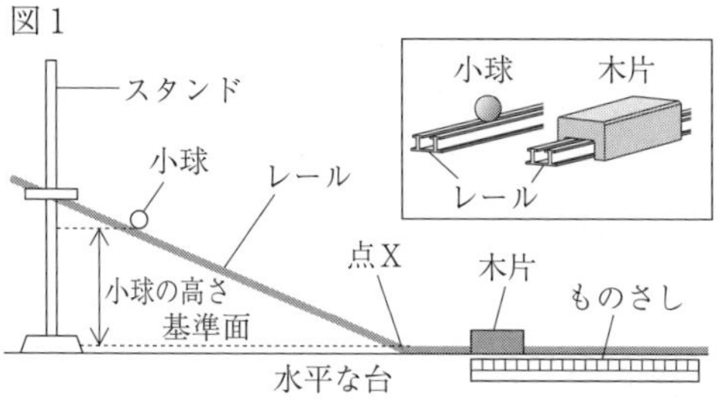

表

小球の高さ〔cm〕		5	10	15	20
木片の移動距離〔cm〕	質量 20 g の小球	2.0	4.0	6.0	8.0
	質量 40 g の小球	4.0	8.0	12.0	16.0

1　質量 20g の小球を，基準面から高さ 10cm まで一定の速さで持ち上げるのに加えた力がした仕事は何 J か。ただし，質量 100g の物体にはたらく重力の大きさを 1 N とする。(　　　J)

2　小球が点 X を通過してから木片に衝突するまでの間に，小球にはたらく力を表したものとして最も適当なものはどれか。ただし，力の矢印は重ならないように少しずらして示してある。

(　　　)

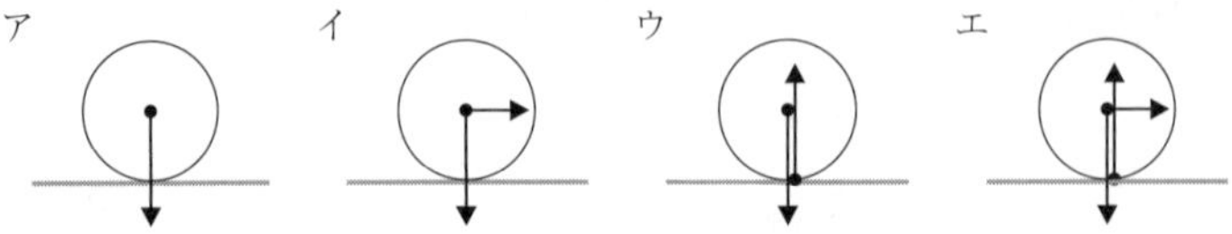

3　小球が木片に衝突したとき，はたらく力について述べた次の文中の □ にあてはまることばを書け。(　　　)

小球が木片に力を加えると，同時に小球は木片から同じ大きさで逆向きの力を受ける。これは「□の法則」で説明できる。

4　図 1 の装置で，質量 25g の小球を用いて木片の移動距離を 6.0cm にするためには，小球を高さ何 cm の位置で静かに離せばよいか。(　　　cm)

5　図 2 のように，点 X の位置は固定したままレールの傾きを図 1 より大きくし，質量 20g の小球を高さ 20cm の位置から静かに離し，木片に衝突させた。図 1 の装置で質量 20g の小球を高さ 20cm の位置から静かに離したときと比べて，木片の移動距離はどうなるか。その理由もふくめて書け。

(　　　　　　　　　　　　　　　　　　　　　　　　)

図 2

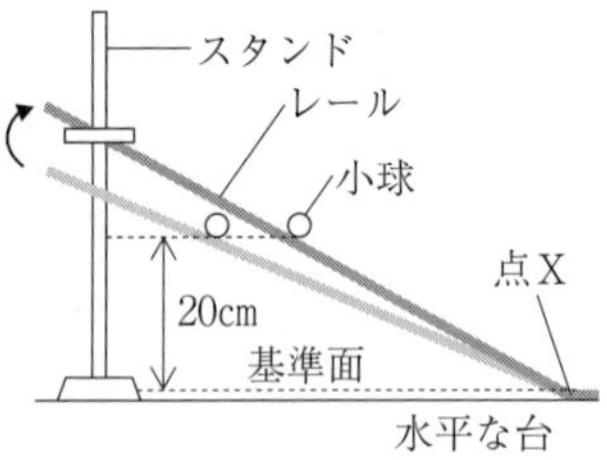

古典というと『難しい』とか『読みにくい』と思い込んで、読むことをためらってしまいます。しかし、マンガならどうでしょうか。言葉も現代語で書かれていて親しみやすく、軽い気持ちで読み始める気になります。これがきっかけで、興味をもち始め、発展的な学習につながるのではないでしょうか。」

山田さん　「鈴木さんの言うことはよくわかります。そのような長所があることには、私も賛成です。しかし、私は、『古典をマンガで読むこと』はあまり良くないと思っています。その理由は二点あります。一点目は、絵のイメージが強くて、マンガ作家のイメージを押し付けられる気がするからです。このことは、私たちから想像の楽しみを奪い、読解力の欠如につながってしまうと思います。

理由を二点述べましたが、特に二点目について、伝統的な文化を伝えていくことは重要なことだと思います。」

鈴木さん　「マンガに描かれる古典の世界が、伝統的な文化を表していないと決めつけるのは良くないと思います。古典マンガは、かなり研究して正確に描かれていますよ。だから、興味をもった人は、発展的な学習につなげていくことができると思います。」

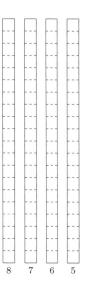

Ⅰ［　　　　　　　　］　Ⅱ［　　　　　　　　］

最初、山沢君は、ぼくと対戦するのが［Ⅰ］のに、対戦後、詰み筋を探していたぼくに［Ⅱ］ことが意外だったから。

3　――線部③におけるぼくの気持ちの説明として、最も適当なものを次から選び、記号で答えよ。（　）

ア　形勢は有利だったが、先生に引き分けの判定をされ、納得できないまましぶしぶ受け入れている。

イ　形勢は有利だったが、自分よりはるかに実力が上である山沢君にはかなわないとあきらめている。

ウ　形勢は有利だったが、詰み筋を見極めきれなかったぼくは、引き分けという判定に納得している。

エ　形勢は有利だったが、詰み筋を読み切れず、また山沢君に負けてしまった悔しさをこらえている。

4　次の文は、――線部④に表れた、ぼくの望む、ライバルとの関係について説明したものである。空欄に入る最も適当な四字熟語を次から選び、記号で答えよ。（　）

［　］しながら強くなっていける関係。

ア　大器晩成《たいきばんせい》　イ　呉越同舟《ごえつどうしゅう》　ウ　試行錯誤《しこうさくご》　エ　切磋琢磨《せっさたくま》

5　――線部⑤におけるぼくの気持ちを六十五字以内で説明せよ。

5　資料1は、「古典をマンガで読むこと」についての議論をするにあたって、山田さんが考えたことを事前にまとめたメモである。また資料2は、実際に議論をしたときの記録の一部である。資料2の空欄に入るように、後の条件に従って文章を書きなさい。

条件

(1)　一段落で構成し、六行以上八行以下で書くこと。

(2)　原稿用紙の正しい使い方に従って、文字、仮名遣いも正確に書くこと。

(3)　書き出しは、「二点目は」とすること。

資料1

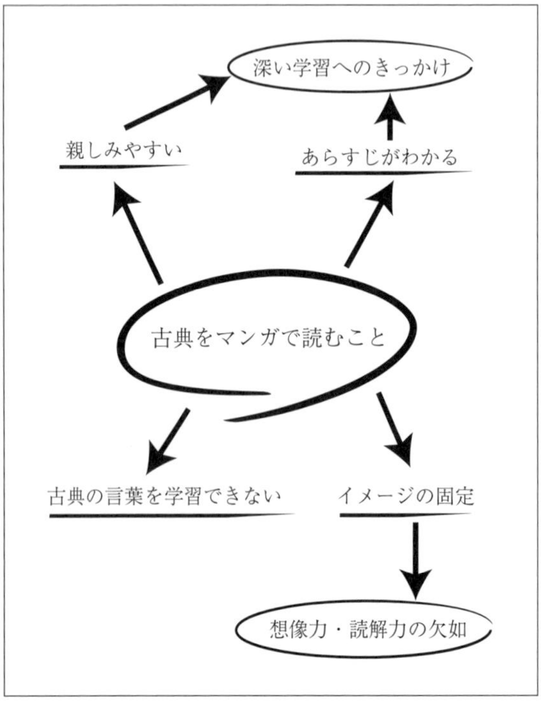

資料2

鈴木さん　「私は、『古典をマンガで読むこと』を推奨したいと思います。

ていた。ぼくより20センチは小さくて、腕も脚もまるきり細いのに、負けん気の強そうな顔でこっちを見ている。

「つぎの対局は負けないよ。絶対に勝ってやる」

「うん、また指そう。そして、一緒に強くなろうよ」

ぼくが言うと、山沢君がメガネの奥の目をつりあげた。

「なに言ってんだよ。将棋では、自分以外はみんな敵なんだ」

小学2年生らしいムキになった態度がおかしかったし、「自分以外はみんな敵だ」と、ぼくだって思っていた。

「たしかに対局中は敵だけど、盤を離れたら、同じ将棋教室に通うライバルでいいんじゃないかな。ぼくは初段になったばかりだから、三段になろうとしているきみをライバルっていうのは、おこがましいけど」

ぼくの心ははずんでいた。個人競技である将棋にチームメイトはいないが、ライバルはきっといくらでもあらわれる。④勝ったり負けたりをくりかえしながら、一緒に強くなっていけばいい。

「そういえば、有賀先生のおとうさんが教えた大辻弓彦《おおつじゆみひこ》さんっていうひとが、関西の奨励会でがんばっているんだってね。大辻さんが先にプロになって、きみとぼくもプロになって、いつかプロ同士で対局できたら、すごいよね」

奨励会試験に合格するにはアマ四段の実力が必要とされる。それに試験では奨励会員との対局で五分《ごぶ》以上の星(注)をあげなければならない。合格して奨励会に入っても、四段＝プロになれるのは20パーセント以下だという。

それがどれほど困難なことか、正直なところ、ぼくにはよくわかっていなかった。でも、どれほど苦しい道でも、絶対にやりぬいてみせる。

「このあと、となりの図書館で棋譜(注)をつけるんだ。今日の、引き分けだった対局の」

ぼくが言うと、山沢君の表情がほんの少しやわらかくなった。

「それじゃあ、またね」

三つも年下のライバルに言うと、⑤ぼくはかけ足で図書館にむかった。

（佐川光晴「駒音高く」より）

(注)　大駒、入玉、馬引き＝いずれも将棋の用語。なお、馬は将棋の駒の一つ。

玉＝将棋で大将に相当する最も大切な駒。

詰ます＝相手がどう動いても次に自分が玉を取り、勝つことができる状態のこと。

詰み筋＝将棋で決着までの手順のこと。

詰め将棋をする＝王手の連続で玉を詰ませる将棋の問題を解くこと。

研修会＝ここでは、奨励会（プロ棋士養成機関）入りを目指す者の対局の場。

星をあげ(る)＝勝負に勝つこと。

棋譜＝将棋の対局の記録。

1　――線部①は、ぼくのどのような様子を表しているか。最も適当なものを次から選び、記号で答えよ。（　　）

ア　絶対に勝つと気合いを入れている様子。

イ　負けることへの恐怖を隠している様子。

ウ　大事な勝負に臨んで動揺している様子。

エ　勝利を確信して自信に満ちている様子。

2　次の文は、――線部②の理由を説明したものである。[Ⅰ]には、本文中から最も適当な九字の言葉を抜き出して書き、[Ⅱ]には、十五字以内の言葉を考えて補い、文を完成させよ。

（勝ちをあせるな。相手玉を詰（注）ますことよりも、自玉が詰まされないようにすることを第一に考えろ）

細心の注意を払って指していくうちに、形勢がぼくに傾いてきた。ただし、頭が疲れすぎていて、目がチカチカする。指がふるえて、駒をまっすぐにおけない。

「残念だけど、今日はここまでにしよう」

ぼくに手番がまわってきたところで、有賀先生が対局時計を止めた。

「もうすぐ3時だからね」

そう言われて壁の時計を見ると、短針は「3」を指し、長針が「12」にかかっている。40分どころか、1時間半も対局していたのだ。

ぼくは盤面に視線を戻した。ぼくの玉はすでに相手陣に入っていて、詰ませられることはない。山沢君も入玉《にゅうぎょく》（注）をねらっているが、10手あれば詰ませられそうな気がする。ただし手順がはっきり見えているわけではなかった。

「すごい勝負だったね。ぼくが将棋教室を始めてから一番の熱戦だった」

プロ五段の有賀先生から最高の賛辞をもらったが、ぼくは詰み筋（注）を懸命に探し続けた。

「馬引き（注）からの7手詰めだよ」

山沢君が悔しそうに言って、ぼくの馬を動かした。

「えっ？」

まさか山沢君が話しかけてくるとは思わなかったので、②ぼくはうまく返事ができなかった。

「こうして、こうなって」

詰め将棋（注）をするように、山沢君が盤上の駒を動かしていく。

「ほら、これで詰みだよ」

（なるほど、そのとおりだ）

頭のなかで答えながら、ぼくはあらためてメガネをかけた小学2年生の実力に感心していた。

「プロ同士の対局では、時間切れ引き分けなんてない。それは研修会（注）でも、奨励会でも同じで、将棋の対局はかならず決着がつく。でも、ここは、小中学生むけのこども将棋教室だからね。今日の野崎君と山沢君の対局は引き分けとします」

有賀先生のことばに、③ぼくはうなずいた。

「さあ、二人とも礼をして」

「ありがとうございました」

山沢君とぼくは同時に頭をさげた。そして顔をあげたとき、山沢君のうしろにぼくの両親が立っていた。

「野崎さん、ちょっといいですか。翔太君も」

どんな用件なのかと心配になりながら、ぼくは先生についていった。

「翔太君ですが、成長のスピードが著しいし、とてもまじめです。今日の一局も、じつにすばらしかった」

有賀先生によると、山沢君は小学生低学年の部で埼玉県のベスト4に入るほどの実力者なのだという。来年には研修会に入り、奨励会試験の合格、さらにはプロの棋士になることを目標にしているとのことだった。

「小学5年生の5月でアマチュア初段というのは、正直に言えば、プロを目ざすには遅すぎます。しかし野崎君には伸びしろが相当あると思いますので、親御さんのほうでも、これまで以上に応援してあげてください」

まさか、ここまで認めてもらっているとは思わなかったので、ぼくは呆然《ぼうぜん》としていた。

103号室に戻り、カバンを持って出入り口にむかうと、山沢君が立っ生徒A「人々は何を信仰し、どんな御利益があったのかな。」

生徒B「鮑魚を神と信じ鮑君として祭ったら、『［Ⅰ］』があって、それを人々は御利益と感じたんだね。」

生徒C「その後、御利益が鮑君のおかげだとして、本文に『御社おほきに作り出して、賽の神楽の音絶ゆることなし』とあるように、人々が鮑君を［Ⅱ］ことがわかるよね。」

生徒B「でも、最後にはその正体がわかり、先生が初めにおっしゃったことから考えると、人々が［Ⅲ］ことで、御利益もなくなってしまったんだね。」

生徒A「なるほど。これは中国の話だけど、他の国にも似たような話がないか調べてみようよ。」

4　次の文章を読んで、あとの1～5の問いに答えなさい。

> 小学5年生のぼく（野崎翔太《のざきしょうた》）は、有賀《ありが》先生の将棋教室で出会った小学2年生の山沢《やまさわ》君との将棋の対戦（対局）に負けた悔しさから研究を重ねてきた。二週間が経《た》ち、山沢君と再戦する機会を得た。

「前回と同じ対局になってしまうけど、それでもいいかな？　先手は野崎君で」

「はい」

ぼくは①自分を奮い立たせるように答えたが、山沢君はつまらなそうだった。

（よし。目にもの見せてやる）

ぼくは椅子にすわり、盤に駒を並べていった。

「おねがいします」

二人が同時に礼をした。序盤から(注)大駒《おおごま》を切り合う激しい展開で、80手を越えると双方の(注)玉《ぎょく》が露出して、どこからでも王手がかかるようになった。しかし、どちらにも決め手がない。ぼくも山沢君もとっくに持ち時間はつかいきり、ますます難しくなっていく局面を一手30秒以内で指し続ける。壁の時計に目をやる暇などないが、たぶん40分くらい経っているのではないだろうか。持ち時間が10分の将棋は30分あれば終わるから、ぼくはこんなに長い将棋を指したことはなかった。

「そのまま、最後まで指しなさい」

有賀先生が言って、そうこなくちゃと、ぼくは気合いが入った。かなり疲れていたが、絶対に負けるわけにはいかない。山沢君だって、そう思っているはずだ。

3　次の文章を読んで、あとの1～4の問いに答えなさい。

昔、(注)汝南《じょなん》の人、田の中に網を設けて（網を張って）、(注)麞《くじか》を捕らんとす。やがて麞かかりけれど、その網の主いまだ来《きた》らざりしに、①道行く人のあるが麞をば盗みてけり。さりとも人の取り得たらんものをあやなく（理由もなく）取りなんも罪深しと思ひて、その麞の代はりに、②携へ持ちし(注)鮑魚《はうぎよ》一つを網の中に入れて行き去りたる程に、アかの網の主来りて、鮑魚の網の中にあるを見て、このものここにあるべしとも覚えず、いかさまにも（どう考えても）(注)現神《あらがみ》のあらはれさせたまふにこそあめれ（現れなさいましたのであろう）と③おほいにあやしむ（不思議に思った）。村の者ども皆寄り集まりて、やがて(注)祠《ほこら》を建て入れまゐらせ、イ鮑君と名づけまゐらせけり。村の者ども病さまざま癒ゆることあれば、ウこの御神の恵みによりしところなりとて斎《いつ》き祭るほどに、御社おほきに作り出《いだ》して、(注)賽《さい》の神楽《かぐら》の音絶ゆることなし。まことにめでたき御神にぞありける。七、八年ほど経て、エかの鮑魚の主この御社のほとり過ぎて、「いかなる御神のかくはあらはれさせたまふらむ」といふに、己が留《とど》め置きし鮑魚なりける。「あなあさまし（ああ驚きあきれたことだ）、それは自らが留め置きしものを」といひければ、かの霊験《れいげん》の事どもたちまち止《や》みにける。

（「鬼神論」より）

(注)　汝南＝地名。中国の河南省の県名。
麞＝シカ科の小動物。
鮑魚＝魚の干物《ひもの》。または、あわび。
現神＝霊験（御利益《ごりやく》）のある神。
祠＝神を祭るための小さな社。
賽の神楽＝神から受けた福に報いるために奏する舞楽。

1　――線部③「おほいに」を現代仮名遣いに直して書け。（　　）

2　――線部①「道行く人」と同じものを表すのはどれか。＝＝線部ア～エの中から一つ選び、記号で答えよ。（　　）
ア　かの網の主　　イ　鮑君　　ウ　この御神　　エ　かの鮑魚の主

3　――線部②「携へ持ちし鮑魚一つを網の中に入れて行き去りたる」とあるが、その理由を説明したものとして、最も適当なものを次から選び、記号で答えよ。（　　）
ア　麞と鮑魚を交換するというきまりを守ろうと考えたから。
イ　罪のない動物をむやみに取るのはよくないと考えたから。
ウ　他人の獲物を無断で取ることは悪いことだと考えたから。
エ　網の中に食べ物がないと麞がかわいそうだと考えたから。

4　次は、本文をもとにした話し合いの場面である。Ⅰ～Ⅲに適当な言葉を補って会話を完成させよ。ただし、Ⅰには本文中から最も適当な十字の言葉を抜き出して書き、Ⅱ・Ⅲにはそれぞれ十字以内でふさわしい内容を考えて現代語で答えること。

Ⅰ［　　　　　　　　　　］
Ⅱ［　　　　　　　　　　］
Ⅲ［　　　　　　　　　　］

先生「この話は、人々の信仰心が御利益を生むことの例として取り上げられたものです。では、どういう話か、みなさんでまとめてみましょう。」

または、それによって表される考え。

テーマ＝ここでは、様々な日常の話題の中で、相手と一歩踏み込んで話し合うために必要なもの。

1　本文中の a ・ b にあてはまる語の組み合わせとして、最も適当なものを次から選び、記号で答えよ。（　　）

ア　a　ところが　b　たとえば
イ　a　しかし　b　なぜなら
ウ　a　そして　b　しかも
エ　a　つまり　b　したがって

2　――線部①と同じ品詞のものを、本文中の＝＝線部ア～エの中から一つ選び、記号で答えよ。（　　）

3　――線部②とあるが、「個人としての存在意義」はどのようなときにもたらされるか。この段落までの内容を読んで、六十五字以内で説明せよ。

4　次の文章は、――線部③によって期待できることについて説明したものである。 Ⅰ ・ Ⅱ に入る最も適当な十二字の言葉を、それぞれ本文中から抜き出して書け。

Ⅰ　　Ⅱ

わたしたちが、対話によって自他の関係を考え、差異を知り、相互理解が可能であることを知って、 Ⅰ することは、市民としての社会参加という意識をもつことにつながり、対話が充実した社会を構築する助けとなる可能性がある。そして、対話を積み重ね、自己の経験を見つめることで、 Ⅱ を発見することができるので、人生の危機を乗り越えるためにも有効である。

5　本文の内容について説明したものとして、最も適当なものを次から選び、記号で答えよ。（　　）

ア　相手にわかるように話すことと、自分のオリジナリティを追求することという矛盾した課題を解決するためには、他者の思考を整理・調整することが必要である。
イ　自分の語る内容を相手に伝え、影響力のあるものとして理解してもらうためには、対話の前後で変化することのない自分の意見を強く主張することが必要である。
ウ　あらゆる社会的な問題を自分の問題としてとらえて、相対化したうえで説得力のある意見を導き出すためには、さまざまな人との相互的なやりとりが必要である。
エ　よりよい対話のためには、自己の意見と他者の意見との相違点をもとにして、新たな意見にまとめていくことのできる対話の技術を向上させることが必要である。

自らに把握されるとき、自分のことばで表現されたあなたのオリジナリティが受け止められ、相手にとっても理解できるものとして把握されたとき、対話は次の段階にすすむと考えることができます。

　相手に伝わるということは、それぞれのオリジナリティをさまざまな人との間で認め合える、ということであり、自分の意見が通るということとは、その共有化されたオリジナリティがまた相手に影響を及ぼしつつ、次の新しいオリジナリティとしてあなた自身の中でとらえなおされるということなのです。これこそが対話という活動の意味だということができるでしょう。

　そして、あなたの語る内容に相手が賛同してくれるかどうかが、対話での最終的な課題となります。[b]、さまざまな人間関係の中で、わたしたちを結びつけているのは、「わかった、わかってもらった」という共通了解の実感だからです。

　どんな社会的な問題でも、わたしたちはそれぞれの個をくぐらせて、その問題を見つめています。この「私」と問題とのかかわりが、異なる視点と出会い、対話を通して相互の「個」が理解に至ったとき、「わかった、わかってもらった」という実感が喜びをともなって立ち現れてくるのです。この実感がわたしたちに②個人としての存在意義をもたらすものになるのでしょう。そこには、よりよく生きようとするわたしたちの意志とそのためのことばが重なるのです。

　対話は、わたしたち一人ひとりの経験の積み重ねを意味します。

　知らず知らずのうちにさまざまな人との対話を積み重ねてきた経験を一度振り返り、そのことによって、これからのよりよい生活や仕事、あるいは人生のためにもう一度、新しい経験を築いていこうとすること、これが対話について考えることだと、わたしは思います。

　一般に対話というと、「Aという意見とBという意見の対立からCという新たなものを生み出す」というような技術論としてとらえられがちですが、ここでは、対話というものを、もう少し大きく、あなた自身のこれからの生き方の課題として向き合ってみようと提案しています。その方法もそれほど限定せず、自由に考えていいと思います。

　そして、この③対話をデザインするのは、あなた自身に他なりません。対話は、何かを順番に覚えたり記憶したりするものではありません。他者とのやりとりによって自分の考えをもう一度見直し、さらに自分の意見・主張にまとめていく。この過程で、自分と相手との関係を考え、それぞれの差異を知ることで相互理解が可能であることを知ります。

　さらに、自分と相手を結ぶ活動の仲間たちがともにいるという認識を持てば、個人と社会との関係を自覚せざるを得ません。そこから、「社会とは何か」という問いが生まれ、その問いは、市民としての社会参加という意識につながります。こうした活動によって、テーマのある対話が展開できるような、そういう社会が構築される可能性も生まれます。

　一〇年後、二〇年後の自分の人生はどのようなものだろうか。この迷いの中で、自分にとっての過去・現在・未来を結ぶ、一つの軸を見出《みいだ》すことは、希望進路や職業選択につながっていくプロセスであるばかりでなく、現在の生活や仕事などで抱えている不満や不安、人生のさまざまな局面における危機を乗り越えるためにとても有効でしょう。

　さまざまな出会いと対話によって自己の経験を可視化する作業は、自分自身の興味・関心に基づいた、生きる目的としてのテーマの発見に必ずやつながるからです。

（細川英雄「対話をデザインする―伝わるとはどういうことか」より）

(注)　オリジナリティ＝ここでは、他からの借り物でない、自分のことば。

国語

時間　五〇分
満点　九〇点

1 次の1・2の問いに答えなさい。

1　次の――線部①～⑥のカタカナは漢字に直し、漢字は仮名に直して書け。

①(　　ましい)　②(　　)　③(　　って)　④(　　)
⑤(　　)　⑥(　　った)

今日は、先輩たちの中学校生活最後の試合だ。会場には、先輩たちの①イサましい姿を見届けようと、多くの②観衆がつめかけている。私たちは、先輩たちの勝利を③祈って、応援席に横断④マクを掲げた。

チームをヒキいる主将は、それを見て、「どんな状況でも⑤レイセイさを失わず、みんなでがんばります。」と勝利を⑥誓った。

2　次は、1の文章中の＝＝線部の漢字を行書で書いたものである。これを楷書で書いたときの総画数を答えよ。(　　画)

2 次の文章を読んで、あとの1～5の問いに答えなさい。

相手にわかるように話すことと、自分の(注)オリジナリティを追求することとは、一見矛盾する反対のことのように感じる人もいるかもしれません。

a、この二つは、それぞれバラバラに存在するものではないのです。

伝えたいことを相手にわかるように話すことが自分と他者の関係における課題であるのに対し、オリジナリティを出すということは、自己内の思考を整理・調整する課題であるといえます。①この二つをどのようにして結ぶかということが、対話という活動の課題でもあります。

どんなにすぐれたもののつもりでも相手に伝わらなければ、ア単なる独りよがりに過ぎません。また、「言っていることはわかるが、あなたの考えが見えない」というようなコメントが相手から返ってくるようでは、個人の顔の見えない、中身のないものになってしまいます。一人ひとりのオリジナリティを、どのようにして相手に伝えるか、ということが、ここでの課題となります。

ここで、自分の考えを相手にも受け止めてもらうという活動が必要になります。これをインターアクション(相互作用)と呼びます。インターアクションとは、さまざまな人との相互的なやりとりのことです。自分の内側にある「伝えたいこと」を相手に向けて自らの表現として発信し、その表現の意味を相手と共有し、イそこから相手の発信を促すことだと言い換えることもできるでしょう。

(注)テーマを自分の問題としてとらえることで徹底的に自己に即しつつ、これをもう一度相対化して自分をつきはなし、説得力のウある意見を導き出すためには、さまざまな人とのインターアクションが不可欠であるといえます。このインターアクションによって、今まで見えなかった自らの中にあるものがエ次第に姿を現し、それが相手に伝わるものとして、

2020年度／解答

数学

1 **【解き方】** 1. (1) 与式$=2+6=8$　(2) 与式$=\frac{1}{2}+\frac{3}{2}=2$　(3) 与式$=2\sqrt{3}+3\sqrt{3}-\sqrt{3}=4\sqrt{3}$　(4) abは負の数なので，aとbは異符号となり，abcは正の数なので，cが負の数と決まる。よって，エ。(5) 立面図は長方形，平面図は三角形となり，三角形の向きを考えると，ア。

2. 反比例の式を$y=\frac{a}{x}$として，$x=2$，$y=-3$を代入すると，$-3=\frac{a}{2}$より，$a=-6$　よって，$y=-\frac{6}{x}$

3. $\sqrt{4}<\sqrt{7}<\sqrt{9}$より，$2<\sqrt{7}<3$　また，$\sqrt{25}<\sqrt{31}<\sqrt{36}$より，$5<\sqrt{31}<6$　よって，$\sqrt{7}$より大きく，$\sqrt{31}$より小さい整数は，3，4，5。

4. 6個が1つの周期となるので，$100\div6=16$あまり4より，左から100番目の数字は，1つの周期の4番目の数で，4。

5. 1.5倍したときに，宮之浦岳と同じ標高になる山の標高は，$1936\div1.5=1290.6\cdots$(m)だから，これを上回るのは，イ，ウ，キ。

【答】 1. (1) 8　(2) 2　(3) $4\sqrt{3}$　(4) エ　(5) ア　2. $(y=)-\frac{6}{x}$　3. 3，4，5　4. 4　5. イ，ウ，キ

2 **【解き方】** 1. $\angle\mathrm{ABC}=(180^\circ-42^\circ)\div2=69^\circ$　右図1のように，点Bを通りℓ，mに平行な直線nをひくと，$\angle$イ$=47^\circ$より，$\angle$ア$=69^\circ-47^\circ=22^\circ$　よって，$\angle x=\angle$ア$=22^\circ$

図1

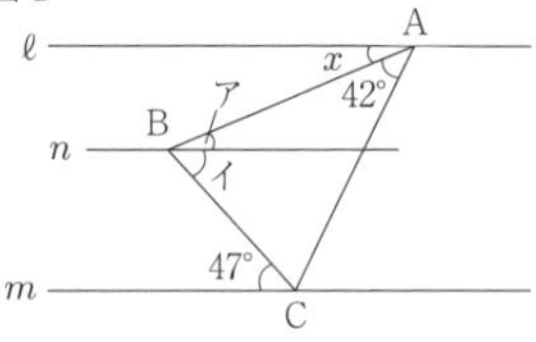

2. 2枚の硬貨をA，Bとする。全体の場合の数は，硬貨の出方が，$2\times2=4$(通り)で，くじが当たりかはずれの2通りあるので，$4\times2=8$(通り)　200ポイントとなるのは，(A，B)＝(表，裏)で当たりをひいたとき，(A，B)＝(裏，表)で当たりをひいたとき，(A，B)＝(表，表)ではずれをひいたときの3通りだから，確率は$\frac{3}{8}$。

3. $x\times x=(4x-1)\times1$より，$x^2-4x+1=0$　解の公式より，$x=\frac{-(-4)\pm\sqrt{(-4)^2-4\times1\times1}}{2\times1}=\frac{4\pm2\sqrt{3}}{2}=2\pm\sqrt{3}$

4. まず，線分ABの垂直二等分線と線分BCの垂直二等分線との交点を中心とした円を描くと，3点A，B，Cを通る円ができる。さらに，$\angle$ABCの二等分線と円周の交点をDとすると，$\angle\mathrm{ABD}=\angle\mathrm{CBD}$となるので，右図2のようになる。

図2
(例)

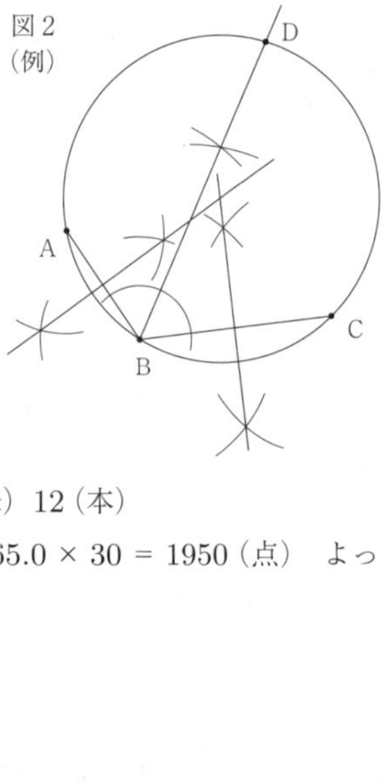

5. $x+y=50\cdots\cdots$①，$\frac{x}{2}+\frac{y}{3}=23\cdots\cdots$②が成り立つ。①$\times2-$②$\times6$より，$-x=-38$なので，$x=38\cdots\cdots$③　③を①に代入して，$38+y=50$より，$y=12$

【答】 1. 22(度)　2. $\frac{3}{8}$　3. $(x=)\,2\pm\sqrt{3}$　4. (右図2)

5. (Aさんが最初に持っていた鉛筆) 38(本)　(Bさんが最初に持っていた鉛筆) 12(本)

3 **【解き方】** 1. B組の生徒の点数の合計は，$54.0\times20=1080$(点)，C組は，$65.0\times30=1950$(点)　よって，$(1080+1950)\div50=60.6$(点)

2. ⑴ 人数の合計を調べると，①は，$1+4+1+3+2+4+2+3=20$ (人)，②は，$1+4+5+4+1+2+1+2=20$ (人)，③は，$2+5+6+6+6+4+1=30$ (人)なので，C 組は③。また，①の点数の低い方から 10 番目と 11 番目は，$1+4+1+3+2=11$ より，ともに 60 点以上 70 点未満なので，中央値が含まれる階級は，60 点以上 70 点未満。よって，D 組は①。⑵ 各階級の階級値は，低いほうから，35，45，55，65，75，85 なので，$(35\times4+45\times6+55\times5+65\times6+75\times6+85\times3)\div30=59.33\cdots$ より，小数点第 2 位を四捨五入して，59.3 点。

3. 元の B 組の中央値は，点数の低い方から並べたときの 10 番目と 11 番目の平均で，点数の差が 4 点だから，10 番目の生徒の点数を x 点とすると，$(x+x+4)\div2=49$ が成り立つ。かっこを外して，$x+2=49$ より，$x=47$ だから，低い方から 10 番目の点数は 47 点で，11 番目の点数は，$47+4=51$ (点) 欠席者を加えた 21 人のときの中央値は点数の低い方から 11 番目の値となるが，11 番目は変わらないので，中央値は 51 点。

【答】1. 60.6 (点) 2. ⑴ ア. ③ イ. ① ⑵ 59.3 (点) 3. 51 (点)

4 【解き方】1. $\angle XOY=360^\circ\div36=10^\circ$ また，5 分後に最高地点に到達するゴンドラ②は，ゴンドラ①の，$36\times\frac{5}{15}=12$ (台後)だから，ゴンドラ①，②は，円周の，$\frac{12}{36}=\frac{1}{3}$ だけ離れている。よって，右図アの円に内接する正三角形 DEF で，DE の長さが求める距離になる。$\angle DOE=10^\circ\times12=120^\circ$ なので，中心 O から辺 DE に引いた垂線との交点を H とすると，$\angle DOH=120^\circ\div2=60^\circ$ したがって，△DOH と△EOH は 30°，60° の直角三角形だから，$DO=60\div2=30$ (m) より，$DH=30\times\frac{\sqrt{3}}{2}=15\sqrt{3}$ (m) なので，求める距離は，$15\sqrt{3}\times2=30\sqrt{3}$ (m)

図ア
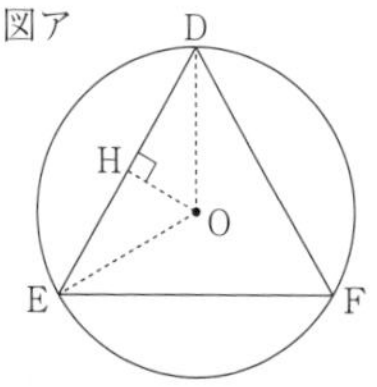

3. ⑴ 右図イで，$\angle POQ=120^\circ$ より，$\angle POR=180^\circ-120^\circ=60^\circ$ $\angle P'OR'=\angle POR=60^\circ$ だから，$\triangle OP'R'$ は正三角形となり，$\angle OP'R'=60^\circ$ よって，$QR \mathbin{/\!/} P'R'$ より，$\angle ROP'=\angle OP'R'=60^\circ$ となるから，$\angle POP'=\angle POR+\angle ROP'=120^\circ$ また，$120^\circ\div10^\circ=12$ より，P′ にあるゴンドラは P にあるときより 12 台分進んでいるので，$t=15\times\frac{12}{36}=5$ ⑵ $\angle POQ=\angle POP'=\angle P'OQ=120^\circ$ より，$PQ=PP'=P'Q$ だから，$\triangle PP'Q$ は正三角形。図イで，直線 PO と QP′ の交点を I とすると，△PQI は 30°，60° の直角三角形となり，$PQ=30\sqrt{3}$ (m) だから，$PI=30\sqrt{3}\times\frac{\sqrt{3}}{2}=45$ (m) したがって，$\triangle PP'Q=\frac{1}{2}\times30\sqrt{3}\times45=675\sqrt{3}$ (m^2)

図イ
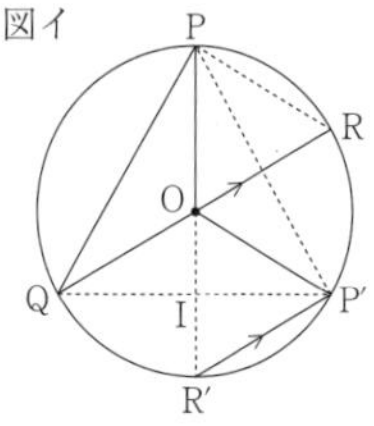

【答】1. ア. 10 イ. $30\sqrt{3}$

2. $\angle ACB=\angle a$ とすると，△OAC は二等辺三角形であるから，$\angle OCA=\angle OAC=\angle a$ ∠AOB は△OAC の外角であるから，$\angle AOB=\angle OCA+\angle OAC=2\angle a$ したがって，$\angle AOB=2\angle ACB$ すなわち，$\angle ACB=\frac{1}{2}\angle AOB$

3. ⑴ 120 (度) ($t=$) 5 ⑵ $675\sqrt{3}$ (m^2)

5 【解き方】1. 点Qのx座標が2なので，$y=\frac{1}{2}\times 2^2=2$　よって，Q(2, 2)

2. P(t, 0)より，$Q\left(t,\ \frac{1}{2}t^2\right)$，R($t$, $-t^2$)と表せるので，$QR=\frac{1}{2}t^2-(-t^2)=\frac{3}{2}t^2$　よって，$\frac{3}{2}t^2=\frac{27}{8}$が成り立つので，$t^2=\frac{9}{4}$　$t>0$より，$t=\frac{3}{2}$

3. (1) △OSRが直角二等辺三角形となるとき，OS＝OR，∠SOR＝90°なので，∠ORS＝45°より，∠ROP＝∠ORS＝45°で，∠OPR＝90°だから，△OPRは直角二等辺三角形で，OP＝PR　よって，$t-0=0-(-t^2)$より，$t=t^2$だから，$t=1$で，R(1, −1)　(2) (1)より，$t=1$であるから，$Q\left(1,\ \frac{1}{2}\right)$で，$QR=\frac{1}{2}-(-1)=\frac{3}{2}$　Tは，放物線$y=\frac{1}{2}x^2$と直線OR ($y=-x$)の交点だから，$\frac{1}{2}x^2=-x$より，$x(x+2)=0$となり，$x=0,\ -2$　よって，T(−2, 2)　2点T，Rのx座標の差は，$1-(-2)=3$，y座標の差は，$2-(-1)=3$だから，三平方の定理より，$TR=\sqrt{3^2+3^2}=3\sqrt{2}$　点QからTRへ垂線QHをひくと，△QHRは，∠HRQ＝45°の直角二等辺三角形となるので，QH：QR＝1：$\sqrt{2}$より，QH：$\frac{3}{2}$＝1：$\sqrt{2}$　よって，$QH=\frac{3}{2\sqrt{2}}$　△QTRを直線TRを軸として1回転させてできる立体は，△QTH，△QRHをそれぞれ1回転させてできる円錐を合わせたものだから，求める体積は，$\frac{1}{3}\pi\times QH^2\times TH+\frac{1}{3}\pi\times QH^2\times HR=\frac{1}{3}\pi\times QH^2\times(TH+HR)=\frac{1}{3}\pi\times QH^2\times TR=\frac{1}{3}\pi\times\left(\frac{3}{2\sqrt{2}}\right)^2\times 3\sqrt{2}=\frac{9\sqrt{2}}{8}\pi$

【答】1. Q(2, 2)　2. (t＝) $\frac{3}{2}$　3. (1) R(1, −1)　(2) $\frac{9\sqrt{2}}{8}\pi$

英　語

1 【解き方】1. メアリーが「図書館で一緒に勉強しましょう」と言っている。

2. ジョージの「この絵を見て下さい」,「僕がそれを描きました」などのせりふから考える。

3. 最初に「あなたは家で家族の手伝いをしますか？」という質問とその回答，次に「家ではどんな仕事をしていますか？」という質問とその回答について話している。最後に犬のジャックを散歩に連れていくことについて話している。

4. アキの「私にバイオリンの演奏の仕方を教えてくれませんか？」というせりふに対して，ピーターが「いいですよ。僕は毎週木曜日が暇です」と答えている。①の文は「あなたからバイオリンの演奏の仕方を『学ぶ』ことができて私はうれしい」とする。②は曜日や日付に用いる前置詞 on に着目する。

5. (1)「僕たちは金閣寺のような有名な寺をいくつか訪れました」と言っている。(2)「そのボランティアたちは外国人に英語で京都について説明していました」と言っている。(3)「鹿児島に帰ってきてから，僕はより一生懸命に英語を勉強し始めました」と言っている。

6. 「(鹿児島を去るクラスメートのために)何ができるでしょう？」というナオミの質問に対する返答。「花をあげることができる」,「彼女のためにパーティーをしましょう」などの文が考えられる。

【答】1. ア　2. ウ　3. ウ→ア→イ　4. ① learn　② Thursday　5. (1) エ　(2) イ　(3) study English harder

6. (例) We can give her some flowers.

◀全訳▶　1.

タロウ　：メアリー，明日僕の宿題を手伝ってほしいのです。

メアリー：いいですよ。図書館で一緒に勉強しましょう。

タロウ　：よかった！　10時に図書館の前で会いましょうか？

メアリー：わかりました。明日会いましょう。

2.

ジョージ：こんにちは，トモコ。この絵を見て下さい！

トモコ　：わあ，それは桜島ですね！　とても美しいです。

ジョージ：僕がそれを描きました。

トモコ　：まあ，あなたが？

ジョージ：はい。僕は桜島が好きなので，よくそれを描くのです。これは僕の最高の絵だと思います。

トモコ　：上手に描きましたね！

3. 今日は私たちが家でする仕事についてお話しします。私は二つの質問をしました。最初の質問は「あなたは家で家族の手伝いをしますか？」でした。私たちのうち30人が「はい」と答え，10人が「いいえ」と言いました。それから私は「家ではどんな仕事をしていますか？」と聞きました。家の掃除が最も多かったです。皿洗いはペットの世話と同じくらい多いです。2人のクラスメートは夕食を料理しています。私は時々犬を散歩に連れていきます。この絵を見て下さい！　これはジャックという私の犬です。今私たちの多くが家族を手伝っていることがわかり，私はもっとジャックの世話をしようと思います。

4.

ピーター：今日は僕たちのコンサートに来てくれてありがとう，アキ。どうでしたか？

アキ　　：素晴らしかったです！　みんな上手でした。あなたは特にバイオリンをとても上手に演奏しました。私はコンサートをとても楽しめました。

ピーター：それを聞いて僕はうれしいです。

アキ　　：私もバイオリンを演奏したいです。私にその演奏の仕方を教えてくれませんか？

ピーター：いいですよ。僕は毎週木曜日が暇です。僕の家に来て下さい，そうすれば一緒に練習できます。

アキ　　：それはいいですね！　次の木曜日にあなたを訪ねてもいいですか？

ピーター：もちろんです。

5. 昨年の夏，僕は家族と一緒に京都へ行きました。僕たちは金閣寺のような有名な寺をいくつか訪れました。僕たちが京都を歩いているとき，たくさんの外国人を見かけました。彼らは何人かの日本人ボランティアたちと話していました。そのボランティアたちは外国人に英語で京都について説明していました。その外国人たちはとてもうれしそうでした。きっと彼らは京都について多くのことを学んだと思います。

鹿児島に帰ってきてから，僕はより一生懸命に英語を勉強し始めました。僕は鹿児島にも訪れるべき場所がたくさんあると思います。僕は外国から来る人たちにこれらの場所について英語で教えてあげたいと思います。

質問(1)：ショウタは京都のどこに行きましたか？

質問(2)：日本人のボランティアは外国人に何をしてあげましたか？

質問(3)：ショウタは京都から帰ってきてから何を始めましたか？

6.

ナオミ：私たちのクラスメートのミユキが鹿児島を去り，来月から福岡に住む予定です。もうすぐ私たちは彼女にお別れを言わなければなりません。

サム　：本当ですか？　それは知りませんでした。僕はとても悲しいです。

ナオミ：私もです。では，ミユキのために何かをしましょう。私たちは何ができるでしょう？

サム　：(僕たちは彼女に花をあげることができますよ。)

[2]【解き方】1. ①「でも伝言をお願いしてもいいですか？」という文。折り返しの電話を「結構です」とリンダが断った直後が適当。②「彼女は今，家にいません」という文。リンダに「カオリをお願いできますか？」と聞かれたアヤの「すみません」という返答の直後が適当。

2. ① お知らせより，大雨のために電車が止まっている。現在完了〈have/has ＋過去分詞〉の文。stop の過去分詞は stopped。②「あなたが次の電車を『どれくらいの間』待たなければならないのかわかりません」とする。「どれくらいの間」= how long。③ 電車は止まっているが，バスで花山に行けることを伝える。「バスに乗る」= take a bus。④ バスは 12 時から 30 分ごとに出ている。現在 12 時 10 分なので，次のバスまで 20 分ある。

3. 生徒が「それは私のものです」と答えていることから，ノートの持ち主を尋ねる疑問文を作る。「誰のノート」= whose notebook。

4. 黒板に書かれた三つの場所の中から将来住みたい場所を選び，その理由を答える。「病院の近く」であれば「家族が病気になったとき，すぐに行くことができる」，「コンビニの近く」であれば「たくさんの商品があり早朝でも買い物に行ける」，「公園の近く」であれば「公園を散歩して楽しむことができる」ことなどを理由として挙げればよい。

【答】1. ① ウ　② ア　2. ① stopped　② long　③（例）you can take a bus　④ twenty

3.（例）Whose notebook is it

4.（例 1）I want to live near a hospital. When my family and I get sick, we can go to the hospital quickly.（21 語）

（例 2）I want to live near a convenience store. There are many kinds of things in a convenience store. Also, I can go there early in the morning.（27 語）

（例 3）I want to live near a park. It is fun to play with my family in the park. I can enjoy walking there.（23 語）

◀全訳▶　1.

リンダ：もしもし。リンダです。カオリをお願いできますか？

アヤ　：すみません。彼女は今，家にいません。

リンダ：何時に帰宅する予定ですか？

アヤ　：ええと，わかりません。後で彼女に電話をかけてほしいですか？

リンダ：いいえ，結構です。でも伝言をお願いしてもいいですか？

アヤ　：もちろんです。

リンダ：私たちは今晩6時に会う予定でしたが，時間を変更したいのです。彼女に7時に来るように伝えていただけますか？

アヤ　：わかりました。彼女に伝えておきます。

2.

ヒカリ：こんにちは，ボブ。心配そうですね。どうしたのですか？

ボブ　：こんにちは，ヒカリ。今日は大勢の人がここにいます。何が起こっているのですか？　これは花山行きの電車に関するお知らせなのかもしれませんが，僕は日本語が読めません。何が書いてあるのか教えてもらえますか？

ヒカリ：わかりました。大雨のために電車が止まっているのです。

ボブ　：本当ですか？　電車はいつ運転を再開するのですか？

ヒカリ：そのお知らせには書いていないので，あなたが次の電車をどれくらいの間待たなければならないのかわかりません。

ボブ　：ああ，大変だ！　僕は今日，花山に行かなければならないのです。

ヒカリ：それなら，バスに乗るといいですよ。それは5番乗り場から出ています。今が12時10分なので，次のバスが出るまであと20分あります。

ボブ　：助けてくれてありがとう，ヒカリ。

ヒカリ：どういたしまして。

③【解き方】Ⅰ. ① 直後にアンドルー先生が「私ですか？」と返答し，甑島に行ったと述べている。「冬休み中に何をしましたか？」と質問されたトモキは，アンドルー先生に同じ質問をした。How about ～?＝「～はどうですか？」。

② 直後にアンドルー先生が「甑島の友人が教えてくれました」と答えていることから考える。How did you know about it?＝「あなたはどのようにしてそのことを知ったのですか？」。

③ トモキが「将来は社会科の先生になりたいので，そのような行事について知りたいと思います」と答えていることから考える。Are you interested in ～？＝「あなたは～に興味がありますか？」。

Ⅱ. 1. ⑴ 質問は「ボランティアは週末にしか一緒に練習をしませんでした。なぜですか？」。第2段落の1文目を見る。「ボランティアがさまざまな高校から来ていた」からである。⑵ 質問は「開会式での演技の後，リコはどのように感じましたか？」。第3段落の2文目を見る。リコはとてもうれしく感じた。

2. 人々が一緒に取り組むときに大切なことは何か。第2段落の最終文を見る。「自分たちの考えを共有すること」によって，リコたちの演技はよいものになったと述べている。

Ⅲ. 1.「チキンと何か冷たいものが食べたい」という希望に合うのは「ライスバーガーとアイスクリーム」。

2.「食べ物と飲み物がほしいがビーフは食べたくない。所持金は6.50ドル」という条件に合うのは「フィッシュバーガーと紅茶」。

【答】Ⅰ. ① エ　② ウ　③ イ

Ⅱ. 1. (例) ⑴ Because they came from different high schools.　⑵ She felt very happy.　2. Sharing our ideas

Ⅲ. 1. ウ　2. エ

◀全訳▶　Ⅰ.

アンドルー：あなたは冬休み中にどんなことをしましたか？

トモキ　　：僕は3月のテストに備えてたっぷり勉強しました。先生はどうでしたか？

アンドルー：私ですか？　私は甑島に行きました。そこは「甑島のトシドン」という伝統行事で有名です。あなたは今までそれについて聞いたことがありますか？

トモキ　　：はい，でも僕はそれについてあまりよく知りません。先生はどのようにしてそのことを知ったのですか？

アンドルー：甑島の友人が私にそれについて教えてくれたのです。それはユネスコ無形文化遺産リストに登録されました。毎年12月31日に，「トシドン」が子どもの健全な成長を願うために人々の家に行くのです。あなたはこの行事に興味がありますか？

トモキ　　：はい。将来僕は社会科の先生になりたいので，そのような行事について知りたいと思います。

アンドルー：テストの後，そのような行事についての本を読んで下さい。

トモキ　　：はい，そうします。

Ⅱ．今年の夏，私はボランティアの一人として全国高等学校総合体育大会に参加しました。これはボランティアとしての私の初めての経験でした。私たちは開会式で踊ったり，いくつかの曲を鹿児島の方言で歌ったりしました。

ボランティアはさまざまな高校から来ていたので，私たちは土曜日と日曜日にしか一緒に練習しませんでした。最初，私たちはとても緊張していてお互いに話すことができませんでした。開会式の1か月前，私たちの先生が「あなたたちはそれぞれ一生懸命に頑張っていますが，一つのチームとして，お互いとコミュニケーションをとるべきです」と言いました。その日の練習後，ボランティア全員が残り，私たちの問題について初めて話し合いました。そして私たちは毎回練習後にミーティングをすることに決めました。自分たちの考えを共有することによって，私たちの演技はよくなりました。

開会式で，私たちは全力を尽くし，私たちの演技を見ていた多くの人々が盛大な拍手をしてくれました。それで私はとてもうれしくなりました。私たちの先生は「よく頑張りました！　あなたたちの演技は素晴らしかったですよ！」と言いました。

その経験から，私はある大切なことを学びました。一緒に取り組むときには自分たちの考えを共有することが大切です。そうしたら，私たちはものごとをよりよくすることができるのです。この経験は私の人生において役立つことでしょう。

④【解き方】1.「マイクが右脚を骨折した（第1段落の後半）」→「サッカーをしている少年と話をした（第5段落）」→「最後のトーナメントでチームの応援をした（最終段落）」の順。

2. 直前の文がその理由を表している。couldn't play soccer as well as ～＝「～ほど上手にサッカーをすることができなかった」。

3. マイクの父親がマイクをサッカーの試合に誘っている場面。「一緒に行かないか？」などの文が入る。「～しませんか？」＝ Why don't you ～?。

4. 右脚に問題があるにもかかわらず少年が熱心にサッカーをしていることから考える。マイクの父親は「彼にとってサッカーは特別なものだ」と思っている。

5. 右脚に問題を持つ少年が一生懸命にサッカーをしているのに対して，骨折しただけでサッカーの練習に行くのをやめてしまった自分に「僕は何をしているのだろうか？」と問いかけている。直前の「マイクはショックを受けた」という表現にも着目する。

6. ア.「マイクは自転車でサッカーの練習に向かうときに転び，病院に運ばれた」。第1段落の後半を見る。正しい。イ.「最後のトーナメントでサッカーができないと聞いてマイクはとてもショックを受けた」。第2段落の後半を見る。正しい。ウ. 第3段落の最終文を見る。父親から小さな子どもたちがするサッカーの試合に誘われたとき，マイクはあまり最初「行きたくない」と答えている。エ. 第4段落の後半を見る。マイクが驚いたのは，右脚が不自由でうまく歩けない少年がサッカーをしていたため。オ. 第6段落を見る。マイクは幼い日のことを思い出し，もう一度サッカーの練習を始めた。

7. ジョンと出会ってマイクの気持ちが変化したことと，次のせりふで父親が「彼から大切なことを学んだね」と言っていることから考える。「ジョンと出会ってから，サッカーを楽しむことが大切だということを思い出した」などの文が入る。

【答】1. イ→ウ→ア

2. 自分がチームメートほど上手にサッカーをすることができなかったこと。(33字) (同意可)

3. (例) Why don't you come with me　4. ウ　5. エ　6. ア・イ

7. (例) After I met John, I remembered it was important to enjoy soccer. (12語)

◀全訳▶ マイクは6歳のときにサッカーを始めました。彼は友人たちとサッカーをするのを楽しんでいました。中学校に入ったとき，彼はチームで最高の選手の一人になりました。自分やチームのメンバーが活躍して試合に勝ったとき，彼はとてもうれしく思いました。3年生のとき，彼は最後のトーナメントのために一生懸命練習しました。しかし，4月のある日，サッカーの練習に向かおうと自転車に乗っていたとき，彼は転び右脚を骨折してしまいました。彼は動くことができませんでした。そのため彼は病院に運ばれました。医師はマイクに「数か月間右脚を使うことはできないよ」と言いました。それを聞いて彼はとても失望しました。

3か月後，彼の脚は回復し，彼はチームとともにサッカーの練習を再開しました。しかし，マイクはチームのメンバーほど上手にサッカーをすることができませんでした。彼はこのことについてとても悲しく感じ，サッカーをするためのやる気を失い始めました。彼は時々練習に行きませんでした。そしてある日，コーチが彼に「マイク，君は最後のトーナメントに選手としては参加できない」と言ったのです。彼はとてもショックを受け，その日から練習に行かなくなりました。

1週間後，彼の父親がマイクに「今日は公園で小さな子どもたちがするサッカーの試合を見にいこうと思う。友人の息子を応援したいんだ。一緒に行かないか？」と言いました。最初，マイクは「行きたくない」と言ったのですが，父親が何度も彼を誘ったため，最後には同意しました。

彼らはその試合を見るため公園に行きました。何人かの子どもたちはとてもよい選手で，その試合はとてもわくわくするものでした。試合終了の約5分前に，一人の少年がその試合に参加しました。マイクはすぐにその少年の何かが違っていることに気づきました。彼は速く走ることができず，時々転びました。マイクの父親はマイクに「あの少年が私の友人の息子，ジョンだ。彼は生まれつき右脚に問題がある。彼はうまく歩くことさえできないんだよ」と言いました。マイクはとても驚き，「なぜ彼はサッカーをすることを選んだの？　もっと簡単にできることが他にたくさんあると思うよ」と言いました。彼の父親は「彼を見てごらん。彼はチームのすべてのメンバーの中で一番熱心にボールを追って走っている。彼にとってサッカーは特別なものなのだと思うよ」と答えました。

試合後，マイクはジョンに話しかけました。マイクは「こんにちは，ジョン。僕はマイクです。サッカーをするのは好きですか？」と言いました。ジョンは「はい，好きです。僕は速く走ることはできませんが，ボールを使ってプレーすることはできます。僕はサッカーが大好きです。友人たちとサッカーをしているとき，僕はとても幸せです」と答えました。彼の言葉を聞いてマイクはショックを受け，「僕は何をしているのだろう？」と自分自身に問いかけました。

その日はマイクにとって大きな日となりました。彼は9年前に自分が幸せだったことを思い出しました。彼はその頃サッカーをプレーし始めたのです。小さい頃，彼はサッカーを本当に楽しんでいました。彼はこのことがとても大切なのだと思い，再びチームのメンバーとサッカーを練習し始めました。自分が最後のトーナメントでプレーしないことはわかっていましたが，彼は友人たちと走ったりプレーをしたりして楽しみました。

トーナメントで，彼はチームのメンバーを助けたり応援したりすることに全力を尽くしました。チームのメンバーと一緒にいるのは楽しいことでした。中学校での最後の試合の後，彼は充実した気分でした。彼は高校でもサッカーをしようと決心しました。

社　会

[1]【解き方】Ⅰ. 2. イギリスのロンドンを通る。本初子午線より東を東経，西を西経であらわす。

3. A国はイギリス，B国は中国，C国はニュージーランド，D国はメキシコ。

4. 熱帯雨林が減少する要因の1つともされている。

5. アフリカ大陸では，赤道付近が熱帯で，赤道から南と北に遠ざかるにつれて乾燥帯や温帯となる。アはオーストラリア大陸で，国土面積の半分以上が乾燥帯であり「乾燥大陸」と呼ばれる。ウは北アメリカ大陸。

6. (2) タイやマレーシアは，日本やアメリカなどの企業を受け入れて工業化を進め，貿易を拡大してきた。

Ⅱ. 1. シラスの広がる土地は，水もちが悪く稲作に適さず，畑作や畜産が盛ん。

3. 冬の降水量が多いので，日本海側に位置する(い)の金沢市を選ぶ。Yは(う)の高知市，Zは(あ)の仙台市の雨温図。

4. 関東地方北部や千葉県では，大消費地に新鮮な作物を供給する近郊農業が盛ん。

6. 昼夜間人口比率が100％を下回ると，昼間人口が少ないことを意味する。さいたま市は，東京のベッドタウンとなっている。

Ⅲ. 河川との距離や浸水予想地域に注目する。洪水の際は，できるだけ河川から離れることが望ましい。

【答】Ⅰ. 1. ヒマラヤ(山脈)　2. 本初子午線　3. ウ　4. 焼畑農業　5. イ

6. (1) 低い賃金で労働者を雇うことができ，費用を安くおさえた製品を生産できるから。(2) 主な輸出品目が農産物や工業の原料から工業製品に変わり，輸出総額が増加した。(それぞれ同意可)

Ⅱ. 1. シラス台地　2. 岐阜県　3. (い)　4. 大消費地に短い時間で輸送する（同意可）

5. 日本のエネルギー自給率を高めることができると考えられるから。(同意可)

6. イがさいたま市である。理由は，昼間は通勤や通学で東京などへ人が移動していて，夜間人口に比べ昼間人口が少なくなると考えられるからである。(同意可)

Ⅲ. X. 経路(い)　Y. 経路(い)は浸水予想地域の外に出るまでの距離が短く，河川の近くを通らずに避難することができる（同意可）

[2]【解き方】Ⅰ. 1.「万葉集」には，防人の歌も収められている。

2. アは13世紀，ウは15世紀，エは3世紀のできごと。

3. アは藤原頼通が建てた平等院鳳凰堂。イは飛鳥文化，ウは室町文化，エは鎌倉文化と関係の深いもの。

4. 調味料や薬として使われ，非常に高価だった香辛料など，アジアの特産物を入手しようとした。

5.「御成敗式目」は，鎌倉時代に北条泰時が定めた裁判基準。「徳川吉宗」は，享保の改革を行った江戸幕府の8代将軍。

6. Aは平安時代初期，Bは奈良時代，Cは平安時代前期，Dは鎌倉～室町時代。

Ⅱ. 1. ① 西郷隆盛が中心となっておこった反乱だが，政府軍によって鎮圧された。② 佐藤栄作内閣が，アメリカ政府と沖縄返還の交渉を行った。

3. アは1874年，イは1925年，ウは1868年，エは1889年のできごと。

4.「小村寿太郎」は，1911年にアメリカとの間で条約を結び，関税自主権の回復を実現した外務大臣。

5. 資料2から，物価と賃金の上昇率を比較する。

6. アは1955年，イは1993年，ウは1949年，エは1989年のできごと。

Ⅲ. 新たな公共事業を立ち上げることは，雇用の増加につながる。1933年から1937年にかけて失業率が改善していることに注目する。

【答】Ⅰ. 1. 万葉集　2. イ　3. ア

4. イスラム商人が仲介していたために価格が高かったアジアの特産物を直接手に入れるため。(同意可)

5. ウ　6. B→A→C→D

Ⅱ. 1. ① 西南　② 沖縄　2. 王政復古の大号令　3. ウ→ア→エ　4. イ

5. 労働者の賃金は上昇したが，それ以上に物価も上昇したため。(同意可) 6. エ

Ⅲ. 失業率を減らすために，ダムを建設するなどの公共事業を行った (29字) (同意可)

3 【解き方】 Ⅰ. 2. ア・イ・エは国会の仕事や権限。

3. 内閣不信任決議や予算の先議権などが衆議院には認められている。

4. 国民は特に，政治に関わるさまざまな情報を自由に知ることができるという権利。

6. 資料4より，アメリカやヨーロッパの国々，日本などの先進国の割合が高いことに注目する。

Ⅱ. 1. アジア太平洋経済協力の略称。現在は，21の国・地域で構成されている。

2. アは「社会保険」ではなく公的扶助，ウは「公衆衛生」ではなく社会保険，エは「公的扶助」ではなく公衆衛生の説明になっている。

3. 資料1より，2016年度の経済成長率は約1％とわかる。経済成長率は，国内総生産の対前年度増加率で表されているから，2016年度の国内総生産は前年度より増加している。

4. 銀行など金融機関を通して資金を調達する場合は「間接金融」という。

5. (1) 政府が行う経済活動を「国家財政」，地方公共団体が行う経済活動を「地方財政」という。(2) 相続税にも採用されている制度で，国民の所得を再配分する機能がある。

Ⅲ. 資料2で，消費者のとった行動を「行動しない・あきらめる」から「消費センターなどに相談する」に変えたとき，その結果がどうなるかを考えるとよい。

【答】 Ⅰ. 1. 条例 2. ウ

3. 衆議院のほうが任期が短く解散もあるため，国民の意思をより反映すると考えられるから。(同意可)

4. エ 5. 国際司法裁判所

6. これまで二酸化炭素を多く排出して地球温暖化の原因を作ったのは先進国だから，まず先進国が排出削減を行うべきである。(同意可)

Ⅱ. 1. APEC 2. イ 3. ウ 4. 株式や債券を発行 (同意可) 5. (1) 財政 (2) 累進課税

Ⅲ. X. 消費者庁 Y. 不正な取引や製品等の事故といった消費者トラブルが減少し，消費者が主役となる (37字) (同意可)

理　科

1 【解き方】3. 変温動物は魚類・両生類・ハチュウ類。

4. BTB溶液は，酸性で黄色，中性で緑色，アルカリ性で青色を示す。pHの値が7の場合は中性，7より小さいと酸性，7より大きいとアルカリ性を示す。

5. 融点より低い温度では固体，融点と沸点の間の温度では液体，沸点より高い温度では気体なので，50℃が融点と沸点の間にある物質を選ぶ。

6. (2) 乾電池1個の場合と比べると，乾電池2個を直列につなぐと電流は2倍になるので明るくなる。乾電池2個を並列につないでも，豆電球に流れる電流は同じなので，明るさは変わらない。また，乾電池から流れる電流が小さくなるので長持ちする。

7. 風向きが「東→南→西」と変化し，南寄りの風のときに特に強い風がふいたので，台風の中心は種子島の西側を北上したと考えられる。

【答】1. 菌(類)　2. 偏西風　3. ア・エ・オ　4. ①ア　②ウ　5. イ・ウ　6. (1) 交流　(2) ①イ　②ア　7. ウ

2 【解き方】Ⅰ. 2. 川が曲がっているところでは，内側は流速が小さいので堆積作用が大きく，外側は流速が大きいので侵食作用が大きい。

3. 地層の逆転やしゅう曲がなければ，上の層ほど新しい。図1の下の層から見ていくと，ホタテガイの化石をふくむ浅い海で堆積した後に，火山灰が堆積し，シジミの化石をふくむ河口で堆積したことがわかる。また，これらすべての地層がずれているので，最後に断層ができたことがわかる。

Ⅱ. 1. 太陽が南中した方位が南なのでウが南とわかり，アが北，イが東，エが西となる。

3. (1) 真南にきた太陽と観測点を結ぶ直線が地平面となす角を作図する。(2) 夏至の日の太陽の南中高度は，90°－緯度＋23.4°より，90°－31.6°＋23.4°＝81.8°

【答】Ⅰ. 1. しゅう曲

2. 東側の川岸に川原の堆積物があることから，東側が川の曲がっているところの内側となっているQである。(同意可)

3. イ→ウ→ア→エ

Ⅱ. 1. イ　2. 日周運動　3. (1) (右図)　(2) 81.8°

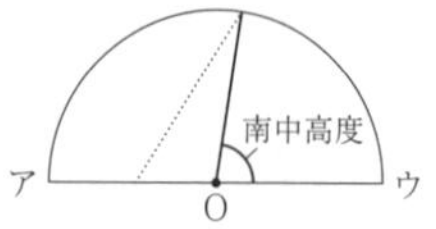

3 【解き方】Ⅰ. 1. 水10gに物質3.0gを入れたので，図1にあわせて，水100gに物質30gを入れたと考える。図1より，塩化ナトリウムは30℃の水100gに約36gとけるので，30gではとけ残りは生じない。塩化ナトリウムは水にとけると電離して，イオンは均一に水溶液に広がる。

2. 1と同様に考えると，30℃ではホウ酸とミョウバンはとけ残りが生じる。また，30℃ではミョウバンよりもホウ酸の方がとける質量が小さいので，ホウ酸の方がとけ残った質量が大きい。

3. 温度による溶解度の差が小さい塩化ナトリウムは，温度を下げてもほとんど結晶は出てこない。

4. 3.0gのDがすべてとけるために必要な水の質量は，$10\,(\text{g}) \times \dfrac{3.0\,(\text{g})}{\text{S}\,(\text{g})} = \dfrac{30}{\text{S}}\,(\text{g})$なので，加える水の質量は，$\dfrac{30}{\text{S}}\,(\text{g}) - 10\,(\text{g}) = \left(\dfrac{30}{\text{S}} - 10\right)(\text{g})$

Ⅱ. 2. 陰極では水素が発生する。アは二酸化炭素，イは酸素，ウは塩素が発生する。

3. (2) 燃料電池は水の電気分解と逆の反応なので，化学反応式は，$2H_2 + O_2 \rightarrow 2H_2O$　両辺を2倍すると，$4H_2 + 2O_2 \rightarrow 4H_2O$となり，水素分子4個，酸素分子2個が反応する。よって，反応しないで残るのは酸素分子で，残る個数は，6(個)－2(個)＝4(個)

【答】Ⅰ. 1. イ　2. a. ミョウバン　b. ホウ酸

3. (Cは，水溶液の温度を下げると，)溶解度が小さくなり，とけきれない分が結晶として出てきたから。(同

意可）

4. $\dfrac{30}{S}-10$（g）

Ⅱ. 1. $NaOH \rightarrow Na^{+} + OH^{-}$　2. エ　3. ⑴ 燃料(電池)　⑵ (化学式) O_2　(分子の個数) 4 (個)

④【解き方】Ⅰ. 1. 酢酸カーミンでもよい。

2. 細胞分裂の過程は，核が消えて染色体が現れる→染色体が中央に並ぶ→それぞれの染色体が2つに割れて両端に移動する→細胞にしきりができ始め，両端に分かれた染色体が核をつくる。

Ⅱ. 2. 消化酵素は体温と同じくらいの温度でよくはたらく。

3. ⑴ デンプン溶液にヨウ素液を入れると青紫色になる。⑵ 麦芽糖などをふくむ溶液にベネジクト液を入れて加熱すると赤褐色の沈殿が生じる。

4. 実験では，だ液のはたらきを試験管で確認している。

【答】Ⅰ. 1. 酢酸オルセイン　2. (ア→)オ→ウ→エ→イ

3. 根は，先端に近い部分で細胞の数がふえ，それぞれの細胞が大きくなることで成長する。(同意可)

4. 染色体が複製されるから。(同意可)

Ⅱ. 1. 対照実験　2. ヒトの体温に近づけるため。(同意可)

3. ⑴ だ液のはたらきによってデンプンがなくなった。⑵ だ液のはたらきによって麦芽糖などができた。(それぞれ同意可)

4. ③

⑤【解き方】Ⅰ. 1. 入射角は入射光と鏡の面に立てた垂線とのなす角。入射角と反射角は等しいので，90° － 60° ＝ 30°

2. 右図アのように，鏡の上端と目を直線で結ぶと，鏡の上端に立てた垂線とで反射角がわかるので，入射角＝反射角となるように入射光をかけば，頭の上はどこまでうつるかがわかる。同様に，鏡の下端と目を直線で結ぶと，反射角がわかるので，入射角＝反射角となるように入射光をかけば，からだのどこまでうつるかがわかる。

図ア

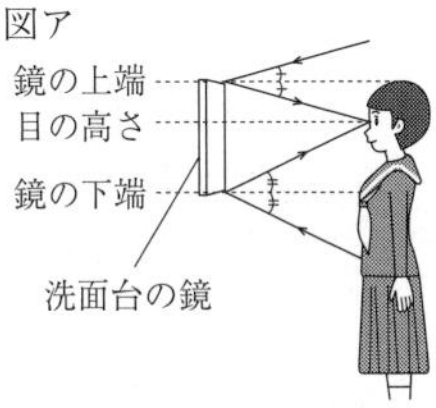

3. 右図イのように，Q の像 Q′ は手鏡に対して Q と対称な位置にできる。Q′ の像 Q″ は洗面台の鏡に対して Q′ と対称な位置にできる。

図イ

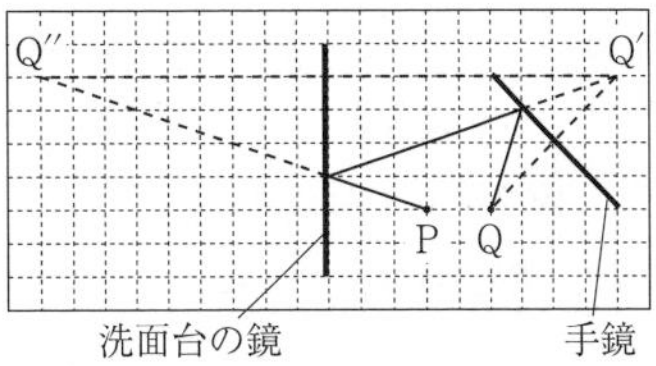

Ⅱ. 1. 質量 20g の小球にはたらく重力の大きさは，$1\,(\mathrm{N}) \times \dfrac{20\,(\mathrm{g})}{100\,(\mathrm{g})} =$ $0.2\,(\mathrm{N})$なので，10cm ＝ 0.1m より，$0.2\,(\mathrm{N}) \times 0.1\,(\mathrm{m}) = 0.02\,(\mathrm{J})$

2. 水平なレール上を運動する小球には重力と垂直抗力がはたらいていて，この2力はつりあっている。

4. 表より，木片の移動距離は小球の高さと質量に比例する。木片の移動距離が 6.0cm になるのは，小球の高さ 15cm，質量 20g のときなので，小球の高さは，$15\,(\mathrm{cm}) \times \dfrac{20\,(\mathrm{g})}{25\,(\mathrm{g})} = 12\,(\mathrm{cm})$

【答】Ⅰ. 1. 30°　2. エ　3. (前図イ)

Ⅱ. 1. 0.02 (J)　2. ウ　3. 作用・反作用　4. 12 (cm)

5. 小球の位置エネルギーの大きさは変わらないので，木片の移動距離は変わらない。(同意可)

国　語

1 【答】1. ① 勇(ましい)　② かんしゅう　③ いの(って)　④ 幕　⑤ 冷静　⑥ ちか(った)　2. 十一(画)

2 【解き方】1. aでは，「相手にわかるように話すことと，自分のオリジナリティを追求することは，一見矛盾する反対のことのように感じる人もいるかもしれません」と主張したことに反して，「この二つは，それぞれバラバラに存在するものではないのです」と述べている。bでは，「あなたの語る内容に相手が賛同してくれるかどうかが，対話での最終的な課題となります」と述べたことについて，「さまざまな人間関係の中で…からです」と理由を述べている。

2. 活用のない自立語で，体言を修飾する連体詞。イは，活用のない自立語で，ものごとを指し示し，主語にすることができる代名詞。ウは活用のある自立語で，言い切りの形が「ウ段」の音で終わる動詞。エは，活用のない自立語で，用言を修飾する副詞。

3. 「この実感」があるときに個人としての存在意義がもたらされるので，「実感」について前で「さまざまな人間関係の中で…わかってもらった』という共通了解の実感」「『私』と問題とのかかわりが，異なる視点と出会い…わかってもらった』という実感が喜びをともなって立ち現れてくる」と述べていることをおさえる。このような「わかってもらった」とは，要するに「自分の考えを相手にも受け止めてもらう」ということなので，そのための活動である「インターアクション」について，「今まで見えなかった自らの中にあるものが次第に姿を現し…対話は次の段階にすすむと考えることができます」と述べていることにも着目する。

4. Ⅰ.「市民としての社会参加という意識をもつことにつながり」と続くので，対話を通して「自分と相手を結ぶ活動の仲間たちが…社会参加という意識につながります」と述べていることに着目する。Ⅱ. 対話を積み重ねて「発見することができる」ものについて，最後の段落で「さまざまな出会いと対話によって自己の経験を可視化する作業は…発見に必ずやつながる」と述べている。

5. 「テーマを自分の問題としてとらえることで…インターアクションが不可欠であるといえます」と述べている。

【答】1. イ　2. ア

3. 他者と相互的にやりとりをする中で把握され表現された自らのオリジナリティが，さまざまな人との間で共通了解されたと実感できたとき。(63字)(同意可)

4. Ⅰ. 個人と社会との関係を自覚　Ⅱ. 生きる目的としてのテーマ　5. ウ

3 【解き方】1. 語頭以外の「は・ひ・ふ・へ・ほ」は「わ・い・う・え・お」にする。

2. 麞を盗む代わりに，「鮑魚一つを網の中に入れて行き去りたる」という行動をした人。

3. 直前の「さりとも人の取り得たらんものをあやなく取りなんも罪深しと思ひて」に注目。

4. Ⅰ.「鮑君と名づけまゐらせけり」のあとの，「村の者ども…この御神の恵みによりしところなりとて斎き祭るほどに」に着目する。Ⅱ. 人々が，「御社」を大きくし，神から受けた福に報いるために奏する舞楽などの音が絶えることがなかったことから考える。Ⅲ.「先生が初めにおっしゃったことから考えると」とあるので，先生がはじめに「この話は，人々の信仰心が御利益を生むことの例として取り上げられたものです」と言ったことをふまえて，御利益がなくなってしまうことになる，人々の様子を考える。

【答】1. おおいに　2. エ　3. ウ

4. Ⅰ. 病さまざま癒ゆること　Ⅱ. さらに大切に祭った(同意可)　Ⅲ. 信仰心をなくした(同意可)

◀口語訳▶　昔，汝南の人が，田んぼの中に網を張って，麞を捕ろうとした。そのうち麞がかかったけれど，その網の持ち主がまだ来なかった時に，道を行く人がいたが，麞を盗んでしまった。そうはいっても人が取って手に入れたものを理由もなく取ることも罪が深いと思って，その麞の代わりに，持っていた魚の干物の一つを網の中に入れて去って行ったところ，その網の持ち主が来て，魚の干物が網の中にあるのを見て，この干物がここにあるべきだとも思えず，どう考えても霊験のある神が現れなさいましたのであろうと大いに不思議に思った。村の人々が皆寄り集まって，やがて祠を建てて干物を入れ申し上げ，鮑君と名づけ申し上げた。村の人々の病気がさまざま癒えることがあったので，この神様の恵みによるものだといってお祭りするうちに，御社を大きく作って，神から受けた福に報いるために奏する舞楽の音は絶えることはなかった。本当に素晴らしい神様であった。7，8年ほど経って，この干物の持ち主がこの御社のそばを通り過ぎて，「どのような神様がこのように現れなさったのでしょうか」と言うと，自分が残して置いた干物であった。「ああ驚きあきれたことだ，それは自分が置いていったものなのに」と言ったところ，この霊験の事はすぐになくなってしまった。

4 **【解き方】** 1. あらすじに，「山沢君との将棋の対戦（対局）に負けた悔しさから研究を重ねてきた」とあることから考える。

2. Ⅰ. 「前回と同じ対局…いいかな？」と言われた時の，山沢君の様子をおさえる。Ⅱ. 試合のあとに，「まさか…思わなかった」とおどろいていることに着目する。

3. 「ぼく」は，「プロ五段の有賀先生から最高の賛辞をもらった」ときも「詰み筋を懸命に探し続け」ていた。すると，「馬引きからの7手詰めだよ」と山沢君が悔しそうに詰み筋を教えてくれ，「ぼくはあらためて…小学2年生の実力に感心し」たとあるので，勝てなかった悔しさよりも山沢君の力に感心する気持ちが強い。

4. 仲間同士でお互いに励まし合って向上していくという意味。アは，本当に偉大な人物は頭角を現すのが遅いということ。イは，仲の悪い者同士や敵味方同士が同じ場所にいること，または共通の目的のために協力し合うこと。ウは，試しに行い，失敗を繰り返しながら，目的や解決策に近づくこと。

5. 対局のあとに山沢君と話しながら，「ぼくの心ははずんでいた…一緒に強くなっていけばいい」と考え，プロになることについて「どれほど苦しい道でも，絶対にやりぬいてみせる」と思っていることをおさえる。

【答】 1. ア　2. Ⅰ. つまらなそうだった　Ⅱ. 悔しそうに話しかけてきた（12字）（同意可）　3. ウ　4. エ
5. 山沢君との対戦をとおして，これからもライバルたちと競い合って実力を高め，絶対にプロ棋士になると決意し，気持ちが高ぶっている。（62字）（同意可）

5 **【解き方】** 山田さんの発言に，「『古典をマンガで読むこと』はあまり良くない」「二点目について…思います」とあることをふまえ，「伝統的な文化」にからめて意見を考える。また，鈴木さんの「マンガに描かれる古典の世界が…と決めつけるのは良くないと思います」という発言にも着目する。

【答】（例）

二点目は，古典の言葉を学習できないことです。響きやリズムが異なるので，現代語で書かれたマンガでは日本の伝統的な文化を表せません。古典をマンガで読んでしまうと，古典の言葉を学ばず，古典に表された伝統的な文化への理解もおろそかなままになると考えられます。特に和歌は，古典の言葉で伝えていかなければ意味がありません。（8行）

~MEMO~

2025年度 受験用
公立高校入試対策シリーズ(赤本) ラインナップ

入試データ	前年度の各高校の募集定員,倍率,志願者数等の入試データを詳しく掲載しています。
募集要項	公立高校の受験に役立つ募集要項のポイントを掲載してあります。ただし,2023年度受験生対象のものを参考として掲載している場合がありますので,2024年度募集要項は必ず確認してください。
傾向と対策	過去の出題内容を各教科ごとに分析して,来年度の受験について,その出題予想と受験対策を掲載してあります。予想を出題範囲として限定するのではなく,あくまで受験勉強に対する一つの指針として,そこから学習の範囲を広げて幅広い学力を身につけるように努力してください。
くわしい解き方	模範解答を載せるだけでなく,詳細な解き方·考え方を小問ごとに付けてあります。解き方·考え方をじっくり研究することで応用力が身に付くはずです。また,英語長文には全訳,古文には口語訳を付けてあります。
解答用紙と配点	解答用紙は巻末に別冊として付けてあります。 解答用紙の中に問題ごとの配点を掲載しています(配点非公表の場合を除く)。合格ラインの判断の資料にしてください。

府県一覧表

3021 岐阜県公立高
3022 静岡県公立高
3023 愛知県公立高
3024 三重県公立高【後期選抜】
3025 滋賀県公立高
3026-1 京都府公立高【中期選抜】
3026-2 京都府公立高【前期選抜 共通学力検査】
3027-1 大阪府公立高【一般選抜】
3027-2 大阪府公立高【特別選抜】
3028 兵庫県公立高
3029-1 奈良県公立高【一般選抜】
3029-2 奈良県公立高【特色選抜】
3030 和歌山県公立高
3033-1 岡山県公立高【一般選抜】
3033-2 岡山県公立高【特別選抜】
3034 広島県公立高
3035 山口県公立高
3036 徳島県公立高
3037 香川県公立高
3038 愛媛県公立高
3040 福岡県公立高
3042 長崎県公立高
3043 熊本県公立高
3044 大分県公立高
3046 鹿児島県公立高

滋賀県特色選抜・学校独自問題

2001 滋賀県立石山高
2002 滋賀県立八日市高
2003 滋賀県立草津東高
2004 滋賀県立膳所高
2005 滋賀県立東大津高
2006 滋賀県立彦根東高
2007 滋賀県立守山高
2008 滋賀県立虎姫高
2020 滋賀県立大津高

京都府前期選抜・学校独自問題

2009 京都市立堀川高·探究学科群
2010 京都市立西京高·エンタープライジング科
2011 京都府立嵯峨野高·京都こすもす科
2012 京都府立桃山高·自然科学科

2025 年度受験用

公立高校入試対策シリーズ 3046

鹿児島県公立高等学校

別冊

解答用紙

● この冊子は本体から取りはずしてご使用いただけます。

● 解答用紙（本書掲載分）をダウンロードする場合はこちら↓
https://book.eisyun.jp/

※なお，予告なくダウンロードを終了することがあります。

英俊社

●解答用紙の四隅にあるガイドに合わせて指定の倍率で拡大すると，実物とほぼ同じ大きさでご使用いただけます(一部例外がございます)。

数 学 解 答 用 紙

1

1 (1)　(2)　(3)　(4)　(5)

2　3　円　4　度　5　約　個

2

1　2　4

3

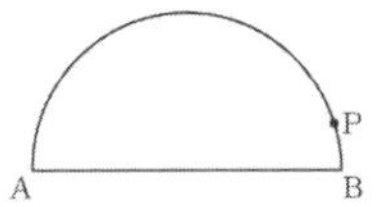

5 （方程式と計算過程）

答 {さつまいも　g / にんじん　g}

3

1　℃　2　4 ①　②　③　④

3 (1)　℃　(2)　9 月　・　10 月　（理由）

4

1

2　秒速　m

3 (1)（方程式と計算過程）

答　秒後

3 (2)　秒速　m

5

1　度

2 (a)　(b)　(c)　(d)　(e)

3 (1)　(3)　S : T =

3 (2)（求め方や計算過程）

答　CD =

受検番号	

合計得点	

※実物の大きさ：195% 拡大（A3 用紙）

英　語　解　答　用　紙

1	1	
	2	
	3	
	4	
	5	→ → →
	6	
	7	She ( ).
	8	
2	1	① ②
	2	① ② ③
	3 (1)	( ) Tokyo.
	3 (2)	( ) him since this morning.
	3 (3)	( ) by your favorite writer?
	4	Last summer vacation, I (30) (40)
3	I 1	
	I 2	Takeru cleaned the blackboard because ( ).
	I 3	
	II 1	2
	III	
4	1	A B C
	2	A B
	3	
	4	
	5	(40) (45) (50)
	6	(20)

受検番号		合計得点	

社　会　解　答　用　紙

1			
I	1	大陸	
	2		
	3	1群	2群	3群
	4		
	5		
	6	パーム油の原料となる	
	7		
II	1		
	2	（記号）	
		（県名）　県	
	3	①	
		②	
		③	
	4		
	5		
	6	⑴	
		⑵　富山県は，　から。	

2			
I	1	①	
		②	
	2		
	3	→　→　→	
	4		
	5		
	6		
II	1	①	
		②	
	2		
	3		
	4		
	5	→　→	
	6	日本の　から。	

3			
I	1		
	2		
	3		
	4		
	5		
	6	⑴	
		⑵	
II	1		
	2		
	3		
	4		
	5		
	6	60　80	

受検番号		合計得点	

※実物の大きさ：195% 拡大（A3 用紙）

理　科　解　答　用　紙

1	1				
	2	①		②	
	3	a		b	
	4				
	5	(1)			
		(2)			
	6	(1)	km/s		
		(2) ①		②	

2	Ⅰ	1				
		2				
		3				
		4				
	Ⅱ	1				
		2	①		②	
		3	A			
			F			
		4	倍			

3	Ⅰ	1		
		2		g
		3		
		4	物質名	
			質量	g
	Ⅱ	1		
		2	(1)	
			(2)	g

4	Ⅰ	1	ヒトのほおの内側の細胞		E	
		2				
		3				
		4				
	Ⅱ	1	(1)			
			(2)			
		2				
		3	X			
			Y			

5	Ⅰ	1	(1)	a	
				b	
			(2)		
		2			
		3			
	Ⅱ	1	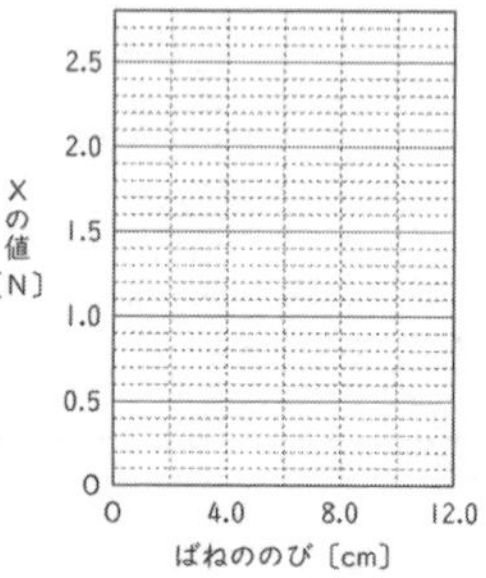		
		2	a		
			b		
		3			

受検番号		合計得点	

※実物の大きさ：195% 拡大（A3 用紙）

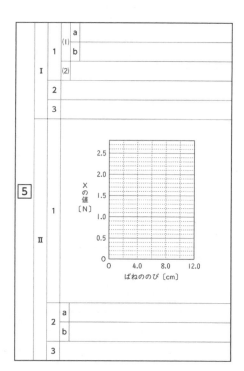

国語解答用紙

1
- 1 (1) える (2) (3)
- (4) (5) (6) れる
- 2 画

2
- 1
- 2
- 3 Ⅰ Ⅱ
- 4
- 5

3
- 1
- 2
- 3
- 4 Ⅰ Ⅱ Ⅲ

4
- 1
- 2 Ⅰ Ⅱ Ⅲ
- 3 → →
- 4

5
1 2 3 4 5 6 7 8

受験番号

合計得点

※実物の大きさ：195% 拡大（A3用紙）

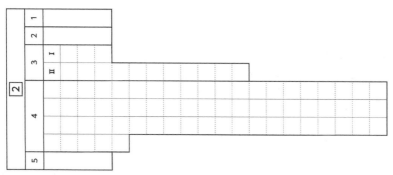

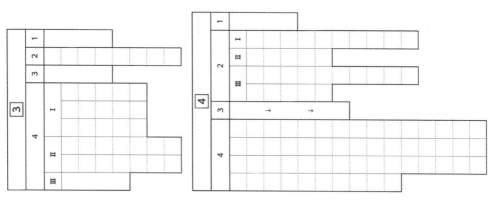

【数　　学】

[1] 3点×9　[2] 1. 3点　2. 3点　3. 4点　4. 3点　5. 4点

[3] 1. 3点　2. 2点　3. (1) 2点　(2) 3点　4. 2点×4

[4] 1. 2点　2. 2点　3. 4点×2　[5] 1. 2点　2. 1点×5　3. (1) 2点　(2) 4点　(3) 3点

【英　　語】

[1] 1～7. 3点×7　8. 4点　[2] 1～3. 2点×8　4. 7点

[3] Ⅰ. 1. 2点　2. 3点　3. 3点　Ⅱ. 3点×2　Ⅲ. 4点

[4] 1. 3点　2. 2点×2　3. 3点　4. 3点　5. 6点　6. 5点

【社　　会】

[1] Ⅰ. 1～5. 2点×5　6. 3点　7. 3点　Ⅱ. 1～5. 2点×5（2・3は各完答）　6. (1) 2点　(2) 3点

[2] Ⅰ. 1～5. 2点×6　6. 3点　Ⅱ. 1～3. 2点×4　4. 3点　5. 2点　6. 3点

[3] Ⅰ. 1～5. 2点×5　6. (1) 2点　(2) 3点　Ⅱ. 1～5. 2点×5　6. 3点

【理　　科】

[1] 1～3. 2点×3　4. 3点　5. 2点×2　6. (1) 3点　(2) 2点

[2] Ⅰ. 1～3. 2点×3　4. 3点　Ⅱ. 1～3. 2点×3　4. 3点

[3] Ⅰ. 1. 2点　2. 3点　3. 2点　4. 3点　Ⅱ. 1. 3点　2. (1) 2点　(2) 3点

[4] Ⅰ. 1～3. 2点×3　4. 3点　Ⅱ. 1. 2点×2　2. 3点　3. 2点

[5] Ⅰ. 1. (1) 3点　(2) 2点　2. 2点　3. 2点　Ⅱ. 3点×3

【国　　語】

[1] 2点×7　[2] 1. 3点　2. 3点　3. 4点×2　4. 7点　5. 5点

[3] 1. 2点　2. 3点　3. 3点　4. Ⅰ. 4点　Ⅱ. 3点　Ⅲ. 3点

[4] 1. 3点　2. Ⅰ. 4点　Ⅱ. 3点　Ⅲ. 4点　3. 3点　4. 6点　[5] 9点

数　学　解　答　用　紙

1

1 (1)　(2)　(3)　(4) 個　(5)

2 $x=$　，$y=$　3 通り　4　5

2

1 (1)　(2)　(3) 度

2

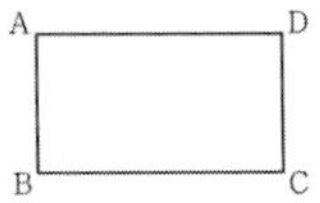

3 (方程式と計算過程)

答　cm

3

1　2 (1) %　(2)

3 ①　②　③　④　⑤

4

1

2

3 (1) (求め方や計算過程)

答 B（　，　）

3 (2)

5

1 cm

3 cm

4 cm²

2 (証明)

受検番号	

合計得点	

※実物の大きさ：195% 拡大（A3 用紙）

英 語 解 答 用 紙

1	1	
	2	
	3	
	4	
	5	
	6	
	7	She learned that she should (　　　　).
	8	

2	1	①	②
	2	①	② ③
	3	(1)	(　　　　) yesterday.
		(2)	I hear that it (　　　　) tomorrow.
		(3)	No, but our father knows (　　　　) it.
	4	On my way home yesterday, ______ (25) (35)	

3	I	1	
		2	
		3	
	II	1	2
	III		

4	1	(A)　(B)　(C)
	2	
	3	
	4	
	5	(20) (25) (30)
	6	(15)

受検番号	

合計得点	

社　会　解　答　用　紙

1

Ⅰ	1	
	2	
	3	
	4	①　　③
	5	（多くのEU加盟国では，）
	6	
Ⅱ	1	
	2	
	3	
	4	
	5	
Ⅲ	1	
	2	記号
		（ⓑとは異なりⓐは，）

2

Ⅰ	1	①
		②
	2	
	3	
	4	→　→　→
	5	
	6	
Ⅱ	1	①
		②
	2	
	3	
	4	
	5	
Ⅲ		

3

Ⅰ	1	
	2	
	3	
	4	
	5	
Ⅱ	1	
	2	
	3	
	4	
	5	
Ⅲ		50

受検番号	

合計得点	

※実物の大きさ：195% 拡大（A3 用紙）

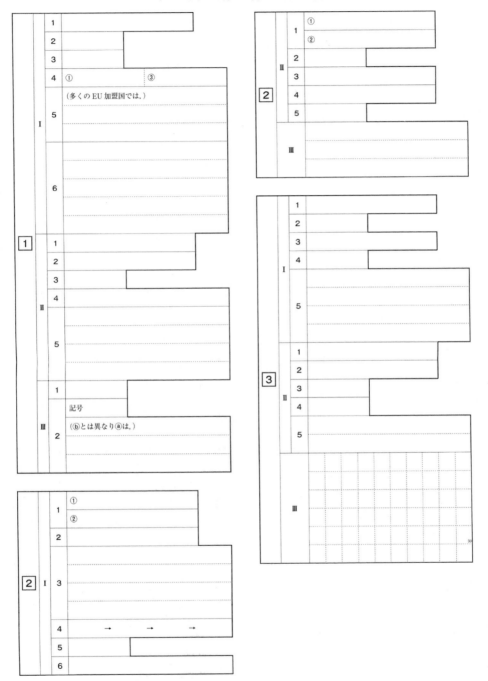

理　科　解　答　用　紙

1

1		N
2	CH_4 ＋ $2O_2$ →	
3		
4		
5 (1)		Pa
5 (2)	C　　D　　E	
5 (3)		秒
5 (4)		

2

Ⅰ	1		
Ⅰ	2	**傾斜がゆるやかな形**の火山は**ドーム状の形**の火山に比べて，	
Ⅰ	3		
Ⅰ	4	b	c
Ⅱ	1	黒点はまわりに比べて，	
Ⅱ	2		
Ⅱ	3	a	b
Ⅱ	4		倍

3

Ⅰ	1	－極	電流の向き
Ⅰ	2		
Ⅰ	3 (1)	a	b
Ⅰ	3 (2)		
Ⅱ	1		
Ⅱ	2	a	b
Ⅱ	3		g

4

Ⅰ	1	〈受けとる刺激〉 光・ におい・ 音・	〈感覚〉 ・聴覚 ・視覚 ・嗅覚
Ⅰ	2 (1)		
Ⅰ	2 (2)		
Ⅰ	2 (3)	①	②
Ⅱ	1		
Ⅱ	2	A	D
Ⅱ	3	②	③
Ⅱ	4	動物名	
Ⅱ	4	理由	

5

Ⅰ	1		
Ⅰ	2		cm
Ⅰ	3	①	②
Ⅰ	4	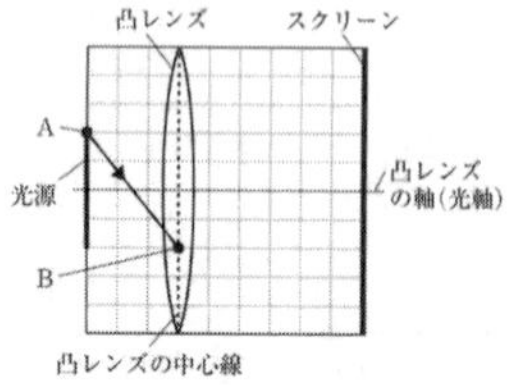	
Ⅱ	1		
Ⅱ	2	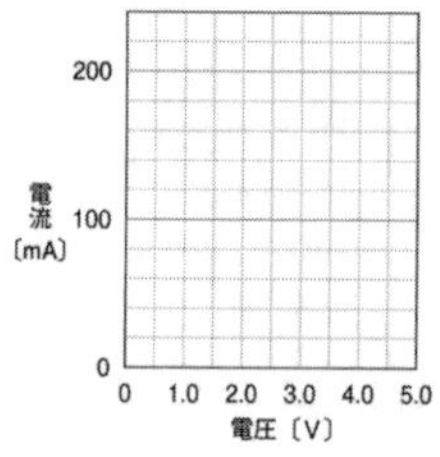	
Ⅱ	3		A
Ⅱ	4	→　→　→	

受検番号		合計得点	

※実物の大きさ：195% 拡大（A3 用紙）

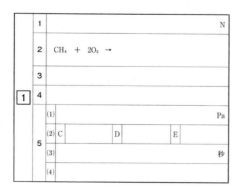

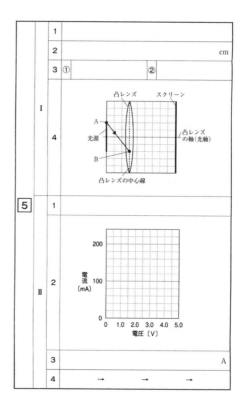

国語解答用紙

1
- 1　(1)　びる　(2)　(3)　(4)　(5)　る　(6)
- 2

2
- 1
- 2
- 3　Ⅰ　Ⅱ　Ⅲ
- 4

3
- 1
- 2
- 3　Ⅰ　Ⅱ　Ⅲ

4
- 1
- 2　Ⅰ　Ⅱ　Ⅲ
- 3　X　Y

5
- 資料番号
- 見出し　A
- B　1　2　3　4　5　6　7　8

受検番号

合計得点

※実物の大きさ：195% 拡大（A3 用紙）

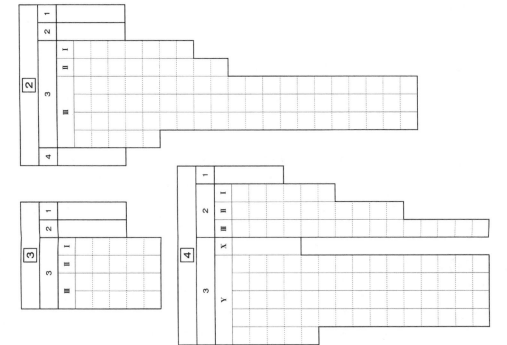

【数　　学】

[1] 3点×9　[2] 1. 3点×3　2. 4点　3. 4点　[3] 2点×8

[4] 1. 3点　2. 3点　3. ⑴5点　⑵4点　[5] 1. 3点　2. 5点　3. 3点　4. 4点

【英　　語】

[1] 1～7. 3点×7　8. 4点　[2] 1～3. 2点×8　4. 7点

[3] Ⅰ. 1. 2点　2. 3点　3. 2点　Ⅱ. 1. 3点　2. 3点　Ⅲ. 4点

[4] 1. 3点　2. 4点　3. 3点　4. 4点　5. 6点　6. 5点

【社　　会】

[1] Ⅰ. 1～5. 2点×5　6. 4点　Ⅱ. 1～4. 2点×4　5. 4点　Ⅲ. 1. 2点　2. 3点

[2] Ⅰ. 1. 2点×2　2. 2点　3. 3点　4. 3点　5. 2点　6. 2点　Ⅱ. 2点×6　Ⅲ. 3点

[3] Ⅰ. 1～4. 2点×4　5. 4点　Ⅱ. 1. 2点　2. 2点　3. 3点　4. 2点　5. 3点　Ⅲ. 4点

【理　　科】

[1] 1. 2点　2. 3点　3. 2点　4. 2点　5. ⑴2点　⑵3点　⑶2点　⑷2点

[2] Ⅰ. 1～3. 2点×3　4. 3点　Ⅱ. 1～3. 2点×3　4. 3点

[3] Ⅰ. 1. 2点　2. 2点　3. ⑴2点　⑵3点　Ⅱ. 1. 2点　2. 4点　3. 3点

[4] Ⅰ. 1. 2点　2. ⑴3点　⑵2点　⑶2点　Ⅱ. 1～3. 2点×3　4. 3点

[5] Ⅰ. 1～3. 2点×3　4. 3点　Ⅱ. 1～3. 2点×3　4. 3点

【国　　語】

[1] 2点×7　[2] 1. 3点　2. 3点　3. Ⅰ. 4点　Ⅱ. 4点　Ⅲ. 7点　4. 5点

[3] 1. 2点　2. 3点　3. Ⅰ. 4点　Ⅱ. 4点　Ⅲ. 5点

[4] 1. 3点　2. Ⅰ. 3点　Ⅱ. 4点　Ⅲ. 4点　3. X. 3点　Y. 6点　[5] 9点

数学解答用紙

1	1	(1)		(2)		(3)		(4)	個	(5) 倍
	2	$b=$	3		4	度	5			

2	1		
	2		
	3	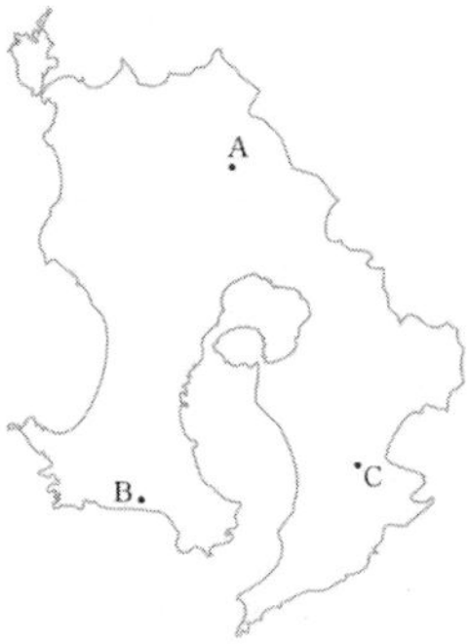	
	4	(1)	約　　　人
		(2)	（方程式と計算過程） 答　$x=$　　　，$y=$

3	1		
	2	(1)	
		(2)	Q(　　，　　)
		(3)	（求め方や計算過程） 答　$a=$

4	1	度
	2	EG : GD =
	3	（証明）
	4	cm
	5	倍

5	1		色，　　　cm	
	2	(1)	ア	イ
			ウ	エ
		(2)	（求め方や計算過程） 答　　　cm	

受検番号	

合計得点	

※実物の大きさ：195% 拡大（A3 用紙）

英 語 解 答 用 紙

1	1	
	2	
	3	
	4	→ →
	5	
	6	(1) (2)
	7	
2	1	① ②
	2	① ② ③
	3	① ② ③
	4	You should buy (X ・ Y) because 25 35
3	Ⅰ	1 2
	Ⅱ	1 2 ② ③ ④
	Ⅲ	
4	1	
	2	
	3	
	4	40
	5	15
	6	

受検番号	

合計得点	

※実物の大きさ：173% 拡大（B4 用紙）

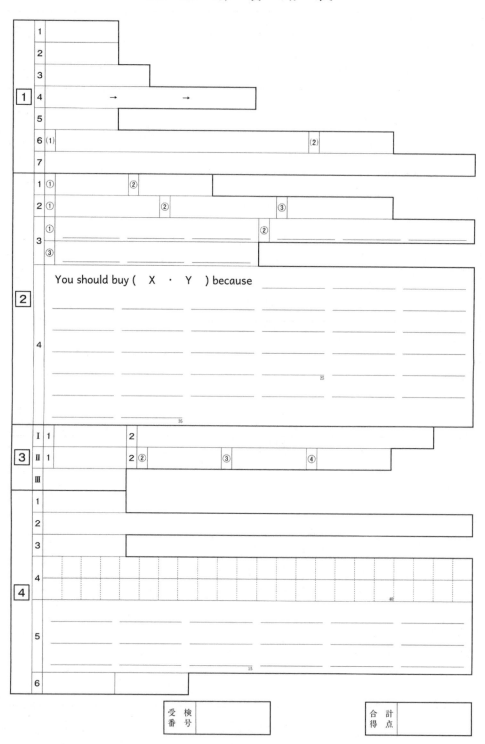

社 会 解 答 用 紙

1	Ⅰ	1	（山脈）
		2	
		3	
		4	
		5	
		6	⑴（1番目）
			⑴（2番目）
			⑵
	Ⅱ	1	
		2	
		3	
		4	⑴（漁業）
			⑵
		5	
	Ⅲ		（記号）
			（理由）

2	Ⅰ	1	
		2	
		3	
		4	
		5	
		6	（　　）→（　　）→（　　）→（　　）
	Ⅱ	1	①
			②
		2	
		3	
		4	
		5	
		6	（　　）→（　　）→（　　）
	Ⅲ		

3	Ⅰ	1	
		2	
		3	
		4	
		5	
		6	
	Ⅱ	1	
		2	
		3	X
			Y
		4	
		5	ドル
	Ⅲ		スーパーマーケットは，（40）（50）

受検番号		合計得点	

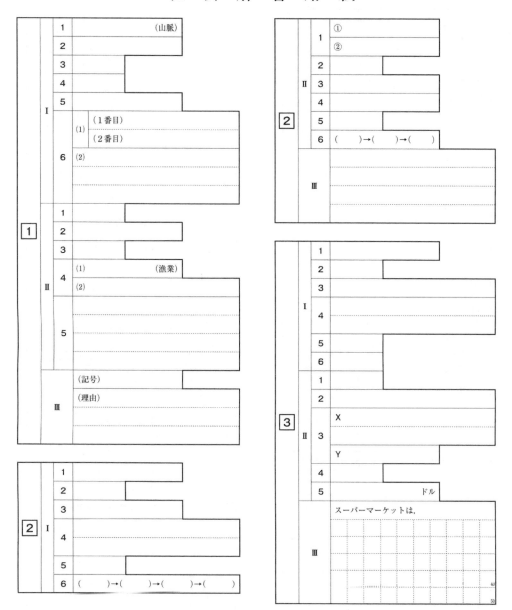

理　科　解　答　用　紙

1	1	①		②	
	2				
	3				
	4	①		②	
	5	(1)			
		(2)			
		(3)			
		(4)			Ω

2	Ⅰ	1	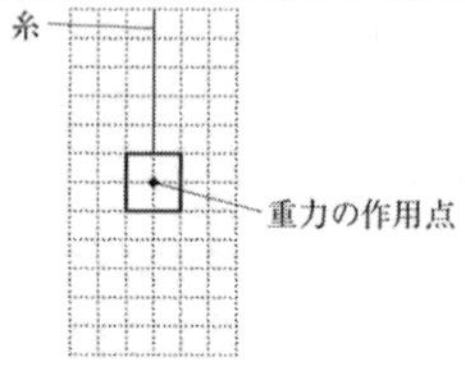			
		2				cm/s
		3	a		b	
		4				
	Ⅱ	1				
		2				
		3				
		4				

3	Ⅰ	1	(1)					
			(2)	a		b		
		2	(1)	ア	本	イ	本	
				ウ	本			
			(2)					
	Ⅱ	1	a		b			
		2	記号		名称			
		3	(1)					
			(2)	試験管（　　）と比べることで，				

4	Ⅰ	1			
		2	(1)		
			(2)	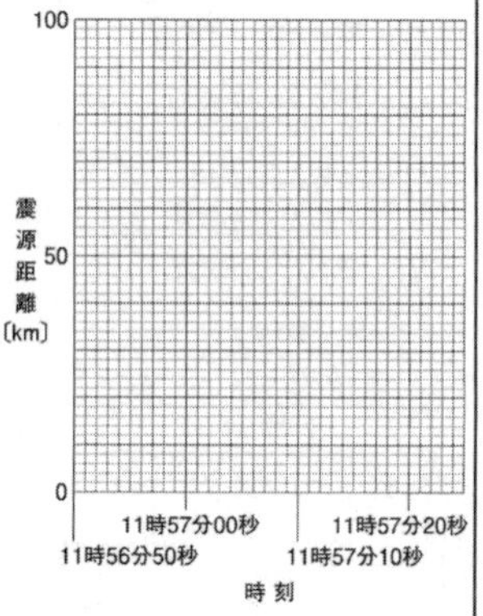	
			(3)		秒
	Ⅱ	1			
		2			
		3			
		4			

5	Ⅰ	1		
		2		
		3	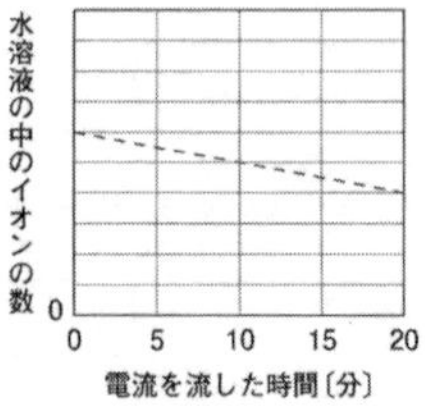	
		4		
	Ⅱ	1		
		2		
		3		g/cm³
		4		

受検番号		合計得点	

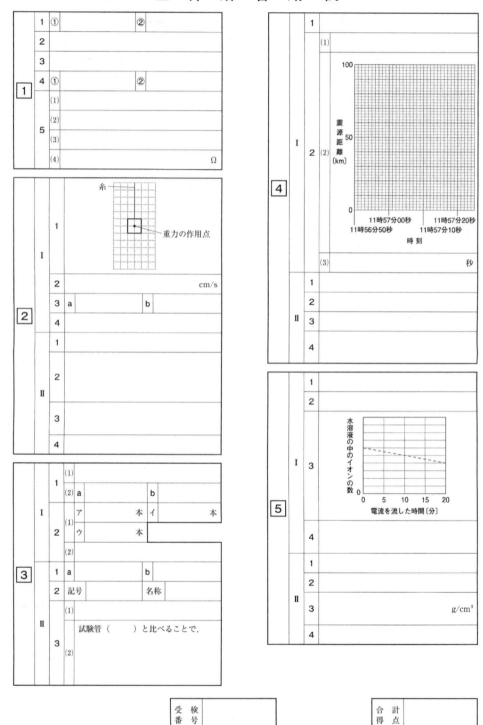

国語解答用紙

1

1　(1)　(2)　く　(3)　(4)　(5)　(6)　る

2　画

2

1

2　Ⅰ　Ⅱ

3

4　自分がどう生きるのかを問わなければ、

5

3

1

2

3

4　Ⅰ　Ⅱ　Ⅲ

4

1

2

3　Ⅰ　Ⅱ

4

5

5

1　2　3　4　5　6　7　8

受検番号

合計得点

※実物の大きさ：173% 拡大（B4 用紙）

2022 年度　鹿児島県公立高等学校［配点］

【数　　学】

[1] 3点×9　[2] 1. 3点　2. 3点　3. 4点　4. (1)3点　(2)4点

[3] 1. 3点　2. (1)3点　(2)3点　(3)4点　[4] 1. 3点　2. 3点　3. 4点　4. 3点　5. 4点

[5] 1. 4点　2. (1)8点　(2)4点

【英　　語】

[1] 1～6. 3点×7　7. 4点　[2] 1～3. 2点×8　4. 7点

[3] Ⅰ. 3点×2　Ⅱ. 1. 3点　2. 4点　Ⅲ. 4点

[4] 1. 3点　2. 4点　3. 3点　4. 4点　5. 5点　6. 3点×2

【社　　会】

[1] Ⅰ. 2点×7　Ⅱ. 1～4. 2点×5　5. 3点　Ⅲ. 4点

[2] Ⅰ. 1～5. 2点×5　6. 3点　Ⅱ. 1～5. 2点×6　6. 3点　Ⅲ. 3点

[3] Ⅰ. 1～5. 2点×5　6. 3点　Ⅱ. 1. 2点　2. 2点　3. 3点　4. 2点　5. 2点　Ⅲ. 4点

【理　　科】

[1] 1～3. 2点×3　4. 3点　5. (1)～(3)2点×3　(4)3点

[2] Ⅰ. 1～3. 2点×3　4. 3点　Ⅱ. 1～3. 2点×3　4. 3点

[3] Ⅰ. 1. 2点×2　2. (1)2点　(2)3点　Ⅱ. 1. 2点　2. 2点　3. (1)2点　(2)3点

[4] Ⅰ. 1. 2点　2. (1)2点　(2)2点　(3)3点　Ⅱ. 1～3. 2点×3　4. 3点

[5] Ⅰ. 2点×4　Ⅱ. 1. 2点　2. 2点　3. 3点　4. 3点

【国　　語】

[1] 2点×7　[2] 1. 2点　2. 4点×2　3. 4点　4. 7点　5. 5点

[3] 1. 2点　2. 3点　3. 3点　4. Ⅰ. 3点　Ⅱ. 3点　Ⅲ. 4点

[4] 1. 3点　2. 3点　3. Ⅰ. 3点　Ⅱ. 4点　4. 4点　5. 6点　[5] 9点

数 学 解 答 用 紙

1	1	(1) 　(2) 　(3) 　(4) 時速　km　(5) 　本
	2	$a=$ 　3 　cm^3　4 $n=$ 　5
2	1	度　2 　3
	4	(証明)
	5	(式と計算) 答　Mサイズのレジ袋　枚, Lサイズのレジ袋　枚
3	1	a 　b 　2 　冊　3 (1) 　(2)
4	1	ア
	2	イ (　　,　　) ウ (　　,　　)
	3	(1)
	3	(2) (求め方や計算) 答 同じ面積になる　・　同じ面積にならない
5	1	
	2	
	3	(1) 　cm　(2) 　cm^2
		(3) (式と計算) 答　秒後

受検番号	

合計得点	

※実物の大きさ：195% 拡大（A3 用紙）

英　語　解　答　用　紙

1

1

2

3

4 →　→

5

6 (1)　(2) He has learned it is important to　.

7

2

1 ①　②

2 ①　②　③

④ But　at Minato Station by eight forty.

3 　do you have in a week ?

4

3

Ⅰ 1　2

Ⅱ 1 (1)

(2)

2

Ⅲ 1番目　2番目

4

1 →　→

2

3 •

•

4

5

6

7

受検番号	

合計得点	

※実物の大きさ：173% 拡大（B4 用紙）

社　会　解　答　用　紙

1	I	1	
		2	
		3	
		4	
		5	
		6	Y
			Z
	II	1	市
		2	
		3	（果実）
			（県）
		4	
		5	
	III		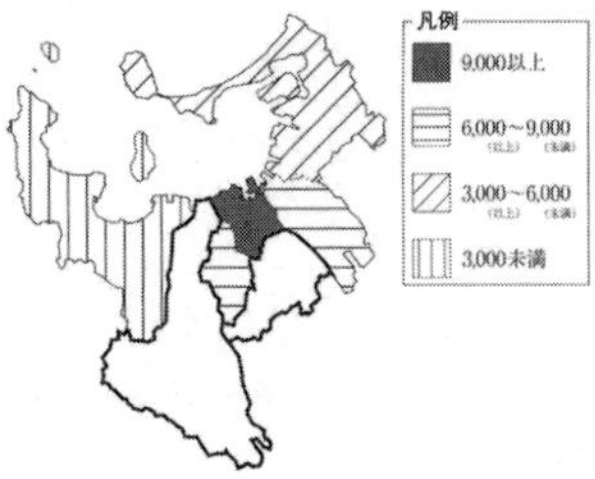

2	I	1	
		2	
		3	→　→　→
		4	
		5	
		6	
		7	
	II	1	①
			②
		2	
		3	
		4	→　→
		5	
		6	
	III		

3	I	1	
		2	→　→
		3	核兵器を
		4	内閣総理大臣は
		5	
	II	1	
		2	
		3	
		4	
		5	失業した労働者に対して
	III		40

受　検 番　号		合　計 得　点	

※実物の大きさ：173% 拡大（B4 用紙）

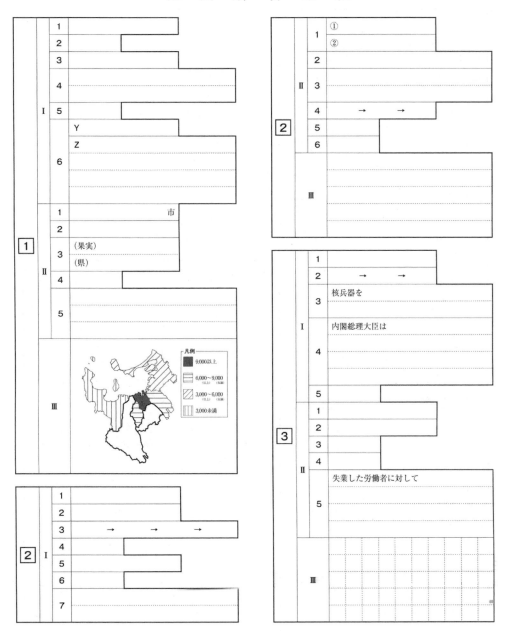

理 科 解 答 用 紙

1

1					
2					
3	a		b		c
4					
5					
6					
7	①		②		
8	力の大きさ	N	距離	cm	

2

I	1			
	2	X ＋ ● → Y ＋ Z		
	3			
	4	質量	g	
		物質		
II	1			
	2			
	3			
	4	a		b

3

I	1				
	2				
	3	①		②	
	4				
II	1				
	2	(1)			
		(2)	a		
			b		
			c		
	3				

4

I	1			
	2			
	3			
	4			
II	1			
	2	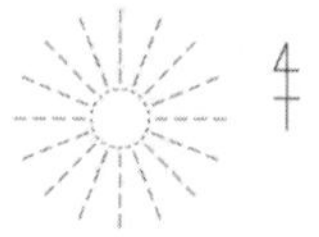		
	3	a		b
	4			

5

I	1	g/cm³			
	2	N			
	3	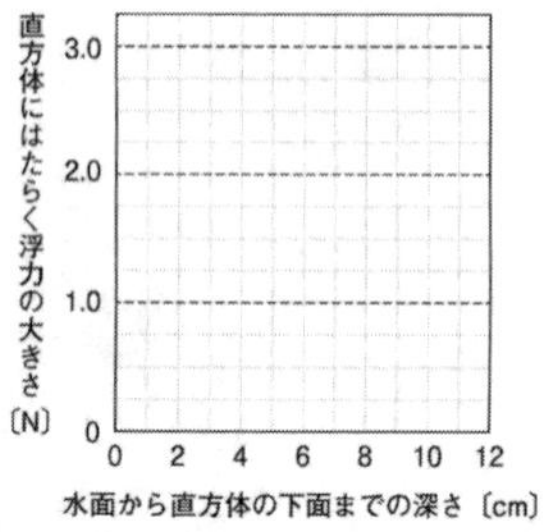			
	4	記号			
		理由			
II	1				
	2				
	3	電圧	V	電力	W
	4				

受検番号		合計得点	

国語解答用紙

1
1 (1) (2) す (3) (4) (5) (6) ぐ
2 画

2
1
2
3 Ⅰ Ⅱ
4
5

3
1
2
3
4 Ⅰ Ⅱ Ⅲ

4
1
2 Ⅰ Ⅱ
3
4
5

5
選択した特徴
1 2 3 4 5 6 7 8

受検番号

合計得点

※実物の大きさ：173% 拡大（B4 用紙）

2021 年度　鹿児島県公立高等学校［配点］

【数　　学】

[1] 3 点×9　[2] 1 ～ 3. 3 点×3　4. 4 点　5. 4 点　[3] 3 点×4

[4] 1. 3 点　2. 3 点×2　3. (1) 3 点　(2) 5 点　[5] 1. 3 点　2. 4 点　3. (1) 3 点　(2) 3 点　(3) 4 点

【英　　語】

[1] 1 ～ 6. 3 点×7　7. 4 点　[2] 1. 2 点×2　2. ①～③ 2 点×3　④ 3 点　3. 3 点　4. 7 点

[3] Ⅰ. 2 点×2　Ⅱ. 1. 2 点×2　2. 3 点　Ⅲ. 3 点×2

[4] 1. 3 点　2. 2 点　3. 4 点　4. 2 点　5. 3 点　6. 3 点×2　7. 5 点

【社　　会】

[1] Ⅰ. 2 点×7　Ⅱ. 1 ～ 4. 2 点×5　5. 4 点　Ⅲ. 4 点

[2] Ⅰ. 2 点×7　Ⅱ. 1 ～ 3. 2 点×4　4. 3 点　5. 2 点　6. 2 点　Ⅲ. 3 点

[3] Ⅰ. 1 ～ 3. 2 点×3　4. 3 点　5. 3 点　Ⅱ. 1 ～ 4. 2 点×4　5. 3 点　Ⅲ. 3 点

【理　　科】

[1] 1. 2 点　2. 2 点　3. 3 点　4 ～ 7. 2 点×4　8. 3 点

[2] Ⅰ. 1 ～ 3. 2 点×3　4. 3 点　Ⅱ. 1 ～ 3. 2 点×3　4. 3 点

[3] Ⅰ. 1 ～ 3. 2 点×3　4. 3 点　Ⅱ. 1. 2 点　2. (1) 2 点　(2) 3 点　3. 2 点

[4] Ⅰ. 1 ～ 3. 2 点×3　4. 3 点　Ⅱ. 1. 2 点　2. 3 点　3. 2 点　4. 2 点

[5] Ⅰ. 1. 2 点　2. 2 点　3. 3 点　4. 2 点　Ⅱ. 1. 2 点　2. 2 点　3. 3 点　4. 2 点

【国　　語】

[1] 2 点×7　[2] 1. 2 点　2. 3 点　3. Ⅰ. 4 点　Ⅱ. 5 点　4. 7 点　5. 5 点

[3] 1. 2 点　2. 3 点　3. 3 点　4. Ⅰ. 3 点　Ⅱ. 4 点　Ⅲ. 3 点

[4] 1. 3 点　2. Ⅰ. 3 点　Ⅱ. 4 点　3. 3 点　4. 3 点　5. 7 点　[5] 9 点

数 学 解 答 用 紙

1

1 (1)　(2)　(3)　(4)　(5)

2 $y=$　3　4　5

2

1 度　2　3 $x=$

4

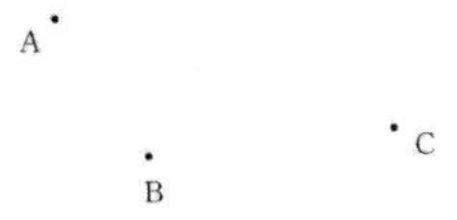

5 （式と計算）

答　Aさんが最初に持っていた鉛筆　本，

　　Bさんが最初に持っていた鉛筆　本

3

1 点　2 (1) ア　イ　(2) 点　3 点

4

1 ア　イ

2 （証明）

3 (1) 度　$t=$

(2) m^2

5

1 Q(　,　)

2 $t=$

3 (1) R(　,　)

3 (2) （求め方や計算）

答

受検番号

合計得点

※実物の大きさ：195% 拡大（A3用紙）

英 語 解 答 用 紙

1	1		
	2		
	3		→ →
	4	①	②
	5	(1)	(2)
		(3)	He began to .
	6		
2	1	①	②
	2	①	
		②	
		③	Then, .
		④	
	3		?
	4		
3	Ⅰ	①	② ③
	Ⅱ 1	(1)	
		(2)	
	Ⅱ 2		
	Ⅲ 1		
	Ⅲ 2		
4	1		→ →
	2		30
	3		?
	4		
	5		
	6		
	7		

受検番号	

合計得点	

※実物の大きさ：173% 拡大（B4 用紙）

社　会　解　答　用　紙

1			
Ⅰ	1	山脈
	2	
	3	
	4	
	5	
	6	(1)
		(2)
Ⅱ	1	
	2	
	3	
	4	
	5	
	6	
Ⅲ	X	経路あ　経路い
	Y	

2			
Ⅰ	1	
	2	
	3	
	4	
	5	
	6	(　)→(　)→(　)→(　)
Ⅱ	1	①
		②
	2	
	3	(　)→(　)→(　)
	4	
	5	
	6	
Ⅲ		25

3			
Ⅰ	1	
	2	
	3	
	4	
	5	
	6	
Ⅱ	1	
	2	
	3	
	4	
	5	(1)
		(2)
Ⅲ	X	
	Y	30

受検番号	

合計得点	

※実物の大きさ：173% 拡大（B4 用紙）

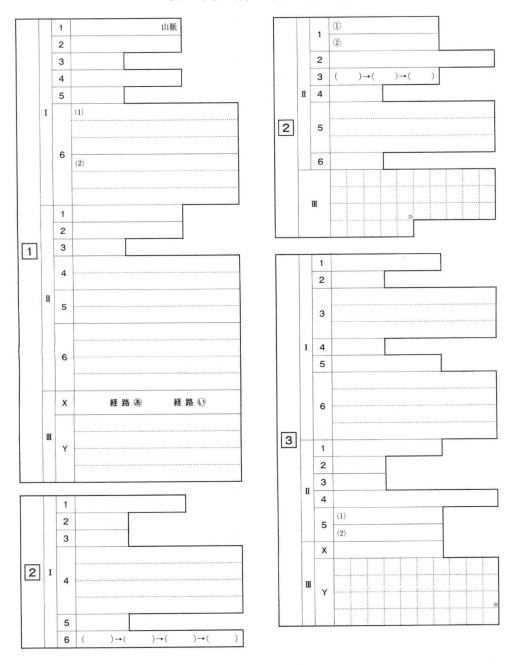

理　科　解　答　用　紙

大問		小問		解答欄
1		1		類
		2		
		3		
		4		①　　②
		5		
		6	(1)	
			(2)	①　　②
		7		

大問		小問		解答欄
2	Ⅰ	1		
		2		
		3		→　→　→
	Ⅱ	1		
		2		
		3	(1)	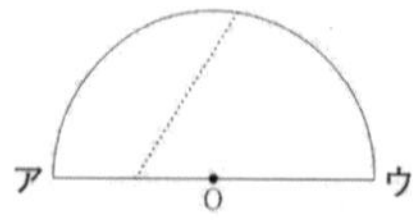
			(2)	

大問		小問		解答欄
3	Ⅰ	1		
		2		a　　b
		3		Cは，水溶液の温度を下げると，
		4		g
	Ⅱ	1		
		2		
		3	(1)	電池
			(2)	化学式　　分子の個数　　個

大問		小問		解答欄
4	Ⅰ	1		
		2		ア →　→　→　→
		3		
		4		
	Ⅱ	1		
		2		
		3	(1)	
			(2)	
		4		

大問		小問	解答欄
5	Ⅰ	1	°
		2	
		3	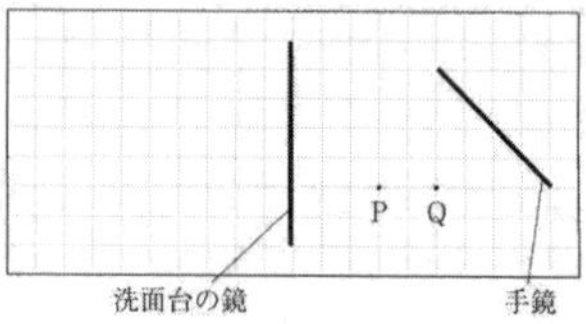
	Ⅱ	1	J
		2	
		3	
		4	cm
		5	

受検番号	

合計得点	

※実物の大きさ：173% 拡大（B4 用紙）

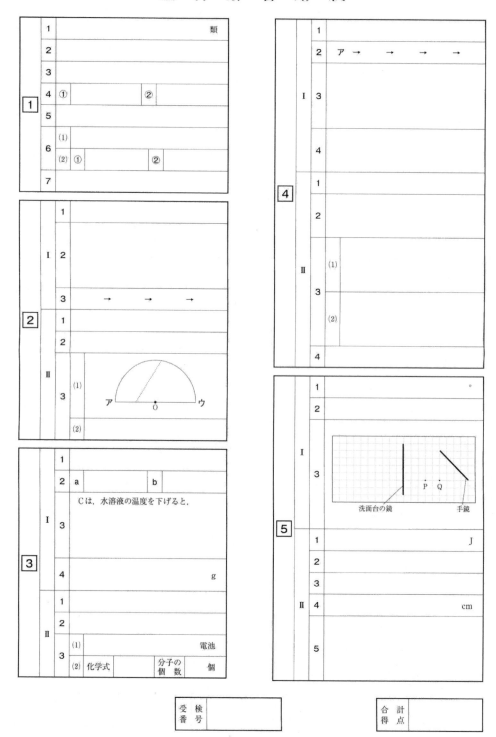

国語解答用紙

1

1　①　　　ましい　②　　　③　　　って　④　　　⑤　　　⑥　　　った

2　　　画

2

1

2

3

4　Ⅰ　Ⅱ

5

3

1

2

3

4　Ⅰ　Ⅱ　Ⅲ

4

1

2　Ⅰ　Ⅱ

3

4

5

5

受検番号	

合計得点	

※実物の大きさ：173% 拡大（B4 用紙）

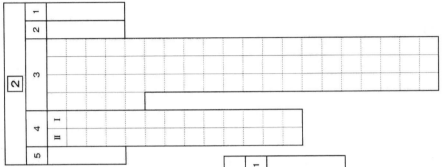

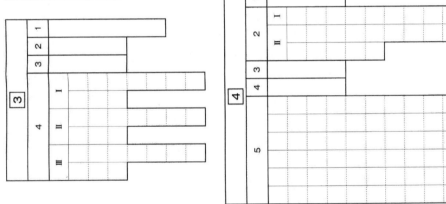

【数　　学】

[1] 3点×9　[2] 1〜3. 3点×3　4. 4点　5. 4点　[3] 1. 3点　2. (1)4点　(2)3点　3. 3点
[4] 1. 3点×2　2. 4点　3. (1)3点　(2)4点　[5] 1. 3点　2. 3点　3. (1)4点　(2)6点

【英　　語】

[1] 1. 2点　2〜4. 3点×4　5. (1)2点　(2)2点　(3)3点　6. 4点
[2] 1. 2点×2　2. ①2点　②2点　③3点　④2点　3. 3点　4. 7点
[3] Ⅰ. 2点×3　Ⅱ. 1. 2点×2　2. 3点　Ⅲ. 2点×2
[4] 1. 3点　2. 4点　3. 3点　4. 2点　5. 2点　6. 3点×2　7. 5点

【社　　会】

[1] Ⅰ. 2点×7　Ⅱ. 1〜5. 2点×5　6. 3点　Ⅲ. 3点
[2] Ⅰ. 1〜3. 2点×3　4. 3点　5. 3点　6. 2点　Ⅱ. 2点×7　Ⅲ. 3点
[3] Ⅰ. 1〜5. 2点×5　6. 3点　Ⅱ. 2点×6　Ⅲ. 4点

【理　　科】

[1] 1. 2点　2. 2点　3. 3点　4〜6. 2点×4　7. 3点
[2] Ⅰ. 1. 2点　2. 3点　3. 3点　Ⅱ. 1. 2点　2. 2点　3. 3点×2
[3] Ⅰ. 1〜3. 2点×3　4. 3点　Ⅱ. 1. 2点　2. 2点　3. (1)2点　(2)3点
[4] 2点×9　[5] Ⅰ. 1. 2点　2. 2点　3. 3点　Ⅱ. 1〜4. 2点×4　5. 3点

【国　　語】

[1] 2点×7　[2] 1. 2点　2. 3点　3. 8点　4. 4点×2　5. 5点
[3] 1. 2点　2. 3点　3. 3点　4. Ⅰ. 3点　Ⅱ. 4点　Ⅲ. 3点
[4] 1. 3点　2. Ⅰ. 3点　Ⅱ. 4点　3. 3点　4. 3点　5. 7点　[5] 9点